GOLDMANN

Buch

Paviane gehören zur Gattung der Menschenaffen. Bislang galten sie als extrem aggressiv, was einige Forscher die These aufstellen ließ, auch das menschliche Grundverhalten sei von Aggression geprägt. In fünfzehnjähriger Forschungsarbeit an einer Pavian-Sippe in Kenia gelang es der amerikanischen Anthropologin Shirley C. Strum, diese These nachhaltig zu widerlegen: Entgegen der landläufigen Vorstellung bilden Paviane eine matriarchale Gesellschaft, in der der soziale Friede eine große Rolle spielt. Da es der Wissenschaftlerin gelang, von der Pavian-Sippe akzeptiert zu werden, war es ihr möglich, das Verhalten der einzelnen Tiere und die Gruppenstruktur hautnah zu studieren. Mit ihrem vorliegenden Buch erweist sie sich als kompetente und erzählbegabte Tierschriftstellerin, die dem Leser die Individualität der Tiere und die Schönheit der Kenianischen Natur auf bewegende Art und Weise nahezubringen vermag.

Autorin

Shirley C. Strum wurde 1947 in Stuttgart geboren und promovierte als Anthropologin an der University of California in Berkeley. Sie lehrt heute als Professorin für Anthropologie an der University of California in San Diego.

SHIRLEY C. STRUM
LEBEN UNTER PAVIANEN
FÜNFZEHN JAHRE IN KENIA

Aus dem Amerikanischen
von Helmut Piribauer

Mit Zeichnungen von Deborah Ross

GOLDMANN VERLAG

Umwelthinweis:
Alle bedruckten Materialien dieses Taschenbuches
sind chlorfrei und umweltfreundlich.

Der Goldmann Verlag
ist ein Unternehmen der Verlagsgruppe Bertelsmann

Made in Germany · 1. Auflage · 9/92
Genehmigte Taschenbuchausgabe
© 1989 by Paul Zsolnay Verlag Gesellschaft m.b.H., Wien/Darmstadt
Umschlaggestaltung: Design Team München
Umschlagfoto: Shirley C. Strum
Druck: Presse-Druck Augsburg
Verlagsnummer: 12379
SD · Herstellung: Sebastian Strohmaier
ISBN 3-442-12379-8

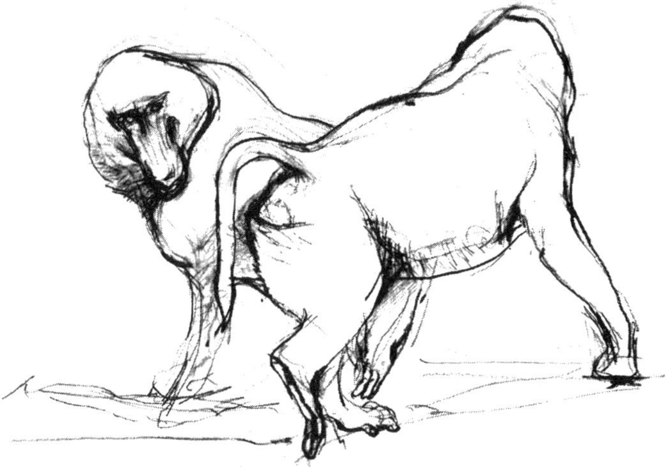

Jonah, Laura und den Pavianen gewidmet

Der Buschmann ... gab zu verstehen, daß man, um (die Geschichte) richtig zu erzählen, die Sprache der Paviane verwenden sollte; dennoch fügte er respektvoll hinzu „muß ich in meiner eigenen Sprache sprechen, da ich merke, daß die Sprache der Paviane nicht einfach ist."
LAURENS VAN DER POST, *Das Herz des Jägers*

Ich gestehe Ihnen offen, daß ich einen Affen nie lang ansehen kann, ohne dabei sehr demütige Gedanken zu haben.
WILLIAM CONGREVE *in einem Brief an Jean Baptiste Denis (1695)*

Inhalt

Vorwort 13
Danksagung 19
Vorbemerkung der Autorin 23
1. Aufbruch 27
2. Zwei Neuankömmlinge 51
3. Peggy 69
4. Veränderungen 89
5. Fragen über Fragen 109
6. Zunächst die Männchen 127
7. Die Sage von Sherlock 141
8. Bo und David 155
9. Einige Lösungen 169
10. Clevere Paviane 183
11. Implikationen 203
12. Sorgen 219
13. Ernteraub 233
14. Die Menschen 259
15. Auf der Suche 281
16. Verzweiflung und Happy End 297
17. Gefangennahme und Freilassung 311
18. Letzte Schritte 327
19. Freiheit 339
Anhang 351
Anhang I 352
   Kommunikation
Anhang II 365
   Tafel 1 – Peggy: Eine Pavian-Familie
   Tafel 2 – Peggy: Fünfzehn Minuten
   Tafel 3 – Die täglichen Aufzeichnungen eines Feldbeobachters
Bibliographie 369
Index 373

Vorwort

In den letzten fünfundzwanzig Jahren haben Hunderte Wissenschaftler, zumeist Dissertanten, die entlegensten Winkel der Erde auf der Suche nach geeigneten Studienobjekten durchkämmt. Eine von ihnen war Shirley C. Strum. 1972 ging sie nach Kenia, um die Anubispaviane zu studieren. Sie wollte herausfinden, wie diese den Herausforderungen der Savanne begegnen, um daraus Einblicke in die Anpassung der frühen menschlichen Gesellschaft an eine ähnliche Umwelt zu gewinnen. Im Normalfall hätte sie ein Jahr lang eine Menge trockener Tatsachen und unpersönlicher Beobachtungen zusammengetragen, diese tabellarisch angeordnet und Grafiken angefertigt und das Ganze im üblichen Fachjargon als Doktorarbeit präsentiert. Der Wissenschaft wäre damit gedient gewesen.

Will man eine andere Kultur erklären – eine Kultur ohne Sprache und Gerätschaften –, so ist mehr als bloß der geschickte Umgang mit statistischem Material und gewandter wissenschaftlicher Kommentar vonnöten. Bei jeder Untersuchung sollte die Freude an der Beobachtung der Tiere das Primäre sein, die Details das Sekundäre. Wie schrieb doch Poincaré: „Der Wissenschaftler beobachtet die Natur nicht, weil es einen Nutzen bringt. Er tut es, weil er Freude daran hat; und er hat Freude daran, weil die Natur schön ist. Wäre sie nicht schön, wäre sie nicht erforschenswert, das Leben nicht lebenswert ... Ich meine damit die innere Schönheit der harmonischen Ordnung der Einzelteile, die der reine Verstand zu erfassen vermag."

Gute Forschungsarbeit setzt sowohl Streben nach Erkenntnis als auch emotionelles Engagement voraus. Shirley brachte beides mit. Das Resultat ist eine jener seltenen Feldstudien, die einen befriedigenden Einblick in das Leben einer Tierart vermitteln.

Im Idealfall sollte der Wissenschaftler seine Forschungsobjekte aus unmittelbarer Nähe beobachten, ohne sie zu beeinflussen oder ihre Lebensgewohnheiten zu stören. Es kostete viel Zeit und Geduld, bis Shirley von einer Paviangruppe, der Pumpenhaus-Bande, akzeptiert wurde. Die Männchen der Paviane sind nur vorübergehend Mitglieder einer Gruppe; Neuankömmlinge werden allmählich integriert, indem sie im Verlauf von Monaten von der Randzone zum Zentrum der Gruppe vordringen, wo sich dann Freundschaften anbahnen. Instinktiv bediente sich Shirley der gleichen, richtigen Methode der Annäherung und wurde akzeptiert. Sie begleitete die Tiere von Sonnenauf- bis Sonnenuntergang, so daß sie schließlich Freunde „in sehr ungewöhnlichem Sinn" wurden. Die einfühlsamen Schilderungen und hervorragenden Erklärungen des Gruppen- und Familienlebens der einzelnen Tiere, die sie näher kennenlernte, bilden die faszinierendsten Kapitel dieses Buches.

Shirley stellte fest, daß die Paviane für sie „zur Leidenschaft, ja beinahe zur Besessenheit" geworden waren. Im Verlauf ihrer umfangreichen Forschungsarbeit gewann sie nicht nur an Wissen, sondern auch an Verständnis. So wurde aus einer hochspezialisierten Wissenschaftlerin, deren Interesse auf den engen Bereich des Verhaltens von Pavianen beschränkt war, eine humanistisch orientierte Universalistin, die Aspekte der Philosophie, Ethik und Wissenschaft in ihrer Beziehung zu den Tieren berücksichtigte. Dieser Umstand verleiht dem Buch seine ungewöhnliche Tiefe.

Bislang galt eine eingehende Forschungsarbeit von ein bis zwei Jahren als ausreichend, um alle nötigen Informationen über eine Tierart zu erhalten. Jedes Tier besitzt jedoch eine ganz persönliche Geschichte; sein

Verhalten wird durch frühere Kontakte mit Gruppenmitgliedern, Verwandten und Nachbarn beeinflußt. Da der menschliche Beobachter seine Forschungsobjekte nicht befragen kann, muß er geduldig abwarten, wie eine Generation die andere ablöst. Dies bedeutet, daß er praktisch jahrelang sein eigenes Leben hinter das der Tiere zurückstellen muß. Nur wenige Forscher bringen dazu die nötige Ausdauer auf. Shirleys wichtige Erkenntnisse sind das Ergebnis von zehn Jahren hingebungsvoller Arbeit.

Sie entdeckte, daß Paviane in einer friedlichen Gemeinschaft leben, in welcher sich nicht Aggression, sondern freundschaftliche Gesinnung als zielführend erweist. Shirleys Einblicke werden auf die künftige Beurteilung von Primaten-Gesellschaften weitreichenden Einfluß nehmen. Ihre überaus ansprechenden Beschreibungen wecken neue Achtung sowie Einfühlungsvermögen gegenüber den Pavianen. Wie viele Untersuchungen gezeigt haben, stellt Aggression eine Möglichkeit dar, Konfliktsituationen zu bewältigen. Ein derartiges Verhalten kann sich jedoch äußerst störend auswirken; Gesellschaften, vor allem solche stabilen Charakters, in denen die Einzelindividuen einander gegenseitig kennen, haben als Alternative zur Aggression soziales Verhalten entwickelt. Bei meinen Forschungen über Berggorillas gegen Ende der fünfziger Jahre war ich von der friedfertigen Natur ihrer Gesellschaft beeindruckt. Andere Studien – über Wölfe, afrikanische Jagdhunde und verschiedene Affenarten, um nur einige zu nennen – betonten ebenfalls den niedrigen Aggressionspegel. Die Paviane hingegen wurden bisher auf Grund einiger kurzer, älterer Untersuchungen als starr hierarchische Gemeinschaft betrachtet, in welcher sich die Männchen mittels Gewalt durchsetzen – eine Verhaltensweise, die man damals auch der menschlichen Gesellschaft zuschrieb.

Shirleys Deutungen bewirkten nichtsdestoweniger einen Aufruhr unter einigen Mitgliedern jenes kleinen Kreises von Primaten-Forschern, die sich mit Pavianen beschäftigten. Hätte sie ihre Überlegungen etwa einer Gruppe von Menschenaffen oder Raubtieren „vorgetragen", so wäre diese wohlwollend aufgenommen worden. Wie Arthur Koestler einmal richtig bemerkte, zeigt sich die Trägheit des menschlichen Geistes am deutlichsten bei jenen Fachleuten, die an der Aufrechterhaltung traditioneller Lehrmeinungen begründetes Interesse besitzen. Shirley war zwar im Rahmen bestimmter Vorstellungen an ihre Arbeit herangegangen, aber sie betrachtete die Paviane mit wirklich offenen Augen. Als ihre eigenen Beobachtungen ihren vorgefaßten Vorstellungen widersprachen, akzeptierte sie bereitwillig diesen neuen Blickwinkel.

Sobald ein Wissenschaftler allzu lautstark seine Objektivität betont, ist Vorsicht geboten. Jede Beobachtung kann nur subjektiv sein: Das beschriebene Tier ist nur eine Illusion – abhängig von der persönlichen Sicht sowie von der Fragestellung, die der Forscher gewählt, von den Tatsachen, die er vermerkt und von den Informationen, die er außer acht gelassen hatte. Ein anderer Biologe wird – von einer anderen Fragestellung ausgehend – ein völlig anderes Tier „erschaffen". Jene Vehaltensweisen, die offenkundig und daher leicht zu beschreiben sind, werden statistisch erfaßt; problematische, deswegen aber keineswegs weniger wirkliche Verhaltensweisen werden gerne übersehen oder als bedeutungslos angesehen. Um ein anderes Lebewesen zu beschreiben, bedarf es nicht nur der Vernunft und der Tatsachen, sondern auch Einfühlungsvermögens und Intuition. Nicht alle Biologen besitzen Verständnis und Mut zum Ketzertum und wollen oder können die Tiere so beschreiben, wie sie von ihnen tatsächlich wahrgenommen werden. In *Leben unter Pavianen* gelingt dies großartig.

Ich möchte gerne wissen, was die großen alten Männer der Verhaltensforschung wie Konrad Lorenz und Niko Tinbergen, die in ihre Tiere so offensichtlich vernarrt gewesen sind, zu den neuen wissenschaftlichen Trends in ihrem Forschungsgebiet sagen. Die geistigen Fähigkeiten von Tieren wurden oft in Abrede gestellt, selten zu beobachtende, aber typische Verhaltensmuster häufig zugunsten von Zahlenreihen beiseite geschoben. Es wurde sogar behauptet, Tieren mangle es an Bewußtsein – ohne Sprache könnten sie nicht denken. Ich habe einmal eine Löwin beobachtet, die, im Rudel jagend, eine Gazelle erlegte und sich dann gelassen neben dem im hohem Gras versteckten Kadaver niederließ. Nachdem die anderen Jagdgefährten weitergezogen waren, konnte sie sich ihrer Beute widmen, ohne teilen zu müssen. Shirley entdeckte bei ihren Pavianen „außergewöhnliche Intelligenz, Planung und Verstand". Diese Tiere waren sich der Folgen ihrer geplanten Handlungen offenbar völlig bewußt. Ein Hundebesitzer, der sein Tier liebt, vermag uns mehr über „tierisches Bewußtsein" zu erzählen als mancher Behaviorist in seinem Laboratorium. Es stimmt mich demütig, wenn ich an die wahrhaft erstaunliche Anzahl von sozialen Einzelinformationen denke, die im Gehirn eines Pavians gespeichert sind und rasch abgerufen werden können, um entsprechend der zahlreichen sozialen Interaktionen innerhalb einer großen Gruppe zu reagieren. Wissenschaftler, die dazu neigen, Tieren ausgerechnet jene Dinge beibringen zu wollen, welche diese am allerwenigsten können, würden sich auf Grund ihres niedrigen Intelligenzquotienten unwohl fühlen, wenn sie die geistigen Fähigkeiten der Paviane anhand der Fülle ihrer sozialen Fragen und nicht mit Plastik-Chips von unterschiedlicher Farbe und Form untersuchen würden. Wie in einigen anderen jüngeren Arbeiten werden auch in diesem Buch die geistigen Fähigkeiten der Tiere anerkannt, was eine bedeutende Umkehr des wissenschaftlichen Trends bedeutet.

Freilich stellt die Gesellschaft der Paviane keine Schablone für die menschliche Gesellschaft dar – weder für die frühere noch für uns. Anubispaviane, Mantelpaviane und Schwarznasen-Husarenaffen – durchwegs Savannenbewohner – besitzen unterschiedliche Gesellschaftssysteme. Bei den Pavianen verlassen die Männchen die Gruppe, bei den Gorillas sind es die Weibchen. Untersuchungen wie diese helfen uns, wie auch immer, den Bereich der Möglichkeiten abzugrenzen, die den Urmenschen dereinst zur Verfügung gestanden sein könnten, und die Regeln kennenzulernen, die ihre Gesellschaft vielleicht gelenkt haben. Dabei handelt es sich um mehr als eine bloß faszinierende wissenschaftliche Aufgabe, da hier mit Nachdruck betont wird, daß die Menschen keineswegs erblich bedingt zu Gewaltanwendung gezwungen sind, sondern daß ihnen ebensogut die Wahl offensteht, in Frieden, Harmonie, Zusammenarbeit und Freundschaft miteinander zu leben. Die Betrachtung der Paviane könnte so zu einer Korrektur der verzerrten Sichtweise der Menschheit beitragen.

Ebenso gut wie jedes andere mir bekannte Buch erfaßt dieses sowohl die wissenschaftliche Seite als auch die Natur der Tiere. Paviane sind eigenständige Wesen, nicht bloß statistische. Jeder besitzt seinen eigenen Charakter, seine Neigungen, seine eigenen Wünsche und Ziele. Die Tiere brachten Shirley dazu, sich geradezu leidenschaftlich mit ihnen zu beschäftigen. Der Schatz an Geheimnissen, den sie dabei zu bergen vermochte, wird in ihrem Bericht gleichsam zum Leben erweckt. Ungeachtet ihrer Bedeutung vermögen wissenschaftliche Arbeiten nicht die wesentlichen Reize, die sich wandelnden sozialen Beziehungen und die vergänglichen Augenblicke in einem Pavianleben zu erfassen; ebensowenig vermögen sie bei uns Liebe und Verständnis für eine andere Tierart zu vertiefen oder eine innige Beziehung zu jenen Geschöpfen herzustellen, die einst Teil unserer Vergangenheit waren.

Albert Einstein schrieb: „Das Schönste, das wir erfahren können, ist das Geheimnis. Es ist die Quelle jeder wahren Kunst und Wissenschaft." In ihrem Buch verbindet Shirley C. Strum auf ungewöhnliche Art Kunst und

Wissenschaft, um das Geheimnis eines anderen Lebewesens zu beschreiben. Bücher wie das ihre rufen dem Leser ins Bewußtsein, daß auch Tiere über einzigartige und komplexe Gemeinschaften verfügen, die ebenso wert sind, untersucht und erhalten zu werden wie unsere eigene. Heute, da mehr und mehr Arten von unmittelbarer Ausrottung bedroht sind, brauchen die Tiere Chronisten, die nicht nur ihre Nachrufe verfassen, sondern vor allem solche, die mit Verständnis, Beredtheit und Gefühl für Freveltaten um deren Überleben kämpfen. Dies ist letzten Endes eines der Ziele unserer Beschäftigung mit Tieren: ihren Fortbestand auf der Erde zu sichern.

GEORGE B. SCHALLER

Danksagung

Meine Forschungen über Paviane dauern nun schon so lange, und so viele Menschen und Organisationen haben mich dabei unterstützt, daß es mir unmöglich ist, jedem einzeln Dank zu sagen. Ich möchte damit beginnen, mich bei all jenen zu entschuldigen, die hier unerwähnt bleiben, deren Engagement jedoch ebenfalls aufs höchste zu würdigen ist.

Meine Arbeit in Kenia wurde durch die freundliche Genehmigung der Regierung des Landes als auch durch die Unterstützung seitens des Büros des Präsidenten ermöglicht; ferner durch die Nationalmuseen, durch das Institut für Primaten-Forschung in Nairobi, das Amt für den Schutz und das Management des Wildlife sowie die Universität von Nairobi. Finanziert wurden meine Forschungen im Lauf der Jahre mit Geldern der National Science Foundation der Vereinigten Staaten, der Universität von Kalifornien in San Diego, der L.-S.-B.-Leakey-Stiftung, der New Yorker Zoologischen Gesellschaft, des World Wildlife Fund der USA, der Fyssen-Stiftung in

Paris, der H.-F.-Guggenheim-Stiftung und der National Geographic Society.

Eine Vielzahl von Personen waren in gewisser Hinsicht an der Pavianforschung – im Rahmen meiner Dissertation sowie danach – beteiligt, haben als Forschungsassistenten mitgearbeitet und ihren Beitrag zu den Arbeitsprotokollen von 1976 bis heute geleistet. Obwohl ich in diesem Buch einzig und allein meine eigene Meinung vertrete, möchte ich dennoch folgenden Personen meinen Dank für ihre Mitarbeit und in einigen Fällen auch für ihre Freundschaft und Hilfe im Lauf der Jahre aussprechen: Fred und Denise Bercovitch, Bob Byles, Neil Chalmers, Kris Cunningham, Tag Demment, Deb und Bronco Forthman-Quick, Hugh und Perry Gilmore, Bob Harding, Linda Hennessy, Julie Johnson, Joe Kalla, Susan Lingle, Lynda Muckenfuss, Nancy Nicolson, Debbie Manzolillo Nightengale, Ronald und Bette Noe, Mary O'Bryan, Tom Olivier, Gloria Petersen, Mike Rose, Mark Saunders, Linda Scott, Barb Smuts, Debbie Snelson, Jeff Swift und Matt Wilson.

Jim Else, Direktor des Instituts für Primaten-Forschung, hat sich in kritischen Situationen mehr als einmal ins Zeug gelegt, um den Pavianen zu Hilfe zu kommen. Ihm schulde ich besonderen Dank. Mein Mann Jonah Western stellte sich oft hilfreich hinter und manchmal auch vor mich. Ohne sein Verständnis und seine Hilfe hätte ich die zahllosen Krisen nicht durchgestanden.

Von seiten der Familien Cole, Dansie und Morjaria sowie von Stefano Cheli habe ich mehr Gastfreundschaft erfahren, als ich vermutlich je erwidern kann. Carleto Ancillato und John Jessel ermöglichten die Umsiedlung der Paviane. Kuki Gallmann, Iain Douglas-Hamilton sowie Ker-&-Downey-Safaris halfen in entscheidenden Momenten.

Tim Ransom und Bob Campbell dokumentierten das Leben der Pumpenhaus-Bande und ihrer Gefolgschaft fotografisch, boten mir ihre wunderbare Gesellschaft und verhalfen mir zu außergewöhnlichen Standfotos und Filmmaterial.

In den letzten Jahren lag der Großteil der täglichen Schwerarbeit der Beobachtung der Paviane auf den Schultern einer Gruppe kenianischer Forschungsassistenten. Ich möchte vor allem Josiah Musau, dem Vizedirektor des Ewaso-Ngiro-Pavian-Projekts, und Hudson Oyaro, Leiter der Forschungsabteilung, danken, deren hervorragende Arbeit und freundliche Unterstützung es mir ermöglichten, meine Forschungen auch dann fortzusetzen, wenn ich mich nicht persönlich bei den Pavianen aufhalten konnte. Thomas Kingwa, Lawrence Kinyangui, David Ooga und, vor ihnen, Simon Ntobo und Francis Malele vervollständigen das kenianische Forschungsteam.

In den vergangenen beiden Jahrzehnten war Sherwood Washburn mein geistiger Mentor. Hoffentlich bereiten ihm die Früchte seiner Bemühungen Freude. Mehr, als ihnen wahrscheinlich selbst bewußt ist, haben Thelma Rowell, David Hamburg, Hans Kummer und Bruno Latour auf mein Denken in bezug auf Wissenschaft, Paviane und andere Primaten Einfluß genommen.

Letztendlich entstand dieses Buch aber nur, weil mein Mann darauf bestand, Laura Nathanson mir half und Mut zusprach, Candida Donadio daran glaubte, Jean-Isabel McNutt unermüdlich arbeitete und meine Kollegen von der anthropologischen Abteilung der Universität von Kalifornien in San Diego sowie die Verwaltung der Universität es mir ermöglichten, gleichzeitig das Leben einer Universitätsprofessorin in Kalifornien und einer Pavianforscherin in Kenia zu führen.

Und ein Dankeschön auch meinen Eltern sowie den Pavianen, die – jeweils auf ihre eigene Art – Geduld und Verständnis für mein Dilemma aufbrachten.

Vorbemerkung der Autorin

Dieses Buch ist ein Tatsachenbericht und nicht das Produkt schriftstellerischer Phantasie. Ich habe gewisse Änderungen vorgenommen, um die Anzahl der Akteure – sie umfaßte über vierhundert Paviane – klein zu halten und es dem Leser dadurch zu erleichtern, die wichtigsten Fakten über diese Tiere zu begreifen. Diese Änderungen stellen jedoch in keiner Hinsicht eine Veränderung der Wahrheit oder der Eindrücke vom Verhalten der Paviane dar. Die Namen menschlicher Akteure wurden gelegentlich geändert, um Unschuldige wie Schuldige zu schützen.

SHIRLEY C. STRUM
Nairobi, 1986

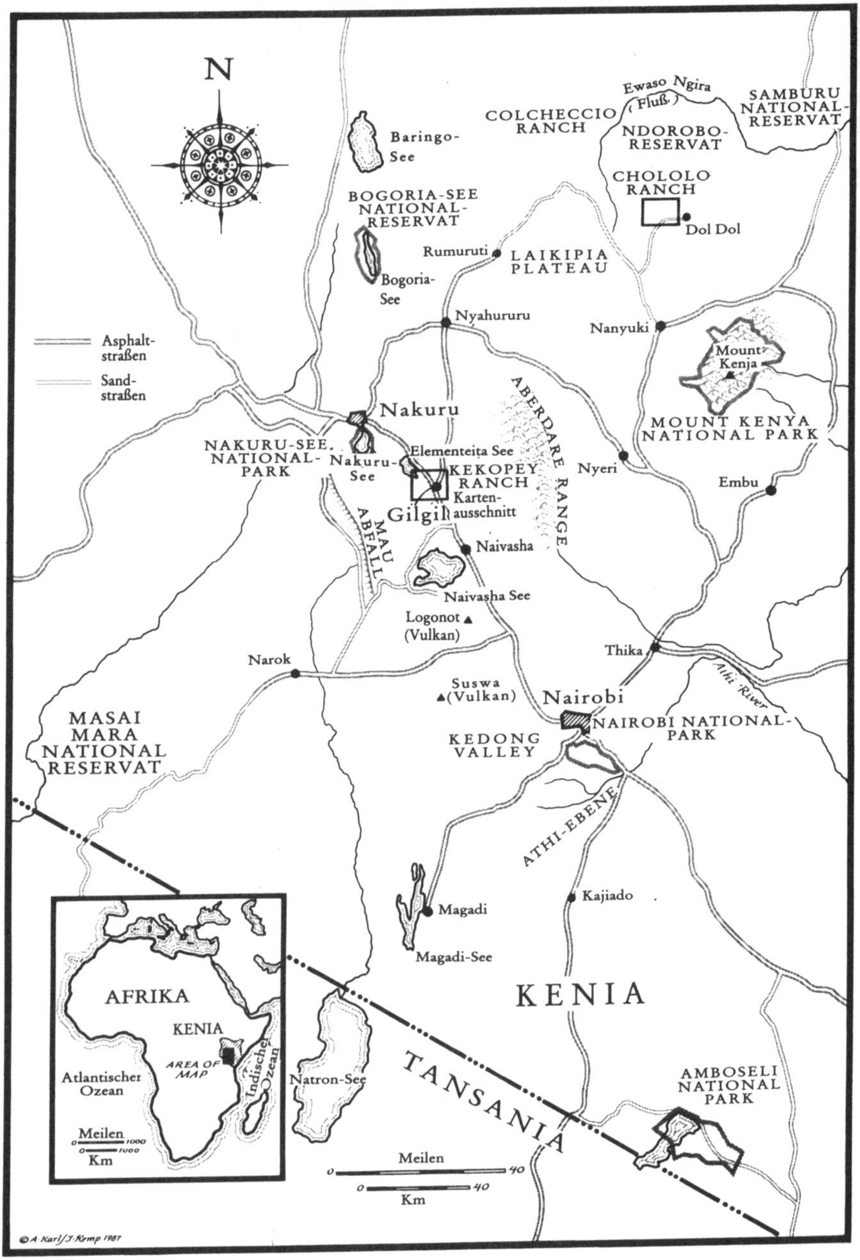
N
Ewaso Ngira (Fluß)
SAMBURU NATIONAL-RESERVAT
COLCHECCIO RANCH
NDOROBO-RESERVAT
Baringo-See
CHOLOLO RANCH
BOGORIA-SEE NATIONAL-RESERVAT
Dol Dol
Rumuruti
LAIKIPIA PLATEAU
Bogoria-See
Nyahururu
Nanyuki
Asphalt-straßen
Sand-straßen
Mount Kenja
ABERDARE RANGE
Nakuru
NAKURU-SEE NATIONAL-PARK
Nakuru-See
Elementeita See
MOUNT KENYA NATIONAL PARK
Nyeri
KEKOPEY RANCH
Karten-ausschnitt
Embu
Gilgil
MAU ABFALL
Naivasha
Naivasha See
Logonot (Vulkan)
Thika
Narok
Athi River
Suswa (Vulkan)
Nairobi
NAIROBI NATIONAL-PARK
MASAI MARA NATIONAL RESERVAT
KEDONG VALLEY
ATHI-EBENE
Kajiado
Magadi
AFRIKA
Magadi-See
KENIA
KENIA
AREA OF MAP
Atlantischer Ozean
Indischer Ozean
Natron-See
TANSANIA
AMBOSELI NATIONAL PARK
Meilen
Km
Meilen
Km
©A. Karl/J. Kemp 1987

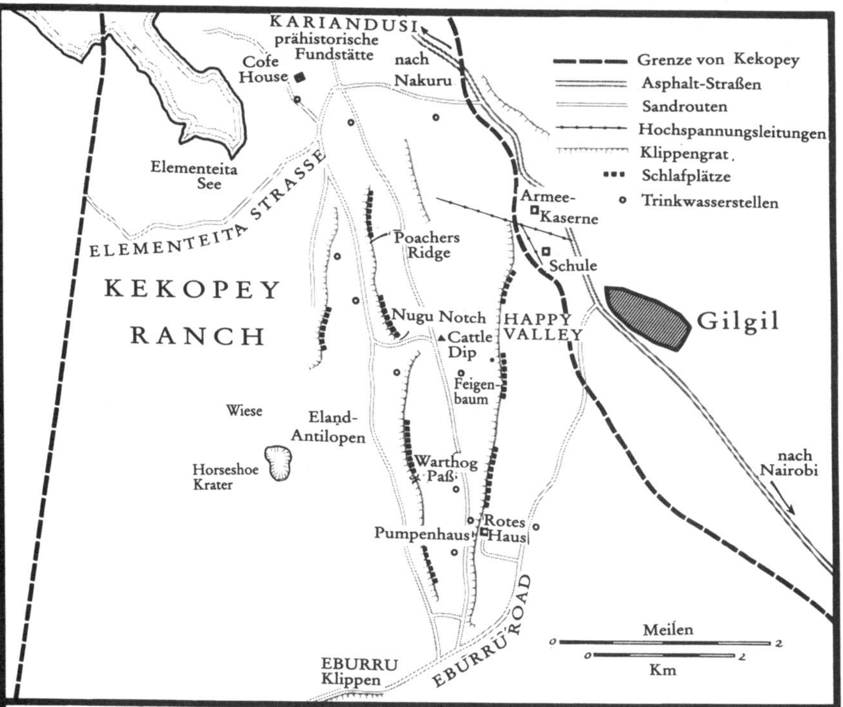
KARIANDUSI
prähistorische
Fundstätte
Cofe
House
nach
Nakuru
Grenze von Kekopey
Asphalt-Straßen
Sandrouten
Hochspannungsleitungen
Klippengrat
Schlafplätze
Trinkwasserstellen
Elementeita
See
ELEMENTEITA STRASSE
Armee-
Kaserne
Poachers
Ridge
Schule
KEKOPEY
RANCH
Nugu Notch
Cattle
Dip
HAPPY
VALLEY
Gilgil
Feigen-
baum
Wiese
Eland-
Antilopen
Horseshoe
Krater
Warthog
Paß
nach
Nairobi
Rotes
Haus
Pumpenhaus
EBURRU ROAD
Meilen
0
2
0
2
Km
EBURRU
Klippen

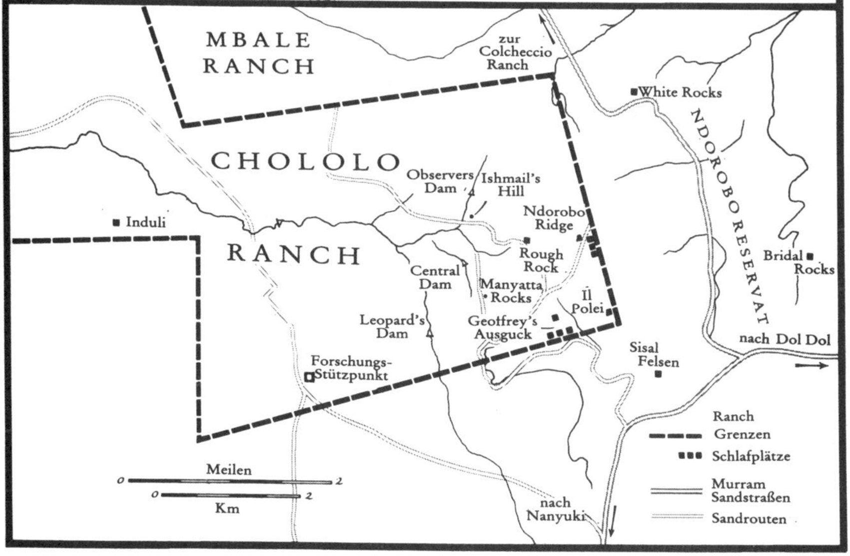
MBALE
RANCH
zur
Colcheccio
Ranch
White Rocks
NDOROBO RESERVAT
CHOLOLO
Observers
Dam
Ishmail's
Hill
Induli
Ndorobo
Ridge
RANCH
Rough
Rock
Bridal
Rocks
Central
Dam
Manyatta
Rocks
Il
Polei
Leopard's
Dam
Geoffrey's
Ausguck
nach Dol Dol
Sisal
Felsen
Forschungs-
Stützpunkt
Ranch
Grenzen
Schlafplätze
Murram
Sandstraßen
Sandrouten
Meilen
0
2
0
2
Km
nach
Nanyuki

1. Aufbruch

Ich kauerte recht unbequem in der Ecke eines VW-Transporters, der über eine zerfurchte Straße durch ein Chaos von Uralt-Autos und Eselskarren rumpelte. Ein Laster mit schwerer Schlagseite überholte uns und streifte um ein Haar unsere Seitenwand. Ironisch übersetzte mir mein Fahrer den in Suaheli auf den Wagen gepinselten Slogan: „Keine Eile in Afrika."

Wenn das stimmt, dachte ich schläfrig, würde ich eine Menge durchzustehen haben. Wir schrieben den 10. September 1972 und mein Geld reichte gerade bis Januar 1974. Ein anderes Fahrzeug mit einer Aufschrift kam des Weges – ein *Matatu* –, ein ganz besonders klappriger Taxibus, und diesmal konnte ich die Beschriftung selbst übersetzen: „*Hatari Safari*" — „Gefährliche Reise". Ich war einfach erschöpft – nicht ängstlich. Nach dem Flug von San Diego nach Nairobi empfand ich diesen letzten Teil der Reise vom städtischen Nairobi in das ländliche Kenia besonders erschöpfend. Wir waren rasch durch das seltsam kleinstädtisch anmutende Nairobi in das umliegende Ackerland gefahren. Ein Flickwerk winziger Felder bedeckte das vorbeiziehende bergige Gelände, in dem da und dort unvermittelt tiefe Schluchten von Flüssen auftauchten. Nun torkelte der Transporter qualvoll langsam auf dem unebenen Asphaltband dahin. Gruppen schwer arbeitender Menschen umgaben uns; vornüber gebeugte Frauen mit schweißglänzenden schwarzen Gesichtern zogen mit ungeheuren Holzbündeln auf den Schultern dahin; die Last wurde von einem dicken, geflochtenen Seil, das um die Stirn gebunden war, gehalten. Sogar kleine Mädchen waren mit Bürden beladen, die ich niemals geschafft hätte. Meine Nackenmuskeln schmerzten aus Mitgefühl. Melodische, unverständliche Stimmen und Tierlaute erfüllten die heiße, unbewegte Luft. Rasch veränderte sich die Szene von neuem. Die üppige Vegetation wich einer offenen Trockenzone; Felder schoben sich in den dichten Busch vor, der an den kalifornischen Chaparral erinnerte. Ich schmiegte mich an meinen Koffer, versuchte, eine bequeme Lage einzunehmen, gab es auf, schloß die Augen und nickte schließlich ein.

Nach vielen Kilometern wurde ich plötzlich wachgerüttelt. Der Fahrer meinte, daß es Zeit für ein bißchen frische Luft sei. Ich kletterte aus dem Wagen und vor mir erstreckte sich das Große Rift Valley Kenias. Ich konnte mindestens sechzig Kilometer weit nach beiden Richtungen blicken. Hier gab es keine Häuser und keine Menschen, nur endlos weite Ausblicke. In der Ferne ragten die erloschenen Krater Longonot und Suswa von der Grabensohle empor. Es war eine überwältigende Szenerie. Nicht einmal die Weite des Pazifischen Ozeans hatte mich auf die Dimensionen der afrikanischen Savanne vorbereitet. Das war Afrika, wie ich es mir vorgestellt hatte – nicht der dampfende Urwald der landläufigen Phantasie, nicht die Zusammenballungen von Menschen, wie wir sie vor kurzem erlebt hatten, sondern ein riesiges Grasland, in dem es von freilebenden Tieren wimmelte. In dieser Landschaft hatte die Geschichte des Menschen begonnen. Manch einer vertritt die Ansicht, daß die besonderen Gegebenheiten der Savanne – die freilebenden Tiere – unsere frühesten Vorfahren aus den Wäldern lockten. Andere meinen, daß die Menschen wahrscheinlich durch erfolgreichere Konkurrenten, durch Affen und Menschenaffen, aus ihrem angestammten Wald vertrieben wurden. Aber es ist ohne Belang, ob wir nun kluge Opportunisten oder verzweifelte Flüchtlinge gewesen waren; die Leistung war in jedem Fall kolossal. Wie hatten die frühesten Menschen das bewerkstelligt? Verwundbar und primitiv, wie sie waren, besaßen sie nur einfachste Werkzeuge. Sie verfügten über keine

Sprache und ihr Gehirn war nicht größer als das eines Schimpansen. Wir wissen eine Menge über ihren Körper und ihre Anatomie; der wahre Schlüssel zum Überleben lag aber in ihrem Verhalten. Wie sah es aus? Wie wurden sie mit den Herausforderungen seitens ihrer neuen Umwelt fertig?

Das war mehr als eine akademische Frage. Wir heutige Menschen sind deren Nachfahren, Ergebnisse eines Experiments, das vor drei oder vier Millionen Jahren seinen Anfang genommen hatte. Wir haben sowohl ihre Fähigkeiten als auch ihre Unzulänglichkeiten geerbt. Wenn wir in unserer modernen Welt unser menschliches Potential unter optimaler Ausnützung unserer Stärken und unter Umgehung unserer Schwächen verwirklichen möchten, so müssen wir über unser stammesgeschichtliches Erbe Bescheid wissen.

Ebendiese Frage hatte mich nach Afrika gebracht. In jüngster Zeit begann sich die Forschung mit dem Problem des Ursprungs des Menschen zu befassen. Paläoanthropologen untersuchten und deuteten Fossilien unserer Vorfahren. Anthropologen, Zoologen und Psychologen untersuchten das Verhalten unserer nächsten lebenden Verwandten, der nichtmenschlichen Primaten.

Einige Wissenschaftler glaubten, bereits Antworten auf die Fragen nach unserer Vergangenheit gefunden zu haben. Die Menschen begannen mit einer aggressiven Gesellschaft, die geschlossen und von engem Zusammenhalt war. Dem mußte so sein, denn in der großen Anzahl lag Sicherheit. Der Schutz ging jedoch über das enge Zusammenleben hinaus: Angriffslustige, kräftige Männer erwiesen sich als vorzügliche Verteidigung gegen die großen Raubtiere der Savanne. Freilich war es unvermeidlich, daß es zwischen den vielen Männern einer Gruppe zu Aggression sowie zu Konkurrenzverhalten kam. Die Zusammenstöße zwischen den Männern begründeten eine Dominanzhierarchie, in der jeder seinen festen Platz kannte und einnahm. Diese Hierarchie verhinderte andauernde weitere aggressive Auseinandersetzungen. Größe, rohe Gewalt und Dominanzstatus bildeten die Voraussetzungen für männliche Anführer, die darüber entschieden, wohin die Gruppe zog und was sie unternahm.

Auch die Frauen spielten eine Rolle. Sie waren die Mütter, gebaren Kinder und sorgten für sie. Ihr Hauptaugenmerk war jedoch immer auf die Männer, den problematischen Kern der Gruppe, gerichtet. Frauen benötigten nicht die politischen Fähigkeiten der Männer; sie hatten nur wenig mit dem Schutz oder der Führung der Gruppe zu tun.

Diese Überlegungen beeindruckten nicht nur die Wissenschaftler. Robert Ardrey und andere teilten dem Leserpublikum mit, daß sich der Mensch von heute nicht allzuweit von den Uranfängen entfernt hätte, und daß in jedem von uns noch immer ein „Killer-Affe" auf der Lauer läge. Männer und Frauen seien von Natur aus mit unterschiedlichen Fähigkeiten ausgestattet, und selbst wenn wir eine Gesellschaft mit größerer Gleichheit der Geschlechter anstrebten, so sei es doch nicht möglich, Millionen Jahre Leben einfach hinter uns zu lassen.

Was wäre, wenn sie mit dieser Meinung recht hätten? Oder, schlimmer noch, wenn sie unrecht hätten und wir ihnen dennoch Glauben schenkten? Ich war als Studentin des neuen Wissenschaftszweiges der Verhaltensforschung von Primaten nach Kenia gekommen, um Anubispaviane *(Papio anubis)* zu studieren. Wie die ersten Menschen hatten sich auch die Paviane den Herausforderungen des Lebens in der Savanne gestellt. Das taten nur wenige andere Primaten. Die Beobachtung der Paviane könnte uns dabei helfen, jene Probleme zu verstehen, mit denen die ersten Menschen konfrontiert gewesen waren und welche Lösungen sie gefunden haben. Paviane sind zwar keine Zeugen unserer menschlichen Vergangenheit, dennoch ist es aber zielführender, die Möglichkeiten zu vergleichen, die zwei verschiedenen Primaten in der Savanne zur Verfügung stehen, anstatt Vergleiche zwischen Menschen und Elefanten oder Gnus und Löwen zu ziehen.

Wenn das noch nicht Gründe genug waren, Paviane zu studieren, so gab es noch einen weiteren entscheidenden. Das Modell einer aggressiven, von mächtigen Männern beherrschten menschlichen Gesellschaft stellte eine Extrapolation der ersten Untersuchungen des Pavianverhaltens dar. Durften wir wirklich so ohneweiteres eine Verbindung zwischen Pavianen und Menschen herstellen? Menschenaffen sind biologisch und anatomisch enger mit uns verwandt als die übrigen Affen. Welche Spezies sollten wir als Schablone für uns selbst betrachten – Schimpansen oder Paviane?

Ich stimmte mit jenen überein, die sich für die Paviane entschieden hatten. Das menschliche Abenteuer begann mit unserer Übersiedlung in die Savanne. Diese bedeutete in der Geschichte der Primaten einen fast einmaligen Schritt. Fast! Auch die Paviane ließen sich auf diesen schicksalhaften Schritt ein und überlebten. Was sollten uns Schimpansen, Gorillas oder Orang-Utans darüber erzählen, welche Bedeutung dieser Schritt gehabt haben mußte?

Obwohl ich für die Paviane Partei ergriffen hatte, fragte ich mich doch, ob ihre Gesellschaft von Aggression, von Dominanz und von Männchen bestimmt würde. Für meinen Zweifel gab es Gründe. Die ersten Forschungsarbeiten wiesen Unzulänglichkeiten auf. Sie identifizierten nur die wenigen erwachsenen Männchen, gaben ihnen Namen und beobachteten sie sorgfältig als Einzelindividuen. Weibchen und Junge wurden dagegen schlechter behandelt und alters- sowie geschlechtsmäßig in einen Topf zusammengeworfen. Vielleicht waren aber gerade diese Tiere komplexer, interessanter und wichtiger, als sie den Eindruck erweckten? Ich erwartete dies auf Grund der Fakten, die in den Jahren seit jenen ersten Pavianstudien über die Vielfalt und Komplexität des Verhaltens anderer nahe verwandter Affen und Menschenaffen bekanntgeworden waren.

Wie sind Paviane wirklich? Wie nützlich sind sie für unser Streben nach Selbsterkenntnis? Das hoffte ich zu erfahren.

Während wir zum Bus zurückgingen, erfuhr ich, daß wir nicht mehr weit von meinem Bestimmungsort Kekopey entfernt waren. Kekopey war eine etwa 18.000 Hektar große Rinderfarm, die Heimat „meines" Pavian-Trupps. Diese wild lebenden Tiere waren bereits an Menschen gewöhnt. Drei Jahre zuvor hatte sie Bob Harding, der erste Dissertant, der sie beobachtete, nach einem Buch von Tom Wolfe „Pumpenhaus-Bande" getauft. Der Name blieb ihnen. Wie ihre menschlichen Namensvettern verbrachten sie viel Zeit bei einem Pumpenhaus in der Nähe eines ihrer Schlafplätze.

Während wir nach Kekopey holperten klammerte ich mich im Wagen fest, als ob es um mein Leben ginge. Ich war müde und gereizt und begann, mir Sorgen zu machen. Konnte ich jetzt, da ich mit all meinen brennenden wissenschaftlichen Fragen hier war, meine Aufgabe tatsächlich erfüllen? Mir wurde schließlich bewußt, wie wenig geeignet ich für einen solchen Job schien. Ich war entsprechend ausgebildet und hatte eine Menge Ideen. Aber sonst? Gab es in meiner Vergangenheit irgendeinen Anhaltspunkt dafür, daß ich mit einer Untersuchung wilder Paviane zu Rande kommen würde?

Ich war ein Stadtmensch durch und durch. Um die Sache noch zu verschlimmern, war ich auch nicht besonders sportlich oder körperlich aktiv. Ein einziges Mal in meinem Leben hatte ich einen Camping-Ausflug gemacht, und die erste Nacht war eine Katastrophe gewesen. Meine Phantasie ging mit mir durch und gaukelte mir gefährliche Bestien vor, die sich soeben zu einem Überfall anschickten. Ich war ein ziemlich isoliertes Einzelkind gewesen, immer auf der Suche nach der Beziehung zu etwas Größerem. Die Geschichte erwies sich für mich als greifbare Verbindung zur Vergangenheit. Am deutlichsten spürte ich das, als ich im Alter von elf Jahren auf die Akropolis mitgenommen wurde. Ich hatte mich auch mit religiösen Dingen beschäftigt, zunächst mit dem jüdischen kulturellen Erbe von fünf Jahrtausenden und dann mit anderen Religionen wie Taoismus und Buddhismus. Aber erst nachdem ich im September 1965 als Studentin nach Berkeley kam, fand ich mein eigenes Aufgabengebiet. Während der Free-Speech-Bewegung und der Proteste gegen den Vietnam-Krieg wurde ich immer wieder mit Fragen über die Natur des Menschen konfrontiert; darüber, was an ihr angeboren und nicht zu verändern, was flexibel und verbesserungswürdig war.

Eine Zeitlang liebäugelte ich mit der Psychologie des Abnormen, später mit Soziologie. Die erste Vorlesung über Kulturanthropologie jedoch überzeugte mich: Hier lag der richtige Zugang – menschliches Verhalten wurde aus der Perspektive verschiedener Kulturkreise betrachtet. Einer Vorlesung folgte die andere, und ich beschloß, Anthropologie als Hauptfach zu wählen.

Dann fiel der nächste Groschen. Wie elektrisiert saß ich mit tausend anderen Studenten da, als Sherwood Washburn das menschliche Erbe weiter und weiter zurückverfolgte – bis zu den ersten Halbaffen, jenen am wenigsten fortschrittlichen Primaten vor 60 Millionen Jahren. Als uns Washburn dann das Fossil eines winzigen Halbaffen zeigte, verwunderte es mich, daß dieses winzige Geschöpf während seines Lebens die Welt eher in jener Art erlebt hatte wie ich als meine geliebte Katze Crazy. So wie ich hatte es seine Umwelt räumlich und in Farbe wahrgenommen. Seine zarten Primatenhände besaßen bereits Fingerspitzen und Nägel, und sein Gehirn hatte sich derart verändert und vergrößert, daß die Hände kontrolliert bewegt werden konnten. Ich fühlte mich plötzlich nicht nur einigen Jahrtausenden Kunst oder Kultur, sondern Millionen Generationen verbunden – etwas viel Größerem, als ich mir je hatte vorstellen können.

Sherwood Washburn war ein kleingewachsener Mann mit leiser Stimme. Sein graumeliertes Haar paßte perfekt zu seinen bescheidenen Brillen und seinem Ivy-League-Anzug, ein Hinweis auf seine Herkunft von der Ostküste der USA und sein Harvard-Studium. Aber das war auch das einzige Klischee an ihm. Wenn er auf die wichtigsten Grundgesetze der Evolution oder auf die Evolution des Menschen zu sprechen kam, zog er uns in seinen Bann. Er war kein Showman und hatte keine Tricks auf Lager, um das Auditorium zu unterhalten und zu erheitern. Er verstand einfach sein Fachgebiet – viel davon hatte er im Laufe seines Lebens selbst erarbeitet

– und liebte es mit einer Inbrust und Stärke, die ansteckend war. Bevor ich seine Einführungsvorlesung in die Stammesgeschichte des Menschen besuchte, wußte ich nur wenig über dieses Thema, und noch weniger bedeutete es mir. Plötzlich erschien sie mir als der wichtigste Zugang, um menschliches Verhalten zu verstehen. Washburns Darstellung der Evolution brachte mir genau jene Antworten, nach denen ich suchte – eine überaus lohnende Annäherung an die Frage, warum wir Menschen so sind, wie wir sind.

Washburn wäre es vermutlich unangenehm, wenn er wüßte, in welchem Maß er zu meinem Guru wurde – aber nicht allein zu meinem. Viele Studenten – Studenten verschiedenster Semester – vor und nach mir reagierten ebenso. Einige Jahrzehnte lang führte Washburn dem Fachgebiet mehr Studenten zu als irgendein anderer Professor, und ich gehörte zu ihnen und besuchte jedes Seminar und jede seiner Vorlesungen.

Ich hatte aber ein Problem. Obwohl diese fossilen Reste grundlegende Geschichte erzählten, fand ich diese Knochen doch ziemlich langweilig. Mich interessierte das *Verhalten*, das sie miteinschlossen. Ich konnte mir nicht vorstellen, verfaulende Kadaver zu sezieren und eine Expertin für Knochenschäfte zu werden oder in der glühenden Sonne zu sitzen und mit einer Zahnbürste sorgfältig winzige Teilchen eines versteinerten Knochens freizulegen.

Meine Rettung kam, als ich entdeckte, als wie nützlich sich die Kenntnis des Verhaltens lebender Primaten erwies, um die Evolution des menschlichen Verhaltens zu rekonstruieren. Das war ein neues Forschungsgebiet, und nur wenige Universitäten boten in diesem Fach Lehrgänge für höhere Semester an. Im September 1969 trat ich in die Graduate School von Berkeley ein, um mit Washburn und seinen bemerkenswerten Einsichten in Kontakt zu bleiben.

Wieder bremste der Transporter plötzlich ab. Ich taumelte nach vorne und meine Träumerei wurde jäh unterbrochen. Es war das erste Mal, daß ich aus nächster Nähe Tiere in freier Wildbahn sah und sie traten dabei fast auf uns. Drei prachtvolle Giraffen schlenderten über die Straße. Riesengroß und graziös, in tänzerischem Rhythmus ihrer langen Schritte, mit ihren weichen, haarigen Mäulern, ihren Rehaugen und flaumigen, gedrungenen Hörnern – welch unglaubliche Gebilde aus Beinen und Hälsen. Der Fahrer war ungeduldig und ließ den Motor aufheulen, sobald der letzte Millimeter

Giraffe vorbeigezogen war. Dann brauste er weiter. Seine Beschleunigung besagte, daß man alle Giraffen kennen würde, wenn man eine einzige gesehen hätte. Ich hoffte, daß ich niemals so abgestumpft werden würde.

Und dennoch: Was wußte ich schon von dem Leben, in welches ich nun eintreten würde? Sicherlich war es nicht die Romantik der Wildnis gewesen, die mich nach Afrika gelockt hatte. In Wirklichkeit wußte ich nichts von der Wildnis. Der größte Teil meines Wissens über Tiere und die Natur stammte aus Büchern. Die beiden Lieblingstiere meiner Kindheit waren ein kurzlebiger Goldfisch und ein Sittich, der sich gelegentlich dazu überreden ließ, jene fünf Worte zu wiederholen, die er kannte. Weder sie noch meine Katze Crazy, trugen viel dazu bei, mich in die Geheimnisse der Tierwelt einzuführen. Mit diesem Mangel an persönlicher Erfahrung und ohne besondere körperliche Fähigkeiten oder ausgeprägten Sinn für Abenteuer konnte ich nur hoffen, daß mir meine intellektuellen Neigungen bei der Bewältigung der Herausforderungen helfen würden.

Wieder hielten wir an. Diesmal war es ein Motorschaden. Während sich viel zu viele Leute am Motor zu schaffen machten, warf ich einen weiteren Blick auf das Grasland. Die Savanne war aus der Nähe ebenso eindrucksvoll wie vom Rand des Steilabfalls aus gesehen. Obwohl es hier zahlreiche Tiere gab, hatte ich trotz meines Fernglases Schwierigkeiten, sie deutlich zu erkennen. Sobald ich eine interessante Silhouette erblickt hatte, verflüchtigte sie sich auch schon wieder im dichten Hitzeschleier. Andere tauchten auf, doch konnte ich kaum unterscheiden, ob es sich dabei um Trugbilder oder um die Wirklichkeit handelte. Ich entdeckte eine Zebraherde. Auch sie tanzte einmal scharf, einmal unscharf vor meinen Augen, und die Hitze trieb ein verwirrendes Spiel mit ihren Streifen. Es gab auch rostfarbene Antilopen verschiedener Größe, doch konnte ich nicht erkennen, ob es sich dabei um Männchen und Weibchen derselben Art oder um Tiere verschiedener Arten handelte. Und dann gab es da noch manch anderes großes Tier, das sich unter die Zebras und Antilopen mischte. Diese Art der Beobachtung war sicherlich nicht mit der Beobachtung der Affen in den großen Käfigen der Station für Verhaltensforschung in Berkeley oder der Tiere in einem Zoo oder Safari-Park zu vergleichen. Schon das bloße Ausmachen und das Identifizieren der Tiere bedeutete eine Herausforderung für meine unerfahrenen Augen.

Ich fragte mich, ob hier auch Patas, Schwarznasen-Husarenaffen, leben würden. Ich versuchte mich an die Karte mit ihren Verbreitungsgebieten zu erinnern. Außer den Menschen und den Pavianen sind sie die einzigen heute lebenden Primaten, die offenes Grasland bewohnen. Die Grünen Meerkatzen – kleine grüne Affen mit schwarzen Gesichtern, Händen und Füßen – leben in den Bäumen entlang der Savannenflüsse, wagen sich jedoch niemals wirklich weit ins offene Grasland vor.

Bei dem Gedanken an die Patas zuckte ich ein wenig zusammen. Auf Grund ihres martialischen Schnurrbärtchens und dem Muster ihres rötlich-blonden und weißen Haares werden sie auch Husarenaffen genannt. Ursprünglich hatte ich vor, diese schönen Tiere zu erforschen. Die Patas faszinierten mich. Sie leben in Kleingruppen, in denen es jeweils nur ein erwachsenes Männchen gibt. Aber obwohl die Männchen mehr als doppelt so groß sind wie die Weibchen, dominieren sie nicht das Leben in der Gruppe. Die Gruppen werden von den Weibchen geführt, die auch als Ordnungskräfte fungieren. Die Aufgabe des Männchens besteht darin, Ausschau nach etwaigen Raubtieren zu halten. Es sucht sich den höchstmöglichen Aussichtspunkt in einem Baum oder Busch und warnt die Gruppe vor Gefahr. Dann unternimmt es ein Ablenkungsmanöver, um die Aufmerksamkeit des Raubtiers auf sich zu lenken, und läuft so schnell es kann, in die der Gruppe entgegengesetzte Richtung. Alle übrigen Tiere der Gruppe verharren währenddessen still und regungslos im hohen Gras, in der Hoffnung, nicht entdeckt zu werden. Diese Methode der Verteidigung wäre ziemlich tollkühn, wenn die Patas nicht eine besondere Art der Anpassung entwickelt hätten: Die Männchen sind bemerkenswerte Läufer, wahrscheinlich die schnellsten Primaten der Erde.

Die Patas überlebten in der Savanne auf eine Art und Weise, die in völligem Gegensatz zum beschriebenen Lebensstil der Paviane steht. Sie erschienen wie eine Anomalie. Warum brachte das Leben in der Savanne eine bestimmte Verhaltensweise bei Pavianen und eine andere bei den Patas hervor? Woran lag es, daß unsere menschlichen Vorfahren mehr den Patas ähnelten als den Pavianen? Diese Fragen wollte ich in meiner Untersuchung über die Patas klären. Es gab damals über sie nur eine einzige kurze Arbeit von Ronald Hall und ich hatte das gute Gefühl, daß mein Vorschlag wohlwollend aufgenommen werden würde.

Schließlich rief mich Washburn zu sich in sein Arbeitszimmer. An seinem Gesichtsausdruck konnte ich ablesen, was mich erwartete. Dennoch war ich schockiert. Er lehnte meinen Vorschlag rundweg ab. Die Patas seien bereits erforscht. Bei ihnen gäbe es nichts wirklich Bedeutendes mehr zu untersuchen, erklärte er. Ich pflichtete ihm bei, daß Halls Arbeit wirklich erstklassig sei, doch hatte er die Patas nur sechs Monate hindurch beobachtet. Wir hielten jedoch eintausend Beobachtungsstunden für das Minimum. Hall hatte wichtige Fragen aufgeworfen, aber auf viele fehlten uns noch die Antworten. Ich hielt meine Darlegung der Sachlage für sehr überzeugend.

Als ich genug Mut gesammelt hatte, um Washburn wieder unter die Augen zu treten und ihn nach seinen Vorschlägen zu fragen, fühlte ich mich wirklich miserabel.

PAVIANE! Ich traute meinen Ohren nicht. Was meinte er, Paviane? Sie waren die am häufigsten untersuchte Art unter allen Primaten. Sie bildeten die Grundlage für das bestehende Modell der frühen Hominiden, an welchem ich meine Zweifel hatte. Ich konnte mir nicht vorstellen, was über Paviane noch erfahren werden sollte.

Unter den gegebenen Umständen blieb mir nur ein einziger Ausweg. Ich faßte den Entschluß, jene Fragen zu retten, die ich anhand der Patas klären wollte, und sie für Paviane zurechtzuschneidern.

Ich habe nie erfahren, weshalb Washburn die Paviane akzeptierte und die Patas nicht; jedenfalls bezweifle ich, daß er sich dessen bewußt war, welch einen fruchtbaren Weg er mir mit der Arbeit an den Pavianen wies.

Damals war ich allerdings nicht begeistert. Aus den Vorlesungen, die ich besucht hatte, wußte ich etwas über Paviane. Die Paviane, die ich in Filmen und im Zoo gesehen hatte, hatten mich nicht beeindruckt. Sie besaßen nichts vom ansprechenden Reiz der Patas. Genau gesagt verkörperten sie in der Literatur des Mittelalters die abstoßenden, bösen Geister, niemals gute. Auch heute noch gilt unter Menschen die Bezeichnung „Pavian" als schwere Beleidigung. Weder in Kenia noch im übrigen Afrika werden sie zu den wildlebenden Tieren gerechnet und schon gar nicht als schützenswert oder gar wertvoll erachtet. Vom Standpunkt des Gesetzes sind sie Schädlinge. Aber ich mußte zugeben, daß diese Einstellung eine Anerkennung für ihren Erfolg als Art bedeutete. Bis vor kurzem, sagte man mir, habe es in Afrika noch mehr Paviane als Menschen gegeben. Wie auch immer, Paviane waren in großer Zahl anzutreffen. Ich konnte zwar ihren Erfolg bewundern, fragte mich aber dennoch, ob ich je imstande sein würde, ihnen gegenüber positivere Gefühle aufzubringen.

Da mein Interesse wissenschaftlichen Themenstellungen galt und keinen Kuscheltieren, sollte das, wie ich mir sagte, keine Rolle spielen. Schon oft in meinem Leben, sogar als Kind, hatte ich intellektuelle Freuden dafür eingesetzt, um eine unangenehme, schwierige oder bedrohliche Situation zu verändern. Vielleicht war dies auch beim Studium der Paviane möglich.

Meine Begeisterung stellte sich wieder ein, als ich meinen Arbeitsplan entwarf. Welche Mängel unser Verständnis der Paviane auch aufweisen mochte, so waren sie für die Interpretation der Stammesgeschichte des Menschen doch von entscheidender Bedeutung. Ich wollte das Pavian-Modell neu überprüfen, um herauszufinden, ob Paviane tatsächlich so waren, wie man sie beschrieben hatte.

Wie sollte ich an die Sache herangehen? Zwei Behelfe standen mir zur Verfügung. Erstens würde ich bei der Untersuchung neue Beobachtungstechniken anwenden. Sie waren exakter und systematischer als jene Methoden, die Washburn und die anderen Wissenschaftler zur Zeit der ersten Pavian-Untersuchungen für ausreichend gehalten hatten. Auch wollte ich sämtliche Individuen der Gruppe identifizieren, nicht nur die erwachsenen Männchen, wie die früheren Beobachter. Durch die Identifizierung aller Individuen sowie durch die Beobachtung einer repräsentativen Auswahl, durch den gleichen Beobachtungszeitraum für Männchen und Weibchen sowie durch die Anwendung der neuen Beobachtungstechniken hoffte ich bestimmte Vorurteile auszuschalten, die unbewußt in das bisherige Bild der Pavian-Gesellschaft eingeflossen sein mochten. Vielleicht konnte ich etwas mehr über das Rollenverhalten von Männchen und Weibchen innerhalb der Gruppe erfahren.

Washburn vertrat die Ansicht, daß Beobachtung allein nicht genüge. Wenn ich herausfinden wollte, wie wichtig die Männchen für die Gruppe waren und welche Rolle die Weibchen spielten, würde ich zu experimentieren haben. Gegen Ende meiner Beobachtungsstudie beschloß ich, alle Männchen einzufangen und für eine gewisse Zeit gefangen zu halten. Auf diese Weise könnte ich erkennen, wie sich die zurückbleibenden, nicht eingefangenen Weibchen verhalten würden. Wer würde den Trupp führen, die Ordnung aufrechterhalten, ihn beschützen? Wohin würde sich die Gruppe wenden, wie würde sie mit den benachbarten Pavianen auskommen?

Während der VW Kekopey immer näher rumpelte, hoffte ich nur noch, daß sich die National Science Foundation, jene Stelle, die mein Projekt finanzierte, klar darüber war, wofür sie ihr Geld ausgab. Ich führte alle notwendigen Arbeitsutensilien mit mir: Fernglas, Tonbandgerät, Kameras, Fachbücher über Primaten und Arbeiten über die bisherigen Pavian-Studien. Aber würde das genügen? Rückblickend habe ich den Eindruck, daß es sich um eine seltsame Mischung aus intellektueller Inbrunst, Naivität und vollkommener Ahnungslosigkeit darüber, was Leben in Afrika bedeutet, handelte, die aus dem gesamten Unternehmen meiner Reise nach Kekopey lediglich eine weitere Umdrehung des akademischen Mühlsteines machte.

Eine Woche später lehnte ich mich im klaren, heißen Badewasser zurück und dachte über Afrika nach. Die Badewanne, die wie ein Sarkophag aussah, war fast zwei Meter lang. Ich mußte meine Zehen ausstrecken, um mit dem Kopf nicht unter Wasser zu rutschen. Die Badewanne war eine von vielen Überraschungen der ersten Woche im Roten Haus – oder „Kiserigwa", wie es in Suaheli heißt. Das Rote Haus war von den Besitzern von Kekopey für einen Aufseher der Ranch errichtet worden, der sich nicht lange gehalten hatte, war dann leer gestanden und danach Bob Harding und seiner Familie geschenkt worden, als er 1970 zum Studium der Paviane hierher kam. Es war überholungsbedürftig: Türknöpfe fehlten ebenso wie die Fensterscheiben, und als einzige „Einrichtung" gab es Ablagerungen von Fledermauskot.

Es war ein lustiges Haus voller Ungereimtheiten und hatte schon bessere Tage erlebt. Auf Grund der mächtigen Steinmauern und der Menge Fenster war es kühl und luftig. Die ursprünglich weiß getünchte Wand im Inneren war mit einem schmutzigbraunen Film überzogen – einer Mischung aus den Dämpfen des kerosinbetriebenen Kühlschranks sowie des mit Holz befeuerten Ofens. Das Haus hatte einmal über elektrischen Strom und einen Telefonanschluß verfügt, aber beide Anschlüsse waren im Verlauf der letzten zwanzig Jahre verschwunden. Die Küche prunkte mit einem prachtvollen limonengrünen Dover-Ofen, und die arg zerkratzten Fußböden zeigten Reste immer noch schöner Parkette. Abends gaben Kerzen und Sturmlaternen Licht. Der Ofen lieferte heißes Wasser. Wenn er mehrere Stunden hindurch brannte, gab es genügend Heißwasser für ein luxuriöses Bad oder für mehrere kurze mit weniger Wasser. Gehacktes Holz bildete den Brennstoff für das Kochen sowie für das Erwärmen des Wassers. Die Wäsche wurde in der Badewanne gewaschen und mit einem Holzkohleeisen auf einem wackeligen Bügelbrett gebügelt.

Verglichen mit dem Großstadtleben in Kalifornien war das hier ein spartanisches Leben. Im Vergleich zu einem Zelt unter einem Akazienbaum irgendwo im Nirgendwo war es jedoch schierer Luxus. Der seltsame U-förmige Grundriß des Hauses zwang einen dazu, auf dem Weg ins Badezimmer oder in das kleinere Schlafzimmer das große Schlafzimmer zu durchqueren. Im Augenblick kam mir das Haus etwas überfüllt vor. Mein Gastgeber Matt Williams und seine Frau teilten das große Schlafzimmer. Ich war gekommen, um Matt abzulösen, der seinerseits Bob Harding abgelöst hatte. Wir alle waren Studenten von Washburn. Ich teilte das kleine Schlafzimmer mit drei anderen. Lynda war ebenfalls eine Dissertantin aus Berkeley. Sie erforschte die Schwarz-weißen Stummelaffen und hatte bisher noch keine Unterkunft gefunden. Tim Ransom war einer meiner Freunde aus Berkeley. Er hatte soeben am Gombe-Strom in Tansania, wo Jane Goodall Schimpansen beobachtete, seine Psychologie-Dissertation über Paviane abgeschlossen. Er hatte sich entschlossen, Naturfotograf zu werden und machte nun Aufnahmen im Auftrag von *National Geographic.* In ein drittes Bett hineingequetscht schlief Matts kleine Tochter. In diesem Schlafsaal war kaum genug Platz, sich zu rühren; deshalb war ich dafür dankbar, heute einmal allein zu sein. Die anderen waren alle nach Nakuru – etwa fünfundvierzig Minuten entfernt – gefahren, um Vorräte einzukaufen.

Ermöglicht wurde die Arbeit mit den Pavianen durch Joab, unseren Abaluya-Hausdiener und Koch in einer Person. Ohne ihn wäre ein Großteil des Tages für normale Hausarbeit aufgegangen. Joab, nicht mehr jung, war klug und freundlich. Er hatte mich bereits bei meinem ersten Anfall von Ruhr versorgt, hatte leise an meine Tür geklopft und mir einen Krug Wasser ins Zimmer gebracht. Durch Gesten forderte er mich zum Trinken auf, denn er wußte besser als ich, daß die schlimmsten Beschwerden, die mich quälten, eine Folge des Flüssigkeitsverlustes waren. Und er hatte recht.

Das grellorangefarbene Äußere des Roten Hauses schien fehl am Platz. Das Haus lag auf einem Hügel und war gegen Blicke von unten her durch ein dichtes Gestrüpp hoher Leleschwa-Sträucher geschützt. Die Aussicht nach allen Richtungen hin war herrlich. Auf einer Seite lag der Mau-Abfall des Rift Valley mit vulkanischen Ausläufern, die eine Annäherung verhinderten. Einer dieser Spitzen, der Eburru, dampfte an kalten Tagen. Auf der anderen Seite lag ein stufenförmiger Abhang, der sich entlang der gesamten Länge von Kekopey erstreckte. Jenseits der Grasland-Hochebenen konnte ich gerade noch den Elementeita-See erblicken. Sein seichtes, alkalisches Wasser glich einem schimmernden, von einem breiten, rosafarbenen Band eingefaßten Spiegel. Tausende rosaroter Flamingos lebten, durch die zahlreichen Algen angezogen, an diesem See. Das Panorama wurde durch eine Reihe kleiner Hügel über den Verwerfungen oberhalb des Sees vervollständigt. Das war Gili Gili – das Quellgebiet der Flüsse und des Wassers für Kekopey. Das Wasser floß durch ein unterirdisches Rohrsystem von etwa vierundzwanzig Kilometern Länge von einer heißen Quelle zu einer Pumpstation und dann entlang der Klippen hinauf bis zum Roten Haus und weiter.

Die Aussicht von der Badewanne durch die hoch eingesetzten Fenster wurde zu einem meiner Lieblingsausblicke. Ich konnte im Wasser liegen und in den unermeßlichen Himmel blicken, der zu jeder Jahreszeit die Landschaft beherrschte. Es war September, der letzte der kalten, trockenen und bewölkten Wintermonate. An diesem Tag bildeten die Wolken gewaltige weiße Kissen, die den tiefblauen Himmel nur zum Teil verhüllten. Sogar das gefilterte Licht ließ mich in meinem Bad noch blinzeln.

Ich dachte über Matt nach. In der Graduate School hatte ich ihn nur flüchtig gekannt. Als großer Geschichtenerzähler und Feinschmecker-Koch schien er zum Feldforscher ebensowenig geeignet wie ich. Sein wissenschaftliches Interesse galt der Kommunikation der Primaten.

Um in die Pumpenhaus-Bande eingeführt zu werden, waren Tim und ich auf Matt angewiesen. Wir hatten eine ganze Woche gebraucht, um sie zu finden. Erst dann verstand ich Matts Zusicherung, daß der Trupp, der seit 1970 von zwei Dissertanten beobachtet worden war, mittlerweile daran gewöhnt war, beobachtet zu werden.

„Du willst *aussteigen?*" fragte er ungläubig. „Aussteigen? Aus dem *Bus?*" Es war nämlich der weiße VW-Bus, den die Affen akzeptiert hatten – nicht die Menschen. Wie Matt es darstellte, lauerte überall Gefahr. Da waren Giftschlangen, bösartige Warzenschweine, die einen lieber mit ihren Hauern aufspießen würden als einen anzusehen, verrückte Büffelmännchen, die – mit verirrten Kugeln gespickt – bereit waren, an jedem Menschen, dem sie begegneten, ihre Rache zu vollziehen. Und da gab es sogar große Raubtiere. Matt blieb hart: Wir durften den Bus nicht verlassen.

Zuerst nahm ich an, daß wir aus echter Sorge um unsere Sicherheit so vorsichtig waren, als wir auf der Suche nach den Pavianen auf Kekopey herumfuhren. Es machte mir nicht viel aus. Ich war von der Schönheit der Gegend und von den Tieren hingerissen. Allmählich lernte ich sie rascher zu erkennen: Herden von Zebras, Thomson-Gazellen, Impalas und Elen-Antilopen. Zuerst konnte ich nur die größten Tiere ausmachen und ich hatte Mühe, die verschiedenen Arten auseinanderzuhalten. Während der letzten beiden Tage dieser Woche begann ich aber auch die kleineren, weniger ins Auge fallenden Geschöpfe zu erkennen: die bis etwa dreißig Zentimeter hohen Dikdiks oder das nur knapp größere rötliche Steinböckchen; Füchse mit Fledermausohren und Schabrackenschakale. Rehantilopen und Klipspringer waren auf den grauen Granitfelsen wunderbar getarnt. Zu den häufiger vorkommenden Tierarten zählten Warzenschweine, Schliefer, Mungos und noch eine andere Rehantilopen-Art. Ich sah sehr wenige Rinder. Hätte es nicht Wassertröge und Drahtzäune gegeben, hätte ich das für die freie Wildbahn Afrikas gehalten und nicht für eine kommerziell geführte Ranch.

Vögel belebten den Himmel; nicht die kleinen braunfarbenen, die mich in Kalifornien gelangweilt hatten, sondern strahlend gefärbte; die kleinsten und die größten, die ich je gesehen hatte. Als erste erkannte ich grün-weiß-orangefarbene Bienenfresser, orange-schwarz-weißfarbene Wiedehöpfe und lila-türkis-weißfarbige Gabelracken. Sogar die Stare waren wunderschön. Prachtvolle Greifvögel ließen sich vom Aufwind die Höhe tragen und bauten ihre Nester auf den Felsvorsprüngen. Aber auch häßliche Vögel gab es hier: Riesige Hornraben, deren erschreckend rote Kehllappen auf den unheimlich schwarzen Brustfedern ruhten, und Marabus, deren kahle Köpfe, mächtige Schnäbel und herunterhängende Kehlsäcke, sich von ihren schönen Hals- und Schulterfedern, die in den Zwanziger Jahren von ausgeflippten Typen als Boas verwendet wurden, abhoben.

Es gab auch Paviane – in weiter Ferne. Bob Harding hatte sich für Kekopey entschieden, nachdem er sich in anderen Gegenden Kenias und Tansanias umgesehen hatte. Louis Leakey, der viele Jahre lang in der nahegelegenen prähistorischen Fundstätte Kariandusi gearbeitet hatte und Kekopey gut kannte, hatte Bob hierher dirigiert. Kekopey brachte für Bob Vorteile. Es lag äußerst günstig, nicht weit von der zweispurigen Straße, die von Nairobi nach Uganda und durch die nahegelegene Stadt Gilgil führt. Gilgil hatte unter britischer Herrschaft seine Blütezeit erlebt, besaß zwei Militärlager sowie eine Vielzahl von Geschäftsläden. Nun gab es wesentlich weniger Annehmlichkeiten, obwohl die kenianische Armee die beiden Camps übernommen hatte. Genaugenommen war Gilgil nur ein Dorf. Es gab vier Straßen, die von Reihen kleiner Geschäftslokale – *Dukas* genannt – gesäumt waren, in welchen überall die gleichen Dinge verkauft wurden: Zucker, Konservendosen, Milch, Tee, Kaffee und noch ein paar andere wichtige Dinge. Eine im Ort ansässige Bäckerei backte gelegentlich Brot und der zweimal wöchentlich abgehaltene Eingeborenenmarkt offerierte Früchte und frisches Gemüse. Zwei Städte lagen in der weiteren Umgebung: Nakuru und Nairobi, etwa 30 bzw. 100 Kilometer entfernt. Etwa im Jahre 1972 war die Einwohnerzahl von Gilgil auf ein paar hundert Menschen geschrumpft. Große Ranches und kleinere Farmen dehnten sich nach verschiedenen Richtungen aus. In südlicher Richtung, um Kekopey, lebten nur wenige Menschen; das Leben in freier Wildbahn gedieh. Andernorts war das Land in kleinere Parzellen aufgeteilt. Mehr Menschen bedeutete gleichzeitig weniger frei lebende Tiere.

Von Gilgil führte eine schmutzige Straße zum Roten Haus. Auf Kekopey lebten – von den Rinderhirten abgesehen – nur wenige Leute. Sogar die Besitzer, die Coles, waren nicht immer anwesend.

Die Coles gehörten zu den ersten weißen Siedlern im Hochland von Kenia und spielten in der Geschichte dieser Gegend eine große Rolle. Die vorige Generation, Berkeley und Galbraith, werden in Tania Blixens *Afrika – Dunkel lockende Welt* genannt. Das Haus der Coles lag etwa 12 km vom Roten Haus entfernt, am nördlichen Ende von Kekopey. Dieser elegante Landsitz ersetzte den ursprünglichen kleinen Bungalow als Haupthaus der Farm. Das Haus war voll von Antiquitäten; einige davon stammten sicherlich aus der Zeit um die Jahrhundertwende.

Arthur Cole besaß eine liebenswerte Art, vor sich hinzumurmeln. Auf Grund dieser Angewohnheit wirkte er bei all seinem Charme stets ein wenig geistesabwesend. Er war schwerhörig, ein Leiden, das er mit vielen Weißen seiner Generation in Kenia teilte und darauf zurückzuführen war, daß keiner von ihnen beim Schießen mit Elefantenbüchsen einen Gehörschutz verwendet hatte. Er lehnte es ab, ein Hörgerät zu tragen. Wenn er jemanden nicht verstehen konnte, so war das dessen Problem.

Tobina Cole war groß und mager, trug Levis-Jeans und Stiefel und war ungeheuer tüchtig. Man erzählte mir, daß ihre Mutter einen beachtlichen Ruf als Unabhängigkeitsfanatikerin besessen hatte und einmal zusammen mit einer Freundin rund um den gesamten Turkana-See, den heutigen Rudolfsee, einen gewaltigen See im kahlen und trockenen Norden Kenias, marschiert war. Sie überlebten, indem sie eine Ziegenherde vor sich hertrieben, Ziegenfleisch aßen und aus den Fellen Schuhe fertigten. Man munkelte, daß sie zu einer Bande von Rowdys gehört hätte, die in der behelfsmäßigen Grenzstadt Nairobi die Straßenlampen zerschoß.

Die Coles führten Kekopey nach dem Prinzip der Arbeitsteilung. Arthur leitete die Ranch, indem er sich um die Wasserversorgung kümmerte, neues Weideland erschloß und große Gebiete mit Drahtzäunen umgab, die unter Hochspannung standen. Tobina kümmerte sich um das Vieh. Sie kreuzte heimische mit importierten Rassen. Die Rinder von Kekopey waren sowohl schöne Tiere als auch widerstandsfähig gegen heimische Krankheiten. Jomo Kenyatta, der erste Präsident der Republik Kenia, betrachtete Kekopey als Musterbeispiel und sandte ausländische Besucher dorthin, um ihnen die Möglichkeiten des Landes vor Augen zu führen.

Ich war beeindruckt und fasziniert zugleich. In gewisser Weise waren mir die Coles ebenso fremd wie das Leben in freier Wildbahn auf Kekopey oder die bodenständige afrikanische Kultur. Ein besonderes Vergnügen war eine Einladung zum Tee. Wir saßen um einen prachtvollen, drei Meter sechzig langen Tisch und tranken Tee, den Tobina aus einer silbernen Teekanne aus König Georgs Zeiten goß. Dazu gab es köstliches selbstgebackenes Teegebäck, Brot, Marmelade und Kuchen. Tadellose Diener in weißen Uniformen mit scharlachrotem Kummerbund und Fes bedienten uns umsichtig. Die Coles und ihre Gäste trugen Jeans oder Shorts und Stiefel, die oft von Staub und Kot bedeckt waren und nach Bauernhof rochen, aber ihre Hände und Gesichter waren wenigstens immer frisch gewaschen.

Die Coles liebten das Leben in freier Wildbahn und waren stolz auf die vielen wildlebenden Tiere auf Kekopey. Nur die großen Raubtiere, Raubkatzen und Hyänen, galten als bedrohlich und wurden „entfernt", sobald sie zu einer Plage wurden. Arthur und Tobina hatten sich bereit erklärt, auf Kekopey Forscher, auch Pavianforscher zu dulden – eine Einstellung, die unter Grundbesitzern eher unüblich war. Über ihre Einstellung gegenüber Pavianen war ich mir jedoch nicht im klaren. Ihre Bemerkungen reichten von glattem Desinteresse bis zu offener Feindseligkeit. Paviane abzuknallen galt in der Zeit vor der Aufnahme der Pavianbeobachtungen als beliebter Zeitvertreib. Es galt als durchaus sportlich, da die Affen geschickt waren und die Jäger auszutricksen versuchten. Sogar jetzt noch hielten es die Coles für angebracht, Paviane abzuschießen, wenn sich diese mit ihren Hunden einließen.

Ich wandte mich Matt zu und erwartete, daß er die Tiere verteidigen würde, sei es auch nur unter dem Gesichtspunkt seiner eigenen Forschungsarbeit. Er sagte kein einziges Wort. Ich fühlte mich eingeschüchtert, mein Magen war noch immer empfindlich, und ich war nicht in der Lage, die Verteidigung zu übernehmen. Außerdem vertraten die Coles vermutlich einen gewissen Standpunkt. Alles in allem waren Paviane wenig bezaubernd, aber dennoch fühlte ich mich bei dem Gedanken, Primaten aus sportlichen Gründen einfach abzuknallen, ausgesprochen unwohl.

Ich plantschte im rasch abkühlenden Badewasser und zerbrach mir über das Problem den Kopf. Heute waren wir endlich auf die Pumpenhaus-Bande gestoßen. Natürlich konnte ich keinen Pavian von einem anderen unterscheiden, aber sogar ich konnte den Unterschied hinsichtlich der Toleranz dieses Trupps erkennen. Alle anderen Paviane waren schon beim bloßen Anblick des Busses geflüchtet. Als wir drei mit der Beobachtung begannen, hatte ich das Gefühl, als ob ich gar nicht existieren würde. Matt wandte sich mit all seinen Kommentaren direkt an Tim, obwohl ich die Arbeit an den Pavianen übernehmen sollte. Schließlich richtete ich eine gezielte Frage an Matt: Könnten wir den Bus nicht ein wenig näher heranfahren? Der Trupp war etwa sechsunddreißig Meter von uns entfernt, und auf diese Entfernung wirkten die Tiere wie Dutzende brauner, über das Grasland verteilter Klumpen.

Oh ja, wir könnten schon näher heranfahren, ohne daß der Trupp davonlaufen würde, sagte er; aber wer weiß, was die Tiere dann tun würden. Mit dem Bus? Ich wunderte mich.

Ich mußte mich mit der Entfernung abfinden. Während Matt Tim Anekdoten von afrikanischen Gefahren, denen er gerade noch entkommen war, erzählte, saß ich da und beobachtete mit meinem Fernglas die Paviane. Ich hatte das unheimliche Gefühl, ein Voyeur zu sein, in die Intimsphäre der Paviane einzudringen und ohne Erlaubnis ihr geheimstes Verhalten auszuspionieren. Die Pumpenhaus-Bande wechselte geordnet von einer Tätigkeit zur nächsten über. Das Alltagsleben schien einer fest umrissenen Routine zu folgen: Schlafen, danach soziale Kontakte, gefolgt von Fressen, Ausruhen und weiterem Fressen sowie erneutem Ruhen. Dazwischen waren gesellschaftliche Aktivitäten eingeflochten, vor allem während der mittäglichen Ruhepause und kurz bevor für sie der Tag auf den Schlafklippen zu Ende ging.

Jede Art von Tätigkeit setzte sich aus vielen einzelnen Teilen zusammen und langsam erkannte ich, wie kompliziert jede für sich tatsächlich war. Das Fressen nahm die meiste Zeit in Anspruch. Ich hatte erwartet, mich zu langweilen – wie spannend ist es schon einer Kuh beim Grasen auf der Weide zuzusehen? –, die Paviane hingegen waren jedoch faszinierende Fresser. Jetzt erkannte ich, was Washburn mit der Wendigkeit der Primatenhand gemeint hatte. Die flinken Pavianfinger waren überall, zupften Grashalme ab, gruben Wurzeln aus und wählten das winzigste Kräutchen, das aus dem Schutz des Bodens hervorragte. Blüten, Knospen, Sprosse, Beeren, Samen und Schoten wurden allesamt Opfer dieser gefräßigen Affen. Sie schienen einfach alles, was sich oberhalb des Erdbodens befand, zu fressen. Erst später entdeckte ich, wie selektiv sie vorgingen, wie hervorragend sie die nahrhaftesten Teile, die jede Pflanze zu den verschiedenen Jahreszeiten bot, auswählten. Ihre Hände besaßen sowohl Kraft als auch Genauigkeit. Die Gegenüberstellbarkeit von Fingern und Daumen war hier, in der Savanne, ebenso wichtig wie vor Millionen Jahren, als winzige ursprüngliche Primaten ins Blätterdach des Waldes hinaufkletterten. Manche Nahrung mußte aus felsenhartem Boden gegraben, andere geschält oder entkernt werden. Die Affen nahmen ihre Zähne zu Hilfe und für gewöhnlich endete es mit einer Menge Abfall, der teils über den Boden verteilt war, teils in ihrem langen Gesichtshaar baumelte.

Ihre Freßstellungen wechselten: Am einfachsten war es an einem Platz sitzenzubleiben; das ging aber nur, wenn sich in Armeslänge eine Unmenge Futter befand. Oft rückten die Paviane auf ihren Hinterteilen von einem Futterplatz zum nächsten. Grasspitzen ließen sich am einfachsten im Stehen ernten. Der Wechsel von einem Standort zum nächsten bedeutete nur selten Zeitverschwendung, da sich gewöhnlich auch unterwegs etwas Eßbares fand.

Manche Variationen dieser Grundthemen waren lustig anzusehen. So schien ein mittelgroßes Kleines zu faul, um aufrechtzusitzen. Es lag flach auf dem Bauch, das Kinn auf dem Boden, und rupfte das Gras ab, das sich vor seinen Augen befand. Wollte es das Futter jedoch ins Maul stecken, mußte es unglückseligerweise den ganzen Kopf auf- und abbewegen, da sein Kiefer ja fest auf dem Boden auflag. Viele Paviane nahmen eine Groucho-Marx-Haltung ein, wobei sie beide Hände zum Futtern frei hatten. Ich wußte nicht, ob das von der Anziehungskraft der besonderen Nahrung oder von der benötigten Nahrungsmenge abhing, oder ob dahinter die Angst stand, von einem dominierenden Tier vom Futterplatz vertrieben zu werden.

Offensichtlich teilten die Affen miteinander keine Nahrung, nicht einmal eine Mutter mit ihrem Kind. Bei näherem Hinsehen entdeckte ich allerdings nur wenig, das zu teilen gewesen wäre; weder ein Grashalm noch eine kleine Frucht, eine Blüte oder eine Wurzel waren dafür groß genug.

Fressen und Ruhen gehörten zusammen. Die Ruhestellungen waren wesentlich charakteristischer als die Freßhaltungen. Eine beliebte Stellung war jene mit angezogenen Knien, ruhig im Schoß gefalteten Händen und auf die Brust gesenktem Kinn. Manchmal lehnte sich ein Affe im Sitzen gegen einen Felsen oder einen Baum, bis er fast lag. Große Männchen entdeckten gelegentlich einen großen, im Schatten gelegenen Felsen und legten sich auf ihrem Rücken nieder. In dieser Stellung wirkten sie besonders verwundbar, da Kinn, Hals, Brust, Bauch und Geschlechtsorgane ungeschützt waren. Mütter ruhten mit den in ihren Schoß gebetteten Babys, beide Arme zum Schutz leicht um sie geschlungen. Oft wurde in kleinen Grüppchen gerastet. Mehrere Paviane saßen mit den Flanken oder mit den Rücken gegeneinander, oder hielten mit Händen, Schwänzen oder Zehen Kontakt zum Nachbarn.

Während die einen ruhten, pflegten die anderen die Geselligkeit. Wenn sich der Trupp nicht in Bewegung befand, nützten die Kleinen diese Gelegenheit zum Spielen. Auch Grooming war alltäglich. Sogar mit meinem unerfahrenen Auge konnte ich erkennen, was ich in der Theorie gelernt hatte: Grooming wurde intensiv ausgeführt und hatte mehrere Aufgaben zu erfüllen. Die wichtigste war die Hygiene. Der aktive Grooming-Partner entfernte Insekten, Grasborsten, Schmutz und Räude. Grooming half Wunden sauber und luftzugänglich zu halten, so daß sie schneller heilten. Außerdem wurde so verhindert, daß aus dem dichten, groben Fell eine unangenehme, verfilzte Masse wurde. Paviane pflegen sich zwar auch selbst, bringen jedoch wenn möglich einen anderen dazu, dies für sie zu tun. Grooming stellt keineswegs eine ekelhafte Gewohnheit dar, als welche es von vielen Menschen vom Mittelalter bis heute angesehen wurde, sondern ist vielmehr äußerst wichtig, um bei einem Leben in der Wildnis gesund zu bleiben.

Grooming stellt jedoch auch eine bedeutende soziale Tätigkeit dar, einen Vorwand für Einzelwesen, einander nahezukommen, einen Weg, um Gefühle der Zuneigung für andere zu entwickeln oder zu verstärken. Ein Blick auf ein beliebiges Paar, das sich in gegenseitigem Grooming befand, veranschaulichte den Grund. Das beim Grooming passive Tier war völlig entspannt, oft sogar dem Einschlafen nahe und genoß die einer guten Massage gleichkommende Behandlung. Sollte einer bestimmten Stelle besondere Aufmerksamkeit geschenkt werden, so wurde diese dem aktiven Partner geradezu unter die Nase gehalten. Oft bezeichnete ein ausgestreckter Arm, ein Bein oder ein geneigter Kopf jene Stelle, die als nächste gepflegt werden sollte. In der Regel war Grooming eine gegenseitige

Angelegenheit, wie dieses Prinzip aber funktionierte, war mir vorerst noch nicht klar. Es schien, daß fast jeder einen passiven Grooming-Partner besaß als auch einen, der ihn aktiv pflegte.

Ich stellte fest, daß ich eine Menge versäumte, wenn ich mich im Bus befand. Es war mir unmöglich, alle Geräusche zu hören, subtile Gesten mitzubekommen oder festzustellen, ob bei den Interaktionen der Paviane Gerüche eine Rolle spielten. Ebensowenig war es möglich, einem Individuum zu folgen, wenn es innerhalb des Trupps eine größere Distanz zurücklegte oder hinter einem Busch, einem Kamm oder in den Klippen verschwand.

Was hielt Matt von den Schwierigkeiten, die sich daraus ergaben, Paviane vom Bus aus zu beobachten? War er wirklich davon überzeugt, auf diese Art Kommunikation studieren zu können? Auch andere Dinge wollte ich ihn fragen. Verstand er nach einem Jahr Arbeit mit der Gruppe die komplexen Vorgänge, die da vor sich gingen? Wer entschied, wohin der Trupp zog oder was er fressen sollte? Wie fanden sich die Grooming-Partner zusammen? Warum teilten die Paviane kein Futter miteinander?

Widerwillig stieg ich aus der Badewanne. Ich kam zu dem Entschluß, daß Matt für meine Fragen nicht die richtige Person war. Ich fragte mich, ob er Paviane einfach nur nicht leiden konnte. Vielleicht teilte er die Einstellung der Coles und wollte auf Distanz bleiben – nicht aus Angst, sondern weil Paviane uns irgendwie verunsichern. Verstandesmäßig erkennen wir, daß wir diesen Tieren durch ihr Verhalten und unsere biologische Evolution verbunden sind. Obwohl sie uns einerseits faszinieren und eine Herausforderung für uns darstellen, sind wir andererseits peinlich berührt und bedroht – heute ebenso wie in Viktorianischer Zeit, als Darwin die Welt mit seiner neuen „Fakten"-Sammlung konfrontierte.

Während der nächsten Tage hielt ich an meiner Anschauung fest, als wir die Pumpenhaus-Bande vom weißen VW aus beobachteten. Während Matt über Aggression und männliche Vorherrschaft sprach, beobachtete ich die Affen. Angesichts seines Kommentars erwartete ich eine Anzahl von Auseinandersetzungen zwischen Männchen – nicht unbedingt offene Kämpfe, aber zumindest ernsthafte Bluffs. Die Gruppe blieb friedlich. Matt wies mich eigens auf sechs große Männchen hin. Ihm lag besonders an Big Sam, „dem Scheusal", wie er ihn nannte. Dann machte er mich aufmerksam, daß sich Rad auf ein anderes Männchen namens Sumner zubewegte. „Jetzt gibt's gleich etwas zu sehen", verkündete er. Aber wir sahen nichts.

Als ich beboachtete, dachte ich an die Aufgabe, die vor mir lag. Wie sollte es mir gelingen, die Tiere auf diese Entfernung auseinanderzuhalten? Einige hatte ich bereits zu erkennen gelernt. Seltsamerweise war es für mich schwierig, zwischen den erwachsenen Männchen zu unterscheiden, obwohl es nur wenige gab. Die Tiere, die ich wiedererkannte, waren Weibchen. Ihr Gehabe, ihr Körperbau und ihre Zeichnung schienen mir ziemlich verschieden. Die wenigen Dinge, die ich über Paviane wußte, halfen mir bei der Identifizierung. Ich konnte den Trupp wenigstens nach Altersstufen und Geschlechtern auseinanderhalten. Das Alter von Pavianen stellt eine Kombination von tatsächlichem Alter und erreichter Entwicklungsstufe dar. Die Jungen kommen schwarzgefärbt zur Welt und werden mit etwa sieben Monaten pfefferfarben. Etwa mit einem Jahr zeigen sie dann die Färbung der Erwachsenen – eine Mischung aus braun, grau und olivgrün. Jugendliche Weibchen umfassen das Alter von zwei bis viereinhalb Jahren oder bis zum Zeitpunkt ihrer ersten Hitze. Demgegenüber sind männliche Paviane im Alter von zwei bis etwa sechs Jahren juvenil; dann haben sie etwa die Größe erwachsener Weibchen erreicht. Es folgt die Zeit der Adoleszenz; Tiere dieser Entwicklungsstufe werden manchmal auch subadult genannt. Bei den Weibchen beginnt sie mit dem Beginn der Pubertät, mit dem ersten Sexualzyklus und endet etwa im Alter von sechs Jahren mit der Geburt des ersten Jungen. Nun sind sie erwachsen. Bei den Männchen beginnt die Adoleszenz etwa im Alter von sechs Jahren und dauert ungefähr bis zum Alter von zehn Jahren, bis ihr Wachstum abgeschlossen ist. Im Laufe dieser Zeit entwickeln sich die männlichen Eckzähne, die Hoden senken sich ab und vergrößern sich und der Schulterhaarmantel erreicht seine volle Größe.

Die Pumpenhaus-Bande war damals ein Trupp von sechzig Tieren: sechs erwachsene Männchen, siebzehn erwachsene Weibchen sowie siebenunddreißig unreife Paviane. Auf Kekopey gab es noch andere Paviantrupps, aber Matt hatte offenbar keine Ahnung, wie viele es waren bzw. wie viele Tiere sie jeweils umfaßten.

Je mehr sich meine Fähigkeiten entwickelten, um so größer wurden auch meine Zweifel an Matt. Einige Male war ich sicher, daß sich er bei der Identifizierung geirrt hatte. Er hielt Beth für Harriet, Marcia für Frieda. Anfangs dachte ich freilich, daß *ich* mich irrte. Dieter, den mir Matt als männliches Pavianbaby vorgestellt hatte, half mir dabei, Selbstvertrauen zu gewinnen. Wo, fragte ich mich, war Dieters Penis? Ich wußte, daß die Penisse bei Kleinkindern nicht schwer zu erkennen waren. Schließlich rannte ein ganzer Haufen schwarzer Kleinkinder vor uns herum, und sie alle besaßen das, was wie ein fünftes rosa Beinchen aussah. Ich wechselte mit Tim ein Wort unter vier Augen. Nachdem er ein paar Minuten durch das Fernglas geblickt hatte, bestätigte er meine Vermutung. Tim und ich tauften Dieter in Deirdre um, ohne Matt etwas davon zu sagen.

Rückblickend gesehen bemerke ich, daß Matt mir einen großen Dienst erwiesen hat. Auf mich alleine gestellt, konzentrierte ich mich ganz auf die Paviane und begann mir meine eigenen, unabhängigen Gedanken zu bilden. Wenn ich mir überlegte, was ich alles sah und was nicht, so war ich sogar stärker davon überzeugt, daß ich mich selbst zwischen den Pavianen herumbewegen mußte, um eine gute Untersuchung durchzuführen. Matts „Leistung" bestärkte mich darin. Seine Ängstlichkeit ließ meinen Ansatz von Mut stärker erscheinen. Wenn ich mich alles in allem mit ihm verglich, so gewann ich Zutrauen, daß ich es schaffen würde, daß ich wild lebende Paviane untersuchen konnte.

Am Abend vor Matts Abreise saßen wir im Bus, als die Tiere eine steile Klippe zu ihren Schlafsimsen hinaufkletterten. Ich fragte mich, wie sie es fertigbrachten, während ihres langen Schlafs nicht herunterzufallen. Sie schienen alle die schmalsten Simse in den steilsten Wänden zu bevorzugen. Einzeln oder in kleinen Grüppchen ließen sie sich für die Nacht nieder. Langsam wurde es dunkel und allmählich entzog sich der Trupp meiner Beobachtung, da er vollständig mit den Felsen verschmolz. Ich senkte das Fernglas. Es war ein ganz besonders friedlicher Augenblick.

Matt startete den Motor und stieß einen glücklichen Seufzer aus. Sein begeisterter Tritt auf das Gaspedal und sein vergnügtes Summen verrieten, was er fühlte: Nur noch eine Nacht in Afrika!

2. Zwei Neuankömmlinge

Zwei Neuankömmlinge stießen etwa gleichzeitig zur Pumpenhaus-Bande. Beide bemühten sich um Aufnahme und beide wurden zunächst auf Distanz gehalten. Einer der beiden besaß allerdings einen Riesenvorteil: Er war ein Pavian.

Zuerst bemerkte ich Ray – wie er später heißen sollte – überhaupt nicht. Ich war viel zu beschäftigt. Matt Williams war abgereist und ich war zum ersten Mal allein und entschlossen, seine Lieblingstheorie zu überprüfen. Ich verließ soeben den Bus, um zu sehen, was geschehen würde. Klopfenden Herzens hielt ich den VW in der üblichen Entfernung zum Trupp an. Ich öffnete die Tür, glitt zu Boden und ließ mich im Schatten des Wagens im Gras nieder. Alle sahen auf. Ich erstarrte zu Stein und schaute weg. Für einen Pavian bedeutete ein direkter Blick eine Drohung. Sechzig Augenpaare richteten sich auf mich. Ich wartete. Die Luft war klar und lieblich, durchdrungen vom Lärmen der Vögel und Insekten.

Vor mir lagen die Schlafklippen. Es war früh am Morgen und die Tiere waren eben erst heruntergeklettert und hatten sich auf der darunter gelegenen Wiese verteilt. Ich riskierte einen verstohlenen Blick, und als dieser keinen Alarm auslöste, begann ich sie ernsthaft zu beobachten, bis einige Tiere in der Nähe etwas dagegen hatten. Ich sah weg. Ungefähr eine Stunde lang spielten die Paviane und ich dieses schüchterne Spiel. Danach konnte ich sie beobachten, ohne daß sie darauf reagierten. Ich hob mein Fernglas, wobei ich sorgfältig darauf achtete, daß es nicht in der Sonne spiegelte. So weit, so gut. Dann stand ich auf. Das war ein Fehler. Die Paviane stoben in alle Richtungen auseinander.

Ernüchtert und um mein Glück am ersten Tag nicht zu überbeanspruchen, kletterte ich wieder in den Bus zurück und begann mit der täglichen „Volkszählung", wie Matt es mich gelehrt hatte. Ich mußte mich noch immer äußerst konzentrieren, um die Paviane auseinanderzuhalten. Ich begann mit den Männchen. Mir am nächsten befand sich Radcliff oder Rad, wie wir ihn nannten, ein überaus elegantes Männchen mit einer langen Schnauze, die in einer Spitze endete, die an die berühmte Nase des Cyrano de Bergerac erinnerte. Als nächsten suchte ich Carl, dann Sumner, das wahrscheinlich älteste Männchen der Pumpenhaus-Bande. Die übrigen waren zu weit entfernt, um sie eindeutig identifizieren zu können. Da sie aber größenmäßig die anderen überragten, zählte ich sie einfach ab. Vier, fünf, sechs, sieben. Sieben! Ich mußte mich geirrt haben. Es gab nur sechs Männchen in der Pumpenhaus-Bande.

Ich manövrierte den Bus etwas näher heran und zählte noch einmal, wobei ich jeden Pavian dem Namen nach identifizierte: Carl, Rad, Sumner, Big Sam, Arthur, Little Sam – und X. Ich hatte mich nicht geirrt, es gab tatsächlich einen Fremdling bei der Pumpenhaus-Bande. Da ich nun alles genau sehen konnte, wurde mir klar, daß etwas Ungewöhnliches im Gange war. Das fremde Männchen saß unbeweglich und still am Rand der Gruppe und versuchte – wie ich – so unauffällig wie möglich zu erscheinen. Alle Augen waren auf ihn gerichtet. Niemand fraß, spielte oder pflegte sich.

Die jugendlichen und die erwachsenen Weibchen bildeten einen Halbkreis um das neue Männchen. Hier und da schoß eines der Kleinen auf ihn zu, verlor dann aber die Nerven und eilte wieder an seinen Platz zurück. Ich näherte mich Zentimeter für Zentimeter und sah mir den Fremden an. Ray war eindrucksvoll. Ich fand alle Männchen ziemlich beeindruckend. Ihre fünfundzwanzig Kilogramm schweren Körper kamen auf Grund ihres mächtigen Schulterhaarmantels noch mehr zur Geltung. Rays Schultermantel war an den Spitzen goldfarben; im Gegenlicht schien er wie von einer Aura umgeben. Seine eleganten schwarzen Hände sahen, ruhig gefaltet, wie gestochen aus. Er schien jung zu sein, denn seine dunkle Schnauze war im großen und ganzen glatt; nur wenige Narben am Haaransatz zeugten von früheren Auseinandersetzungen. Die Form seiner Brauen, die irgendwo zwischen einem V und einer geraden Furche lag, verlieh ihm einen munteren und intelligenten Ausdruck. Er wirkte robust und kraftvoll und in bester Verfassung.

Ich richtete mich für einen langen Arbeitstag ein. Bevor ich Ray entdeckte, hatte meine Aufgabe darin bestanden, Paviane zu identifizieren. Für meine Aufzeichnungen ging ich noch einmal alle sechs Pumpenhaus-Männchen durch und überprüfte zweifach ihre Identität, indem ich sie sowohl mit Matts Beschreibungen als auch mit meinen eigenen unzulänglichen Skizzen verglich. Einige der Männchen waren leichter zu entdecken als andere. Big Sam etwa besaß ein schiefes Lächeln, das offenbar auf irgendeine Gesichtsverletzung zurückzuführen war. Das ließ ihn immer ein wenig drohend erscheinen. Jetzt war es höchste Zeit, mich mit den erwachsenen Weibchen zu beschäftigen. Einige von ihnen waren leicht zu erkennen. Peggy besaß zum Beispiel einen leicht erkennbaren Schwanz und das dunkle „V" auf ihrer Stirn sowie einige ihrer Angewohnheiten waren innerhalb des Trupps einzigartig. Auch Naomi war ein leicht zu identifizierendes Weibchen, weniger auf Grund besonderer Kennzeichen, sondern weil sie sich immer an der Peripherie der Gruppe herumtrieb. Die Paviane schlossen sie nicht aus, ihr Einzelgänger-Dasein schien vielmehr ein vollkommen freiwilliges.

Ich sollte erkennen, welch ungeheure Konzentration es kostete, die übrigen Weibchen auseinanderzuhalten. Es handelte sich dabei um ein Unternehmen von Vergleichen und Ausschließen, das im Endeffekt Wochen in Anspruch nahm. Die Erwachsenen – bei den Weibchen im Alter zwischen sechs und vierunddreißig Jahren, bei den Männchen von zehn Jahren bis Mitte der Zwanzig – machten weniger als die Hälfte des Trupps aus. Der Rest – Babys und Jugendliche – glich einander sehr in Größe und Gestalt. Zum Glück waren die jüngsten Babys leicht zu identifizieren, da sie sich in der Nähe ihrer Mütter aufhielten. Obwohl sie alle faltige rosa Gesichtchen, große rosa Ohren und flaumiges, kohlschwarzes Haar besaßen, mußte man anfangs nur ihre Mütter sowie das Geschlecht und Alter des Kleinkindes identifizieren. Wie ich am Beispiel von Dieter/Deirdre gelernt hatte, war das Geschlecht in diesem Alter leicht zu bestimmen: Männliche

Paviane werden mit Penissen geboren, die sowohl ihrer Länge als auch ihrer Auffälligkeit nach etwas an einen Arm oder ein Bein erinnern.

Schwieriger war es, die große Zahl der zwei- bis vierjährigen Jugendlichen zu identifizieren, geschweige denn deren Geschlecht. Die riesigen Penisse der männlichen Babys schienen völlig verschwunden, so daß nur das Muster der verhärteten Sitzpölsterchen (Gesäßschwielen) zwischen Männchen und Weibchen zu unterscheiden half. Die Männchen besitzen einen einzigen durchgehenden Wulst, der in der Mitte unterhalb des Schwanzes eine zentrale Erhöhung aufweist, während bei den Weibchen zwischen den beiden Wülsten eine kleine Lücke für die Geschlechtsöffnung ausgespart ist. In den folgenden Wochen verbrachte ich viel Zeit mit dem Versuch, meine Blicke auf Hinterteile zu schärfen. Wie bei den Erwachsenen, waren es auch bei den Jugendlichen die Schwänze, die es mir schließlich erlaubten, Einzeltiere zu identifizieren. Krumme Schwänze, stumpfe Schwänze, Schwänze in Form von Buchstaben, buschige Schwänze und dünne Schwänze – die Vielfalt der feinen Unterschiede war erstaunlich.

Während ich Einzeltiere zu erkennen lernte, begann ich auch zwischen ihren Verhaltensformen, deren Zahl ich anfangs für unzählige hielt, zu unterscheiden. Glücklicherweise waren viele von ihnen in der Literatur über Paviane bereits gut definiert worden. Ein Weibchen „präsentiert" sich einem Männchen, wenn es sich ihm nähert und ihr Hinterteil seinem Gesicht zuwendet. Normalerweise schnuppert das Männchen dann an ihm, um festzustellen, ob es sexuell empfänglich ist. Zwei Männchen können sich einander ebenfalls, ohne jegliche sexuelle Absicht zu hegen, präsentieren. Die gleiche Art der Begrüßung wird auch häufig von Weibchen, Jugendlichen und sogar von Babys ausgetauscht, wenn ihnen das möglich ist. Eine Liste von Verhaltensweisen, ein sogenanntes Ethogramm, zu erstellen, ist immer etwas Ermüdendes. In diesem Fall hatte es noch etwas Komisches, da ich mich anstrengen mußte, mit dem „menschlichen" Sprachschatz das Verhalten der Paviane so genau als möglich zu beschreiben.

Ich stieß auf eine Fülle von Schwierigkeiten. Was bedeutete der Blick, den Ray Sumner zuwarf? Als Sumner Rad von einem mit Früchten behangenen Grewia-Baum vertrieb, schienen Rads Augen Blitze zu sprühen. Er hatte seine Augenbrauen hochgezogen und seine Augen sehr weit aufgerissen, so daß die Sonne seine hellen weißen Lider zum Aufblitzen brachte. Es war ein vernichtender Blick und vollkommen klar in seiner Bedeutung. Handelte es sich dabei um eine „Open-eye"-Drohung, wie es andere Forscher genannt hatten? Nach vielem Hin und Her nannte ich es treffend, beschreibend und ohne jegliche anthropomorphe Interpretationsmöglichkeit „Augenlid-Blitz". Ich konnte mich später entscheiden, ob sich diese beiden Termini auf ein und dasselbe bezogen.

Da ich nun einige Einzeltiere identifizieren und zwischen manchen ihrer Verhaltensweisen unterscheiden konnte, war es leichter, in den Interaktionen der Paviane einen Sinn zu erkennen. Wenngleich ich bereits ein wenig Bescheid darüber wußte, welche Babys zu welchen Müttern gehörten, so besaßen offensichtlich auch die älteren Kleinkinder und Jugendlichen Familien, ebenso wie die subadulten und die erwachsenen Männchen und Weibchen. Von den erwachsenen Männchen und einigen subadulten Männchen, die aus anderen Gruppen kamen, waren alle miteinander verwandt. Ich mußte herausfinden, wieviele Familien es hier gab und wer zu welcher Familie gehörte.

Zu diesem Zweck mußte ich den persönlichen Vorlieben, die jeder einzelne Pavian an den Tag legte, höchste Aufmerksamkeit widmen. Die Kommunikation war das Entscheidende. Jede Seite der Körpersprache schien bedeutungsvoll. Die Kommunikation der Paviane drückte in erster Linie den *Gemütszustand* des betreffenden aus. Wo sie standen, welche Körperhaltung sie einnahmen, was sie mit Händen, Augen und Schwänzen taten – alles war wichtig. Ihre Gefühle wiederum erzählten mir etwas über verwandtschaftliche Beziehungen. Es gab freundliche Begrüßungen und aggressive Drohungen. Schritt für Schritt begann ich Assoziationen zu knüpfen, aber ich wußte, daß jeder Verdacht immer wieder bestätigt werden mußte. Pflegte das juvenile Männchen Sherlock das erwachsene Weibchen Anne regelmäßig? Verhielt er sich gegenüber ihrem Kleinkind Andy als Beschützer? Ruhte, wanderte, fraß und schlief er in erster Linie gemeinsam mit ihr? Oder gar ausschließlich? Wenn dem so war, so bestand die Möglichkeit, daß sie miteinander verwandt waren. Ich begann hypothetische „Familien" zu rekonstruieren. Es war, als würde man einen Stummfilm ohne Untertitel sehen. Zunächst verfolgt man jede einzelne Handlung für sich, bis sich mehr und mehr Zusammenhänge zeigen.

Heute, nachdem ich mich aus dem Bus herausgewagt hatte, war ich immer noch auf die allerwichtigsten Grundlagen erpicht. Die Sonne stand genau über mir und wanderte langsam dem Horizont zu. Ich schwitzte. Nur selten hatte ich mich so lange konzentriert. Kopf und Körper schmerzten, aber ich war hellwach wegen der Gefahren, vor denen Matt mich gewarnt hatte, und weil ich Rays unvermeidlichen Angriff auf die Männchen der Pumpenhaus-Bande erwartete. Wann würde er handeln?

Langsam brach die Dämmerung herein. Der Trupp bewegte sich in kleinen Gruppen auf die Schlafklippen zu. Ray trottete weit hinterdrein. Wir hatten den Tag beide mehr oder weniger auf die gleiche Art verbracht, indem jeder dem Trupp gegenüber höfliche Distanz wahrte.

Am nächsten Tag war Ray immer noch bei der Pumpenhaus-Bande. Wieder nahm er eine Position ein, die mich an einen Dirigenten erinnerte, der im Halbkreis von hingebungsvollen Musikern umgeben ist. An diesem Tag und an vielen weiteren war er der beobachtete Außenseiter, dessen zurückhaltende Anwesenheit bald als selbstverständlich erachtet wurde.

———

Da ich mir um Ray keine Sorgen mehr zu machen brauchte und nicht länger seine Aggression erwartete, fühlte ich mich auch in meiner eigenen Rolle wohler. Nichts, was ich tat, geschah rasch. Es dauerte einige Monate, aber allmählich bewegte ich mich näher heran, bis ich schließlich – zu Fuß – innerhalb des Trupps selbst landete. Ich war froh, daß ich meine Untersuchung in der Zeit der kurzen Regengüsse begonnen hatte. Das Leben der Tiere verlief faul und verschwenderisch zugleich und die an mich gestellten physischen Anforderungen waren sehr gering. Die Paviane wanderten nur wenig umher; sie verbrachten den Großteil des Vormittags damit, auf den Klippen zu ruhen, einander zu pflegen, zu spielen und soziale Kontakte zu pflegen. Am späteren Vormittag begann einer mit dem Abstieg zum darunter gelegenen Grasland und das Fressen begann.

Mittags wanderte der Trupp zu einer Wasserstelle in etwa eineinhalb Kilometer Entfernung. Ich folgte in sicherem Abstand, ebenso Ray. Nach einer Pause, die mit Trinken, Ausruhen, Grooming und Spielen verging, kehrten wir alle wieder zu einem anderen guten Futterplatz zurück, wo Ray wieder seine Position im Halbkreis bezog.

Das alles dauerte seine Zeit. Wochen und Monate vergingen, Jahreszeiten wechselten. Ray spielte noch immer die Rolle des wohlwollenden Außenseiters. Zwar ließ die Spannung etwas nach, aber jede Initiative kam von seiten der Gruppe und nicht von ihm. Gelegentlich wagte sich ein junges Weibchen, den Schwanz in „Präsentierhaltung" erhoben, an ihn heran. Alle diese subadulten Weibchen waren zwar sexuell empfängnisbereit, aber die erwachsenen Männchen der Pumpenhaus-Bande fanden offenbar weder sie noch ihre prallen roten Genitalschwellungen attraktiv. Sie zogen die weicheren, blassen der erwachsenen Weibchen vor. Die jungen Weibchen suchten Partner, wo immer es möglich war, aber alles, was sie fanden, waren Jugendliche und manchmal sogar Kleinkinder. Wenn sich eine von ihnen näherte, schüttelte Ray seinen Kopf von der einen Seite zur anderen, zog das Kinn zurück und machte Schlitzaugen, während er mit den Lippen schmatzte. Tim Ransom hatte dies den „einladenden" Blick genannt; ich übernahm diesen Ausdruck für mein Ethogramm. Aber nachdem Ray die Genitalschwellung des subadulten Weibchens geprüft hatte, saß er vollkommen ruhig und wartete, daß sie den nächsten Schritt unternehmen würde. Die eine oder andere faßte gelegentlich Mut, ihn zu pflegen, was er offenbar ungeheuer genoß. Er entspannte sich völlig hingegeben, und jeder Muskel, außer in jenem Teil des Körpers, den er soeben zur Pflege hinhielt, war erschlafft. Dies waren aber alles nur kurze Episoden. Die Weibchen waren nicht entspannt und kehrten, wenn Ray an ihnen nicht mehr sexuelles Interesse bekundete als die anderen Männchen, rasch wieder zum Trupp zurück.

Als sich Ray endlich in Bewegung setzte, geschah dies überraschend und in einer Weise, die ich nie erwartet hätte. Er näherte sich Naomi, einem Weibchen am Rande des Trupps, das mir schon früher, vom Bus aus aufgefallen war, da auch sie wie ein Außenseiter wirkte. Langsam und entschlossen ging Ray auf sie zu. Es schien, als brauchte Naomi ein paar Sekunden, um sich zu besinnen, und ich fragte mich, was in ihrem Kopf wohl vorgehen mochte.

Gebannt sah ich zu. Naomi erstarrte, als Ray näher kam und präsentierte sich ihm mit erhobenem Schwanz. Je näher er kam, um so rascher wechselten ihre nervösen Blicke auf ihn und von ihm weg. Im letzten Augenblick wurde ihr das alles zu viel. Sie stieß einen leisen Angstschrei aus, kauerte sich ein wenig zusammen und lief dann mit noch immer erhobenem Schwanz, das Gesicht zu einer „Angstgrimasse" verzogen, davon.

Ray, das Ebenbild des Wohlwollens, folgte ihr. Da ich ihn seit Monaten beobachtet hatte, wußte ich, daß sein stolzierender Gang soviel guten Willens bekunden sollte, als einem erwachsenen männlichen Pavian nur möglich war. Wieder sandte er seinen einladenden Blick, den er schon an den kleinen Subadulten erprobt hatte, und näherte sich, noch immer mit den Lippen schmatzend, das Kinn zurückgezogen, mit verengten Augenschlitzen. Er hatte nie Gelegenheit gehabt, an Naomis Hinterteil zu schnuppern, aber dennoch wußte er ebenso gut wie ich, daß sie sexuell nicht empfängnisbereit war, wenn man die flache Haut sah, die andernfalls eine Schwellung aufgewiesen hätte. Was wollte er also von ihr? Während seiner nächsten Annäherung fügte er seinen übrigen Gesten ein leises

Grunzen hinzu. Naomi schoß davon. Er versuchte es noch einmal und scheiterte abermals. Er gab auf und nahm seine Buddha-ähnliche Haltung wieder ein, diesmal aber wesentlich näher bei Naomi als je zuvor. Er beobachtete *sie*, nicht den Rest des Trupps – und ich machte es ebenso.

Naomi war nicht die einzige, die durch die Veränderung in Rays Verhalten beunruhigt war. Soweit ich es beurteilen konnte, hatte sie zwei Kinder – eine einjährige Tochter, Robin, und einen juvenilen Sohn Tim. Robin war zwar schon alt genug, um den Großteil des Tages mit ihren Spielgefährten und anderen Freunden zu verbringen, kam aber dennoch häufig zu Naomi zurück, um Rückhalt zu suchen, wenn die Spiele roh wurden, oder einfach, um still bei ihrer Mutter zu sitzen, den Körperkontakt zu genießen, in der Hoffnung gepflegt zu werden.

Nun nach Rays Aktion, lief Robin vergnügt, ohne irgendwelche Schwierigkeiten zu erwarten, auf Naomi zu. Daher bemerkte sie nicht gleich die geringfügige Veränderung in Naomis Körperhaltung, wie diese dasaß und fraß. Normalerweise hätte Robin versucht, in den Schoß ihrer Mutter zu krabbeln, in der Hoffnung, an einer Brustwarze zu saugen; plötzlich bremste sie aber abrupt. Irgend etwas stimmte nicht.

Als sie rund um Naomis Körper blickte, entdeckte sie Ray, der in der Nähe ruhig fraß. Er war *nahe!* Die Einjährige erschrak und sprang zurück, wodurch sie Naomi erschreckte, die sich rasch erhob, um festzustellen, was los war. Robins Blick folgend schloß sie, daß die Kleine durch Ray aus der Fassung gebracht worden war. Sie war auf Rays Anwesenheit zwar nicht erpicht, hatte sich aber soeben ein wenig zu entspannen begonnen, wenngleich er ihr erst seit etwa einer Stunde folgte. Erleichtert darüber, daß dies alles gewesen war, ließ sie sich wieder zum Fressen nieder. Sie vergewisserte sich jedoch, daß sie Ray ihren Rücken zuwandte, um sich so, auf die für sie einzig mögliche Art, wirkungsvoll seiner Anwesenheit zu versperren. Robin war von der Situation immer noch verwirrt und blickte fragend auf Naomi, dann auf Ray. Als sie erkannte, daß ihre Mutter zwar angespannt, aber nicht verängstigt war, beruhigte sie sich und schlief wenige Minuten später friedlich im Schoß ihrer Mutter ein, wobei sie ihren kleinen Kopf hintüber hängen ließ und die Brustwarze Naomis zwischen den Lippen hielt.

Mit Tim gab es eine ähnliche Szene. Er war bereits ein vollkommen entwöhnter Jugendlicher und wesentlich unabhängiger als Robin. Während des Tages kam er häufig, um bei seiner Mutter und seiner Schwester zu sitzen. Tim bemerkte Ray viel früher als Robin. Anscheinend befand er sich in einem Gefühlskonflikt, da er gerne bei seiner Familie sein wollte, vielleicht in der Hoffnung, daß Naomi ihn pflegen würde, während Robin schlief. Er hatte sich noch nie so nahe an Ray herangewagt, seit das fremde erwachsene Männchen erstmals aufgetaucht war. Damals, vor Monaten, war Tim ihm zwar entgegengelaufen, um ihn zu begrüßen, dann jedoch in Panik verfallen und davongelaufen, um ihn aus sicherer Entfernung zu beobachten. Nun näherte er sich vorsichtig seiner Mutter und bot ihr seine Flanke zur Pflege an, wobei er Ray zu ignorieren versuchte. Naomi reagierte nicht und fuhr fort mit beiden Händen Gras-Schößlinge in ihr Maul zu stecken. Tim rückte näher und blockierte dadurch die Strecke zwischen dem Boden und ihrem Maul. Naomi war aber entschlossen, sich durch niemanden beim Fressen stören zu lassen und glitt ein wenig zur Seite, worauf Tim sie, in der Hoffnung, daß sie es erwidern würde, zu pflegen begann.

In den folgenden Tagen besaß Naomi einen treuen Schatten. Zuerst machte sie das nervös und sah, ganz egal womit sie gerade beschäftigt war, häufig auf, um sich zu vergewissern, was Ray tat. Dieser folgte ihr geduldig Woche für Woche, hielt Abstand und saß äußerst artig ruhig da. Seine Ehrerbietung begann sich bald bezahlt zu machen: Immer mehr Mitglieder des Trupps verhielten sich ihm gegenüber entspannt. Sie traten aber noch immer nicht mit ihm in Beziehung. Mittlerweile war Ray eher ein vertrautes Stück Landschaft als ein reguläres Mitglied der Pumpenhaus-Bande geworden.

Dann, innerhalb eines Zeitraumes von zwei Tagen, gestaltete Ray seine Welt um. Es begann ohne großes Tamtam; bloß als eine weitere Episode der „Verfolgung" Naomis. Diesmal blieb Ray jedoch nicht in der üblicherweise tragbaren Entfernung sitzen. Er ging in freundlicher Art, grunzend, mit den Lippen schmatzend und so viele beruhigende Signale aussendend, als er nur konnte, weiter, bis er in Naomis persönliche Umgebung eingedrungen war. Sie war überrascht, wirkte aber eher wachsam als geängstigt. Warum näherte sich Ray ihr nach so vielen Wochen? Was wollte er? Würde sie seine freundschaftlichen Signale erwidern? Was empfand sie ihm gegenüber wirklich? Ihre Körpersprache schien beträchtliche Zwiespältigkeit zu vermitteln.

Mittlerweile war Ray bis auf Armeslänge herangekommen. Naomi erhob sich langsam und präsentierte ihm ihr Hinterteil. Als Ray sie zu berühren versuchte, wich sie aus, setzte sich aber kaum sechs Meter entfernt nieder, wartete und beobachtete. Blicke wurden gewechselt. Auch

Ray ließ Anzeichen von Nervosität erkennen, während er die Reaktionen der in der Nähe befindlichen Paviane überprüfte. Keiner sah zu, keiner schien auch nur im geringsten an dem Schauspiel, das sich in unmittelbarer Nähe ereignete, Interesse zu haben. Ray versuchte es wieder und wieder. Er wurde zwar nicht besonders ermutigt, aber Naomi schrie weder auf noch flüchtete sie allzu weit. Gegen Ende ihres fünfzehn Minuten dauernden Duetts saß Ray näher bei Naomi als je zuvor. Er war mit seinem Erfolg offenbar zufrieden – wenigstens für den Augenblick.

Am nächsten Tag ging Ray, wie ermutigt durch den Sieg des Vortags, sogar noch weiter. Monatelang hatte er versucht, Naomi zu berühren; da seine ersten Versuche sie aber sosehr erschreckt hatten, gab er sich damit zufrieden, so nahe als möglich bei ihr zu sitzen. Nun reagierte Naomi nur mehr wachsam und Ray nützte die Gelegenheit, um zum Ziel zu gelangen. Sie entzog sich seinen Annäherungen wesentlich langsamer und Ray begann schließlich mit einer Runde Grooming. Beide Partner waren nervös, und ihre Anspannung führte zu einer seltsam komischen Szene. Grooming-Partner stellen gewöhnlich die Verkörperung entspannten Glücksgefühls dar: Das Tier, welches gepflegt wird, scheint in eine andere Welt versetzt. Völlig dem Genuß des Körperkontaktes hingegeben, vertraut es dem aktiven Partner, daß dieser jeder Gefahr gegenüber wachsam ist. Obwohl er intensiv mit seiner Aufgabe beschäftigt ist, entspannt sich aber auch der pflegende Partner. Das ideale Friedenssymbol sollte nicht eine Taube, sondern zwei Paviane beim Grooming sein. Ray und Naomi reagierten auf den gegenseitigen Kontakt aber auf zwei einander widersprechenden Ebenen: Durch das Grooming wurden die dazugehörigen Entspannungsreflexe ausgelöst, die unerwartete Berührung zweier Individuen, die einander noch immer mit Vorsicht begegneten, schuf jedoch Spannungen. Naomi hielt sich nur mit Mühe wach, denn unbewußt verfiel sie in die Träumerei der Pflegestarre, schreckte aber dann vor irgendeiner sich eingebildeten Gefahr auf. Gefühlsmäßig erinnerte Ray an ein Jo-Jo. Er reagierte auf jede Veränderung in Naomis Muskelspannung und begleitete sie auf ihrem Zickzackkurs von Entspannung und Wachsamkeit. Trotz ihres anfänglichen Zögerns schien es, als hätte sie Ray im Verlauf der vergangenen Wochen verstehen gelernt, wenngleich es zwischen ihnen keine direkte Berührung gegeben hatte.

Ich erkannte, daß für Paviane jene Dinge, die nicht geschehen sind, fast ebenso wichtig sind, wie erfolgte. Die Tatsache, daß Ray Naomi nicht tyrannisiert hatte und auch gegenüber den Tieren in ihrer Nähe nicht aggressiv vorgegangen war, daß er sich beharrlich und dennoch geduldig gezeigt und – was am wichtigsten war – zur rechten Zeit die passenden freundlichen Gesten gesetzt hatte, milderte viele ihrer Ängste.

So erpicht Ray auf Naomis Aufmerksamkeit gewesen war, so war es nach diesem ersten Tag der Annahme doch sie, die zu Rays Schatten wurde. Seine Freundschaft zu Naomi bezog ihn in ihren Familienkreis ein. Er konnte in der Nähe Robins sitzen, wenn diese in der Nähe ihrer Mutter war, und sogar Tim gewöhnte sich an seine Anwesenheit. Rays Situation hatte sich grundlegend zum Besseren gewendet. Die Freundschaft hatte auch seine Stellung gegenüber dem Rest des Trupps verändert. Da er mit dem Stempel von Naomis Zuneigung versehen war, waren auch die anderen Paviane weniger besorgt.

Ich freute mich für Ray, war aber auch verwirrt. Ich hatte erwartet, daß er als neues Männchen innerhalb des Trupps damit beginnen würde, sich bereits am ersten Tag aggressiv zu verhalten und sich seinen Weg zum Zentrum der Gruppe zu erkämpfen, sich zu nehmen, was er wollte und sich mit Gewalt in den Vordergrund zu spielen. Falls ihm dies nicht gelingen würde, so vermutete ich, daß er abziehen und in einen anderen Trupp einzudringen versuchen würde. Ich hatte von Anfang an Aggression erwartet und war überrascht, als er sich einfach hinsetzte und zusah. Ebenfalls war ich verwundert, als sein erster Schritt der war, Naomi zu folgen. Noch mehr verblüffte mich, als er sich ihre Zuneigung eher durch List erwarb, als sie zu zwingen, sich unterzuordnen, was er auf Grund seiner mächtigeren Größe und Stärke leicht erreicht hätte. Nachdem ich monatelang auf die Explosion gewartet hatte, konnte ich endlich wieder ruhig atmen.

Nun hatte ich eine Menge Fragen. Ray war ebenso groß wie jedes andere Pumpenhaus-Männchen. Warum kämpfte er nicht mit ihnen? Warum lag ihm soviel daran, mit Naomi Freundschaft zu schließen? Weshalb sollte Naomi sein Entgegenkommen so langsam akzeptieren, wo sie doch nach dem ersten Kontakt an ihm genauso interessiert war wie er an ihr? Wann würden die anderen Männchen von Ray Notiz nehmen? Wenn die männlichen Paviane als „Kampfmaschinen" konstruiert waren – und diesen Eindruck erweckten sie tatsächlich –, wann kämpften sie dann? War das wirklich eine derartig friedliche Gesellschaft, wie es den Anschein hatte? Wenn ja, wie wurde dieser Friede erreicht?

Ray war mit seiner neu gewonnenen sozialen Position innerhalb der Gruppe nicht zufrieden; er wollte mehr. Er näherte sich einer Anzahl anderer Weibchen, um ihre Reaktionen zu testen. Die meisten von ihnen waren vorsichtig, wenngleich sie keineswegs so übertriebene Reaktionen zeigten, wie er sie im Verlauf seiner ersten Tage beim Trupp ausgelöst hatte.

Aus irgendeinem mir unbekannten Grund beschloß er schließlich als nächstes Peggy zu verfolgen. Sie war das ranghöchste Weibchen des Trupps und jenes mit der größten Familie. Im Alltagsleben der Gruppe spielte sie eine wichtige Rolle. Auch für mein Verständnis Pavianen gegenüber spielte sie eine besondere Rolle, da sie eines der ersten Tiere war, die mich nahe an sich heranließen. Bis zu ihrem Tod im Jahre 1982 – im Alter von etwa zweiunddreißig Jahren – war sie mein bester „Führer" zur Komplexität des Pavianlebens. Heute liegt Peggys Schädel auf meinem Fensterbrett – nicht als schaurige Erinnerung an ihren Tod, sondern als Symbol ihrer Bedeutung für meine Arbeit und mein Leben.

Peggy war im besten Alter, als Ray sein Interesse für sie bekundete. Unter allen Weibchen war sie für mich am leichtesten zu identifizieren, da ihre Erscheinung in jeder Hinsicht einmalig war. Ihr Schwanz war glatt und gerade und setzte in rechtem Winkel an ihrem Körper an. Kein anderes Tier besaß einen solchen Neigungswinkel oder eine derartige Gestalt. Auch ihr langes Gesicht war sehr charakteristisch. Auf dem Scheitel ihres Kopfes hatte sie einen V-förmigen Schopf schwarzen Haares; sie besaß eine äußerst spitze Schnauze und ihre linke Pupille war fast zur Gänze vom grauen Star verschleiert. Ich fragte mich, wie sich das auf ihr Sehvermögen auswirkte, aber ich entdeckte nur zwei Hinweise auf eine Beeinträchtigung ihrer Sehkraft. Was immer sie beim Pflegen eines anderen Pavians fand, wurde gründlich untersucht, indem sie es vor ihr gutes Auge hielt. Das tat kein anderer Pavian. Wenn sie ein Kleinkind untersuchte, hob sie es mit einer Hand vom Boden auf und senkte es dann wieder vor ihrem erhobenen Gesicht nieder, um es mit dem rechten Auge zu betrachten. Das amüsierte mich immer, obwohl ich nie sicher war, ob sie das Kleine tatsächlich untersuchte oder auf diese Weise mit ihm spielte.

Ray hätte sich kein besseres Weibchen auswählen können, um sich mit ihm zu befreunden – oder kein schlechteres. Peggy unterhielt nämlich auch eine enge Freundschaft mit zwei anderen Männchen, die beide, zumindest seit der Zeit, als Bob Harding seine Beobachtungen aufnahm, Angehörige der Pumpenhaus-Bande waren. Auch Naomi hatte, als Ray ihr den Hof machte, einen anderen Freund: Rad. Obwohl Rad mit Interesse zusah, wie sich die Beziehung entwickelte, wandte er seine Aufmerksamkeit einfach einer anderen seiner Freundinnen zu und hatte keine Einwände, als Ray schließlich zum entscheidenden Schritt ansetzte. Anscheinend gingen Rad und Ray einander gegenseitig aus dem Weg. Auch die übrigen Männchen ignorierten Ray und weigerten sich, seine Anwesenheit in der Gruppe zur Kenntnis zu nehmen, nachdem die ersten Tage der spannungsgeladenen Begrüßungen vorbei waren.

Rays Interesse an Peggy empörte ihren Freund Sumner. Er besaß ein sehr charakteristisches Gesicht. Sein Schwanz war an einer Stelle gebrochen, und irgendwo hatte er auch einen Teil davon verloren, so daß der Rest wie ein auf den Kopf gestelltes „J" aussah. Auf dem Kinn besaß er ein Muttermal und auch seine Schnauze war sehr rechteckig und sah eher sanft aus, da die Eckzähne entweder abgenützt oder abgebrochen waren. Er war ein stämmiges Männchen mit einer breiten Brust, aber ich war nie ganz sicher, wieviel davon Muskeln und wieviel Fell war.

Sumner und Peggy waren fast unzertrennlich. Wenn ich Peggy nicht finden konnte, brauchte ich nur nach ihm Ausschau zu halten, da sie sich zumeist in seiner Nähe aufhielt. Obwohl ich in meiner Beobachtung von Pavianen immer noch unerfahren war, konnte ich doch einen Unterschied im Verhalten zwischen Ray und Sumner feststellen. Offenbar war Sumner in allem, was gesellschaftliche Beziehungen betraf, besser. Seine Aktionen waren geschickter als die Rays. Wenn sie beide die gleichen Signale verwendeten, erwiesen sich doch die von Sumner als wirksamer.

Schon bald wurde es Ray – und mir – klar, daß Sumner über Rays Absichten keineswegs erfreut war. Er hatte nicht vor, einfach dazustehen und zuzusehen, wie Ray Peggy umwarb. Von dem Augenblick an, da er bemerkte, was Ray wollte, bewachte er Peggy eifersüchtig. Wenn er entdeckte, daß sich Ray auf Peggy zubewegte, schoß er aus jeder beliebigen Entfernung herbei, eilte an ihre Seite und stellte sich zwischen die beiden. Manchmal, wenn Ray zu nahe herankam, verscheuchte Sumner sogar Peggy.

Ray versuchte es immer wieder. Ich war fasziniert; nicht allein wegen des Schauspiels, sondern auch, weil ich einfach nicht verstehen konnte, was die Männchen taten. Ich konnte beschreiben, was tatsächlich vorging, und nach einiger Zeit konnte ich auch voraussagen, was geschehen würde. So beobachtete ich zum Beispiel Ray, und wenn er den Entschluß faßte, sich wieder einmal Peggy zu nähern, begann ich Sumner zu suchen. Ich erwartete, daß er Ray bereits auf dem Fuß folgte, und so war es denn auch. Wenn sich Rays Abstand zu Peggy auf eine gewisse Größe verringerte, konnte ich vorhersagen, daß Sumner einschreiten würde – und das tat er auch stets. Aber ich verstand nicht, weshalb. Ray war bestimmt so groß wie Sumner, aber jünger und bei besserer Gesundheit. Warum also nahm er sich Peggy nicht mit Gewalt oder trat Sumner mutig gegenüber? Dies verwirrte mich vor allem deswegen, weil Sumner, wie alle anderen Männchen der Pumpenhaus-Bande, offenbar Angst vor Ray hatte. Welche Rolle kam Peggy dabei zu? Sie schien Sumners Wünschen entsprechen zu wollen, wies aber Rays Annäherungen von sich aus nicht zurück; ja gelegentlich näherte sie sich Ray anscheinend sogar absichtlich.

Die Spannung stieg. Da Ray nicht nachgab, wurde Sumner immer nervöser und die beiden Männchen zeigten offener ihre Aggression. Zunächst war diese gering. Wenn Sumner seine Annäherung an Peggy störte, öffnete Ray mit weitem Gähnen sein Maul und zeigte ihm seine Eckzähne – eine typische, gegen ihn gerichtete Drohgebärde. Daraufhin stürzte Sumner auf Peggy zu und begann sie von Ray wegzustupsen, indem er einfach ganz nahe hinter ihr blieb und sie dabei vor sich her bewegte. Ray folgte. Wenn sie anhielten, um auszuruhen, blieb auch er stehen und wiederholte seine Drohungen. Er starrte Sumner an, gähnte, hob den Kopf und zeigte wieder seine Eckzähne. Dann fügte Ray seinem Gähnen einen Augenlid-Blitz hinzu. Sumner drehte sich um und behauptete seine Stellung. Mit völlig aufgestelltem Haar und dem weit geöffneten, grimmig aussehenden Maul bot Ray einen eindrucksvollen Anblick. Aber auch er wurde allmählich nervös; er kratzte sich an der Brust und blickte sogar während er seine Drohsignale aussandte, umher.

Das ganze zog sich über Minuten hin, die mir – und wahrscheinlich auch Sumner – wie eine Ewigkeit zu dauern schienen. Einer kurzen Verfolgung seitens Ray folgte eine ebensolche Erwiderung von Sumners Seite. Dann ging alles sehr schnell. Die beiden Männchen kämpften miteinander, wobei sie einander umkreisten und keuchende Grunzlaute ausstießen. Sumner schrie auf. Der Schrei eines erwachsenen Männchens stellt einen ernstzunehmenden Ausdruck von Angst dar – und ebenso rasch, wie es begonnen hatte, war plötzlich alles vorbei. Keines der beiden Männchen war verletzt und ich konnte nicht sagen, wer gewonnen hatte. Möglicherweise waren Sumner und Ray ebenso verwirrt, denn beide marschierten in verschiedene Richtungen davon und ließen Peggy allein zurück.

Ich war verblüfft und zitterte. Die Aggressionssignale, die Sumner und Ray ausgetauscht hatten, machten auf mich, ungeachtet dessen, daß ich ein Mensch war und ungeachtet der wissenschaftlichen Objektivität, mächtigen Eindruck. Obwohl der Streit für mich keine wirkliche Gefahr dargestellt

1. Kekopey-Ranch inmitten des Großen Rift Valley Kenias
2. Ein Männchen zeigt seine eindrucksvollen Eckzähne

3. Ray war eine Schlüsselfigur zum Verständnis der Männchen
4. Big Sam kopuliert mit Peggy
5. Kleinkinder machen sich daran, an den Bäuchen ihrer Mütter hängend zu reiten. Aus seiner Position bei Beth riskiert Benjy hier einen flüchtigen Blick

6. Männchen und Weibchen beim Fressen
7. Pavian auf den Schlafklippen
8. Männliche und weibliche Schädel zeigen eindrucksvolle Unterschiede

9. Mutter und Baby beim Trinken an einer Regenpfütze
10. Jugendlicher, an einer Akazie fressend
11. Naomi mit dem toten Hal
12. Rad, ein Mitglied der Pumpenhaus-Bande, mit Kleinkinder-Freunden

10 11

T. W. Ransom

13. Zwei schwarze Kleinkinder beim Spielen
14. Harriet versucht Naomis Kleinkind Nanci zu nehmen
15. Männliche Aggression – spektakulär doch selten
16. Kleinkind, auf dem Rücken seiner Mutter reitend

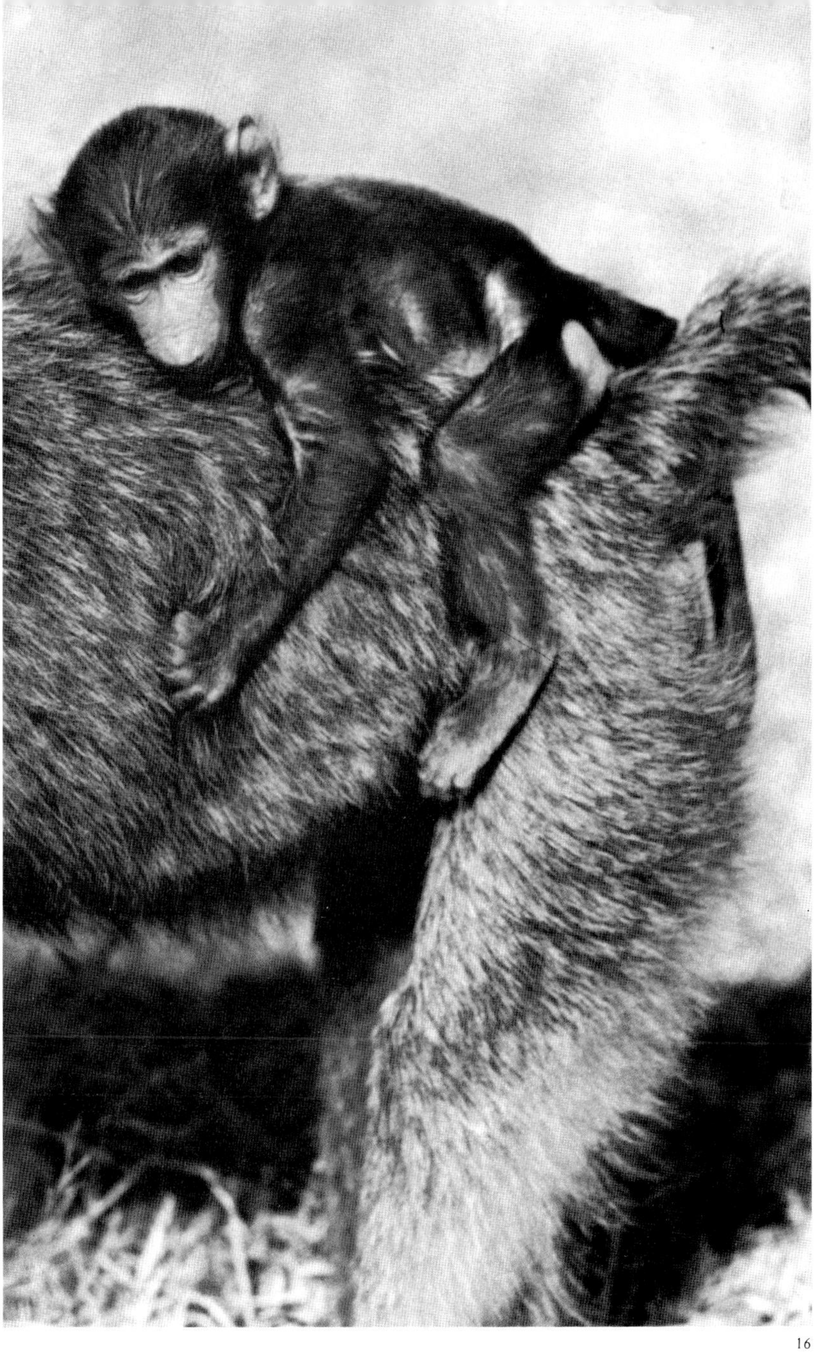

17. Schwarzes Kleinkind
18. Peggy hat Anteil an Sumners Gazelle

hatte, stieg mein Adrenalinspiegel, als ob ich daran selbst körperlich beteiligt gewesen wäre. Nach einigen Augenblicken beruhigte ich mich wieder und dachte über die Ereignisse nach. Ich konnte verstehen, weshalb Ray und Sumner gekämpft hatten – aber warum gerade jetzt? Warum nicht früher oder später? Warum hatte der Sieger Peggy nicht für sich beansprucht und wieso wurde niemand verletzt?

Zu diesem Zeitpunkt hatte auch ich mich bereits langsam, fast unmerklich – beinahe so wie Ray –, zum Zentrum des Trupps vorbewegt. Ich war immer darauf bedacht, wie ich mich bewegte und wohin ich trat und versicherte mich vor allem, daß ich nicht auf ein Kleinkind trat, das irgendwo halb versteckt im Gras sitzen mochte. Auch war ich immer sehr achtsam, wen ich ansah. Wenn ich mit einem Tier Aug' in Aug' war, senkte ich den Blick oder wandte den Kopf ab. Auf Grund dessen konnte ich trotz Wind und blendender Sonne keine Sonnenbrillen tragen. Als ich es doch einmal tat, schoß der erste Pavian, der mich mit Sonnenbrillen erblickte, in offensichtlichem Schrecken davon. Kein Wunder: Für sie waren nicht nur meine Augen verdeckt, wodurch die wichtige visuelle Kommunikation unmöglich gemacht wurde, die Brillengläser stellten für sie die größte Open-eye-Drohung dar, die sie je erlebt hatten. Vor allem aber mußte ich besonders sorgfältig darauf achten, wohin ich mich stellte – niemals zwischen zwei Tiere, die sich gerade in einer Interaktion befanden. Bis zu einem gewissen Grad hatte mir Naomi viele dieser Dinge beigebracht, denn über sie hatte ich Zugang zum Trupp erlangt. Die arme Naomi – zuerst Ray, dann auch noch ich! Aber solange ich mich ein gutes Stück hinter ihr aufhielt, nahm sie es mit Gelassenheit hin.

Nach Naomi folgte ich auch anderen Einzeltieren, wobei ich stets darauf achtete, niemandem zu nahe auf den Pelz zu rücken. Kollegen mit Erfahrung in der Feldarbeit hatten mir nahegelegt, mich stets graubraun anzuziehen und ja immer dieselben Kleider zu tragen. Das erwies sich als ein größeres Problem, als ich vermutet hatte. Wir befanden uns zwei Breitengrade südlich des Äquators und in über zweitausend Meter Höhe. Der Wind bedeutete zwar eine gewisse Erleichterung, stellte für meine ohnehin schon arg strapazierte Haut jedoch eine weitere Belastung dar. Da die Temperatur zwischen eisiger Kälte am frühen Morgen im Schatten der Schlafklippen und glühender Hitze unter der Mittagssonne schwankte, mußte ich mich in Schichten kleiden und mich dann jeweils aus diesen Hüllen schälen.

Pullunder, darüber Rollkragenpullover sowie Sweatshirt ergaben eine zwar auftragende, aber praktische Ausrüstung. Mit dem Sweatshirt gab es keinerlei Probleme, aber meine Kleidung darunter war farblich verschieden. Schließlich konnte ich nicht Tag für Tag dieselben schmutzigen Kleider anziehen.

Die Paviane schienen sich nicht darum zu kümmern, was ich anhatte, welche Farben es waren oder wie unterschiedlich ich von einem Tag zum anderen aussah, solange ich die einzelnen Schichten langsam abstreifte und sie nicht durch irgendwelche plötzlichen Bewegungen erschreckte. Mittlerweile kannten sie mich, was mich nicht überraschen sollte, wenn ich bedachte, daß sie unterschiedliche Typen einer Automarke auf eine Entfernung von eineinhalb Kilometern unterscheiden konnten. So rannten sie vor dem weißen Peugeot der Coles davon, nicht aber vor jenem der Nachbarn, der genau gleich aussah, allerdings ein Jahr jünger war. Später fand ich heraus, daß die Coles in ihrem Lastwagen gelegentlich Ridgebacks – große rhodesische Jagdhunde – transportierten, die manchmal aus dem Wagen sprangen und die Paviane attackierten. Wenn die Affen diese Unterschiede zu erkennen vermochten, dann wußten sie mit Sicherheit auch, wer ich war, wenn ich mitten unter ihnen stand, selbst wenn sie ein bestimmtes T-Shirt vielleicht noch nie gesehen hatten.

So wurde ich – blinzelnd und mit Sonnenbrand auf der Nase – zur unerschrockenen Pavian-Beobachterin, wanderte mit dem Trupp, wohin er ging, jonglierte mit Tonbandgerät, Notizblock und Fernglas, beobachtete, machte Notizen und dachte nach. Schließlich fühlte ich mich schon so wohl, daß ich eine „Großtat", über die ich schon tagelang nachgedacht hatte, in Angriff nehmen wollte. Nicht nur Paviane verspüren gelegentlich ein „menschliches Rühren". Anfangs zog ich mich zum Zwecke der „Erleichterung" hinter den VW zurück. Nun waren wir aber oft kilometerweit vom Bus entfernt, und ich haßte den Gedanken, auf dem Weg hin und zurück etwas zu verpassen.

Ich beschloß an Ort und Stelle auf die kleine Seite zu gehen. Ich bemühte mich, mich nicht rasch zu bewegen und ließ die Shorts hinunter. So weit, so gut. Plötzlich blieben alle Paviane rund um mich wie festgewurzelt stehen. Sie starrten mich verwundert an, als das Geräusch an ihre Ohren drang. Ich glaubte zu verstehen, was los war. Bis zu diesem Zeitpunkt war ich immer nur bei ihnen eingetroffen, hatte sie beobachtet und war wieder abgezogen. Sie hatten mich weder essen, trinken, ausruhen noch schlafen gesehen. Sie hatten sich nicht dazu verleiten lassen, mich für einen Pavian zu halten. Sie erkannten, daß ich ein Mensch war, waren aber nie zuvor einem Menschen so nahe gewesen und glaubten vielleicht, daß Menschen nicht auf die kleine Seite gehen müßten. Sie machten große Augen, aber keiner lief weg, und nachdem ich meine Shorts wieder hochgezogen hatte, verloren sie das Interesse. Das nächste Mal reagierten sie überhaupt nicht mehr. So wie sie sich allmählich in meiner Gegenwart entspannten, erging es auch mir. Dennoch war ich entschlossen, innerhalb des Trupps meine Rolle als „Null" weiterzuspielen, niemals mit den Tieren in Interaktion zu treten, geduldet zu werden und gleichzeitig unaufdringlich zu sein. Es war natürlich, daß ich mich ständig dabei ertappte, nach ihnen die Hand ausstrecken, ein Kleinkind berühren, die Einladung eines Jugendlichen zum Spielen erwidern oder ein Neugeborenes pflegen zu wollen, doch hätte es den Charakter meiner Untersuchung verändert, wenn ich mit ihnen in Interaktion getreten wäre. Obwohl ich eine Menge daraus lernen konnte, wie sich Tiere Menschen gegenüber verhielten, beruhte die von mir vertretene Einstellung auf der Überlegung, daß sich die wichtigsten Einblicke nur dann zeigen würden, wenn die menschlichen Beobachter die Paviane Paviane sein ließen und ihnen zugestehen würden, ihr Leben miteinander so unbeeinflußt wie möglich zu führen.

Ich gebe zu, daß die Sache mit Ray ein wenig anders lag. Ich vermutete, daß wir beide – in seinen Augen wie auch in meinen – eine besondere Beziehung zueinander hatten. Wir waren beide zur gleichen Zeit, mit der gleichen Geduld und Vorsicht in den Trupp eingetreten. Sicherlich wies auch die Art, wie wir innerhalb des Trupps akzeptiert wurden, eine Reihe von Parallelen auf. Eines Tages überraschte mich Ray. „Gesellschaftlich" gesehen befand er sich soeben am Ende einer ziemlich langen Durststrecke. Ich notierte gerade pflichteifrig seine Imponierduelle mit Big Sam und Sumner, als er sich ohne Vorwarnung umwandte und auf mich zuschoß. Ich war mehr verblüfft als erschreckt. Keiner der Paviane hatte sich mir gegenüber aggressiv verhalten, selbst dann nicht, wenn sie sich zueinander aggressiv verhielten. Das war übrigens – wie ich meinte – ein weiterer Vorteil, wenn ich mich in keine Interaktion mit dem Trupp einließ. Ich galt dann weder als Freund noch als Feind.

Doch dann kam Ray auf mich zu. Es war unmöglich, ihn mißzuverstehen, und in nur einigen langen Sekunden war mir klar, was vor sich ging. Ray bat mich dringend um Hilfe gegenüber den anderen Männchen!

Rasch überprüfte ich seine Gesten, um sicher zu gehen. Es gab keinen Zweifel: Er schlug mit der Hand auf den Boden und blickte zuerst auf mich, starrte dann die beiden Männchen und schließlich wieder mich an, um zu sehen, was ich tun würde.

Dieses stattliche, kräftige Männchen, das so hart darum kämpfte, Mitglied des Trupps zu werden, sprach irgendetwas in mir ungeheuer stark an. Ich hätte ihm liebend gern geholfen, aber ich durfte es nicht. Ich signalisierte ihm das dadurch, daß ich mich völlig abwandte und es Ray überließ, allein mit der Situation fertig zu werden. Plötzlich erkannte ich, wie sehr ich mich seit jenen ersten Tagen im Roten Haus verändert hatte. Ich war zäher, schlanker und tapferer geworden; der größte Wandel hatte sich aber in meiner Haltung gegenüber den Tieren vollzogen. Ray gewann seinen Kampf alleine, ich werde aber nie vergessen, welches Kompliment er mir gemacht hatte.

Der Tag endete, wie so viele vor ihm zu Ende gegangen waren. Der Einbruch der Dämmerung zeigte den Tieren an, daß es Zeit war, zu den Schlafklippen zurückzukehren. Am Tagesablauf hatte sich nichts verändert; *ich* hatte mich verändert. Mein Kopf war voll von neuen Fragen, mein Herz voll von neuen Gefühlen.

3. Peggy

Es hatte Monate gebraucht, doch nun war es soweit: Ich konnte nach Belieben innerhalb der Gruppe umherwandern, so als wäre ich unsichtbar. Ich konnte jeden einzelnen Pavian auf den ersten Blick identifizieren. Nun war ich bereit, mit dem Kernpunkt meiner Untersuchung zu beginnen, genaue Informationen über jedes einzelne Tier zu erhalten und ihre verwandtschaftlichen Beziehungen zu- und untereinander zu ermitteln. Um die Gruppendynamik zu verstehen, brauchte ich wie Ray einen Führer; wie Ray wählte auch ich Peggy.

Peggy war angesehen. Bei Streitigkeiten konnte sie einfach durch ihre Anwesenheit und durch Abwarten bekommen, was immer sie wollte: einen Leckerbissen oder ein gemütliches Plätzchen im Schatten. Sie war das ranghöchste Weibchen innerhalb des Trupps und oft wendete ihre Gegenwart das Blatt zugunsten desjenigen Tieres, das sie protegierte. Wenngleich ihr hinsichtlich Größe und Körperkraft jedes erwachsene

Männchen überlegen war, übte sie auf jedes einzelne Mitglied des Trupps doch einen beträchtlichen gesellschaftlichen Druck aus. Auch ihre Familie nahm unter allen Familien den höchsten Rang ein, eine Tatsache, die zu klären mich Monate beanspruchte. Ich hatte Glück, daß Peggys Familie leicht zu erkennen war, da ihr alle ähnlich sahen. Alle waren dunkelbrünett gefärbt und besaßen, obwohl vermutlich jeder einen anderen Vater hatte, die gleiche Gesichtsform und den gleichen Winkel zwischen Augenbrauen und Augen. Die Neigung der Familienmitglieder, ihre Zeit miteinander zu verbringen, war ebenso auffällig wie ihre körperliche Ähnlichkeit. Sogar vor der Geburt von Pebbles, ihrer Jüngsten, war Peggy im allgemeinen stets in Begleitung eines oder mehrerer ihrer Kinder oder Enkelkinder. Sie pflegte sie und wurde von ihnen gepflegt, während die anderen in der Nähe spielten. Wenn ein Außenseiter einen von ihnen bedrohte oder erschreckte, standen sogleich alle in Alarmbereitschaft – eine rasche Demonstration ihrer Solidarität.

Hier konnte ich beobachten, was sich oft bestätigte, daß die Mutter, die Matriarchin, dem jüngsten Mitglied der Familie die meiste Zeit widmet, die meiste Beachtung und den meisten Schutz entgegenbringt. Die älteren Kinder werden, von sorgfältig überlegten Wünschen abgesehen, kurz gehalten. Folglich entwickelt sich innerhalb jeder Familie eine Rangordnung. An der Spitze steht die Mutter, an zweiter Stelle das jüngste Kind, an dritter das zweitjüngste und so weiter – in umgekehrter Reihenfolge der Geburt. Was im Schoß der Familie beginnt und zunächst nur von der mütterlichen Intervention abhängt, entwickelt sich bald zu einem System, das auch ohne Unterstützung der Mutter funktioniert und im Erwachsenenalter fortbesteht.

In Peggys Familie war die Rivalität zwischen den Geschwistern anscheinend nicht so stark ausgebildet wie in anderen Familien. Zum Teil war dies eine Folge des Alters und des Altersunterschiedes zwischen den Kindern; Peggy war schon ein älteres Weibchen und ihre Fortpflanzungsrate hatte sich bereits gesenkt. Die Altersabstände zwischen ihren Kindern waren viel größer als im Durchschnitt: Thea war erwachsen, Paul subadult und Patrick juvenil. Die Zeitabstände zwischen ihnen konnten auf Kinder, die gestorben oder vom Trupp abgewandert waren oder auf Peggys sinkende Fruchtbarkeitsrate zurückzuführen sein.

Ich hatte den Eindruck, daß Peggys Persönlichkeit einen weiteren Grund für die besondere Zufriedenheit innerhalb dieser Familie darstellte. Sie war ein starkes, ruhiges, geselliges Tier, selbstsicher, nicht aufdringlich, eindrucksvoll, doch nicht tyrannisch. Verglichen mit manchen anderen Weibchen – bemerkenswerter Weise auch mit ihrer eigenen Tochter Thea – war Peggy „gesellschaftlich hochbegabt".

Als ich mit der Beobachtung des Trupps begonnen hatte, war Patrick ein Jahr alt gewesen und Pebbles noch nicht auf der Welt. Peggy behandelte Patrick gegenüber Paul und Thea bevorzugt, erlaubte ihm, bei ihr zu trinken, auf ihrem Rücken zu reiten und in ihrem Schoß zu schlafen. Das schien Paul nicht im mindesten zu stören. Er war nun bereits größer als seine Mutter und behielt, obwohl er alle anderen Weibchen des Trupps dominierte, Peggy gegenüber seinen untergeordneten Rang bei. Es handelte sich um eine von Gegenseitigkeit gekennzeichnete Mutter-Sohn-Beziehung. Peggy griff nur selten ein, wenn Paul daranging, seine Beziehungen zu anderen Männchen zu klären, eilte aber, wenn er sich wirklich in Schwierigkeiten befand, zu seiner Unterstützung herbei und begab sich oft selbst in echte Gefahr. In einem solchen Fall schien es, als ob sie das Blatt zu Pauls Gunsten wendete; sie machte aus Paul zwar keinen Sieger, verhinderte aber eine schlimme Niederlage.

Paul dankte ihr diesen Dienst – nicht oft, doch in entscheidenden Momenten. Gegenüber sämtlichen Weibchen des Trupps war Peggy dominant, so daß ihre Interaktionen mit ihnen mehr oder minder schon im vorhinein festgelegt waren. Wenn es auch nicht ihre Art war, die auf ihrem Rang beruhenden Vorrechte sooft als möglich in Anspruch zu nehmen, so erreichte sie, wenn sie irgendetwas wirklich wollte, ihr Ziel früher oder später. Dies galt nicht gegenüber den großen, erwachsenen Männchen des Trupps, die sich manchmal mit ihr anlegten. Die Unterstützung ihres subadulten Sohnes vermochte bei solchen Gelegenheiten eine Niederlage zwar nicht in einen Sieg umzukehren, linderte diese aber. Paul riskierte eine Menge, wenn er seiner Mutter beistand. Auf sich allein gestellt konnte er es mit keinem erwachsenen Männchen des Trupps aufnehmen und es besiegen, aber er versuchte es natürlich.

Etwas ganz anderes war Theas Verhältnis gegenüber Peggy. Gelegentlich suchte sie die Gesellschaft ihrer Mutter, die dann ihr liebster Grooming-Partner war, wogegen sie ein anderes Mal ihrer Mutter aus dem Weg zu gehen oder sie so völlig zu ignorieren schien, so daß die beiden nur schwer als Mutter und Tochter zu erkennen waren. Aber ob Thea nun ihre Mutter ignorierte oder um sie herumscharwenzelte, letztlich verließ sie sich auf Peggy, wenn sie in Schwierigkeiten steckte.

Genaugenommen war Thea ein Miststück. Innerhalb des Trupps nahm sie nach ihrer Mutter den zweiten Rang ein und machte davon tyrannisch Gebrauch. Sie war grundlos aggressiv und schüchterte andere Weibchen bei Gelegenheiten ein, die Peggy ruhig, mit einem rügenden Blick geklärt oder ihr Ziel einfach durch Annäherung und Abwarten erreicht hätte. Darüber hinaus steckte Thea ihre Nase fortwährend in die Angelegenheiten anderer. Wann immer Weibchen oder ein Jugendlicher in eine Auseinandersetzung verwickelt waren, war sie binnen Sekunden zur Stelle und warf ihr Gewicht bald zugunsten der einen, dann der anderen Partei in die Waagschale, wobei sie häufig, wie in einem Anfall von Schizophrenie, völlig unvorhersehbar die Seiten wechselte. Sie schaffte es des öfteren, die Kontrahenten geradezu von einer Beilegung ihres Konfliktes *abzuhalten.*

Wenn es dazu kam, eilte Peggy gelegentlich Thea zu Hilfe. Auf Grund ihrer Geltung wurde die Streitfrage auf der Stelle geklärt und Theas verwirrender Einfluß ausgeschaltet. Die meisten Mitglieder des Trupps machten um Thea einen weiten Bogen, so daß es dadurch weniger häufig zu solchen Situationen kam. Gelegentlich gelang es Thea jedoch, ein derartiges Durcheinander auszulösen, daß einige der erwachsenen Männchen eingriffen und sie sich in der Rolle des neuen Prügelknaben wiederfand. Peggy leistete ihrer Tochter, ebenso wie Paul, Hilfe, indem sie gewöhnlich das Zünglein an der Waage spielte, so daß sich Thea ohne Gesichtsverlust zurückziehen konnte.

Ich hätte nur zu gerne Theas zwiespältige Haltung ihrer Mutter gegenüber verstanden. Was dachte und fühlte sie? Was veranlaßte sie dazu? Was gestaltete ihre Interaktionen mit den anderen Weibchen so anders als bei Peggy? Beobachtung konnte mich nur bis zu diesem Punkt bringen. Was ich wirklich gebraucht hätte, war ein Interview!

Theas Kinder Tessa, Theodora und Thelma waren ihrer Großmutter gegenüber ebenso positiv eingestellt, wie Theas Haltung zwiespältig war. Vielleicht wurde dies zum Teil auf Grund von Theas Charakterzügen verstärkt. Ihr Mangel an Ruhe und ihr allgemein hoher Aggressionspegel wirkten sich gelegentlich auch auf ihre eigenen Kinder aus. Zweifellos schien sie weniger Zeit für ihre Töchter zu haben als andere Mütter.

Alle drei Enkelinnen suchten Peggy auf, die, was die Zeitdauer des Groomings anlangte, sehr großzügig war, so daß es manchmal so aussah, als besäße sie eine unglaublich große Anzahl von Kindern, während Thea kinderlos wirkte. Die Rangordnung innerhalb Peggys Familie war stabil und klar vorhersagbar. Peggy stand an der Spitze; ihr gleichgestellt war Paul. Es folgten Patrick und dann Thea. Von Theas Kindern rangierte

Thelma an erster Stelle. Als Jüngste war zumeist sie das Opfer von Theas unberechenbaren „Hilfsaktionen". Dann folgte Theodora. Tessa, die Älteste, nahm die niedrigste Rangstufe ein.

Was den Rest der Gruppe betraf, so war es gleichgültig, mit wem man sich anlegte. Jedem Mitglied von Peggys Familie wurde der gleiche hohe Rang zugestanden wie ihr selbst. Das war sinnvoll, denn wenn *irgendjemand* in ihrer Familie in eine ernste Klemme geriet, warf sich Peggy schließlich immer selbst in die Schlacht.

Eine Geburt brachte Veränderungen in dieser stabilen Familienstruktur. Jahre später, als ich selber ein Baby bekam, entdeckte ich neue Ähnlichkeiten zwischen Pavianen und Menschen. In beiden Fällen kann ein bezaubernder, fordernder, hilfloser Neuankömmling eine fest etablierte Beziehung völlig verändern.

Ich hatte ebenso wie Peggy sechs Monate lang auf die Geburt von Pebbles gewartet, nachdem ihr Sexualzyklus ausgesetzt hatte. Als sie etwa sechs Wochen trächtig war, begann sich die unbehaarte rosa Haut an ihrem Hinterteil intensiver zu färben (auf Grund ihres Alters war ihr Hinterteil im Unterschied zu den graugefärbten der jungen Weibchen, immer leicht rosafarben), zuerst petunienfarben, dann dunkel scharlachrot. Indem ich diese farblichen Veränderungen beobachtete, konnte ich den Zeitpunkt der Geburt, ungefähr 160 Tage nach dem letzten Auftreten von Peggys voller Sexualschwellung, festsetzen. Während dieser Monate konnte ich mich auch für einen Namen für das Baby entscheiden. Ich gab jedem Neugeborenen einen Namen, der mit dem gleichen Anfangsbuchstaben begann wie der seiner Mutter. Natürlich wählte ich immer zwei Namen, einen männlichen und einen weiblichen, aus und ließ die endgültige Namengebung offen, bis ich das Geschlecht des Kleinkindes festgestellt hatte.

Und tatsächlich, nur zwei Tage nach dem errechneten Geburtstermin, fand ich Peggy etwas abseits. Sie war ein wenig wachsamer und scheuer als sonst und auf ihrem Bauch entdeckte ich Pebbles. Sie war mit kohlschwarzem Haar bedeckt, aus dem ein winziges, leuchtend rosa Gesichtchen und ebensolche Öhrchen hervorstachen. Die feuchte, schlaffe Nabelschnur hing noch an ihr, und sie sah runzelig und feucht aus.

Ruhig und selbstsicher wie immer, ließ mich Peggy ebenso nahe an sich heran wie vor der Geburt – ganz im Unterschied zu den vielen anderen

Pavianmüttern, die so besitzergreifend waren, daß manchmal Wochen verstrichen, ehe ich auch nur das Geschlecht ihrer Babys bestimmen konnte.

Wie alle neugeborenen Primaten wirkte Pebbles unproportioniert. Ihr Kopf war viel zu groß für ihren kleinen Körper und ihre Gliedmaßen waren spinnenartig. Entwicklungsmäßig war sie aber wesentlich weiter als ein menschlicher Säugling: Sie konnte den Kopf aufrecht halten, sich mit nur wenig zusätzlicher Hilfe an ihrer Mutter festklammern und innerhalb einer Woche, wenn auch unsicher, so doch alleine herumkrabbeln. Die meiste Zeit hing sie an Peggy, was bedeutete, daß diese zunächst auf drei Beinen herumhumpeln mußte, um das Kleine mit einem Arm zu stützen. Das erforderte ein langsameres Wandertempo und häufig Ruhepausen. Pebbles hing nicht nur mit ihren eigenen kleinen Fäustchen festgeklammert sowie durch Unterstützung von Peggys Arm an Peggy, sie war die ganze Zeit über auch an einer der mütterlichen Brustwarzen festgeklebt. Wenn ihr diese als Folge einer plötzlichen Bewegung entglitt, so rieb sie ihr Gesichtchen hin und her und auf und ab und wühlte so lange herum, bis sie die Brustwarze wiedergefunden hatte. Peggys Brustwarzen waren vom jahrelangen Stillen lang und hart. Sie sahen niemals so wund aus wie die der jüngeren Mütter. Gewöhnlich besaß ein Weibchen, das sein erstes Junges stillte, rosafarbene, geschwollene, knospenähnliche Brustwarzen, die es häufig massierte, als ob sie schmerzen würden.

Am ersten Tag ihres Lebens waren Pebbles Augen fest geschlossen und sie gab nur einige Sauggeräusche, vermischt mit Gurrlauten sowie leisem Grunzen und Stöhnen von sich. Am lautesten wurden ihre Töne, wenn sie sich in einer Notlage befand; Peggy lockerte manchmal ihren stützenden Arm und das Kleinkind taumelte auf gefährliche Weise nach hinten. Sein erbärmliches Schreien und Stöhnen alarmierte die Mutter, die das Junge ergriff und sicher in ihrem Schoß bettete. Alle im Umkreis nahmen an der Krisensituation Anteil, drehten sich um und sahen so lange zu, bis das Baby wieder in eine sichere Lage gebracht war. Dann gaben sie beruhigende Grunzlaute von sich und schmatzten mit den Lippen.

Tatsächlich war der gesamte Trupp von Pebbles fasziniert. Verschiedene Weibchen näherten sich, vom Kleinkind angezogen, aber ein wenig vorsichtig, wegen Peggys hohem Rang. Es war ein weiterer Beweis für Peggys Wohlwollen, daß sie versuchten einen Kontakt herzustellen. Als Thea ein neues Baby zur Welt brachte, wagten es nur wenige nicht zur Familie gehörige Tiere, in ihre Nähe zu kommen. Peggy dagegen, freundlich wie immer, ließ sich diese Annäherung gefallen, während sie fortfuhr, ihre Aufmerksamkeit Pebbles zu widmen. Nachdem sie sich Peggy präsentiert hatten, indem sie ihr die Hinterteile vor das Gesicht hielten, liefen die Weibchen herum und kauerten sich auf Pebbles Niveau nieder, musterten das Neugeborene, grunzten leise, schmatzten mit den Lippen und streckten zögernd die Hände aus, in der Hoffnung, das Baby berühren zu können. Wenn ihnen das versuchsweise gelungen war, zogen sie sich auf einen Platz in der Nähe zurück und warteten auf eine weitere Gelegenheit, um sich zu nähern. Nur Constance, eine enge Freundin Peggys, wagte es, sie am ersten Lebenstag von Pebbles zu pflegen.

Ich war gespannt, wie Peggys Familie – vor allem Thea – auf den Neuankömmling reagieren würde. Als erster kam Patrick. Er hatte als entthrontes Jüngstes am meisten zu verlieren. Vorsichtig und neugierig umkreiste er Peggy und das Baby. Seine Mutter hob nicht einmal den Blick. Er umkreiste sie immer wieder, die Augen zuerst auf sie, dann auf das merkwürdige neue Etwas in ihrem Schoß gerichtet. Schließlich ließ er sich in der Nähe nieder, sah zu und wartete. Etwas später tauchte Paul, ebenso selbstbewußt wie Peggy, auf. Er erfaßte die Situation sofort, schenkte Pebbles ein onkelhaftes Grunzen, ließ sich neben Peggy nieder und pflegte sie.

Nun tauchten auch Peggys Enkelkinder auf, eines nach dem anderen. Sie schienen verblüfft, ihre Großmutter, die in gewisser Weise ihre Ersatzmutter war, vollständig mit einer neuen Rivalin beschäftigt vorzufinden. Auch Tessa und Theadora, die beiden Ältesten, zeigten das gleiche Interesse wie die übrigen Weibchen und versuchten nahe genug an Pebbles heranzukommen, um sie zu berühren. Peggy war wieder tolerant und gestattete wiederholte Kontaktnahme. Thelma, das jüngste Enkelkind, war durch den Neuankömmling anscheinend am meisten verstört. Sie näherte sich mehrmals, zog sich aber immer wieder, als befände sie sich in einem Zwiespalt von Anziehung und Eifersucht, zurück.

Als letzte kam Thea. Ohne eine einzige Geste der Ehrerbietung, wie sie die anderen Weibchen gezeigt hatten, marschierte sie direkt auf Peggy, die nichts von ihrer üblichen Freundlichkeit zeigte und ihre Tochter ignorierte, zu. Thea setzte sich in nächster Nähe nieder und fixierte Pebbles.

Am späten Vormittag hatte Peggys gesamte Familie ihre Aufwartung gemacht, jeder auf seine eigene Art, gemäß Alter, Rangstufe sowie persönlichen Charakterzügen. Die Jüngsten schienen am stärksten aus der Fassung gebracht, die Ältesten am wenigsten beunruhigt.

Nach den ersten paar Tagen, als Pebbles lebhafter wurde, begann sich die Gruppe intensiv auf das neue Baby zu konzentrieren. Viele junge Weibchen änderten ihre Marschroute, um das Kleinkind betrachten, angrunzen oder vielleicht sogar berühren zu können. Einige von ihnen pflegten Peggy häufig in der Hoffnung, auf diese Weise eine bessere Chance zu haben, Pebbles berühren zu können. Ich erinnerte mich an die Besuche nach der Geburt eines Menschenkindes, daran, wie stark der Anreiz ist, mit dem Neugeborenen in Kontakt zu treten. Untersuchungen haben gezeigt, daß die runden Gesichter und die Gesichtszüge der menschlichen Babys bei erwachsenen Menschen eine „Gott wie süß"-Reaktion auslösen. Ob das winzige rosafarbene Gesicht und das dunkle Haar eines neugeborenen Pavians die gleiche Wirkung ausüben?

Ich beobachtete, wie sich Peggys Familie auf das neue Junge einstellte. Patrick, der beinahe zwei Jahre alt war, war bereits in jeder Hinsicht unabhängig, ging alleine seiner Wege und sorgte selbst für seine Nahrung. Vor der Geburt des Babys hatte Peggy ihm dann und wann erlaubt, an ihrer Brust zu saugen, und ließ ihn manchmal sogar auf ihrem Rücken reiten, wenn die Gruppe Gefahr witterte. Gelegentlich schlief er auch noch in ihrem Schoß und schmiegte sich auf den Schlafklippen eng an sie. Und nun klebte dieses kleine, haarige Etwas an seiner Mutter, und alles hatte sich verändert. Sooft Patrick kam, um sich von seiner Mutter pflegen zu lassen, pflegte diese gerade Pebbles. Er nahm eine Grooming-Haltung ein und lud Peggy ein, sich um ihn zu kümmern. Früher hatte dies stets genügt, nun war ihre Aufmerksamkeit aber dem Kleinkind zugewandt und Patrick blieb unbeachtet. Schließlich ließ er sich in nächster Nähe nieder und begann sich selbst zu pflegen. Für ihn gab es keine Möglichkeit mehr, an einer Brustwarze zu saugen oder einen Gratisritt zu bekommen und auch keinen Schoß mehr, in den er sich hätte kuscheln können. Einige Tage lang bemühte er sich sehr, Peggys Aufmerksamkeit auf sich zu lenken und die alte Beziehung wiederherzustellen. Er unternahm alles, was ihm einfiel, und drängte sich sooft ihm das möglich war sogar zwischen Mutter und Baby; manchmal hatte er damit Erfolg, im allgemeinen aber nicht. Allmählich gewöhnte er sich an die neue Situation und schließlich hatte es den Anschein, als würde er sich in seiner Rolle als älterer Bruder wohlfühlen und zeigte sogar etwas Interesse an Pebbles. Zu guter Letzt wählte er seinen älteren Bruder Paul als Ersatz für Peggy, saß oft zum Trost neben ihm und ließ sich pflegen.

Thelma, Peggys jüngste Enkelin, hatte es noch schwerer. Sie umkreiste Mutter und Baby einige Tage lang wachsam, bis sie offenbar zu dem

Entschluß kam, daß es nun genug sei und sich, ebenso wie Patrick es zuvor getan hatte, zum Grooming präsentierte. Peggy beachtete sie ebenso wenig wie zuvor Patrick, doch Thelma blieb und blieb hartnäckig. Jedesmal, wenn Peggy den Kopf hob, war Thelma da und hielt ihrer Großmutter den einen oder anderen Körperteil vor das Gesicht.

Schließlich verlor Peggy die Geduld. Sie faßte Thelma fest um die Mitte und versetzte ihr einen schnellen Biß mit den Vorderzähnen. Thelma kreischte auf. Als Peggy sie losließ, schoß sie davon und machte in sicherer Entfernung halt, um ihre Fassung wiederzugewinnen, wobei sie Peggy und Pebbles nicht aus den Augen ließ. Nach einiger Zeit ließ sie sich, obwohl sie immer noch – erst laut, dann leise, wie zu sich selbst – jammerte, nieder, begann sich zimperlich selbst zu pflegen und versuchte den seltsamen Wandel der Dinge zu verstehen. Noch nie zuvor hatte ihre Großmutter sie grob behandelt. Thelma beobachtete, wie Patrick sich Peggy präsentierte und von ihr gepflegt wurde. Die Moral von der Geschichte war offenbar, daß Peggy über weniger Zeit verfügte und ihre Prioritäten sich geändert hatten. Ihr Hauptaugenmerk galt nun Pebbles, dann kam Patrick – und erst danach, wenn noch Zeit blieb, Thelma selbst.

Durch die Beobachtung von Peggys Familie lernte ich sowohl die Familienstruktur als auch den Aufbau des gesamten Trupps besser verstehen. Die Weibchen und ihre Nachkommen bildeten zweifellos den stabilen Kern des Trupps. Männchen – wie Ray – kamen, andere gingen. In dieser Hinsicht ähnelten die Paviane letztlich den Rhesusaffen. Auf der puertoricanischen Insel Cayo Santiago waren Rhesusaffen einige Jahrzehnte lang studiert worden. Obwohl sie hier in einer fremden Umgebung, weit entfernt von ihrem Heimatkontinent Asien, lebten, konnten sie ihre neue Inselheimat doch frei durchstreifen. Sowohl bei den Verwandtschaftsgruppen oder Matriarchaten der Cayo-Makaken als auch bei den Pumpenhaus-Pavianen, die sämtliche Kinder und Kindeskinder umfaßten, stand ein älteres Weibchen an der Spitze. Die matrilineare Familie umfaßte bei der Pumpenhaus-Bande, soweit ich feststellen konnte, drei Generationen, vielleicht auch mehr und schloß auf gleicher Linie auch Tanten, Cousinen und Cousins mit ein.

Diese auf Weibchen aufbauenden Einheiten bildeten den Kern des Trupps. Es waren die Weibchen und ihre Familien – und nicht die erwachsenen Männchen –, die geradlinig in eine stabile Dominanzhierarchie eingereiht werden konnten. Jedes Mitglied von Peggys Familie stand im Rang höher als jedes Mitglied aller anderen matrilinearen Familien. Sogar Pebbles konnte, obwohl sie ein Kleinkind war, ein voll erwachsenes Weibchen wie Harriet dominieren. Möglicherweise mußte Peggy zunächst zugunsten von Pebbles intervenieren. Aber Harriet begriff bald und dann konnte sich Pebbles bereits alleine durchsetzen. Innerhalb der Hierarchie konnte jeder Familie ein ganz bestimmter Platz zugeschrieben werden.

Die Beobachtung von Peggys Familie lehrte mich zusätzlich zur Familien- und Trupp-Struktur auch genau, wie ein Pavian aufwächst. Als Pebbles etwas sicherer auf den Beinen war, wackelte sie von Peggy weg, um ihre Umwelt zu erforschen. Alles war einer genauen Untersuchung wert: Steine, Zweige oder ein kleines Loch in einem Stück Erde. Die Welt war groß für Pebbles und voll von außergewöhnlichen Überraschungen – viele von ihr selbst verursacht. Sie machte sich zu einem bestimmten Ziel auf und landete plötzlich ganz woanders. Sobald sie niederfiel – und das geschah regelmäßig – stieß sie auf neue „Sehenswürdigkeiten" und vergaß auf Grund ihrer geringen Konzentrationsfähigkeit ihr ursprüngliches Vorhaben. Anfangs konnte sie noch nicht weit gehen und war mehr darauf bedacht, zu beobachten, was ihre Mutter tat. Peggy lehrte sie nie etwas auf direktem Wege. Im Augenblick war sie eine nachsichtige Mutter und damit zufrieden, ihrer Tochter als Klettergerüst zu dienen. Sie erhob auch keinen Einwand, wenn Pebbles Finger sich ihr in Augen und Nase bohrten.

Da Pebbles sich völlig auf Peggy konzentrierte, lernte sie viele Dinge – einige der wichtigsten Fertigkeiten eines Pavians und die Plätze, an denen die in einem Pavianleben wichtigen Dinge zu finden sind – kennen. Das konnte amüsant sein. So richtete sich Peggy einmal auf einem Plätzchen ein, wo sie die kleinen unterirdischen, knollenförmigen Sproßteile eines Riedgrases, „Zwiebelgras" genannt, fressen wollte. Pebbles beobachtete, wie ihre Mutter ein solches Grasbüschel packte und mit der Kraft ihres ganzen Körpers daran zog, um es aus der Erde zu reißen und an die saftigen Wurzelstöcke heranzukommen. Das sah einfach aus. Pebbles griff nach einem Büschel und zog mit aller Kraft. Sie landete auf ihrem Hinterteil und starrte verblüfft auf die paar abgerissenen Grashalme in ihren kleinen Händen. Sie schüttelte sich und wackelte davon, so als wollte sie sagen: „Eigentlich liegt mir ja gar nichts daran!"

Pebbles lernte auch von einigen anderen Pavianen. Manchmal spielten

Theadora und Thelma rund um ihre Großmutter Catch-as-catch-can; Pebbles sah mit weit aufgerissenen Augen zu und wußte nicht ganz, was sie davon halten sollte. Als Thelma das erste Mal mit weit geöffnetem Maul, die Zähne hinter den Lippen versteckt – das klassische „Spielgesicht" der Primaten –, anraste, erschrak Pebbles. Thelma wälzte das Baby aber ganz sanft auf dem Boden und Pebbles erhob sich wenig später, als die Verfolgung wieder aufgenommen wurde, und folgte den Spielgefährten.

Nachdem sich dies oftmals wiederholt hatte und sich die beiden Spielpartner Pebbles immer mit dem gleichen „Gesichtsausdruck" genähert hatten, begann sie diesen mit einem bestimmten Verhalten und – was noch wichtiger war – mit einer gewissen Haltung in Verbindung zu bringen: „Es ist alles nur Scherz; nichts ist ernst gemeint. Wenn ich vielleicht auch böse aussehe, so will ich dir doch nichts tun." Pebbles gab sich große Mühe, das gleiche Gesicht zu machen, obwohl sie noch keine Zähne besaß, die sie hätte verstecken und mit denen sie jemanden hätte verletzen können.

Zuweilen geriet das Spiel außer Kontrolle; was als Spaß begonnen hatte, schlug unmerklich in ernsthaften Streit um. Vielleicht waren die Älteren zu grob gewesen oder die Jüngeren hatten nicht richtig reagiert. In solchen Fällen wurde aus dem leisen Glucksen, das nur beim Spielen zu hören ist, richtige Schreie; Zähne wurden gebleckt und der Gesichtsausdruck veränderte sich völlig.

Pebbles sah von der Seite zu und lernte den Unterschied zwischen spielerischem Geplänkel und ernsthaften Kämpfen kennen. Sie war noch zu jung, um mitzumachen und vielleicht signalisierte ihre schwarze Färbung, daß sie noch ein Kleinkind war, und bewahrte sie davor tyrannisiert zu werden. Von dem Augenblick an, da sie sich besser bewegen konnte, spielte auch sie. Spielen stellt für alle Primaten eine wichtige Tätigkeit dar und ich lernte beim Zusehen ebensoviel wie Pebbles. Zuerst spielte sie allein. Paviane besitzen zwar kein Spielzeug an sich, aber wenn sie etwas finden, womit sie spielen können, machen sie es dazu. Bäume werden zu Turngeräten, Felsen zu Rutschbahnen oder Hürden, Büsche werden zu Versteckplätzen und Löcher stellen sogar noch bessere Verstecke dar. Pebbles lernte – ob sie die Welt rund um sich langsam erforschte oder in halsbrecherischem Tempo einen Baum auf und ab jagte. Aber für ein so kluges und geselliges Geschöpf wie einen Pavian wird ein einsames Spiel langweilig und statisch. Ein unberechenbarer, sich ständig verändernder Partner verleiht jedem Spiel neue Bedeutung und neuen Reiz.

Natürlich gab es dabei auch gewisse Richtlinien, die Pebbles zu befolgen hatte. Ein Baum kann gegen ein Spiel nichts einzuwenden haben, ein anderer Affe jedoch schon. Ein Spiel kann nicht zu wild oder zu lärmend werden; Spiel und Kampf dürfen nicht durcheinandergebracht werden. Die Spiele der älteren Jungen – Versteckenspielen, Herumkollern, Catch-as-catch-can, „Himmelssprung" – besaßen anscheinend einfache, aber genaue Regeln. Eines der aufregendsten war „Himmelssprung". Der eine Spielgefährte trieb den anderen so weit auf einen dünnen Ast hinaus, daß dieser entweder springen mußte oder manchmal bis zu sechs Meter tief zu Boden fiel, gefolgt von seinem Partner, der auf seinem Kopf zu landen versuchte. Ich erinnerte mich an einen Film über die Cayo-Makaken, den ich einmal gesehen hatte. Sie waren bei diesem Spiel von etwa fünfzehn Meter hohen Bäumen in einen seichten Teich gesprungen. In dem Augenblick, da der erste an der Wasseroberfläche auftauchte, landete der zweite auf seinem Kopf und beide gingen wieder unter.

Wie beim menschlichen Spiel kommt es – im Unterschied zu Gesellschaftsspielen – nicht darauf an, zu gewinnen, sondern das Spiel in Gang zu halten, selbst wenn das bedeutet, daß man den Partner absichtlich verfehlt oder man gezwungenermaßen rücklings auf denselben Baum klettert und von einem anderen Ast herunterspringt.

―――

Auch Tessa, Peggys älteste Enkelin, lernte. Sie war ungefähr viereinhalb und stand kurz vor der Pubertät. Zuerst sah ihre Sexualschwellung wie eine kleine, feste, rosafarbene Knospe und nicht wie ein großes bleiches Pölsterchen aus. Die Schwellung hielt sich bei ihr viel länger als bei einem erwachsenen Weibchen. Dieser Vorgang wiederholte sich immer wieder, wobei die Knospe aber jedesmal größer wurde und früher wieder verschwand, bis Größe und Zeitdauer, wenn auch nicht die Farbe, jener der erwachsenen Weibchen glich. Die Farbe war aber immer noch sehr leuchtend, fast rot.

Gleich von Anfang an benahm sich Tessa, als besäße sie eine sehr ansprechende Schwellung. Sie stolzierte von einem erwachsenen Männchen zum anderen und präsentierte frech oder schüchtern – je nach Männchen – ihr Hinterteil. Das fehlende Interesse von seiten der Männchen enttäuschte sie zwar, schreckte sie aber nicht ab. Nachdem sie alle erwachsenen Männchen „durch hatte", versuchte sie es bei den subadulten, schließlich bei den juvenilen. Einige davon näherten sich, beschnupperten und bestiegen sie, hatten ihre eigene sexuelle Reife aber noch nicht erreicht.

Handelte es sich dabei um Kopulationsübungen? Laborstudien haben gezeigt, daß Affen, die völlig isoliert von ihren Müttern oder ihren Spielgefährten bzw. von beiden aufgezogen wurden, als Erwachsene sexuell nicht richtig funktionieren. Offenbar ist es keineswegs selbstverständlich, sexuell „natürlich" zu reagieren. Sogar Kleinkinder zeigten Interesse und Tessa war bei ihren oft komischen Versuchen geduldig. Anscheinend machten sie durch Übung Fortschritte.

Mittlerweile bot Tessa einen erstaunlichen Anblick. Ihre Schwellung erreichte bereits riesige Ausmaße; sie war viel größer als bei den erwachsenen Weibchen der Pumpenhaus-Bande und erinnerte mich tatsächlich bereits an jene von Zootieren, die oft einen Sexualzyklus nach dem anderen durchlaufen, ohne trächtig zu werden. Eines Tages präsentierte sich Tessa wie schon Hunderte Male zuvor Strider, einem Männchen im besten Alter. Mittlerweile betrieb sie die Sache bereits ganz mechanisch, als ob sie wußte, wie die Reaktion ausfallen würde. Manchmal wandte sie sich sogar schon ab, ehe das Männchen seine „Inspektion" beendet hatte. Ich war ebenso überrascht wie Tessa, als Strider sie packte. Er *war* interessiert. Geschockt, vielleicht sogar verängstigt, wand sie sich los und entfernte sich von ihm so weit als möglich. Aber Strider folgte ihr und kam ihr schließlich nahe genug, um sie zu berühren. Sie blieb stehen und blickte ihn an, während er die Gelegenheit ergriff, sie zu pflegen. Grooming trägt dazu bei, in den Augen der anderen einen gewissen Besitzanspruch zu begründen. Erst nachdem Tessa sich ein wenig beruhigt hatte, erhob er sich, um sie zu besteigen. Es handelte sich dabei zwar um eine unvollständige Kopulation, da Tessa immer noch nervös war und sich ihm zu früh entzog, dennoch war es ihr erstes wirkliches „Consort", wie die geschlechtliche Paarung bei Pavianen genannt wird. Es hatte den Anschein, daß Strider seine Bemühungen abbrechen mußte.

Auch Tessa hatte noch zu lernen. Beeindruckend war das Lernen während der frühen Kindheit und der Adoleszenz. Als Pebbles geboren wurde, wußte sie so gut wie nichts. Sie hatte keine Ahnung davon, was es außer Muttermilch noch zu essen gab, keine Ahnung, wohin sie gehen konnte als zum Bauch ihrer Mutter, nicht einmal, wie sich zeigte, wie man sich vermehrt. Im Alter von Tessa würde sie sich auskennen. Aber damit hörte das Lernen nicht auf. Auch für die Erwachsenen brachte jeder Tag neue Herausforderungen in körperlicher und gesellschaftlicher Hinsicht, neue Lektionen, die man erlernen mußte, wenn man ein erfolgreicher Pavian werden wollte.

Ich faßte zusammen, was ich aus der Beobachtung Peggys gelernt hatte. Das Leben beginnt in der kleinen intimen Welt der Familie – abgeschirmt, umhegt und beschützt. Diesen familiären Beziehungen scheint zwar nichts zu entsprechen, dennoch erstreckt sich der gesellschaftliche Horizont eines Individuums über die Familie hinaus. Es gibt Paarungen der Erwachsenen mit dem anderen Geschlecht, aber auch Bindungen zwischen nichtverwandten Tieren, Bindungen, die nahe an verwandtschaftliche Beziehungen herankommen. Im Unterschied zu Beziehungen innerhalb der Familie beruht Freundschaft auf einer fast ausgewogenen Basis von Geben und Nehmen. Wogegen Kinder *erwarten*, daß sie umsorgt und beschützt werden, ganz gleich ob sie diese Zuwendung erwidern oder nicht, erwarten Freunde als Gegenleistung für Gefälligkeiten ebensolche. Wie ich später erkennen sollte, hielten Freundschaften oft lange Zeit. Anscheinend waren Freunde einfach gerne beisammen, wenn sie saßen, ruhten, schliefen oder einander pflegten. Eine derartige Gegenseitigkeit konnte sich zu einem komplizierten Ritual von Geben und Nehmen auswachsen, das sich über Tage oder gar Wochen erstreckte.

Peggy hatte eine derartige Freundin: Constance. Die beiden waren fast unzertrennlich. Wollte ich Peggy folgen, hielt ich häufig nach Constance Ausschau, da dies meine Chance verdoppelte, sie zu finden. Als ich anfangs die Pumpenhaus-Familien zusammenzustellen begann, fragte ich mich, ob Peggy und Constance verwandt waren. Bald jedoch kam ich dahinter, daß sie einerseits im Alter ziemlich gleich waren, was die Möglichkeit eines **Mutter-Tochter-Paares** ausschloß, und ihre gegenseitige Rangordnung – Peggy war älter *und* dominant! – die Möglichkeit einer Verschwisterung ausschloß. Es gab jedenfalls keine körperlichen Ähnlichkeiten, die diesen Gedanken gerechtfertigt hätten: Peggy war dunkel, Constance mittelbraun gefärbt. Obwohl sie beide lange Schwänze hatten, hing der von Constance leicht geschwungen herab, während jener von Peggy winkelig abstand. Der Umriß ihrer Gesichter und die Linie ihrer Augen waren ebenso unterschiedlich wie die allgemeine Körpergestalt. Im Verlauf der Jahre, während sich an ihrer Beziehung zueinander nichts änderte, erkannte ich schließlich, daß sie dem weiblichen Verhaltensmuster für „Freunde", nicht dem für „Verwandte" folgten.

Anscheinend besaßen Freunde gleichen Geschlechts eine sehr stabile Beziehung. Sie waren Grooming-Partner und Gefährten. Sie unterstützten einander innerhalb des Trupps – aber nur bis zu einem gewissen Grad.

Obwohl Constance selbst einen hohen Rang innehatte, war Peggy, die unter allen Weibchen den höchsten Rang besaß, für sie äußerst nützlich, es sei denn, es handelte sich um eine Situation, an welcher ein Mitglied aus Peggys Familie beteiligt war. Dann ergriff Peggy die Partei ihrer eigenen Verwandten. Ihrerseits kam Constance Peggy zu Hilfe, doch hatte ihre Hilfe offenbar eher symbolischen Charakter, da ihre Unterstützung – ebenso wie im Falle des jungen Patrick – niemals für einen Sieg verantwortlich sein konnte. Dennoch konnte sie die Situation manchmal so beeinflussen, daß Peggy gegen ein erwachsenes Männchen gerade nicht verlor.

Trotz der Stabilität ihrer Freundschaft gab es im Laufe der Jahre verschiedene Höhen und Tiefen in der Beziehung zwischen Peggy und Constance. Sie waren einander so verbunden, daß ihre Familien gemeinsam aufwuchsen. Da aber beide Weibchen oft fast zur gleichen Zeit Junge hatten, wirkten sich die familiären Anforderungen auf ihre Freundschaft aus. Zu Zeiten, in denen Peggys Familie besonders groß war, konnte sie sich weniger Constance widmen. An einem einzelnen Tag gab es für die Pflege von Sozialkontakten eben nur eine bestimmte Menge Zeit, die zwischen Familie und Freunden geteilt werden mußte. Sobald sich die familiäre Struktur änderte, wurde die Freundschaft mit Constance wieder intensiviert.

Constance hegte keinen Groll. Es war ja nicht so, daß sie abgewiesen worden wäre. Die beiden Freundinnen waren durch eine zarte und fein abgestimmte Beziehung miteinander verbunden, die für die notwendige Anpassung Spielraum ließ.

Freundschaften gab es nicht nur unter den Weibchen. Weibchen konnten auch mit Männchen befreundet sein und die Festigung einer ersten Freundschaft war für ein junges Männchen der Schlüssel, um akzeptiert zu werden. Selbst wenn solche Freundschaften im Verlauf der Empfängnisbereitschaft eines Weibchens begonnen hatten – zumeist war dies nicht der Fall – dauerten sie auch während der Zeit, in welcher keine Paarungen stattfanden fort. Pavian-Weibchen wirken auf die Männchen nur für kurze Zeit sexuell anziehend. Obwohl ein Weibchen fast immer entweder trächtig war oder sich in einer Stillphase befand, konnte es männliche Freunde haben. Auch Tim Ransom hatte dies im Laufe seiner Untersuchungen beobachtet und nannte derartige Freundschaften „besondere Beziehungen".

Ich konnte auch beobachten, daß es, obwohl Freundschaften zwischen Weibchen und Männchen bestanden, keine zwischen erwachsenen

Männchen gab. Freundschaften zwischen Männchen und Weibchen schienen weniger intensiv und dauerhaft als jene zwischen Weibchen.

Peggys wichtigster männlicher Freund war Sumner, der zumindest charakterlich das männliche Gegenstück zu ihr darstellte: ebenfalls älter, friedlich, selbstsicher und sanft; Kinder scharten sich um ihn und die Weibchen entspannten sich, wenn er in der Nähe war. Sumner hatte mehrere Freundinnen. Peggy stand ihm am nächsten, gefolgt von Constance. Peggy, Constance, deren Familien und Sumner, der die Rolle des Sozial-Vaters oder wenigstens einer Ersatzmutter spielte, bildeten eine kleine, festgefügte Gruppe.

Erwachsene Männchen sind zwar furchteinflößende Geschöpfe, wer aber Sumner inmitten seiner Freundinnen sah, wußte es besser. Peggy gegenüber war er aufmerksam und ihr eigener hoher Rang, um seinen Schutz vermehrt, machte sie beinahe unanfechtbar. Sie wußte, daß sie sich auf ihn verlassen konnte, wenn irgendein anderes Männchen sie zu tyrannisieren versuchte.

Sumner gab ein großartiges Klettergerüst für Pebbles ab – sogar ein besseres als Peggy, da er mehr Fell zum Herumwühlen, längere Gliedmaßen zum Hinaufklettern und einen größeren Bauch zum Hinunterrutschen besaß. Nicht einmal der Mangel an Respekt, den Pebbles seinem Gesicht entgegenbrachte, schien ihn zu stören: Das Kleinkind arbeitete sich über Sumners Schnauze hinauf zu seinem Nacken, wo das Fell am dichtesten war, wobei es immer wieder auf Sumners Gesicht zurückfiel. Als Pebbles etwas älter wurde, sprang sie an ihm hinauf und hinunter, benützte ihn als Sprungbrett und kümmerte sich nicht darum, wo sie landete.

Ebenso wie Sumner Peggys Kindern als Spielzeug diente, ließ er ihnen auch seinen Schutz angedeihen. Dafür folgten sie ihm, setzten sich neben ihn und pflegten ihn. War er mit einem der Babys von Peggy oder Constance beschäftigt, stimmten sich jene Weibchen, die das Baby streicheln wollten, zuerst mit ihm ab, so wie sie es auch mit Peggy zu tun hatten: ein Blick, ein Präsentieren und ein Lippenschmatzen für den „Wächter"; dann folgte, wenn sie sich seines Einverständnisses sicher waren, ein Grunzen, ein Blick und eine Berührung für das Kind. Offensichtlich fütterte Sumner Pebbles oder einen seiner Kleinkind-Freunde nicht und trug sie auch nicht herum, selbst wenn ein kurzer Ritt des Schützlings im Verlauf einer Rettungsmission notwendig gewesen wäre.

In Peggys Leben gab es nur freundliche Gesichter. Sie hatte keine wirklichen Feinde, wohl gab es aber unterschiedliche Grade von Zuneigung: An erster Stelle stand ihre Familie, dann folgten ihre Freunde, männliche wie weibliche, und schließlich ihre Gruppenkameraden. Überraschenderweise gab es auch eine Art Bindung zu Weibchen in Nachbargruppen, denen sie im Fall männlicher Belästigung zu Hilfe kam, wenn die Gruppen einander begegneten.

„Alle Primaten werden als soziale Wesen geboren." Diese Binsenweisheit hatte ich in meiner ersten Vorlesung bei Professor Washburn erfahren, doch erst bei der Beobachtung von Peggy und ihrer Familie begriff ich, was dies wirklich bedeutete. Wahrhaftig sehnte sich jeder danach, mit anderen zusammen zu sein, und zeigte große Freude, wenn er dieses Ziel erreichte. Soziale Neigungen werden aber auch gehegt, verstärkt und manchmal sogar aktiv durch Handlungsweisen der Paviane hervorgerufen. Einander nahe zu sein, bedeutete für sie das Um und Auf ihres Lebens – es war *die* grundlegende soziale Beschäftigung. Nähe war äußerst wichtig – so wurde ein Trupp von einem anderen, Familien von Freunden und Freunde von bloßen Bekannten unterschieden.

Die berühmten Harlow-Untersuchungen an der Universität von Wisconsin, die in den sechziger Jahren an Rhesusaffenbabys durchgeführt wurden, hatten bewiesen, daß körperliche Nähe das wichtigste Bedürfnis eines Babys darstellt. Ein isoliert von jedem Sozialkontakt aufgezogenes Affenbaby wurde schwer depressiv, ja es blieb geistig sogar zurück. Wurde diesen Kleinkindern eine Auswahl verschiedener Ersatzmütter angeboten, so gaben sie stets der weichen, knuddeligen „Stoff-Mutter" gegenüber der kalten Attrappe aus Draht den Vorzug, selbst wenn letztere mit Milchflasche und Sauger versehen war. Wenn beide Ersatzmütter nebeneinander standen, klammerte sich das Baby mitleiderregend an der Stoffmutter fest, bis es seinen Hunger nicht mehr länger unterdrücken konnte. Dann holte es sich von der „Drahtmutter" Milch, hielt währenddessen aber mit einem Fuß oder auch nur mit einer Zehe die Verbindung zur Stoffmutter aufrecht, wenn ihm das möglich war, und kehrte sobald als möglich ganz zu ihr zurück. Mit Hilfe einer Stoffmutter aufgezogene Kleinkinder waren weit weniger gestört als jene, die völlig allein oder nur mit einer Drahtmutter aufgezogen wurden.

Tessa, Theadora, Thelma, Pebbles und sogar Peggy und Thea besaßen aber viel mehr als nur eine tröstliche Stoffmutter. Ihre echte Mutter bot ihnen vom ersten Tag an tröstlichen Kontakt, Wärme, Schutz und Nahrung.

Durch Kontakt und körperliche Nähe wurde den Babys auch ihre Familie geschenkt. Niemand machte Pebbles mit ihren Brüdern, Schwestern, Cousinen und Cousins bekannt. Sie waren einfach diejenigen, die sich in nächster Nähe befanden und immer in der Nähe ruhten, saßen, schliefen und fraßen.

Grooming war sogar noch besser als bloße körperliche Nähe. Sowohl innerhalb als auch außerhalb der Familien schien es das wichtigste soziale Instrument zu sein. Es überbrückte Rangunterschiede, vermittelte freundliche Zuneigung und bereitete Vergnügen – und das alles zur gleichen Zeit. Zuerst pflegte Peggy Pebbles einfach nur, um sie sauber zu halten. Als sie dann älter wurde, konnte sie der beruhigende Trost des Gepflegt-Werdens beruhigen, wenn sie unglücklich oder verängstigt war. Auch Thea, Patrick, Paul, Tessa, Theodora und Thelma, ja sogar Constance und Sumner wechselten einander ab, Pebbles zu pflegen. Grooming wurde mit Vergnügen, Trost und jener Zufriedenheit in Zusammenhang gebracht, wie sie nur ein Pavian einem anderen schenken kann. Es war Grooming, das die Freundschaft zwischen Constance und Peggy, zwischen Peggy und Sumner und sogar zwischen Sumner und Pebbles aufzubauen und zu festigen half. Es war Grooming, das den Schicksalsschlag linderte, der vielleicht das soziale Gefüge zerrissen hätte. Weder Patrick noch Colette schienen sich etwas daraus zu machen, daß bei einem aggressiven Streit einer der Gewinner und der andere der Verlierer gewesen war. Sie pflegten einander gegenseitig – zuerst versuchsweise, dann aber mit Hingabe. Hatten sie ihre zornige Auseinandersetzung vergessen oder machten sie es auf diese Weise wieder gut?

Peggy, ihre Familie und ihre Freunde veränderten mein Bild von den Pavianen. Durch sie entwickelte sich zunehmens ein Gefühl, jedes einzelne Tier als einzigartige Persönlichkeit zu betrachten, deren Charakter durch die ganz individuelle Entwicklung ebenso geprägt war wie durch die biologische Ausstattung.

Bindungen zwischen Pavianen sind auf Interaktion, auf gemeinsam verbrachte Zeit zurückzuführen; je mehr Zeit desto enger die Bande. Familienbande sind stärker als die Bande der Freundschaft und jene wiederum stärker als die Bande der Gruppe insgesamt. Sogar in ihrer schwächsten Ausprägung bleiben die Bande fest und dauerhaft. Ich bezweifle, daß ein Pavian bitten würde „allein zu sein", Privatsphäre oder

Einsamkeit wünschen würde; gegenüber den grundlegenden Bedürfnissen von Primaten sind das alles merkwürdige menschliche Entstellungen. Wettbewerb, Dominanz und Aggression spielen eine wichtige Rolle im Leben eines Pavians. Das Miststück Thea war besonders aggressiv und sogar Peggy konnte ziemlich hart durchgreifen, wenn jemand aus ihrer Familie bedroht war. Als dominante Familie in einem Matriarchat zögerten sie nicht, andere Familien zu verdrängen, wenn es ihnen paßte.

Nichtsdestoweniger hieß das Hauptmotiv in Peggys Familie wie beim Rest des Trupps friedvolle Vergesellschaftung. Konnte ich das Bild, das ich jede Nacht mit mir heimtrug, mit meinen Erwartungen in Einklang bringen? Wo war die „gewalttätige Natur mit blutigen Zähnen und Klauen"? Wo waren die riesigen dominanten Männchen, die sich mittels Bluffen und Kämpfen den Weg zur Spitze bahnten, das Leben ihrer Artgenossen kontrollierten und den Kern der Gruppe bildeten? Statt dessen gab es Peggy, die, wenn der Tag sich neigte, von ihrer Familie umgeben war – ein Grüppchen von Pavianen auf dem Schlaffelsen, das ruhte, einander pflegte, spielte oder sich einfach der Geselligkeit widmete; da gab es ein großes Männchen, das sanft und sorgfältig einen Kind-Freund pflegte, wobei das Kleinkind vollkommen entspannt war und ihm vertraute. Wie paßten Zuneigung und Aggression zusammen?

4. Veränderungen

Ich veränderte mich. Ich war nach Afrika gekommen, um mein Forschungsprojekt durchzuführen; ich hatte nicht die Absicht, mich emotionell zu engagieren. Sowohl meine Einstellung als auch mein Verhalten unterstrichen meine Distanz. Stets war es äußerst verlockend, die Hand über die Kluft zu reichen, welche die Arten voneinander trennt, die Paviane zu berühren und mit ihnen in Verbindung zu treten; doch es war mir klar, daß es dann einen Punkt geben würde, an dem es gefährlich sein konnte, sie auch nur zu beobachten. Wenn sie mich als einen Pavian betrachten würden, mit dem sie „Tuchfühlung" aufnehmen und Begrüßungen austauschen konnten, so würden sie mich auch für fähig halten, ihre Aggression zu ertragen – und eben das konnte ich nicht.

Allmählich und fast unmerklich hatte sich jedoch eine tiefe Beziehung zu den Tieren entwickelt. Allein das Bei-ihnen-Sein schuf ein starkes gefühlsmäßiges Band. Dies ließ sich in keiner Weise mit jenen Gefühlen vergleichen, die ich für ein Haustier empfunden hatte. Sie waren keine Haustiere, sie waren Freunde – Freunde in ganz ungewöhnlichem Sinn. Ohne es zu wissen, teilten sie mit mir die Freuden der Kameradschaft und die intimsten Einzelheiten ihres Lebens. Ich lachte über ihre Mätzchen, freute mich an den ersten Schritten eines neuen Babys und hatte Angst, daß ein junges Männchen einmal zu weit gehen und bei einer Attacke einen meiner Lieblinge verletzen könnte. Und ohne daß es mir damals bewußt wurde, befriedigte das Zusammensein mit ihnen mein gesellschaftliches Bedürfnis fast völlig, ohne daß mir dabei viel abverlangt wurde. Wie bei den Menschen beruht auch bei den Pavianen Freundschaft auf Gegenseitigkeit. Ich aber war in der einzigartigen Lage, Teil einer Gruppe zu sein und dennoch Außenstehender zu bleiben. So erhielt ich vieles, ohne dafür eine Gegenleistung zu bieten. Ohne mich körperlich zu berühren, berührten die Paviane doch mein Herz und mein Gehirn.

In den Monaten nachdem die Gruppe mich akzeptiert hatte, verwandelte ich mich in vielerlei Hinsicht. Ich wurde die unerschrockene Beobachterin der Paviane, folgte dem Trupp auf all seinen Wegen, machte mir Notizen, beobachtete, stellte Fragen und dachte nach. Die Tiere, die Landschaft und die Stimmung Afrikas veränderten meine Einstellung und meine Erwartungen auf eine feine und tiefgründige Weise.

Als ich mit der Beobachtung der Pumpenhaus-Bande begonnen hatte, führten der Trupp und ich das faule, üppige Leben der Regenzeit, während welcher es ein reichliches Futterangebot gibt. Am frühen Morgen machten es sich die Tiere auf den Schlaffelsen bequem, pflegten einander, ruhten, spielten und genossen einfach die Sonnenwärme. Das dauerte oft bis peinlich spät in den Tag hinein, bis acht oder neun Uhr, ehe ein Pavian, der etwas energiegeladener war als die übrigen, seine Trägheit überwand und sich von den Klippen herunterbewegte – aber nicht weiter als bis zu der darunterliegenden saftig grünen Wiese. Zu härteren Zeiten, wenn das Futter schwieriger zu bekommen war, verließen sie die Schlafklippen immer früher. Manchmal kam ich dort bereits um halb sieben Uhr morgens an und sie waren nicht mehr anzutreffen.

Jetzt kam es mittags zur größten Anstrengung für den Trupp – und für mich: einem Bummel zu einer Wasserstelle in etwa eineinhalb Kilometer Entfernung. Dort tranken sie, hielten ein Schläfchen, pflegten einander oder spielten, ehe sie sich zu einem weiteren saftigen Fleckchen aufmachten. Gegen Sonnenuntergang, zwischen halb sieben und sieben Uhr abends, scharten sie sich völlig satt bei den Klippen auf eine gesellige Runde, ehe sie sich schlafen legten. An solchen Tagen legten sie knappe drei Kilometer zurück. Manchmal verbrachte ich den ganzen Tag mit ihnen und verließ sie erst bei Einbruch der Nacht. An anderen Tagen fuhr ich zum Lunch mit Lynda und Tim ins Rote Haus zurück, erledigte meinen Papierkram, kehrte gegen vier Uhr nachmittags wieder zu den Pavianen und blieb bei ihnen, bis sie wieder zu den Klippen hinaufkletterten. Unabhängig von meiner Zeiteinteilung mußte ich immer genau wissen, wo sie schliefen, damit ich sie am nächsten Morgen wiederfand. Selbst wenn mein Tagesplan unerwartet durcheinander geriet, suchte ich die Paviane doch jeden Abend, damit ich früh am Morgen weitermachen konnte.

Ich weiß nicht, was mich auf den Gedanken brachte, alles zu kosten, was die Paviane fraßen. Ich war jedenfalls überzeugt, daß andernfalls mein Ruf als Feldforscherin darunter leiden würde. Die Affen liebten Cynodon, das sogenannte Hundszahngras, das mancherorts wuchs – und auch ich wußte die saftigen grünen Schößlinge zu schätzen. Auch die Knollen des Zwiebelgrases schmeckten gut. Sie hatten einen nußähnlichen Geschmack und erinnerten an Schalotten. Ich mochte auch die süßen, aber nicht sehr fleischigen Grewia-Beeren. Als ich so mampfte, schrieb, kaute und vor mich hin starrte, bemerkte ich plötzlich, daß ich die Landschaft von Kekopey nun in einer völlig neuen Weise betrachtete – wie ein Pavian, der nach dem nächsten Gang auf der täglichen Speisekarte Ausschau hielt.

Als sich die Trockenzeit näherte, änderte sich unser Leben, jenes der Paviane als auch meines, drastisch. Das Land verfärbte sich braun und ich folgte – erschöpft und erstaunt – den Tieren, die ihr Revier von über fünfzig Quadratkilometern Ausdehnung nach verborgenen Schätzen durchsuchten, die oft über ein weites Gebiet verstreut lagen. Ein Marsch von acht Kilometern allein am Vormittag war nichts Ungewöhnliches. Manchmal legten wir pro Tag an die dreißig Kilometer zurück. Welchen Vorteil hatten die Affen und ich doch gegenüber den übrigen freilebenden Tieren auf Kekopey! Mit unseren Primatenhänden und unserem Primatengehirn konnten wir Nahrungsmittel an vielen schwer erreichbaren Stellen ernten: Früchte von Bäumen, die weit über steile Klippenränder hinausragten; Wurzeln, die tief im Boden steckten; winzige Samen, die nur von ganz hoch spezialisierten Schnäbeln oder geschickten Händen mit einem den Fingern opponierbaren Daumen erreicht werden konnten. Mir schien, daß Paviane einfach alles fraßen. Jeden Tag erweiterte ich meine Liste um einige weitere Futterarten, sammelte Proben, versah sie vorläufig mit unwissenschaftlichen Namen und kostete sie.

Ein beliebtes Nahrungsmittel während der trockenen Jahreszeit war Opuntia, der Feigenkaktus, den ich von Kalifornien her kannte. Die Paviane waren äußerst erfinderisch, um an die durch Stacheln geschützten Leckerbissen heranzukommen. Sie umgingen die großen, spitzen Stacheln und pflückten die zarten, jungen Lappen ab, die grün, weich und über und über mit kleinen biegsamen Stacheln besetzt waren. Dann machten sie sich über die ausgewachsenen Lappen her, indem sie auf einem umständlichen Weg zu einem guten Ausgangspunkt kletterten und mit Daumen und Zeigefinger den Lappen abzwickten. Diese Art der Annäherung bewahrte sie zwar davor, von ihrem Futter aufgespießt zu werden, ließ ihnen aber keine Möglichkeit sich festzuhalten. Sie ließen das Kaktusstück zu Boden fallen, kletterten hinunter, hoben es vorsichtig mit beiden Händen auf und bissen die Stacheln ab, bis das saftige Innere zum Vorschein kam.

Ich machte mir nicht die Mühe, Opuntienstücke zu kosten. Da sie in der mexikanischen Küche verwendet werden, kannte ich sie bereits. Ich hatte noch nie eine Frucht gekostet, obwohl ich gesehen hatte, daß sie in Israel an Straßenecken aufgeschnitten, das khakifarbene Innere freigelegt und verlockend auf einer Schicht zerstoßenen Eises verkauft wurden. Ich klaubte eine solche eiförmige, gelbliche, reife Frucht auf, um sie später zu kosten, steckte die knubbelige Frucht in die Tasche meiner Shorts und fuhr mit meinen Notizen fort. Wenige Augenblicke später fühlte ich ein Jucken an meinem Schenkel. Ich hätte den Pavianen genauer zusehen sollen. Wenn sie eine Frucht heruntergeschlagen hatten, rollten sie diese nämlich nach allen Seiten am Boden hin und her – und das mit gutem Grund. In der Mitte der Erhebungen befinden sich Büschel winziger, haarähnlicher Stacheln, die sich nun durch die Hosentasche in meine Haut vorgearbeitet hatten. Ich schlüpfte aus den Shorts, warf die köstliche Frucht weg und rieb alle in Frage kommenden Teile meiner Kleidung und meines Körpers am Boden. Ich war froh, daß mir die Paviane diese einfache Lösung vorgezeigt hatten.

Dieses Erlebnis hielt mich jedoch nicht davon ab, auch weiterhin Pavianfutter zu kosten. Leider besitzen Paviane und Menschen unterschiedliche Verträglichkeiten und Vorlieben. Nach einigen unangenehmen Erfahrungen – die letzte brachte mir einen viertelstündigen Hustenkrampf und tränende Augen ein – entschloß ich mich, neues Futter mit nach Hause zu nehmen und zu kosten, wenn ich genügend Wasser zur Hand hatte.

Viel später – wieder zurück in Kalifornien – fragte mich jemand, was ich tatsächlich von der Beobachtung der Paviane hielte. „Es gibt dabei keinen einzigen langweiligen Augenblick", antwortete ich – und das stimmte.

Wohl war ich manchmal physisch und psychisch erschöpft, frustriert, ausgetrocknet und von der Sonne verbrannt, jedoch nie gelangweilt. Der schwierigste Aspekt der gesamten Feldarbeit war, an meinem Entschluß festzuhalten, jede Interaktion mit den Tieren zu vermeiden. Es bedurfte ungeheurer Entschlossenheit, mit meinen „Untersuchungsobjekten" nicht in Beziehung zu treten. Natürlich bedeutete in gewisser Hinsicht schon meine bloße Anwesenheit ein In-Verbindung-Treten. Ich nahm in ihrer sozialen Welt einen physischen und, soweit ich es beurteilen konnte, wohl auch sozialen Platz in Anspruch.

Paviane verfügen über ein kompliziertes Kommunikationssystem: Ihre Gesten, ihre Körperhaltungen, ihre Gesichtsausdrücke und Laute vermitteln eine breite Palette von Gefühlszuständen. Indem ich an einem gewissen Platz stand und *nichts* tat, vermittelte auch ich bereits etwas ganz Bestimmtes. So wurde ich weiter als ich es je beabsichtigt hatte in das soziale Netzwerk der Paviane miteinbezogen. Das wurde mir eines Tages bewußt, als ich wieder einmal das Schauspiel der Freundschaft zwischen Ray und Naomi beobachtete. Ich ließ mich „auf Pavianhöhe" nieder und sah ihnen zu, wie sie sich in Grooming vertieften. Das bedeutete für mich eine erfrischende und entspannende Abwechslung. Von dieser Ebene und unter diesem Blickwinkel sahen die Gesichter ganz anders aus, als sie mir erschienen waren, wenn ich aufrecht stand. Plötzlich fühlte ich eine sanfte Berührung auf meinem Rücken – zu zart, als daß sie von dem harten Gras, das sich außen gegen mein Baumwoll-T-Shirt rieb, herrühren konnte, doch zu stark für ein Insekt, das vielleicht an der Innenseite desselben herumkrabbelte. Ich dreht mich rasch um – und erschreckte die kleine Robin, Naomis jugendliches Töchterchen, die sich nur wenige Zentimeter hinter mir befand. Sie zog sich rasch zurück und ich kapierte ebenso schnell, was geschehen war. Robin verhielt sich mir gegenüber sehr entspannt und hatte sich mir, da ich mich immer in der Nähe ihrer Mutter aufzuhalten schien, leise genähert und versuchsweise begonnen, den unteren Teil meines Rückens zu pflegen. Das war eine solch intime Geste, daß sie mich gleichermaßen bewegte wie erregte. Ich war aber auch darüber bestürzt, daß ich es hatte geschehen lassen und fürchtete, daß dies mein Verhältnis zum Trupp auf Dauer verändern und meine Einstellung gegenüber Interaktion untergraben könnte. Gleichzeitig erschien es mir unglaublich, daß ein Pavian mir so sehr vertraut hatte, um die vielen Barrieren zu überwinden, die zwischen uns bestanden.

Nach Robins Freundschaftsangebot war ich gegenüber Annäherungsversuchen seitens der Tiere viel achtsamer. Das war schwierig, denn je mehr die Tiere meine Gegenwart akzeptierten, desto mehr versuchten sie auch, mit mir in Interaktion zu treten. Bei Einbruch der Dunkelheit, in der Nähe der Schlafklippen war ihre Wachsamkeit gering. Vor allem die Jungen waren begierig darauf aus, Kontakt aufzunehmen. Die Erwachsenen saßen nahe beieinander, ruhten oder pflegten die Gesellschaft, während die Kleinen genauso wie Menschenkinder vor dem Schlafengehen in letzter Ausgelassenheit herumliefen. Während ich dasaß und meine abschließenden Tagesnotizen machte, näherten sie sich mir oft, streckten manchmal die Hände aus, versuchten meine Schuhe zu berühren und zupften sogar keck an meinen Schuhbändern.

Nachdem ich einmal begriffen hatte, was los war, wich ich ihnen immer aus. Für mich bedeutete ihr Vertrauen und ihre Annahme zwar ein besonderes Geschenk, dennoch war ich stets auf der Hut und hoffte, während ich mir insgeheim genau das Gegenteil wünschte, weitere Verletzungen meiner Prinzipien vermeiden zu können. Zumeist war ich in der Lage, die Situationen vorherzusehen, in denen die Paviane mit mir in Verbindung treten wollten. Allmählich lernte ich auch, wie ich derartige Versuche verhindern oder im Keim ersticken konnte, indem ich den Abstand zwischen mir und einem möglichen Partner vergrößerte. Wie bei den Menschen gibt es auch bei den Pavianen einen bevorzugten Interaktionsabstand, den üblichen Abstand zwischen miteinander kommunizierenden Individuen. Gelegentlich – etwa beim Grooming – wird diese Distanz verringert, wogegen es immer ein gewisses äußeres Limit gibt, so daß es genügte, mich jenseits dieser Grenzlinie aufzuhalten.

Von Zeit zu Zeit, wenn ein Affe besonders beharrlich war, wandte ich die übliche Abweisungstechnik der Paviane an. Ein Merkmal des Kommunikationssystems der Paviane ist die Tatsache, daß es schwierig ist, jemandem, der einen nicht ansieht, etwas mitzuteilen. Wenn ein Pavian lieber nicht zur Kenntnis nimmt, was um ihn herum vorgeht, oder er sich aus einer bestimmten Situation lieber heraushalten möchte, so wendet er einem einfach seinen Rücken zu. Das ist fast gleichbedeutend mit Unsichtbar-Werden und stellt selbst im Falle von Drohungen ein sehr wirksames Mittel dar, Kommunikationsversuche zu ignorieren.

Große jugendliche Männchen konnten einem wahrlich auf die Nerven gehen. Etwa zum Zeitpunkt, da sie die Größe der erwachsenen Weibchen erreichen, versuchen sie ihre Stellung innerhalb der Gruppe dadurch zu verändern, daß sie Weibchen oder Junge aus ranghöheren Familien, die ihnen gegenüber bislang dominierten, herumstupsen. Obwohl diese Versuche todernst gemeint sind, sind sie für gewöhnlich, vor allem im Frühstadium, unwirksam. Weibchen ignorieren häufig die Drohgesten der Jugendlichen. Die frustrierten, aber noch nicht ganz erledigten jungen Männchen überkommt ein Zustand, der dem menschlichen Sich-Aufspielen und Große-Reden-Führen gleichkommt. Da sie aber niemand beachtet, geben sie schließlich erschöpft auf, wenigstens für dieses Mal.

Ein junges Männchen kam zu der Überzeugung, daß ich vielleicht eine leichtere Beute darstellte als das ranghohe Weibchen, das es soeben zu verführen suchte, ließ von ihm ab und konzentrierte sich auf mich. Wie üblich entfernte ich mich. Er rückte mir nach. Wieder vergrößerte ich den Abstand. Plan A funktionierte absolut nicht – er folgte mir, wohin ich auch ging. Ich ging zu Plan B über. Ich weigerte mich, ihn anzusehen oder ihn auch nur glauben zu lassen, daß ich ihn anblicken *könnte*. Er drohte, ich sah weg. Beide wußten wir, was das bedeutete, aber er war hartnäckig und weigerte sich, aufzugeben. Wir bewegten uns in kleinen konzentrischen Kreisen, wobei er immer eine neue Position mir gegenüber einnahm. Als mir eben schwindlig zu werden begann, setzte er sich ab. Ich war überzeugt. Früher oder später kann man eine Situation dadurch in den Griff bekommen, daß man sich weigert, sie zur Kenntnis zu nehmen.

Mit den Pavianen *nicht* in Interaktion zu treten, war zwar der schwierigste Teil meines neuen Lebens als Feldforscherin, brachte jedoch auch unerwartete Freuden. Zuneigung, wenngleich lästig, war eine, Integration eine andere. Bis zu diesem Punkt war mein Leben immer bruchstückhaft gewesen. Sogar die besten Tage in Berkeley waren stets von einem ewigen Hin- und Herjagen erfüllt, in dem fruchtlosen Versuch, auch nur ein Viertel dessen zu bewerkstelligen, was Tag für Tag getan werden mußte. Mein privates und mein akademisches Leben verliefen jeweils in eigenen Bahnen. Sogar meine Träume waren von quälender Gleichförmigkeit. Sie handelten von nie enden wollenden Listen, von unvollständigen Listen, von vergessenen und von verlorenen Listen. Nun gab es aber nur eine einzige Sache, auf die ich mich konzentrieren mußte: Paviane zu beobachten, über sie nachzudenken, über sie zu schreiben, meine Daten über sie zusammenzustellen, über sie zu lesen – und freilich auch von ihnen zu träumen. Es gab noch einen weiteren Aspekt der Integration. Welche andere Tätigkeit stellt sowohl eine geistige als auch eine körperliche

Herausforderung zugleich dar? Bislang war meine intellektuelle Begeisterung immer in Mauern verbannt gewesen. Ich mußte eigens Zeit für ausgleichende körperliche Bewegung abzweigen, um mich zu entspannen, um den Adrenalinausstoß abzubauen, den die geistige Arbeit mit sich brachte. Nun fanden diese Dinge im Gleichklang statt. Jeden Abend kam ich geistig und körperlich völlig erschöpft nach Hause – aber war das ein herrliches Gefühl!

Im Unterschied zu den meisten „professionellen" Tätigkeiten, bei denen Monate, Jahre oder sogar Jahrzehnte vergehen, ehe man endlich das Ziel erreicht, bot hier jeder Tag einen echten Fortschritt an Entwicklung und Erkenntnis. Vielleicht hatten sich meine Erwartungen geändert. Mittlerweile war ich damit zufrieden, ein neues Faktum pro Tag kennenzulernen, anstatt nach welterschütternden Schlußfolgerungen zu suchen. Wenn Paviane die neue Welt darstellen, so erfährt das Leben eine völlige Neuorientierung. Ich hatte erwartet, daß ich Restaurants, Konzerte, Kinos und Parties vermissen würde. Statt dessen erkannte ich, daß sie einfach nur ein armseliger Ersatz für die „wahre" Welt – die Natur selbst – sind. Es war ein Vergnügen nach Nairobi, der großen Stadt, zu fahren. Dort gab es Restaurants, ein Kino und Freunde. Ich hielt es nur einen Tag lang aus, dann eilte ich – wie ein Rauschgiftsüchtiger, der einen neuen Schuß braucht – zurück nach Kekopey, nach Gilgil und dem Roten Haus.

Ich entwickelte eine erstaunliche physische Ausdauer. Während der Trockenzeit legten die Paviane weite Strecken und dies oft in raschem Tempo zurück. Ich zerbrach mir gar nicht erst lange den Kopf darüber, wie ich mit ihnen Schritt halten sollte – ich tat es einfach. Die Ängste, die Matt mir so stark einzuimpfen versucht hatte, beunruhigten mich nicht länger. Bei den Pavianen zu sein, bedeutete für mich den besten Schutz vor Schlangen oder anderen Tieren, die mir vielleicht Sorgen machen konnten, da ständig sechzig Augenpaare auf der Hut waren, beobachteten und zu jeder Warnung bereit waren. Sie sahen zwar alles viel früher als ich, konnten mich aber nicht vor dem gefährlichsten „Tier" im Umkreis schützen – vor mir selbst.

In Warzenschwein-Gruben zu fallen, war gefährlich – nicht wegen der Warzenschweine, die hierin lebten, sondern weil man sich dabei leicht einen Knöchel verstauchen oder ein Bein brechen konnte. Dennoch fiel ich mit schrecklicher Regelmäßigkeit hinein. Je interessanter das Schauspiel der Paviane vor meinen Augen, desto sorgloser wurde ich. Als ich zum ersten Mal fiel, war ich ebenso erschrocken wie die Paviane. Ich schrie auf und landete wie ein Häufchen Elend. Ich versuchte zwar, das nächste Mal nicht mehr so zu reagieren, da es die Tiere wirklich erschreckte, doch ohne Erfolg.

Wenn man einen Ort genau kennt, hört er auf, einem Angst einzujagen. Ich begann, mich langsam als intimer Kenner von Kekopey zu betrachten und fühlte mich hier wohler als in der Stadt Gilgil. Die Menschen – nicht die wilden Tiere – schienen mir gefährlich. Unvorhersehbares ist beunruhigend. Je mehr ich von der Pumpenhaus-Bande kennenlernte, um so wohler fühlte ich mich in ihrer Nähe und um so weniger behagte es mir, wenn ich mich anderswo – selbst dort, wo ich doch eigentlich hingehörte: unter Menschen – aufhielt. Ich habe menschliches Verhalten niemals so gut verstanden wie das der Paviane.

Keineswegs die unwichtigste Veränderung betraf mein Gefühl der Selbstsicherheit und Kompetenz, was Problemsituationen in einem Land der Dritten Welt anging. Zehn Jahre lang war ich in Kalifornien mit dem Auto gefahren und hatte nie selbst einen Reifenwechsel vorgenommen. Ein Anruf genügte, und der Automobil-Club erledigte das. Wenn ich hier auf dem Weg von den Pavianen nach Hause über irgendwelche Dornen fuhr, gab es niemanden, den ich hätte anrufen können. Ein Reifenwechsel ist zwar nichts Weltbewegendes, aber für mich bedeutete dies eine Großtat. Ich fluchte und heulte und die ganze Angelegenheit dauerte dreimal so lange als nötig, aber ich schaffte es, und das nächste Mal ging es schon wesentlich rascher. Ich erwarb sogar einige Grundkenntnisse der Mechanik – es mußte einfach sein. Wenn das Auto an irgendeinem entlegenen Ort plötzlich stehenblieb, konnte ich entweder nach Hause laufen und Hilfe holen oder mich hinsetzen und hoffen, daß irgendjemand vorbeikommen würde. Mich selbst um die Lösung des Problems zu bemühen, schien also zwingend nötig. Ich habe es nie zu einer Spitzenmechanikerin gebracht. Viele Jahre später, als ich Erfahrungen hatte und all das als eine Selbstverständlichkeit erachtete, war eine alte Freundin aus Kalifornien bei mir zu Besuch. Ihre Oh- und Ah-Rufe, die sie auf Grund meiner Tüchtigkeit beim Reifenwechsel von sich gab, sowie ihre grenzenlose Bewunderung angesichts der Reinigung der Verteilerkappe, erinnerten mich daran, wie weit ich es gebracht hatte.

Als ich in Kenia angekommen war, stellte ich den Gegensatz des von den Medien so gerne präsentierten Klischees dar: Fräulein Soundso, in die

Natur verliebt, geht in die Wildnis, um der Kultur, die *böse* ist, zu entfliehen und mit der Natur, die *gut* ist, in Verbindung zu treten. Alles befindet sich in vollendeter Harmonie – auch sie selbst. Sie genießt das Morgenrot und die Abenddämmerung, Wolkenbrüche und Regenbögen. Auf Grund einer seitens der Medien verbreiteten Mischung von Wirklichkeit und Phantasie wurde einer Feldforscherin ein derartiges Rollenbild zugeschrieben. Ich wollte nichts von alldem. Mein Leben mit den Pavianen stimmte mich jedoch auf den Rhythmus des wilden Afrika ein, einen Rhythmus, der sich der Umwelt anpaßt, statt sie zu verändern. Ohne es zu bemerken, begann auch ich Einkehr mit der Natur zu halten, die Last der Zivilisation abzulegen und mich an Blumen und Sonnenuntergängen, am endlosen Himmel und vor allem an den Pavianen zu begeistern. Es war in der Jahreszeit der langen Regenfälle, als ich diesen Wandel zum erstenmal an mir feststellen konnte.

Regen war mir wie ein Fluch erschienen. Er war ein Ärgernis, eine Störung, eine Situation, die man so schnell wie möglich hinter sich bringen wollte. Auf Kekopey brachte er zusätzliche Probleme: Schwierigkeiten beim Tätigen von Aufzeichnungen, Schlamm. Während leichter Regenfälle gingen die Paviane einfach ihren Geschäften nach, wogegen sie bei Platzregen überall Schutz suchten, wo dies möglich war – unter einem Busch, einem Felsen oder sogar auf den Schlafklippen. Sechs Monate nach meiner Ankunft setzte der „große Regen" ein. Wie schon der Name besagt, handelt es sich dabei um schwere Regenfälle, die von April bis Juni **andauern** und gewaltige Niederschlagsmengen mit sich bringen. Mittlerweile hatte ich mich jedoch in eine Meerjungfrau oder zumindest in eine Regenjungfer verwandelt. Nach der langen Trockenzeit hieß ich die Feuchtigkeit willkommen und wußte ihre segensreiche Wirkung auf Pflanzen und Tiere zu schätzen. Ich sah zu, wie sich die Gewitterfront über die Landschaft hin bewegte und war davon ergriffen. Ich betrachtete den Regen nicht länger als Feind; wie alles um mich herum ließ auch ich mich von ihm erfrischen. Auch ich verfiel dem romantischen Bild der Natur, wie es der vorgefaßten Meinung der Medien entsprach. Natur war eine unberührte Welt. Alles befand sich in vollkommener Harmonie, solange der Mensch nicht eingriff – und zweifellos trug alles, was ich über die Paviane erfuhr, eher dazu bei, diese Ansicht zu verstärken anstatt sie zu widerlegen.

Es gab aber auch noch eine andere Seite der Natur, eine, die die Medien gewöhnlich außer acht lassen: Jeder Geburt steht ein Todesfall gegenüber

– und der Tod ist selten angenehm. Die Umstände zwangen mich, ihn als Teil des natürlichen Kreislaufs zu verstehen und mich selbst mehr in der wirklichen Natur, denn in einem romantischen Wunschbild verankert zu sehen.

Lisas Tod war der erste, dessen Zeuge ich werden sollte. Sie war von einem Baum gefallen und so benommen gewesen, daß sie sich dem erwachsenen Männchen, das ihr auf dem brüchigen Zweig nachgejagt war, nicht präsentierte. Wie üblich zwickte er sie, als er sie sah; sie aber, durch den Sturz dermaßen benommen, wandte sich – anstatt stillzuhalten und ihm ihr gut geschütztes Hinterteil zum Angriff entgegenzustrecken – gegen ihn, und seine Eckzähne drangen in ihre Flanke ein und durchstießen ihre Bauchdecke.

Einige Tage lang war Lisa noch fähig, mit der Gruppe mitzuhalten. Langsam begann sie jedoch immer mehr zurückzubleiben, bis sie zu schwach war, um sich zu bewegen. Ich blieb bei ihr und sprach meinen Bericht über ihre letzten Stunden auf Tonband. Wenn ich heute dieses Band abspiele, höre ich das Zittern in meiner Stimme und die Pausen, wenn ich das Gerät abstellen mußte.

Lisa und Sickle waren die besten Freundinnen, so wie Peggy und Constance. Was würde Sickle an jenem Abend unternehmen, wenn Lisa nicht zu den Schlafklippen kam? Der Trupp verließ seine Wasserstelle unter der großen Akazie, aber ihre Freundin blieb zurück und sah dem abziehenden Trupp nach. Sickle verließ ihren Ausguck erst, als die Dunkelheit hereinbrach und die übrigen Paviane auf den Klippen bereits sicheres Nachtquartier bezogen hatten.

Die Reaktion der Gruppe auf den Tod von Quentin verwirrte mich. Ich konnte nicht feststellen, ob Paviane den Tod erkennen können wie die Schimpansen. Quentin war von einer Schlange gebissen worden und starb an einer Wasserstelle, welche der Trupp häufig aufsuchte und zu der er auch am folgenden Tag zurückkam. Als sie herunterkamen, um zu trinken, schien jeder Affe Quentin wie ein seltsames neues Ding in der Umwelt zu behandeln, beugte sich nieder, um ihn zu beschnuppern und zu untersuchen und zog dann weiter. Quentins Mutter Queenie und ihre Familie kamen als nächste. Anfangs näherten sie sich dem leblosen Körper in ähnlicher Weise, blieben jedoch in der Nähe stehen, umkreisten ihn, schnupperten daran und waren deutlich verstört. Hatten sie Quentin erkannt? Was fühlten sie? Mittlerweile hatte sich der Trupp schon so weit entfernt, daß die Familie hinterherhetzen mußte, um ihn wieder einzuholen.

Meine Verwirrung blieb angesichts der Reaktion des Trupps auf den Tod eines Babys bestehen. Während Peggy alle Hände voll zu tun hatte, um sich um ihr neues Baby Pebbles zu kümmern, brachte Harriet, ein Weibchen mittleren Ranges, Hal, ihr erstes Baby, zur Welt. Harriet hatte jede Menge Erfahrung im Umgang mit anderen Kleinkindern des Trupps, weshalb es mich überraschte, daß sie die ruhige Sicherheit und die mütterlichen Fähigkeiten, die ich erwartet hatte, vermissen ließ.

Harriet hielt Hal an dessen erstem Lebenstag verkehrt herum, so daß sich sein Kopf zwischen ihren Beinen befand, sein Hinterteil aber dort, wo sein Kopf hätte sein sollen. Freilich war Hal unglücklich und allen anderen erging es ebenso. Seine Schreie machten Harriet schließlich aufmerksam; sie brachte ihn in die richtige Lage, ihre Ungeschicklichkeit blieb jedoch bestehen. Es fiel ihr schwer, Hal mit einer Hand zu halten und auf drei Beinen zu laufen. Die Situation wurde dadurch, daß sie im Mittelpunkt des allgemeinen Interesses stand, nur noch verschlimmert. Harriet war offenbar unfähig, sich in ihre Mutterrolle zu fügen.

Dann kam es zu einer Krise. Naomi kam, um ihre Aufwartung zu machen. Da Naomi einen niedrigeren Rang als Harriet einnahm, hatte letztere keinerlei Bedenken, sie das Baby anfassen zu lassen. Nach einer gewissen Zeit gab Naomi Hal aber nicht mehr zurück. Im Unterschied zu Languren und Stummelaffen, die ein Baby vom Tag seiner Geburt an herumreichen und anscheinend nur zu glücklich sind, es für eine Zeitlang loszuwerden, sind Paviane, was ihre Kleinkinder anlangt, ziemlich zurückhaltend. Eine Pavian-Mutter übergibt ihr Kleines nur jemandem, dem sie vollkommen vertraut: einem Freund, einem Familienmitglied oder einem Individuum, das sie einschüchtern kann. Für Harriet zählte Naomi wahrscheinlich zur letztgenannten Kategorie.

Naomi ließ sich jedoch durch Harriets Drohungen nicht einschüchtern. Sie lief einfach nur ein Stückchen weiter weg, während Hal fest an ihr hing. Das ging über eine Stunde lang so und niemand kam Harriet zu Hilfe – an sich schon ein ungewöhnlicher Vorfall. Schließlich gab Harriet auf, ging aber nicht weg. Hartnäckig folgte sie Naomi und Hal mehrere Tage lang und rückte jedesmal, wenn Hal quietschte, was häufig der Fall war, ein Stückchen näher. Tage vergingen, und Hal, der seine Mutter nur kurz gekannt hatte, machte es sich allmählich auf Naomis Bauch bequem. Da sich Naomi selbst in einem Spätstadium der Schwangerschaft befand, regte Hal beim Saugen an ihren Brustwarzen den Milchfluß an und es sah eine Zeitlang so aus, als ob die „Adoption" erfolgreich verlaufen könnte, besonders seitdem Harriet anscheinend das Interesse zu verlieren begann. Manchmal gab sie es sogar auf, Naomi zu folgen und saß statt dessen bei ihrer älteren Schwester oder bei Rad, ihrem engsten männlichen Freund. Aber gleichgültig, wie weit sie entfernt war, stürzte sie, sobald Hal auch nur einen Ton von sich gab, zurück und versuchte erneut, ihr Baby wiederzubekommen.

Mir wurde klar, daß diese ganze Sachlage höchst ungewöhnlich war; Weibchen kidnappten nicht einfach Babys anderer. Tatsächlich war die Situation so ungewöhnlich, daß niemand in der Gruppe wußte, wie er sich verhalten sollte. Am Morgen des zehnten Tages in „Gefangenschaft" starb Hal. Warum und wie – das waren Fragen, auf die ich nie eine Antwort erhalten sollte. Er starb keinen Hungertod, denn hätte Naomis Milch nicht ausgereicht, so wäre er schon viel früher gestorben. Hatte er einen Geburtsfehler? Wenn ja, erklärte dies Harriets Ungeschicklichkeit Hal gegenüber während der ersten Tage oder sogar die ganze Kette bizarrer Vorfälle?

Naomi drückte Hals leblosen Körper an sich und wenn sie sich bewegte, schleiften seine Arme und Beine auf dem Boden. Sie trug ihn weiterhin mit sich herum, pflegte und kümmerte sich um ihn, als ob er lebendig wäre. Gelegentlich setzte sie ihn ab, um leichter fressen zu können, nahm ihn aber, sobald sich jemand näherte, wieder auf. Harriet folgte Naomi wie ein Schatten und zeigte nun an Hal mehr Interesse als während der Woche zuvor. Dieses Interesse hielt einen Tag an. An diesem Abend legte Naomi Hal einfach ab und nahm ihn nicht mehr auf. Niemand war in der Nähe, nicht einmal Harriet. Das also war das Ende.

Tote Babys werden oft tagelang mitgetragen. Zunächst wird der Körper festgehalten und gepflegt, wenn er sich aber zu zersetzen und Fliegen anzuziehen beginnt, legt die Mutter ihr Kind auf den Boden, um sich das Fressen zu erleichtern. Dieses Verhalten, das ich auch bei Naomi und Hal beobachtete, wird solange fortgesetzt, bis die Mutter das fast schon unkenntlich gewordene Kleinkind aufgibt.

Für einen Pavian bedeutet Tod den Verlust der gesellschaftlichen Identität. Eine Leiche stellte entweder – wie Quentins Leiche für den Trupp – ein Nichts dar oder ein Rätsel – wie Quentins Leiche für seine Familie oder ein eben verstorbenes Baby für seine Mutter. Es war Quentin und doch nicht Quentin – mein Baby, aber doch nicht mein Baby – und zwar so lange, bis sich der Leichnam dermaßen verändert hatte und so schlaff war, daß kein Wiedererkennen und keine Zuneigung mehr möglich war.

Verletzungen stellten den Trupp vor das gleiche Dilemma. Als sich Clifford, einer der Jugendlichen, am Bein verletzte und gezwungen war, mehr zu laufen als zu gehen, taten sich alle seine Altersgenossen, gestützt auf die ihnen zum Vorteil gereichende Tatsache, daß er sich nicht zur Wehr setzen konnte, gegen ihn zusammen. Diesem Verhalten setzte, wenn auch nur vorübergehend, seine Mutter Constance ein Ende. Clifford wurde auch zur Zielscheibe der Spiele der größeren Männchen. Derartiges ereignete sich immer wieder, auch bei erwachsenen Tieren. Das erwachsene Männchen Bo hatte mit seinem Bein ein ähnliches Problem. Weibchen und Subadulte flohen schreiend vor ihm, die anderen erwachsenen Männchen stempelten ihn zum Sündenbock ihrer aggressiven Begegnungen. Die Reaktion der Weibchen war leicht zu verstehen. Vor seiner Verletzung war Bo oft auf sie losgefahren, wenn er wütend war. Es war also immer vernünftig, ihm aus dem Weg zu gehen. Vom männlichen Standpunkt aus war das einst gefürchtete Tier nun ganz offensichtlich unfähig, sich zur Wehr zu setzen; so konnten alte Rechnungen beglichen und neue gemacht werden.

Wie friedlich gesellige Paviane auch sein mögen, wie weit sie von unserer üblichen Vorstellung von Aggression entfernt sind – Engel sind sie keine! Anscheinend vergessen sie manche alte Unstimmigkeiten nicht. Wichtig für das Verstehen ihrer Reaktion auf kranke und behinderte Trupp-Mitglieder ist die Tatsache, wie kompliziert die Kommunikation zwischen ihnen abläuft. Zwingen Krankheit oder Verletzung einen Pavian dazu, seine Gesten, seine Körperhaltung und sein Verhalten auffällig zu verändern, so ändert sich damit unbeabsichtigt auch die Art seiner Mitteilungen, und die anderen Paviane antworten auf diese veränderte Botschaft.

Diese Todesfälle und Verletzungen bei den Pavianen weckten in mir Gefühle der Trauer und des Mitleids – menschliche Emotionen also. Ich brauchte viel Zeit, um den natürlichen Lebensrhythmus der Pumpenhaus-Bande zu akzeptieren, wo der Tod Teil des Lebens war.

Der schwierigste Punkt im Verlauf meiner Konfrontation mit dem Tod war vielleicht erreicht, als die Paviane auf Beutezug gingen. Lange Zeit hatten die Anthropologen angenommen, daß unter allen Primaten nur die Menschen Fleischesser seien. Sicherlich stimmten sie darin überein, daß nur die Menschen *Jäger* seien. Jane Goodalls Dokumentation über auf Jagd gehende und Fleisch fressende Schimpansen vom Gombe-Strom zwang uns aber, dieses Konzept abzuändern, da uns Schimpansen bei gemeinsamer Jagd vor Augen geführt wurden. Ich sollte ähnliches Verhalten bei den Pavianen der Pumpenhaus-Bande beobachten.

Meine erste Begegnung mit räuberischem Verhalten hatte ich, als ich Peggy folgte und mit ihr Schritt zu halten versuchte, während sich der Trupp in flottem Tempo bewegte. Gleichzeitig bemühte ich mich, ihre Aktionen anhand eines komplizierten Codes festzuhalten. Sie legte Tempo zu. Ging ihr meine Beschattung auf die Nerven? Hatte ich sie beleidigt? Aber sie warf überhaupt keinen Blick auf mich zurück, wie sie es getan hätte, wenn ich der Grund für ihr rasches Tempo gewesen wäre. Sie steuerte geradewegs auf zwei Männchen zu, die ungewöhnlich nahe beieinander saßen.

Peggy kam lange vor mir an. Die einzige Methode, um mit den Affen – sogar mit den kleinsten von ihnen – Schritt halten zu können, wenn sie ein rasches Tempo vorlegten, war zu laufen und das mochten Paviane nicht. So mußte ich also eine rasche Gangart wählen, ohne in Laufschritt zu verfallen.

Mich erwartete eine gräßliche Szenerie. Sumner saß in der Mitte und hatte ein sich windendes Thomson-Gazellenjunges im Mund. Er hielt es am Genick, sein Kopf befand sich in Nähe seines Mauls und die Beine strampelten. Im nächsten Augenblick war der kleine Tommy am Boden festgenagelt. Starke Pavianarme drückten es an Vorder- und Hinterbeinen nieder. Sumner fraß bereits aus seinem weichen Unterbauch, während das Baby immer noch lebte. Es starb erst fünf Minuten später. Es gab keinen raschen Todesbiß. Das Fressen nahm seinen ruhigen Fortgang.

Ich war von Grausen gepackt. Obwohl ich von Bob Hardings Beobachtungen her wußte, daß die Pumpenhaus-Bande zu den wenigen räuberischen nicht-menschlichen Primaten zählte, die in freier Wildbahn untersucht worden waren, war ich doch nicht darauf vorbereitet, was dies tatsächlich bedeutete. Es half nichts, daß mich das Antilopenjunge ein wenig an Walt Disneys Bambi erinnerte. Solange das Kitz noch wie ein Kitz aussah, reagierte ich heftig. Als sich Sumner jedoch langsam vom Bauch zu den Rippen, zum Hals und zu den Gliedmaßen vorarbeitete und im Verlauf dessen die Innenseite des Kadavers nach außen kehrte, wurde das Baby allmählich zu einem Stück Fleisch und ich konnte es mit etwas mehr Abstand betrachten.

Mittlerweile hatte sich eine ganze Versammlung eingefunden. Als Peggy eintraf, hatte bereits Carl, ein älteres Männchen, das Sumner in gewisser Weise ähnelte, seinen Anspruch angemeldet, indem er sich sehr nahe neben Sumner setzte. Dieser wurde leicht nervös und nach einem Blick auf Carl wandte er ihm langsam aber entschieden seinen Rücken zu, so daß er weiter sein Tommy-Baby fressen konnte, ohne Carl dabei anzusehen. Peggy marschierte jedoch gerade auf die beiden zu, setzte sich vor ihnen in Positur und bildete den dritten Eckpunkt des Dreiecks.

Zehn Minuten vergingen. Je länger Carl sitzen blieb, desto nervöser wurde Sumner. Sumner warf häufiger Blicke auf das andere Männchen und begann rascher zu fressen. Es sah aus, als wollte er so viel wie möglich fressen, ehe er den Kadaver Carl überließ.

Peggy saß ruhig daneben. Sie starrte nicht auf den Kadaver, sondern fixierte Sumner. Dieser bewegte sich gelegentlich ein wenig weiter, wobei er kleinere und größere Stücke zurückließ. Wie ein Geier stürzte sich Carl darauf und stopfte so viel wie er konnte in sein Maul. Dann rückte er Sumner wieder auf den Pelz. Ob Absicht oder Zufall – diese Aktionen verschafften Sumner eine kurze Ruhepause vor Carls bedrückender Präsenz.

Schließlich war Peggy an der Reihe, auch wenn Carl nicht viel übriggelassen hatte. Die genaue Begutachtung jedes „Freßplatzes" brachte ein Stück Knochen, ein kleines Stückchen Fleisch und ein paar Sehnen. Nachdem sie sich genommen hatte, was sie konnte, nahm sie ihren Platz im Dreieck wieder ein. Dann kam Thea. Sie war nervöser als Peggy, zeigte aber deutliches Interesse. Auch Patrick und Tessa tauchten auf, kamen aber offenbar zu dem Schluß, daß es spannender war, einander den Hügel hinunterzujagen. Das Publikum vergrößerte sich durch die Ankunft einiger jugendlicher Männchen. Etwas entfernt saß – die Augen auf den Kadaver geheftet – Frieda, ein Weibchen mittleren Alters und mittlerer Rangstufe mit einem eigenartig kurzen Schwanz.

Ohne Vorankündigung verließ Sumner den Kadaver und Carl kam und begann zu fressen. Sumner blickte nicht einmal zurück, sondern stolzierte, zu voller Höhe aufgerichtet, mit vollen Backentaschen in den Schatten eines nahestehenden Baumes, wo er gemütlich die noch in seinem Maul befindlichen Reste verzehrte.

Viel Freßbares schien nicht mehr übriggeblieben zu sein. Das ganze Tier sah aus, als sei es gehäutet worden. Das Fell war bis zu den Hufen von innen nach außen gekehrt, so daß die langen, dünnen Knochen und zarten Muskeln der Beine zum Vorschein kamen. Alle übrigen Knochen, Muskeln und Eingeweide waren bereits aufgefressen. Der noch unversehrte Kopf war der einzige Hinweis auf die einstige Schönheit dieses Geschöpfes. Carl stürzte sich auf ihn und mir schnürte es abermals die Kehle zu. Rasch waren zuerst die Ohren, dann die Augen und der Unterkiefer aufgefressen. Aus der Schönheit wurde ein unkenntlicher Klumpen. Ich hörte ein Knirschen. Carl hatte den Schädel zwischen seinen Mahlzähnen und drückte zu. Als die dünne Hirnschale brach, verschlang Carl deren Inhalt, entledigte sich lässig der Überbleibsel und machte sich auf die Suche nach einem eigenen schattenspendenden Baum.

Es folgte eine Balgerei. Die Jugendlichen und verschiedene Weibchen stürzten sich auf den Kadaver, doch nun meldete Peggy rasch ihren Anspruch an, da sie das am nächsten sitzende und das von allen anwesenden dominanteste Weibchen war. Ich konnte mir nicht vorstellen, was es hier noch zu fressen gab, aber Peggy begann systematisch damit, die Röhrenknochen aufzuknacken und das Mark zu fressen. Sie untersuchte nochmals das Fell und alle Knochen und verließ ihre Beute erst nachdem sie diese von allen noch verbliebenen Fleischresten gereinigt hatte. Der zerfetzte Haufen aus Fell und Hufen wurde nun von jedem einzelnen der Anwesenden unter Beachtung der Rangordnung untersucht. Alle fanden noch irgend etwas, aber die Dauer der Besitzerschaft über den Kadaver sank drastisch, bis der letzte kleine Jugendliche ihn nur mehr ganz kurz musterte, ehe er davonstob, um sich dem Rest des Trupps anzuschließen.

Nun war ich an der Reihe. Der Tommy sah aus wie von einem Fachmann gehäutet, mit einem Schlitz in der Mitte und entlang der Seiten. Diese „Fachleute" hatten schlampig gearbeitet: Die Hufe hingen noch daran. Ich konnte nichts Freßbares mehr entdecken. Ein Häufchen Knochensplitter lag dort, wo Peggy gefressen hatte, und nicht weit davon entfernt war der Kadaver aufgegeben worden.

Nichts blieb von dem lebhaften kleinen Tommy, der noch eine Stunde zuvor am Leben gewesen war. Fasziniert vom Ablauf der Ereignisse hatte ich vorübergehend meine ursprüngliche Abscheu völlig vergessen. Gab es hier Recht und Unrecht? Wenn ja – wer war im Recht? Waren die Paviane im Unrecht, als sie den Tommy fraßen? Ja noch schlimmer: als sie diesen bei lebendigem Leib fraßen? *Mußten* sie das tun? Gab es hier nicht genügend Gras, Blüten und Früchte, um sie zufriedenzustellen?

Beim zweiten Mal war mir um nichts leichter. Hätten die Paviane den Tommy getötet, ehe sie mit dem Fressen begannen, hätte ich vielleicht weniger heftig reagiert. Aber meine Gefühle ähnelten vermutlich jenen der Gazellenmutter, die, solange sich das Baby noch bewegte und manchmal sogar blökte, dastand und das Raubtier angriff. Sobald dann jede Bewegung aufhörte und das Baby nur noch ein lebloser Körper war, lief die Gazelle davon und schloß sich wieder ihrer Herde an, womit dieses Kapitel ihres Lebens abgeschlossen war.

Beim dritten Mal fiel es mir schon leichter, und erst recht beim vierten und fünften Mal. Beim sechsten Tötungsakt war ich bereits eine objektive, distanzierte Beobachterin von Pavianen – unberührt von der Not ihres Beutetieres. Mein Denken war völlig mit den Details des Tötens beschäftigt: Wie wurde es gefangen? Wer fraß es? Wer bekam etwas davon ab, wer versuchte es vergeblich? Selbst die schrecklichen ersten Minuten waren leichter mitanzusehen.

Der Tod. Wie die meisten Großstadtmenschen war auch ich ihm gegenüber wohl abgeschirmt gewesen. Mein Fleisch bezog sich säuberlich verpackt – nichts daran erinnerte mehr an das Tier, das es einmal gewesen war. Verstandesmäßig war mir zwar klar, daß jedes Geschöpf einmal zu sterben hatte; auch mit den Theorien zur Erklärung der Interaktion zwischen Raubtier und Beutetier, der Lebensgeschichte und der Populationsdynamik war ich vertraut, aber natürlich dachte ich nicht an mein eigenes Sterben. Tut dies irgendein Geschöpf? Ist der Tod ohne Todesbewußtsein für die Lebenden weniger schmerzlich? War einer Gazelle oder einem Pavian wirklich nicht bewußt, was da geschieht?

Erst als ich Tod und Leben gemeinsam und die Abfolge, die beide zu einem Lebenszyklus verband, betrachtete, wurden sie für mich zu Teilen eines einzigen Ganzen. Der Tod kam nicht wie irgendein Racheengel – er war bloß ein Vorgang, weder gut noch böse.

Da ich „zivilisiert" aufgewachsen war, mir nie gewünscht hatte, mit der Natur im Einklang zu leben und frei von Werturteilen war, hatte ich niemals Partei ergriffen. Die Paviane jedoch hatten meine Welt auf den Kopf gestellt und aus einer unbeteiligten Intellektuellen eine romantische Naive gemacht. Als mir Massai-Buben ein verwaistes Zebra-Baby brachten, verstand ich nicht, warum Tobina Cole mir den Rat gab, es zu töten. Wie gut sie es gemeint hatte, verstand ich erst, als Chloe, wie ich das Geschöpf mit der flauschigen Schnauze nannte, starb, nachdem es bei einer Parade durch die glühendheißen, ausgedörrten Straßen von Nairobi mitmarschieren mußte, einer Parade, an der sich das Tierwaisenhaus der Stadt beteiligte.

Die Paviane brachten mich noch weiter. Sie bewahrten mich davor, mich verleiten zu lassen, die Welt falsch polarisiert zu sehen: Natur contra Kultur, Tier contra Mensch, gut und böse. Wenn die Paviane zum Roten Haus kamen, machten sie keinen Unterschied zwischen den Bäumen als Spielzeug und dem Haus als riesigem Klettergerüst, zwischen der leeren Flasche, die sie in der Abfallgrube fanden, und dem großen, interessanten

Zweig, den sie ebenfalls als „Spielzeug" verwendeten, zwischen dem Wasser im Abwassergraben und jenem in einer Regenpfütze, zwischen dem „Natürlichen" und dem „Künstlichen".

Ich erfuhr, daß die Natur einerseits keinen gewalttätigen Kampf jedes gegen jeden darstellt, daß sie andererseits aber auch nicht frei von Unannehmlichkeiten ist. Was war in dieser Tierwelt natürlich und wo fügten sich die Menschen darin ein?

5. Fragen über Fragen

Im Januar 1974 war ich körperlich und seelisch richtig aufgeblüht. Jeder Tag brachte neue Herausforderungen und Entdeckungen – was, wie ich befürchtete, zum Problem werden könnte. Mit jedem Tag, den ich beim Trupp verbrachte, wurde mir eines klarer: Früher oder später würde ich mich mit der Tatsache abfinden müssen, daß ich Dinge sehen, die ich nicht für möglich gehalten, und Verhaltensmuster entdecken würde, die ich nicht erwartet hatte. Was noch schlimmer war: Ich entdeckte nicht solche Verhaltensmuster, deren Existenz jeder bestätigt hätte. Das wissenschaftliche Rüstzeug, das ich aus Berkeley mitgebracht hatte, war nicht wiederzuerkennen.

Unter Washburns Anleitung war ich mit den Primaten, jener biologischen Ordnung, zu der auch die Menschen zählen, vertraut gemacht worden. Primaten waren vor sechzig Millionen Jahren erstmals aufgetreten – als winzige, unbedeutende Geschöpfe, die den Spitzhörnchen sehr ähnlich sahen. Sie zählten zu den ersten primitiven Säugetieren, welche die Lücke, die durch das Verschwinden der Saurier entstanden war, auszufüllen begannen. Ich hatte von den Ähnlichkeiten und Unterschieden zwischen uns und den frühen Halbaffen erfahren und davon, wie eine neue Lebensweise – das Leben in den Bäumen des tropischen Urwaldes statt auf dem Boden – die Anatomie und das Verhalten veränderte und dadurch jenes allgemeine Verhaltensmuster der Primaten zustande kam, an dem wir heute, Millionen Jahre später, immer noch teilhaben. Statt sich auf den Geruchssinn zu verlassen, sind Primaten auf den Gesichtssinn angewiesen, um sich in ihrer Welt, einer dreidimensionalen Welt, die besondere Sehschärfe verlangt, zu orientieren. Der Griff nach einem Ast hoch oben im Blätterdach konnte gefährlich sein, wenn er danebenging. Die Tiefenwahrnehmung war ebenso entscheidend wie das Farbensehen.

Ich war überrascht, zu erfahren, wie wenig Tiere die Welt nur auf eine dieser beiden Arten sehen. Um Tiefe wahrnehmen zu können, müssen die Augen nach vorne gerichtet sein, so daß sich die Gesichtsfelder überlappen. Ich war enttäuscht, als ich erfuhr, daß der Stier in der Arena nur die Bewegung der roten Capa wahrnimmt, nicht aber ihre Farbe. Für ihn ist sie grau und das Rot erregt nur die Zuschauer.

Die ältesten bisher entdeckten Halbaffen-Fossilien, besitzen lange Schnauzen und Augen, die sich seitlich am Kopf befinden. Zweifellos waren sie auf den Geruchs- und den Gesichtssinn angewiesen, wenngleich sie noch nicht räumlich sehen konnten. Schon bald traten neue Geschöpfe auf. Diese besaßen große, runde, nach vorne gerichtete Augen und beinahe flache Gesichter. Daß sie Farben sehen konnten, läßt sich nur vermuten; daß sie sich aber eher auf ihren Gesichtssinn als auf ihren Geruchssinn verließen und über Tiefenwahrnehmung verfügten, sind beides berechtigte Schlußfolgerungen.

Auch der übrige Körper unterlag großen Veränderungen. Wie kommt man im Astwerk der Bäume voran? Eichhörnchen graben ihre Klauen ins Holz und ziehen sich hinauf. Kleine Primaten klettern, indem sie sich festhalten. Um dies zu tun, benötigen sie besonders geformte Hände. Die Primatenhand stellt eine bemerkenswerte Erfindung dar, die half, eine neue Beziehung zwischen dem Tier und seiner Umwelt zu schaffen. Die Hand besitzt bewegliche Finger, die unabhängig voneinander bewegt werden können. Der Daumen ist charakteristisch und kann den Fingern gegenübergestellt werden. Anstelle von Greifhaken – Klauen – besitzen sie flache Nägel, welche die sensiblen Fingerspitzen schützen, ohne sie zu behindern. Handflächen und Fingerspitzen besitzen nicht nur Pölsterchen zum Zupacken, sondern eignen sich, da sie reichlich innerviert sind, auch zum Fühlen. Hände und Füße sind einander zwar sehr ähnlich, doch erweisen sich erstere als geschickter.

In dem Maße, in dem jene Bereiche, die mit dem Gesichts- und dem Tastsinn in Verbindung stehen, an Größe zunahmen, je mehr sensorische Information verarbeitet und integriert wurde und Speicherfähigkeit sinnlicher Wahrnehmungen anstieg, so daß Verbindungen zwischen Wahrnehmung und Tätigkeit erforderlich wurden, wurde auch das Gehirn komplexer. Die Kennzeichen eines Primaten sind seine Hände, sein Gesicht und sein Gehirn. Kein anderes Geschöpf auf Erden verfügt über diese einzigartige Kombination. Zusammen bildete dies die Basis des Primatenschemas, das nicht nur eine neue Leistungsfähigkeit zur Erforschung und Entdeckung der Welt, sondern auch eine vollkommen neue *Umwelt* mit sich brachte – einen neuen Weg, alles wahrzunehmen: dich, mich und es.

Die Frage von geänderter Anatomie und verändertem Verhalten erinnert ein wenig an das Henne-Ei-Problem. Ich wunderte mich, daß Washburn aus einer Handvoll Knochen, die er uns zeigte, so viel herauslesen konnte. Er konstruierte eine Abfolge, die auf den Informationen basierte, die mit jedem Geschöpf verbunden waren. Für sich betrachtet, vermittelte jedes einzelne Stück nur wenig, in ihrer Gesamtheit aber ergab sich eine aufregende Geschichte, eine Geschichte, die meine Phantasie gefangen nahm. Halbaffen, Affen, Höhere Affen und Menschenaffen, frühe Hominiden, echte Menschen und Menschen von heute – jeder einzelne Schritt in der stammesgeschichtlichen Entwicklung zeigte, daß wichtige Einzelheiten über das menschliche Verhalten zu erfahren waren.

Die Geschichte, die Washburn vor uns entwickelte, zielte immer wieder auf die gleiche provokante Frage ab: Warum sind wir so, wie wir sind? Seine Antwort lautete: Menschen sind ein Zufallsprodukt. Wenn wir auch mit einer Primaten-Grundausstattung begannen, so ist das, was letztlich aus uns werden wird, doch nicht vorherbestimmt. Höchstwahrscheinlich werden wir scheitern; über fünfundneunzig Prozent aller Tierarten sind ausgestorben. Warum sollte es uns anders ergehen?

Falls wir als Art überleben sollten, so deswegen, weil es uns unser Verhalten erlaubt, uns an Veränderungen in unserer Umwelt anzupassen. Das war unser Trumpf in petto. Ebenso wie die Anatomie der Primaten mit all ihren Vorteilen haben wir auch verschiedene Vorteile des Verhaltens der

Primaten geerbt. Um die Bedeutung jedoch zu verstehen, müssen wir eine Menge mehr über das Primaten-Verhalten wissen.

Einige Aspekte dieses Verhaltens ließen sich durch die Entschlüsselung anatomischer und paläontologischer Anhaltspunkte erahnen. Die heutigen Primaten kommen uns dabei zur Hilfe, indem sie uns einen Einblick in ihr Verhalten und in die wechselweise Beziehung zwischen Verhalten und Anatomie gestatten. Die jetzt lebenden Primaten sind keine Relikte aus einer früheren Zeit. Die Halbaffen von heute haben sich während der sechzig Millionen Jahre ihrer Evolutionsgeschichte ständig verändert, desgleichen Affen und Menschenaffen, allerdings innerhalb einer kürzeren Zeitspanne. Zu behaupten, daß wir von den Menschenaffen abstammen, wie es vor hundert Jahren Lord Wilberforce in einer Kontroverse mit den Befürwortern der Evolutionstheorie tat – er bezog sich dabei auf heute lebende Menschenaffen – heißt das Konzept der Abstammungslehre mißverstehen. Das Studium der heute lebenden Primaten kann zu einem Verständnis des Primaten-Grundmusters, zum Verständnis der Gemeinsamkeiten der Arten, dessen, was sich bei den verschiedenen Arten verändert hat und was im besonderen nur für eine Art gilt, beitragen.

Ebenso wichtig ist die Tatsache, daß wir die Anatomie nur verstehen können, wenn wir lebenden Geschöpfen zusehen, wie sie sich in ihrer Umwelt bewegen und die Lebensprobleme lösen. Wie funktioniert ein Körper von der Bauart eines Koboldmakis, eines nachtaktiven Halbaffen mit riesigen Augen und langen, dünnen Beinen wirklich? In mancherlei Hinsicht zeigt die Anatomie des Koboldmakis erstaunliche Ähnlichkeiten mit der des Menschen, obwohl die beiden Arten innerhalb der Primaten nur entfernt miteinander verwandt sind. Was mag dies bedeuten? Gorillas und Gibbons besitzen ähnliche Schulterblätter. Wir wissen, daß sich die Gibbons im Urwald anmutig von der Unterseite eines Astes zum nächsten schwingen können. Könnte ein Geschöpf von der Größe eines Gorillas das gleiche tun? Von der Anatomie her *sollte* es möglich sein, aber wie verhalten sich die Tiere wirklich? Welche sind ihre verhaltensmäßigen und anatomischen Beschränkungen? Fragen ohne Ende – manche davon von größerer Bedeutung für unsere Interpretation unserer Vergangenheit, manche von weniger großer.

Gewisse entscheidende Verhaltensweisen hinterlassen keine fossilen Belege. Wo sollte man nach einem versteinerten Rest von Mutterliebe, von sexuellen Begegnungen, von Ray und Peggy suchen? Die Anatomie liefert Hinweise darauf, was möglich ist und was nicht, darüber hinaus ist aber alles wilde Spekulation. In diesem Bereich stellen für uns die heute lebenden Verwandten dieser fossilen Vorfahren das einzige Fenster zur Vergangenheit dar.

Das Studium des Primaten-Verhaltens ist relativ jungen Datums. Vor dem Zweiten Weltkrieg gab es ein paar Felduntersuchungen, vor allem durch C. R. Carpenter, einen Psychologen, der in den dreißiger Jahren über Gibbons, Brüllaffen und Klammeraffen arbeitete. Die fünfziger Jahre brachten eine Fülle von Untersuchungen, in erster Linie über afrikanische und asiatische Affen. George Schaller beschäftigte sich mit Gorillas, einer der Menschenaffen-Gattungen Afrikas. Es gab eine Reihe erfolgloser Arbeiten über asiatische Menschenaffen. Die Japaner studierten die in ihrem Land heimischen Affen und sandten ihre Wissenschaftler zum Zweck der Primaten-Forschung auch in andere Erdteile. Aber erst Sherwood Washburn und seine Schüler ließen sich wirklich auf Feldforschung im Hinblick auf das Verständnis menschlicher Evolution ein.

Die Erwartungen bei diesen frühen Arbeiten unterschieden sich sehr von jenen in späterer Zeit. Eine Untersuchung von einem halben Jahr schien angemessen, wenngleich als Wunschziel die Erfassung eines ganzen Jahres galt. Das meiste, das man bis zu diesem Zeitpunkt von frei lebenden Primaten wußte, hatte einfach anekdotischen Charakter. Bei den neuen Untersuchungen war die Auswahl der zu erforschenden Arten ebenso stark von den Möglichkeiten und Annehmlichkeiten diktiert wie von irgendwelchen anderen Prioritäten, da man zur Überzeugung gelangt war, daß von *jeder* beliebigen Art eine Menge zu erfahren wäre. Zugegeben, manche Arten schienen hinsichtlich der Fragen der Evolution des Menschen geeigneter als andere. Unsere einzigartige Anpassung begann sich erst ab jenem Zeitpunkt zu entwickeln, als unsere Vorfahren den Urwald verließen und in der afrikanischen Savanne zu leben begannen. In der Primaten-Evolution geschah dies nur wenige Male: Von unseren unmittelbaren Vorfahren, den Hominiden, abgesehen, sind Paviane und Patas die einzigen Primaten, die das offene Feld bewohnen. In den schmalen Waldstreifen entlang der Flüsse, die das Buschland und die offene Savanne durchströmen, kann man auf Grüne Meerkatzen stoßen. Diese leben jedoch nicht wirklich in offenen, baumfreien Gebieten. Die Paviane sind besonders deshalb interessant, weil sie das Land in großen Gruppen durchstreifen und den Gefahren des Lebens in der Savanne als geschlossene Gruppe begegnen, wie wir uns das auch von unseren Vorfahren vorstellen. Im Unterschied dazu leben Patas in kleinen Gruppen und überleben heimlich für sich.

Obwohl Paviane von den Menschen biologisch weiter entfernt sind als Schimpansen, wurden sie auf Grund ihrer Lebensweise und ihres ökologischen Umfeldes, das hinsichtlich der Ermittlung von Verhaltensweisen von entscheidender Bedeutung ist, zu wichtigen Modellen, um die frühesten Stadien menschlicher Entwicklungsgeschichte zu rekonstruieren.

Eine Reihe von Arbeiten über Paviane wurde von Wissenschaftlern durchgeführt, die in Anthropologie, Psychologie und Zoologie ausgebildet waren. Während dieser frühen Phase, die Entwicklung des Menschen aus der Sicht der Verhaltensforschung zu rekonstruieren, waren Paviane *das* Modell und zählten zu den meistuntersuchten nicht-menschlichen Primaten.

Zwischen den fünfziger und den frühen sechziger Jahren und dem Zeitpunkt, als ich mich nach Kenia aufmachte, vollzogen sich in unserer Sichtweise von nicht-menschlichen Primaten einschließlich der Paviane entscheidende Veränderungen. Je mehr wir von freilebenden Primaten erfuhren, desto mehr Variationsmöglichkeiten schien es zu geben; und zwar nicht nur *zwischen* den, sondern auch *innerhalb* der Arten. Es wurde immer schwieriger, all diesen großartigen Generalisierungen zu vertrauen.

Als Washburn und sein Schüler DeVore ihre erste wissenschaftliche Abhandlung über Paviane und die Entwicklungsgeschichte des Menschen veröffentlichten, waren sie davon überzeugt, daß ihnen das Studium der Paviane wichtige und typische Erkenntnisse über die Evolution des Menschen bringen würde.

Als jedoch immer mehr Verhaltensvariationen belegt wurden, zeigte es sich, daß es immer schwieriger wurde, solche Vergleiche zu rechtfertigen. Wenn es nicht einmal möglich war auf Grund des Verhaltens von Pavianen an einem bestimmten Ort das Verhalten von anderswo lebenden Pavianen genau vorherzusagen, wie sollte es dann möglich sein, derartige Verhaltensmuster als Modelle für die vergleichsweise entfernt verwandten Menschen zu verwenden?

Eine Reihe erstklassiger Wissenschaftler verließ dieses Fachgebiet und beschloß, um menschliches Verhalten zu verstehen, lieber Menschen als Tiere zu untersuchen.

Zur gleichen Zeit war der Stern der Schimpansen im Aufgehen. Schimpansen und Menschen besitzen eine Reihe gemeinsamer anatomischer Merkmale, die sie von Affen und Halbaffen unterscheiden: die Ausgestaltung von Schultern, Rippen und Becken und bis zu einem gewissen Grad von Händen und Füßen. Und obwohl das Gehirn von Schimpansen im Vergleich zu dem des Menschen klein ist, überragt es das eines Affen doch um einiges, sowohl was die Größe als auch die Struktur betrifft.

Jane Goodall nahm 1960 ihre Untersuchungen an den freilebenden Schimpansen am Gombe-Strom in Tansania auf. Sie brachten viele neue Verhaltensweisen zum Vorschein, die stark jenen der Menschen ähnelten. Obwohl sich Schimpansen in erster Linie von Früchten ernährten, jagten sie gelegentlich und fraßen ihre Beute.

Sie verwendeten Werkzeuge und teilten sogar Nahrung miteinander – zwei Merkmale, die früher ausschließlich dem Menschen zugeschrieben worden waren.

Zusätzlich ergaben genetische Untersuchungen, vor allem der Aufbau der DNS, eine noch engere biologische Verwandtschaft von Schimpansen und Menschen. Manche Wissenschaftler schätzen das Menschen und Schimpansen gemeinsame genetische Material auf 96 Prozent, während andere diesen Prozentsatz bis zu erstaunlichen 99 Prozent erhöhen.

Wenn dies bei zwei beliebigen anderen Lebewesen der Fall gewesen wäre, wären diese als verschwisterte Arten eingestuft worden – aber die Menschen lieben ihre Einzigartigkeit.

Die alte Hierarchie der Geschöpfe, wie sie uns in der Bibel, der griechischen Philosophie und sogar noch in der Renaissance entgegentrat, ist auch in der modernen Wissenschaft zu finden.

Zuerst kommt das Göttliche Wesen, dann der Mensch, dann folgen die nicht-menschlichen Tiere – entsprechend ihrer Fähigkeit, menschenähnlich zu handeln.

Die Schimpansen stellten zweifellos ein Problem dar. Jedesmal, wenn sie eine menschenähnliche Fähigkeit an den Tag legten, wurde die Definition dessen, was das Mensch-Sein ausmache, abgeändert: Aus dem Jäger wurde der Werkzeugmacher, dann jener, der mit anderen seine Nahrung teilt, und schließlich der Benützer der Sprache.

Heute ist auch diese letzte Definition unter Beschuß geraten, seit wir wissen, daß verschiedene Menschenaffen mit ihren menschlichen Beobachtern in der amerikanischen Zeichensprache oder mittels Symbolen über einen Computer oder auf einem Brett „sprechen" können.

Obwohl Schimpansen die Paviane als Modell für die Rekonstruktion der Entwicklung des menschlichen Verhaltens ablösten, behielten die Untersuchungen der Paviane als auch das Pavian-Modell einen überraschend langanhaltenden Einfluß. Ich fragte mich, warum dies der Fall sei; erst später wurde mir der Grund dafür klar.

Paviane gibt es überall in Afrika, von den Dürregebieten Äthiopiens bis hinunter zur Spitze des Kontinents. Wenn Zahlen und Verbreitungsgebiet als Beweis angeführt werden können, dann sind sie nach dem Menschen die erfolgreichsten Primaten.*

Es hat den Anschein, daß die Paviane ihr Verhalten an ganz verschiedene Umweltsituationen anpassen konnten, ohne daß sich dabei an ihrer grundlegenden Anatomie viel verändern mußte. Letztlich haben sie erfolgreiche Primaten-Geschichte geschrieben. Im Vergleich dazu stehen die Schimpansen am Rande der Ausrottung; wohin hatte sie all ihre Affinität zum Menschen also gebracht?

Zur Blütezeit des Pavian-Modells spiegelten die Vorstellungen über Primaten in einem unverhältnismäßig hohen Ausmaß Untersuchungen von Pavianen wider. Wenn man von „Primaten-Männchen", „Primaten-Weibchen" oder „Primaten-Gruppe" las, so war meist von Pavianen und der Gesellschaftsordnung der Savannen-Paviane die Rede. Von anderen nicht-menschlichen Primaten wußte man, daß sie in einer Vielfalt unterschiedlicher Lebensformen leben, zum Beispiel als „Ehepaare" (wie einige Halbaffen und selbst die fortgeschrittenen niederen Menschenaffen) oder als Gruppen alleinstehender Männchen, bei denen sich verschiedene Weibchen das gleiche Männchen als Sexualpartner und Beschützer teilen. Dennoch galt die Gruppe mit vielen Männchen – wie wir sie von den Pavianen her kennen – als Norm der Sozialstruktur bei den Primaten. Etliche miteinander nicht verwandte Männchen leben dabei mit wesentlich mehr Weibchen und deren Jungen in einer fest zusammenhaltenden und gut organisierten Gruppe. Diese Gruppe unternimmt gemeinsam Wanderungen, sie frißt, ruht, bewegt sich und schläft zusammen. Die Gruppe galt als der größte Gewinn der Primaten, als Rückhalt für Hilfe in allen Lebenslagen – von der Nahrungssuche über gemeinsames Leben bis zu gegenseitigem Schutz. Die Paviane zeigten genau, wie das funktionierte.

Die lang anhaltende Faszination der Paviane hatte aber auch noch einen anderen Grund. Jene Bücher, die den Pavianen ihre Anerkennung zollten,

---

* Auch Asien besitzt ein Gegenstück zu den Pavianen – die Makaken, die manchmal auch als Paviane des Ostens bezeichnet werden. Obgleich sie in der gleichen Vielfalt von Umweltgegebenheiten und Klimaten vorkommen, gibt es bei ihnen dreizehn verschiedene Arten, die aus mehr als fünfundvierzig Unterarten bestehen, von denen jede einzigartig an ihre besondere Umweltsituation angepaßt ist. Im Vergleich dazu gibt es je nach Autor nur zwei, drei oder fünf Pavian-Arten: Savannen-Paviane (Anubispavian, Gelber Babuin und Bärenpavian), Mantelpaviane und Guineapaviane. Weiters gibt es drei andere Affenarten, die den Pavianen in vielerlei Hinsicht sehr ähnlich sind: Mandrill, Drill und Dschelada.

vermittelten eine Botschaft: Unsere menschlichen Ursprünge gehen auf eine von Männern dominierte Gesellschaft mit deutlicher Arbeitsteilung zurück. Die Männchen haben die gesamte Macht inne und die Weibchen erringen ihren Status nur auf Grund ihrer Verbindung mit einem „dominanten" Männchen. In dieser Gesellschaft wetteifern die Männchen miteinander; sie bedienen sich der Gewalt, um Dominanz zu erreichen und um ihre rechtmäßigen Beutestücke zu erlangen. Was hätten wir vom modernen Menschen zu erwarten, wenn ein Killer-Affe (besser gesagt: ein Killer-Pavian) in uns lauerte, wie Robert Ardrey gemeint hatte? Was, wenn nur die männlichen Primaten Mut zu politischen Fähigkeiten besäßen? Könnte eine Frau dann jemals Präsidentin werden? Sollten wir das zulassen? Was wäre, wenn die Frauen stammesgeschichtlich so konstruiert wären, daß sie zu nichts anderem als zur Aufzucht des Nachwuchses fähig wären? Diese Vorstellungen beeinflußten in den fünfziger und sechziger Jahren eine ganze Generation.

Die ursprünglichen Untersuchungen Washburns, DeVores und Ronald Halls, eines englischen Psychologen, schufen ein säuberlich konstruiertes Bild der Pavian-Gesellschaft. Aber sogar noch 1972, als ich meine Arbeit in Angriff nahm, bedrückte mich die Tatsache, daß diesen Gedanken trotz aller neuen Erkenntnisse über Primaten noch immer solche Bedeutung beigemessen wurde. Als ich der geschichtlichen Entwicklung der Vorstellungen über Paviane nachspürte, fand ich, daß sich das Bild um so mehr veränderte und vereinfachte, je öfter es von Wissenschaftlern und Laien wieder aufgegriffen wurde. Die zwingende Aussage war nicht zu überhören: Die Männchen waren die Bausteine und der Zement der Gruppe. Sie waren der Mittelpunkt und die Träger der Macht, Gefüge und Stabilität, Kern und wichtigster Bestandteil.

Die Körper der Pavian-Männchen waren Kampfmaschinen mit mächtigen Muskeln, einem dicken Haarmantel und messerscharfen Eckzähnen. Mit einer solchen Ausstattung wetteiferten sie miteinander um den Besitz all dessen, was das Leben lebenswert machte: Nahrung, Weibchen und ein guter Platz zum Sitzen. Obwohl Aggression die wirksamste Art war sich zu messen, schienen die Männchen nicht immer zu kämpfen. Vielmehr erhielten sie, nachdem sie einmal gekämpft hatten, einen bestimmten Rang. Von nun an räumten rangniedrigere Männchen widerstandslos das Feld, wogegen die ranghöheren voll Selbstvertrauen ihre Begünstigungen in Anspruch nahmen. Diese männliche Dominanzhierarchie, die als Ergebnis aggressiver Wettstreite erreicht und mittels Drohungen und Imponiergehaben aufrechterhalten wurde, war es, die der Gruppe ihre soziale Struktur verlieh.

Welche Aufgaben schrieb man den Weibchen zu? Ihr Leben sollte sich rund um die Babys abspielen: sie gebären, sie ernähren und sie zu richtigen Erwachsenen zu erziehen. Unter den Weibchen gab es anscheinend verschiedene subtile Beziehungen, doch waren sie stets den Männchen untergeordnet. Eine zeitweilige sexuelle Beziehung zu einem Männchen konnte sich als vorteilhaft erweisen, da sie möglicherweise mehr Schutz oder mehr und besseres Futter bedeutete; dieser hierarchische Aufstieg war jedoch nur von kurzer Dauer.

Alle Augen waren auf die Männchen gerichtet. Die Weibchen und die Kleinen rangelten um einen Platz in der Nähe eines dominanten Männchens und wetteiferten um das Recht, dieses zu pflegen. So zu handeln, brachte ihnen Vorteile, da die Männchen sowohl auf Gefahr von außen als auch auf Streit innerhalb der Gruppe achteten. Sie waren Aufpasser und Beschützer zugleich.

Diese soziale Ordnung und das unterschiedliche Rollenverhalten der beiden Geschlechter waren, wie die frühen Untersuchungen behaupteten, stets in der Art, wie sich die Gruppe in ihrer Umwelt bewegte, zu erkennen. Die Bewegung eines Pavian-Trupps ähnelt einer Reihe konzentrischer Kreise. Im Mittelpunkt befinden sich die dominanten Männchen und die Weibchen mit den Säuglingen, umgeben von den übrigen Weibchen, den älteren Kleinen und den rangniedrigeren Männchen; die Peripherie bilden schließlich die am wenigst wichtigen jungen und subadulten Männchen. Sollte ein Raubtier den Trupp überraschen, so greift es sich sicherlich eines dieser zweifellos entbehrlichen Mitglieder an der Peripherie. Wird die Gefahr jedoch früh genug erkannt, so bieten bereits drei voll erwachsene Männchen mit ihren blitzenden Eckzähnen und dem gesträubten Haarmantel, der ihre Körpergröße fast verdoppelt, einen derart furchterregenden Anblick, um jeden Eindringling zu verjagen.

Einige andere Untersuchungen zeichneten ein anderes Bild. Thelma Rowell hatte die gleiche Pavian-Art beobachtet wie Washburn und DeVore, ihre Tiere lebten jedoch in einem Wald. In dieser Umwelt waren die Männchen die ersten, die bei Gefahr in die Sicherheit der Bäume flüchteten und Weibchen wie Junge sich selbst überließen. Die Dominanz zwischen den Männchen schien weniger klar, weniger wirksam und weniger beherrschend.

Tim Ransoms Untersuchung der Paviane im Gombe-Strom-Reservat erbrachte eine Vielfalt komplexer gesellschaftlicher Beziehungen. Er beobachtete, daß die Interaktionen der Weibchen keineswegs so subtil waren, wie es zuerst den Anschein hatte. Seine Forschungsarbeit bekräftigte die Schlußfolgerung der Studien über die in freier Wildbahn lebenden Makaken von Cayo Santiago sowie über japanische Makaken, bei denen sich gezeigt hatte, daß Weibchen Dominanzhierarchien besitzen.

Wie stand es mit den Pavianen? Die in den früheren Untersuchungen vorgenommene Reduzierung der Pavian-Gesellschaft auf das einfache Bild männlicher Vorherrschaft sowie die Hartnäckigkeit, mit der an diesem Bild festgehalten wurde, paßte – bewußt oder unbewußt – genau zum Weltbild des Westens. Die moderne Gesellschaft sollte, wie Interpretationen zu sagen schienen, die „natürliche" Trennung zwischen männlichem und weiblichem Rollenverhalten, eine Trennung zwischen politischer Macht des Mannes und weiblicher Häuslichkeit, bewahren.

An diesen Darstellungen der Pavian-Gesellschaft hatte ich von Anfang an meine Zweifel. Ich kannte Thelma Rowells Untersuchung ebenso wie die Arbeiten über die Makaken und die Ergebnisse von Tims Forschungen. Washburn hatte mir gesagt: „Gehen Sie hinaus und beobachten Sie Paviane!" Genau das tat ich und je länger ich die Pumpenhaus-Bande beobachtete, desto weniger stimmten meine Beobachtungen mit dem „Pavian-Modell" überein. Zunächst hatte ich angenommen, daß die Widersprüche auf meine Unerfahrenheit und meine allgemeine Unfähigkeit zurückzuführen seien, aber die Zeit brachte sowohl Erfahrung als auch Selbstvertrauen. Diese Paviane hielten sich nicht an die Spielregeln.

Zunächst einmal war auffällig, daß die Männchen nur vorübergehend Mitglieder, Durchreisende, nur für kurze Zeit wesentliche Bestandteile ihrer Gesellschaft waren. Außerhalb der Gruppe gibt es keinerlei „Männerbanden" und die Männchen verhielten sich auch nicht besonders freundlich zueinander, wenn sie in derselben Gruppe zusammenlebten.

Da die Männchen kamen und gingen, konnten sie nicht als der feste Kern der Gruppe erachtet werden. Dies wurde, soweit es die Pumpenhaus-Bande betraf, durch eine nähere Untersuchung erhärtet. Sie konnten es auch nicht sein, da viel Zeit aufging, um ihre eigenen Beziehungen auszuarbeiten und zu versuchen, unter ihresgleichen ein gewisses Maß an Stabilität zu erreichen. Das war anscheinend gar nicht so einfach.

Darüber hinaus bemühte ich mich sehr, die klare Dominanzhierarchie zu entdecken, die es bei den Männchen angeblich geben sollte. Es war jedoch fast unmöglich, die Männchen der Reihe nach zu ordnen und festzustellen, welches Männchen in einem beliebigen Paar dominant war. Ray und Big Sam boten dafür ein gutes Beispiel. An einem Tag war Ray überlegen, das nächste Mal – oft innerhalb der gleichen Stunde – war Big Sam der Gewinner. Unerschrocken versuchte es Ray wieder, bis er gewann. Hartnäckig weigerte sich Big Sam, ihm diesen Gefallen zu tun.

Allerdings war die Situation zwischen den Männchen innerhalb des Trupps nicht immer chaotisch. Anscheinend war zwischen Carl und Sumner alles ziemlich gut geklärt, wenn sich aber die Beziehungen zwischen den anderen Männchen änderten, geriet das Gleichgewicht innerhalb des gesamten Trupps in Unordnung. Sogar wenn Carl und Sumner nicht jeden Tag ihren Rang wechselten, bekam es Carl zu spüren, wenn Ray anstelle von Big Sam Sumner schikanierte.

Alles war sehr verwirrend. Ich konnte keine festen hierarchischen Beziehungen zwischen den Männchen feststellen – und schon gar keine lineare Dominanzhierarchie. Zudem sagten meine Entdeckungen in Sachen Rangordnung nur wenig oder gar nichts von Bedeutung voraus. Eines der Hauptargumente hinsichtlich der männlichen Dominanz war, daß die Männchen um ihren Rang kämpften, da sie dadurch einen besseren Zugang zu wichtigen Versorgungsgütern hatten. Tatsächlich wurde angenommen, daß ranghohe Männchen ein Monopol auf das wichtigste aller Güter besäßen – auf empfängnisbereite Weibchen. Wenngleich das eine oder andere aggressive Männchen in der Pumpenhaus-Bande in der Tat im Vorteil war, so schien zu meinem allergrößten Erstaunen doch derjenige der Verlierer zu sein, der die wichtigsten Belohnungen erhielt, wie etwa empfängnisbereite Weibchen, besonders beliebte Nahrungsmittel oder die meiste Zuwendung beim Grooming.

Als ich dies zum erstenmal bei einem hitzigen Weibchen miterlebte, wollte ich meinen Augen nicht trauen. Der allgegenwärtige Ray schikanierte Big Sam so gut er es konnte. Das war zwar nichts Ungewöhnliches, doch befand sich Big Sam in einem Consort und verfolgte und beanspruchte ein empfängnisbereites Weibchen. Ich hatte eine Beschreibung der Szene fertiggestellt, wozu ich mein Ethogramm verwendete, um die Abfolge, das Geben und Nehmen der Aggressionssignale zwischen den Männchen aufzuzeichnen. Selbstgefällig glaubte ich zu wissen, wie es weitergehen würde: Ray war im Gewinnen, also würde er Anspruch auf den rechtmäßigen Preis – auf das Weibchen – erheben.

Ray gewann, aber als Big Sam – um jede weitere Konfrontation zu vermeiden – davonstob, folgte ihm Ray, klebte ihm eine volle Stunde lang dicht auf den Fersen und überließ das Weibchen sich selbst. Bevor ich wußte, was geschah, sauste Rad, der alles von der Seite her mit scheinbar ruhigem Desinteresse verfolgt hatte, herbei, beanspruchte das Weibchen für sich und begann ein neues Consort. Es gab keinerlei Einwände.

Warum kämpfen, ohne sich den Siegespreis zu nehmen? Warum überhaupt kämpfen? Ich war davon überzeugt, daß ich einen wichtigen Punkt im Schlagabtausch zwischen Ray und Big Sam übersehen hatte und das, von dem ich dachte, daß es sich abgespielt hatte, nicht geschehen war. Dieses Verhaltensmuster tauchte aber immer wieder auf: Die Männchen agierten auf Grund irgendeines hochgeschätzten Gutes aggressiv und dann zogen sowohl der Gewinner als auch der Verlierer ab. Es war mir unmöglich, das dominante Männchen des Trupps zu erkennen; kein Männchen hatte diese Rolle übernommen. Welchen Sinn hatte Dominanz? Weshalb sollte ein Männchen kämpfen und ernsthafte Verletzungen für etwas riskieren, das ihm anscheinend so wenig einbrachte? Es gab noch eine weitere Komplikation: Wenngleich sich die Männchen ihren Geschlechtsgenossen gegenüber aggressiv verhielten, so waren sie doch weniger aggressiv als ich es erwartet hatte. Unter den Männchen gab es weder eine lineare noch eine dauerhafte Dominanz; sie waren viel weniger aggressiv als angenommen wurde und, was das Verwirrendste war, so schien ihre Aggression nicht damit in Beziehung zu stehen, wer das begehrte Gut erhalten sollte. Eigentlich war auf die Männchen nur in einem einzigen Punkt Verlaß: Sie taten das, was man von ihnen erwartete, *nicht*.

Das waren die schlechten Neuigkeiten. Die guten hingegen waren die, daß die Weibchen viel leichter zu verstehen waren und ihre Rolle nun wesentlich mehr Sinn ergab als zuvor. Sie und ihre Nachkommen bildeten den stabilen Kern der Gruppe. Das mußte auch so sein, da sie die einzigen ständigen Mitglieder der Gruppe waren. Peggy verbrachte die gesamten mehr als dreißig Jahre ihres Lebens bei der Pumpenhaus-Bande. Jeder ihrer Söhne blieb bis zum Zeitpunkt der Adoleszenz beim Trupp und wanderte dann zu einer anderen Gruppe ab. Dort konnte sein Aufenthalt, wie ich später herausfand, von nur einem Monat bis zu zehn Jahren dauern. Aber zehn Jahre waren weniger als ein Drittel von Peggys gesamtem Leben. Wie immer man es auch betrachtete, die Männchen waren nur vorübergehend Gruppenmitglieder, die Weibchen hingegen Dauermitglieder.

Darüber hinaus waren Weibchen berechenbar. In erster Linie waren sie ihrer Familie verpflichtet. Innerhalb der Familien herrschte eine klare Rangordnung. Peggys Familie bot dafür ein gutes Beispiel. An der Spitze stand die Mutter, dann kamen die Kinder in umgekehrter Reihenfolge des Alters. Alle erwachsenen Weibchen besaßen anderen gegenüber ihre eigene Rangstufe. Die lineare Hierarchie, die ich bei den Männchen vermißt hatte, gab es und funktionierte klaglos bei den Weibchen, von denen ursprünglich angenommen wurde, daß sie nur „subtile" Beziehungen zueinander unterhielten. Natürlich gab es eine ganze Reihe von „Feinheiten" zu entdecken, aber sobald ich einmal den Rang eines Weibchens und seiner Familie kannte, war es möglich, ihr Verhalten in der überwiegenden Mehrzahl der Interaktionen mit anderen Familien vorauszusagen.

Die weibliche Hierarchie schien sehr stabil. Wenn sich ein Weibchen in einem Consort mit einem erwachsenen Männchen befand, konnte es dadurch zwar eine zusätzliche Immunität gegenüber Angriffen seitens ranghöherer Weibchen erlangen, sein eigener Rang änderte sich dadurch jedoch nicht wirklich. Es war wie ein kurzer Urlaub vom Alltagsleben, nichts Dauerhaftes oder Ernsthaftes. Die Rolle der Weibchen umfaßte aber mehr als nur das Austragen von Babys. Matriarchinnen waren nicht nur die Beschützer ihrer Kinder, indem sie brutale Kerle innerhalb der Gruppe und Gefahren von außerhalb abwehrten, sie waren auch die Ordnungshüter, die Frieden und Ordnung innerhalb und zwischen den Familien aufrechterhielten. Sie standen im Mittelpunkt des Familieninteresses und übten direkt und indirekt großen Einfluß aus.

Die Männchen waren nicht gerade unwichtig, doch stellten sie keineswegs jene treibende Kraft dar, als die sie in den früheren Berichten beschrieben worden waren. Auf Grund ihrer bloßen Größe und Stärke waren sie zwar über alle Weibchen und Kleinen dominant, ihr tatsächlicher Einflußbereich war jedoch viel geringer, als man prophezeit hätte.

Wer dann war der „Führer", das dominante Individuum, das darüber entschied, wohin die Gruppe zog, dem die Hauptaufgabe bei der Verteidigung und bei der Aufrechterhaltung der Ordnung zufiel? Weder ein Männchen noch ein Weibchen entsprach dieser Beschreibung, sie waren nicht gleich. Sie spielten komplementäre Rollen, von denen keine besser als die andere war. Da die Weibchen ihr gesamtes Leben im gleichen Trupp verbringen, kennen sie ihren Lebensraum aufs genaueste, während die Männchen, wie Thelma Rowell andeutete, außerhalb gelegene Gebiete kennen, in denen es möglicherweise Ressourcen gibt, die in Notzeiten, etwa in harten Dürreperioden, für das Überleben wichtig sein können. Manchmal kommt den Männchen das Wissen und die Führerschaft der Weibchen zugute, manchmal übernehmen sie selbst die Führung.

Sicherlich traf diese Beschreibung auf die Pumpenhaus-Bande zu. Ray lernte das Um und Auf des täglichen Lebens – die Futter-, Wasser- und Schlafplätze – kennen, indem er den Trupp zunächst von außen beobachtete und dann ein Mitglied desselben wurde. Bei der Fortbewegung des Trupps hatte er nie die Führung inne, wenn man davon absieht, daß er versuchte, sich vor den Trupp zu setzen, *nachdem* sich dieser zu einem Ortswechsel entschlossen hatte. Viele Monate später, als sie in der Trockenzeit die Knappheit zu spüren bekamen, gab sich Ray, der einige Freundinnen gewonnen hatte, Mühe, die Weibchen und Kinder dazu zu bewegen, ihm über die Grenze ihrer vertrauten Welt hinaus zu folgen. Entschlossen zog er los, warf einen flüchtigen Blick auf Naomi und die anderen zurück, der sie auffordern sollte, ihm zu folgen. Und sie folgten ihm, zumindest bis zur äußersten Grenze des Territoriums der Pumpenhaus-Bande, wo sie ein unsichtbarer Zaun zurückzuhalten schien. Ray überwand diesen, hielt aber, als er merkte, daß seine Armee zurückblieb, und forderte sie zum Weitergehen auf. Sie weigerten sich, und es kostete ihn fünf Minuten einladender Blicke, Grunzens sowie flüchtiger Blicke – ganz zu schweigen von einigen Fehlstarts –, ehe er es schaffte, sie über die imaginäre Grenze zu bewegen. Sobald sie einmal in Gang gekommen waren, hielten sie sich nahe an ihn und er führte sie zu einem futterreichen Akazienhain. Von nun an war das Territorium der Pumpenhaus-Bande erweitert – zumindest während dieses Zeitraums.

Innerhalb der Pumpenhaus-Bande konnte ich keine einfache Rollenumkehr feststellen: Es war einfach nicht so, daß die Weibchen eine zentrale und politisch bedeutungsvolle Rolle spielten, während die Männchen machtlos waren und eine eher periphere Stellung einnahmen. Das Bild war viel komplizierter und interessanter. Die Weibchen verließen sich, was den Schutz ihrer Jungen betraf, zwar nicht auf die Männchen, die Babys genossen aber einen zusätzlichen Schutz, *weil* es im Trupp Männchen gab. Die meisten inneren Zwistigkeiten wurden im Rahmen der weiblichen Hierarchie und des weiblichen Familiensystems beigelegt. Wenn sich eine große Ungerechtigkeit anzubahnen schien oder Streitigkeiten sich dahinzogen, ohne daß eine Lösung in Sicht war, konnte es passieren, daß sich ein Männchen, insbesondere wenn es mit einem Streitpartner befreundet war, einmischte. Männchen als auch Weibchen besaßen Macht und beide Geschlechter übten diese aus. Männchen wie Weibchen hatten mit der Kinderbetreuung zu tun, da die Männchen für ihre Kleinkinder-Freunde häufig fast zu Ersatzmüttern wurden. Beide Geschlechter waren „politisch", beide stellten sozialisierende Kräfte dar. Welche war die bedeutendste Rolle? Welches Geschlecht oder welches Individuum war innerhalb der Gruppe am wichtigsten? Diese Fragen konnten anscheinend nicht beantwortet werden und vielleicht waren sie für die Pavian-Gesellschaft, die ich beobachtete, gar nicht angemessen.

Die Hauptunterschiede zwischen Männchen und Weibchen waren gleichermaßen faszinierend. Mit klaren Ausdrücken beschrieben, schienen sie einfach zu sein: Die Arten der Beziehungen und die Abfolge der Interaktionen waren verschieden. Im Grunde lief es aber auf etwas hinaus, das sowohl psychologisch wie gefühlsmäßig weniger leicht faßbar war: Sogar innerhalb desselben Trupps schienen Männchen und Weibchen in verschiedenen Welten zu leben. Die Männchen waren Teil eines dynamischen Systems; sie suchten die Herausforderung, nahmen Maß aneinander und trachteten scheinbar unlösbare Beziehungsprobleme untereinander zu lösen. Unter Männchen blieb auf längere Zeit nichts unverändert. Stabilität war das Ziel, das anscheinend alle anstrebten und doch keiner je erreichte. Das einzige vorhersagbare Charakteristikum in männlichen Beziehungen war deren Unvorhersehbarkeit.

Im Vergleich dazu waren die Weibchen langweilig. Ihr Leben war wohlgeordnet und vorhersagbar. Der Ausgang weiblicher Interaktionen wurde von Rangstufe, von Familie und Freundschaften bestimmt. Ich fragte mich manchmal, warum sich die Weibchen überhaupt die Mühe machten, einen Streit zu beginnen, da sie den Ausgang desselben doch von vornherein kannten. Das war der interessanteste Aspekt weiblichen Verhaltens. Obwohl alles vorherbestimmt schien, versuchten sich die Weibchen doch stets in Winkelzügen.

In ihrem Innersten waren Männchen und Weibchen Gegensätze: Männchen waren dynamisch, Weibchen beständig; der Ausgang männlicher Interaktionen war nicht vorherzusagen, jener der Weibchen dagegen äußerst gut. Die Männchen waren bereit, Risken auf sich zu nehmen, die Weibchen waren vorsichtig. Innerhalb der Gruppe existierten beide Systeme nebeneinander, das dynamische und das konservative; sie überschnitten einander aber auch, während sexueller Begegnungen und bei Freundschaften, bei denen ein gewisser Kompromiß erreicht wurde. Freundschaften zwischen Männchen und Weibchen waren viel fester und dauerhafter als solche zwischen Männchen, jedoch viel brüchiger und kurzlebiger als Freundschaften zwischen Weibchen.

Das waren eine Menge bemerkenswerter Ergebnisse: Keine männliche Dominanz; eine verminderte Effektivität der Aggression beim Erreichen bestimmter Ziele; einander ergänzende Rollen von Männchen und Weibchen innerhalb des Trupps bei großen Unterschieden in psychischen und emotionellen Neigungen. Sicherlich war die Stellung der Weibchen in der Pumpenhaus-Bande eine höhere als in jenen frühen Beschreibungen der Paviane, die einen so großen Einfluß auf die Ansichten der Anthropologie gehabt hatten. Das neue Bild war alles andere als einfach. So glücklich dogmatische Feministinnen auch sein mögen, wenn sie auf Spuren urtümlicher Matriarchate stoßen, in denen die Frau über den Mann triumphiert, so wiesen die Paviane doch in eine andere Richtung: komplementäre Gleichheit. Wie komplementär und wie gleich, mußte ich erst herausfinden, aber die Grundzüge lagen auf der Hand.

Ich vermutete, daß niemand mit meinen Erkenntnissen glücklich sein würde, weder die feministischen Anthropologinnen, die nun im Rampenlicht der Medien standen, noch ihre Gegner, die ursprünglichen Interpreten der Pavian-Gesellschaft. Es gab keine Garantie dafür, daß man mir glauben würde. Wenn meine ersten Erkenntnisse richtig waren, dann würden sich die Konsequenzen weit über die Pavian-Gesellschaft hinaus zu einer Neuinterpretation der stammesgeschichtlichen Entwicklung unseres eigenen menschlichen Verhaltens erstrecken. Ob wir der alten Ansicht, nach welcher die Paviane das beste Modell eines Savannen-Primaten/Hominiden darstellen, Glauben schenken oder der jüngeren Behauptung, daß den Primaten für das Leben in der Savanne verschiedene Möglichkeiten offenstanden – nach der Beobachtung der Pumpenhaus-Paviane war eine Schlußfolgerung unvermeidlich: Aggression, männliche Dominanz und männliches Monopol in der politischen Arena gehören nicht zwangsläufig zur Lebensform der Urmenschen. Wenn wir andererseits aber der Meinung sind, daß menschliches Leben auf aggressivem Wettbewerb, auf männlichen Hierarchie-Beziehungen und männlicher Herrschaft beruht, dann sollten wir uns zur Bekräftigung dieses Standpunkts um neue Theorien und neue Antworten auf die Frage, warum dies so sein sollte, umsehen. Wir können nicht länger einfach behaupten, daß das die „natürliche Ordnung gesellschaftlichen Lebens" ist.

Ich war nach Kenia gekommen, um männliche wie weibliche Paviane zu beobachten, wobei ich den vernachlässigten Weibchen besondere Beachtung zukommen lassen wollte. Nun aber waren es die Männchen, die mich faszinierten. Die bloße Beschreibung ihrer Verhaltensweisen – wenngleich schon allein dadurch viele alte Argumente zerbröckelten – genügte nicht. Ich wollte ihre einzigartige Mentalität verstehen. Ich wollte imstande sein, das Verhalten der Männchen mit der gleichen Sicherheit vorherzusagen, wie ich es bei den Weibchen vermochte. Ich wollte verstehen, warum sich ein Männchen so und nicht anders verhält. Ich fühlte, daß ich, solange ich nicht das Paradoxon der rätselhaften Männchen gelöst haben würde, nicht wirklich begreifen würde, was in der Pavian-Gesellschaft wirklich wichtig ist und was unbedeutend – für die Paviane, nicht für ihre menschlichen Beobachter.

6. Zunächst die Männchen

Ich wußte, was die Männchen *nicht* taten, und konnte beschreiben, was sie taten, hatte aber keinerlei Erklärung für das *Warum*. Was bedeutete Dominanz? Was waren Zweck und Vorteil von Aggression? Warum verwendeten die Männchen soviel Zeit und Mühe darauf, sich mit Weibchen und Kleinkindern anzufreunden? Warum ging ein Männchen so überaus vorsichtig vor, wenn es zu einer neuen Gruppe überwechselte?

Ich hatte auch andere Fragen. Warum sah ich nicht mehr Gewalt? Warum wurden bei den Kämpfen der Männchen nicht mehr verletzt? Aus der Beobachtung von Peggys Familie wußte ich, daß die Männchen das übten, was nur „Selbstkontrolle" genannt werden kann. Ich konnte sehen, wie sich während des Spiels Zurückhaltung entwickelte und die gleiche Kontrolle ließ sich bei den gelegentlich wesentlich ernsteren Kämpfen unter Erwachsenen feststellen.

Paul, Peggys Ältestem, beim Spielen zuzusehen, ließ einem die Haare zu

Berge stehen. Er schloß sich gerne Gruppen jüngerer Paviane an, wenn sie in einer wilden Rauferei zu dritt oder zu viert über einen anderen herfielen. Sobald aber die Situation für das Opfer kritisch zu werden drohte, wandten sie sich einem neuen Angriffsziel zu. Von Zeit zu Zeit verloren die überaus erregten Kleinen die Selbstkontrolle und aus dem spielerischen Handgemenge wurde Aggression; da aber jeder einzelne an der Fortsetzung des Spiels interessiert war, blieb die Aggression gewöhnlich unter Kontrolle und war von kurzer Dauer. In diesen Scheinkämpfen wurden wichtige Fertigkeiten erlernt und zwischen subadulten Männchen wurden in dieser Spielarena Rangordnungen erkämpft und etabliert.

Paul mußte außerordentliche Zurückhaltung an den Tag legen, wenn er mit seinem Bruder Patrick spielte. Aus irgendeiner Ecke sauste Paul – etwa siebzehn Kilogramm geballter Muskelkraft herbei; in einer anderen kauerte Patrick, der damals höchstens dreieinviertel Kilogramm wog und dessen größter „Muskel" sein Penis war! Paul donnerte auf das Kleinkind zu und kam dann „mit kreischenden Bremsen" zum Stehen. Er krümmte sich zusammen, um auf Patricks Niveau hinunterzukommen. Fast eine Viertelstunde lang, während der er mit seinem kleinen Bruder raufte, hielt er seine Kraft in Zaum. Diese Selbstkontrolle bei einem hormonell aktiven Männchen war typisch.

Das brachte mich auf einen neuen Gedanken. Konnte das Studium der subadulten Männchen dazu beitragen, das Rätsel der erwachsenen zu lösen? Diese unreifen Tiere befanden sich in einem Übergangsstadium vom konservativen, voraussagbaren, wohlgeordneten weiblichen System in das dynamische, für mich nicht voraussagbare männliche. Wie schafften sie diese Umstellung? Was waren die hauptsächlichen Prinzipien, die ihr Verhalten bestimmten?

Ehe ich mich ernsthaft dem Studium der Männchen zuwandte, gab es in meinem eigenen Leben eine Reihe von Veränderungen. Im Januar 1974 war ich nach Kalifornien zurückgekehrt. Ich arbeitete an meiner Dissertation und erhielt im September eine Lehrstelle an der Universität von Kalifornien in San Diego. Nach einem Besuch bei meiner Familie und bei Freunden kehrte ich im Sommer 1975 wieder nach Kenia zurück.

Meine Rückkehr nach Kekopey verlief wie ein Rendezvous mit einem Liebhaber, den wiederzusehen ich nie mehr erwartet hatte. Freilich war es nicht so wie in meinen Träumen, in denen die Paviane Transparente mit der

Aufschrift „Willkommen, Shirley! Du hast uns gefehlt!" von den Bäumen herabgehängt hatten. Es war viel schöner als das: Die Tiere fuhren fort mich größtenteils zu ignorieren und ich konnte mich ebenso unauffällig zwischen ihnen bewegen wie früher. Ich erkannte alte Freunde wieder, vermerkte das Wachstum der Kleinen und entdeckte neue Babys, die während meiner Abwesenheit zur Welt gekommen waren.

Mein Besuch war kurz, und als der Sommer zu Ende ging, kehrte ich wieder nach Kalifornien und zu meinen Lehrverpflichtungen zurück. Ich überließ die Paviane jedoch den aufmerksamen Augen von Hugh und Perry Gilmore, Dissertanten der Universität von Pennsylvania. Hugh arbeitete an seiner Doktorarbeit über die Kommunikation der Paviane.

Im Juli 1976 war ich wieder zurück bei den Pavianen und darauf gefaßt, mich der Herausforderung zu stellen, die die Männchen boten. Ich hatte nicht nur zu entscheiden, wen ich beobachten sollte, sondern auch wie. In der früheren Phase meiner Arbeit war ich von einem Tier zum anderen übergewechselt, wobei ich jedes Tier dreißig Minuten lang beobachtete und dann zum nächsten auf meiner Liste überging. Dieser Plan bedeutete, daß ich keinem Individuum mehr Zeit widmen konnte als einem anderen. Ich konnte nicht der Versuchung erliegen, nur das zu beobachten, was gerade am spannendsten war. Diese sorgfältige Kontrolle meiner Beobachtungen gab mir Zuversicht, daß meine Untersuchung nicht durch unbewußte persönliche Vorurteile verfälscht werden würde, wenn es an der Zeit war, das Verhalten einzelner Tiere zu vergleichen. Aber es passierte einfach zu viel, um vollkommen engstirnig daran festzuhalten. Ich befriedigte meine Neugier und ergänzte meine grundlegenden Beobachtungen durch eine Vielzahl anderer Arbeitsmethoden, die sich gleichzeitig erledigen ließen.

Die Methode, von einem Tier zum nächsten überzuwechseln, wie ich es früher getan hatte, erlaubte es mir, jedes Individuum alle drei bis vier Tage einmal zu beobachten. Dies ergab einen repräsentativen Querschnitt durch das Verhalten jedes Tieres am Vormittag, zu Mittag, am späteren Nachmittag und am frühen Abend. Das war eine gute Methode, um die grundsätzlichen Verhaltensmuster und die Beziehungen einer großen Anzahl von Tieren zueinander zu erkennen, allerdings nicht geeignet, um einen einzelnen Pavian wirklich eingehend zu verstehen. Wollte ich das Rätsel um die Männchen klären, so benötigte ich wesentlich profundere Kenntnisse.

Meine frühere Arbeitsweise erlaubte es mir, eine Interaktion genau zu beschreiben; oft aber – bei Männchen häufiger als bei Weibchen – konnte ich ihre volle Bedeutung nicht verstehen. Ich sah den Beginn von etwas Interessantem, aber gerade zu dem Zeitpunkt, da sich die Situation selbst klärte, war ich damit beschäftigt, irgendein anderes Tier zu beobachten. Ein anderes Mal beobachtete ich ein Tier mitten in oder am Ende einer offensichtlich viel länger dauernden Interaktion. So enthielten meine Aufzeichnungen eine Menge isolierter Anfänge, Mittelstücke und Enden von Interaktionen. Die Zeitfrage war von großer Bedeutung. Ich wußte, daß Paviane ein Langzeitgedächtnis besitzen und ahnte, daß es sogar eine geschichtliche Entwicklung gab, die bei etwas komplizierteren Interaktionen über eine unmittelbare Folge von Verhaltensabläufen hinausging. Wie konnte ich daran herankommen?

Die Antwort kam langsam. Ich wollte die Beobachtung der Subadulten mit einer Pilot-Untersuchung beginnen. Die Ergebnisse dieses Miniprojekts sollten mir bei der Erstellung meines endgültigen Modells behilflich sein. Ich wählte Sherlock zu meinem Test-Subadulten. Er war Annes Sohn, Mitglied einer Familie mittlerer Rangordnung und etwa sieben bis acht Jahre alt. Indem ich mit Sherlock begann, konnte ich jenen Verhaltensextremen aus dem Weg gehen, die mit sehr hohen oder sehr niedrigen Rangstufen in Zusammenhang stehen konnten. Später wollte ich meine Beobachtungen in beide Richtungen der Dominanz ausdehnen.

Sherlock war ein typisches subadultes Männchen. Seine langen Gliedmaßen und die lange Schnauze ließen ahnen, wie groß er einmal werden würde. Zum augenblicklichen Zeitpunkt jedoch wirkte er extrem dünn, auf den Erwachsenen fehlten ihm noch fünf Kilogramm Muskelfleisch und sein „Mantel" begann sich eben erst zu entwickeln. Die leicht zugespitzte, nach oben gebogene Nase war ein charakteristisches Merkmal in seinem glatten, schmalen Gesicht und ermöglichte es zusammen mit seiner besonders hellen Färbung ihn sogar auf die Entfernung gut auszumachen.

Ich genoß meinen ersten Tag mit Sherlock. Ich fand ihn am frühen Morgen zwischen den Klippen und hatte mich bald auf seinen Tagesrhythmus eingestimmt, auf plötzliche Ausbrüche sozialer Aktivitäten, ein wenig Fressen, eine kleine Ruhepause, dann und wann unterbrochen von einem Bruder, einer Schwester oder einem Spielgefährten, die gepflegt werden wollten. Der Tag endete, wie er begonnen hatte, in Gesellschaft von Mutter und Geschwistern. Sie kletterten die Schlafklippen hinauf und richteten sich behaglich auf einem schmalen Felsvorsprung ein. Während ich ihnen so zusah, empfand ich eine ganz eigentümliche Befriedigung: Ich hatte zwar nichts Neues über Paviane gelernt, aber die Erfahrung „eines Tages aus Sherlocks Leben" war anders als alles, was ich bisher erlebt hatte.

Zwei Wochen später – ich beobachtete immer noch Sherlock – dachte ich an das Unvorstellbare: Angenommen ich würde eine ganze Studie nur über ein einziges Tier machen. Ich konnte so viel von Sherlock lernen: wie sich Interaktionen allmählich entwickeln, zu einem Höhepunkt kommen und sich dann wieder auflösen – ein Vorgang, der manchmal Tage in Anspruch nahm, so daß ich mich fragte, wie ich *alle* Subadulten studieren sollte, ohne dabei jene besonderen Erkenntnisse aus den Augen zu verlieren, die sich eben nur dann ergaben, wenn man Tag für Tag ein einziges Tier beobachtete.

Aber mein Ruf war dafür noch nicht genug gefestigt. Meine bisherigen Erkenntnisse galten bereits als umstritten und mir fehlte der Mut, der Kritik zu begegnen, die eine derartige Untersuchung auslösen würde. Zwar hätte ich dann über einen einzelnen Pavian mehr gewußt als irgend jemand vor mir, aber wie sollte ich dieses Wissen in einen größeren Zusammenhang einbinden? War Sherlock etwas Besonderes oder war er vielmehr repräsentativ? Hatte die Rangordnung seiner Familie Auswirkungen auf seine Möglichkeiten? Oder sein Alter oder seine Größe? Wenn ich meine Untersuchungen allein auf Sherlock beschränkte, würde ich diese einfachen Fragen nie beantworten können.

Nachdem ich zwei Wochen mit Sherlock verbracht hatte, war ich zu der Überzeugung gelangt, daß ich einen anderen Ansatzpunkt wählen mußte, wollte ich die Männchen jemals wirklich verstehen. Ich schloß einen Kompromiß: Ich würde *Brüderpaare* beobachten: einer von ihnen noch ein Kind und vollkommen im weiblichen System verwurzelt, der andere hingegen ein Subadulter auf dem Weg zum Erwachsenentum. In diesem Fall würde ich einen ganzen Tag mit jeder Familie verbringen, die Beziehungen zwischen den beiden Brüdern und zwischen jedem Männchen und der gesamten Gruppe beobachten, zuerst vom Gesichtspunkt des einen Bruders, dann von jenem des anderen. Das kam schon nahe an die Beschäftigung mit nur einem einzigen Tier heran. Ich würde die Anzahl der zu untersuchenden Paare beschränken, damit ich diese häufiger beobachten könnte als im Falle, daß ich *alle* subadulten Männchen zum Untersuchungsgegenstand gemacht hätte.

Ich wählte meine Tiere sorgfältig aus. Ich benötigte einen repräsentativen Querschnitt mit Männchen aus ranghohen, mittelrangigen sowie rangniedrigen Familien. Ich traf keine Zufallsauswahl, wie sie in der wissenschaftlichen Forschung gängig ist, da ich die Unterschiede besonders stark hervorheben wollte. Peggys Söhne Paul und Patrick kamen natürlich in Frage. Sie entstammten der ranghöchsten Familie der Pumpenhaus-Bande und zudem kannte ich durch Peggy die Familienverhältnisse besonders gut. Auch Sherlock nahm ich in meine Liste auf. Er war mittelrangig und ich wollte nur ungern auf die gesamte Information verzichten, die ich über ihn bereits gesammelt hatte. Die Söhne von Beth gaben das rangniedrigste Brüderpaar ab. Weiters gab es noch fünf weitere Brüderpaare, die zwischen diesen angesiedelt waren.

Von August 1976 bis September 1977 verfolgte ich, wie jedes der subadulten Männchen seine eigene faszinierende Persönlichkeit entwickelte. Es gab Verhaltensmuster und jedes dieser Muster lehrte mich, was es heißt, ein männlicher Pavian zu sein.

Patrick sah mittlerweile haargenauso aus wie Paul, als dieser juvenil war. Größenmäßig kam er einem erwachsenen Weibchen nahe, doch sonst blieb er noch genau derselbe wie früher, nur ein bißchen reifer. Er hatte Anteil an der Dominanz seiner Familie und rangierte innerhalb derselben seinem Alter entsprechend vor Thea, aber hinter Pebbles. Patrick war Pauls Schatten. Er folgte ihm auf Schritt und Tritt und versuchte zu tun, was dieser tat. Manchmal wurde er von seinem älteren, größeren und daher ranghöherem Bruder verdrängt, häufig aber zog er Nutzen aus Pauls beschützender Gegenwart und den Brocken, die nach Pauls Mahlzeiten abfielen. 1976 war ein überaus trockenes Jahr, und die Paviane waren bei ihrer Nahrungssuche weitgehend auf die Knollen des Zwiebelgrases angewiesen. Es nahm jedesmal eine beträchtliche Zeit und Mühe in Anspruch, an diese heranzukommen. Die Grashalme an der Oberfläche mußten aus dem steinharten Boden gerupft und die Erde aufgegraben werden, ehe man an die saftigen Knollen gelangte. Paul pflegte immer dann auf der Szene zu erscheinen, wenn ein rangniedriges Weibchen gerade alle Vorbereitungen beendet hatte und sich daranmachen wollte, ein Festmahl zu genießen. Er verjagte sie, und erntete die Früchte ihrer Arbeit. Aber bevor er einen Futterplatz vollkommen ausgeschöpft hatte, war er schon wieder auf der Suche nach einem neuen Opfer. So erhielt Patrick die Gelegenheit, auf die er gewartet hatte. Wenngleich Paul als auch Patrick alle Weibchen der Pumpenhaus-Bande dominierten, gab es bei Paul auf Grund seiner Größe *niemals* Probleme, wogegen Patrick viel Wind machen mußte, um sein Ziel zu erreichen; für ihn war es einfacher, hinter Paul herzulaufen.

Obwohl Patrick wichtig war, so interessierte mich Pauls Wandlung zum Erwachsenen mehr. Noch immer bedeuteten ihm die familiären Bindungen viel. Seine soziale Welt bestand aus der Mutter, aus Schwestern, einem Bruder und Nichten; sie stellten auch seine üblichen Partner dar. Paul ließ alles liegen und stehen, um zu seiner Familie zu kommen und sie zu verteidigen, sobald sie sich in Schwierigkeiten befand, nabelte sich aber gleichzeitig immer mehr von der Familie ab. Das zeigte sich auf zweierlei Art: Er versuchte sich mit verschiedenen erwachsenen Weibchen anzufreunden, war aber auch bemüht, die Aufmerksamkeit der erwachsenen Männchen auf sich zu lenken.

Mit beidem hatte er große Probleme. Wenn er sich näherte, flüchteten die Weibchen – und das konnte ich ihnen nicht verdenken; schließlich war bislang bei seinem Erscheinen immer nur mit Unfrieden zu rechnen, entweder wegen eines Futterplatzes oder wegen der Verteidigung eines Familienmitgliedes. Es war daher nicht weiter verwunderlich, daß Olive gar nicht erst darauf wartete, sein Lippenschmatzen, sein Kopfschütteln oder gar seine beruhigenden Grunzlaute – alles freundliche Signale – zur Kenntnis zu nehmen, wenn er schnurgerade auf sie zusteuerte. Wie bei vielen heranwachsenden Männchen verschwanden auch bei Paul die freundlichen Absichten, wenn sie allzu lang unbeachtet blieben. Dreimal hintereinander von Olive abgewiesen zu werden, war mehr, als Paul ertragen konnte. Um seiner aufgestauten Aggression Luft zu machen, tobte er im ganzen Trupp herum, bedrohte und jagte ahnungslose Zuschauer – vor allem Weibchen und Jugendliche.

Als das zum ersten Mal geschah, reagierten nur Olives Familie und ihre Freunde. Sie verwiesen Paul für dieses Mal auf seinen Platz. Beim zweiten und dritten Mal wandte sich die ganze Gruppe gegen ihn. Mit aggressiven Geräuschen, abgehackten Keuch- und Grunztöne, die an Intensität ständig anschwollen und „Mobbing vocalization" (Mobgeräusche) genannt werden, trieben sie ihn aus dem Gruppenbereich hinaus. Bestürzt saß Paul dann ganz allein da und wagte sich erst zurück, als der Trupp ihn schließlich ignorierte.

Es war nicht leicht, Freunde zu gewinnen, aber wie Ray es mit Naomi geschafft hatte, gelang es langsam auch Paul, Olive zu überzeugen, ihn zu akzeptieren. Aus einer anderen Ecke tauchte eine Schwierigkeit auf: Big Sam, Olives augenblicklicher Freund. Als er die Fortschritte bemerkte, die

Paul bei Olive machte, hielt er sie am kurzen Zügel und gab Paul damit wenig Möglichkeit, die Freundschaft auszubauen. Jedesmal wenn Paul in die Nähe kam, sorgte Big Sam dafür, daß Olive weit genug entfernt war, so daß eine Interaktion erschwert wurde. Paul wurde unsicher. Das war der große Unterschied zwischen einem subadulten und einem erwachsenen Männchen: Wenn die Schwierigkeiten zu groß wurden, konnte der Subadulte immer noch zu seiner Familie zurückkehren, um hier Bestätigung in ihrer Annahme, ihrem Kontakt und ihrer Gesellschaft zu finden. Dem erwachsenen Männchen war das nicht möglich.

Doch jeder Tag war von kurzen Ausbrüchen aus dem Zentrum der Familie gekennzeichnet. Die Männchen zogen Paul an. Seine Beziehungen zu den anderen unreifen Männchen hatte er geklärt. Auf Grund der dominierenden Stellung seiner Familie nahm er allen anderen Jugendlichen gegenüber eine Vorrangstellung ein; bei den subadulten Männchen vermischten sich jedoch häufig Größe, Alter und Familiengeschichte. Die größeren, älteren und gewöhnlich stärkeren Männchen dominierten ihn, auch wenn sie aus rangniedrigeren Familien stammten.

Neuankömmlinge fanden besonderen Anklang. Sobald ein neues Männchen beim Trupp auftauchte, war Paul schon bei ihm, um herauszufinden, wie er war. Das Begrüßungskomitee stellte die übliche seltsame Mischung aus Kleinkindern und Subadulten dar. Meistens saßen die Kleinkinder in sicherer Entfernung und umarmten einander beruhigend. Da es sich aber für ein subadultes Männchen wie Paul „nicht schickte", öffentlich seinen inneren Aufruhr preiszugeben, hielt er sich etwas abseits und beobachtete aufmerksam jede Bewegung des neuen Männchens. Sobald seine „einladenden" Blicke aus der Ferne ignoriert wurden, richtete sich Paul zu voller Größe auf und versuchte, genügend Mut aufzubringen, um den Fremdling aktiv zu begrüßen. Dann schwankte er in Imponierhaltung auf ihn zu, so gut das einem Subadulten wie ihm überhaupt möglich war – denn noch fehlten ihm sowohl der „Mantel" als auch die Muskelkraft –, und wenn er in der Nähe angelangt war, machte er einen Satz nach vorn und versuchte ein „Diddle" – die Berührung der Genitalien des sitzenden Neuankömmlings, in diesem Fall jene von McQueen. Paul war tapfer, er wich auch im letzten Augenblick nicht zurück, doch brachte er kein wirkliches „Diddle" zustande, bei dem tatsächlich am Penis gezogen wird oder die Genitalien gestreichelt werden. Er strich einfach mit der Hand darüber und lief davon.

Paul beobachtete McQueen weitere fünf Minuten lang aufmerksam, ehe er einen weiteren Begrüßungsversuch wagte. Das Gemisch von Signalen, die er aussandte, verrieten den Konflikt, in welchem er sich befand: ein „ängstliches" Grüßen, das sowohl freundliches Lippenschmatzen, wilde Grimassen als auch ein „Keckern" – einzelne, schrille, hustenähnliche Geräusche – umfaßte, als das Männchen schließlich die Hand ausstreckte, um ihn zu berühren. Das war genug. Paul kehrte zu seiner Familie zurück.

In den folgenden Monaten grüßte Paul jeden neuen Einwanderer sooft er konnte, doch immer mit einem Zögern. Antworteten diese, wurde er von Angst erfüllt. Im Gegensatz dazu war seine Beziehung zu den übrigen Männchen des Trupps friedlich. Ein entspanntes Toleranzverhältnis verband ihn mit jenen, die während seiner Kindheit mit Peggy befreundet gewesen waren. Mit den anderen ansässigen Trupp-Mitgliedern versuchte sich Paul jedoch in einer neuen Rolle.

Ein Jahr zuvor, 1975, als Paul noch zu den Jugendlichen zählte, bedrohte er manchmal Weibchen, während diese mit männlichen Freunden oder Paarungspartnern zusammen waren. Da die Weibchen bereits dominierte, mußte es sich dabei wohl um einen Versuch handeln, mit ihren Partnern in Verbindung zu treten. Paul wurde rundweg übersehen. Er gab aber nicht auf, bis er schließlich jemand auf die Palme brachte. Das Männchen, das die Belästigung satt hatte, verwies ihn endlich an seinen Platz. Wenn ihn auch dominierende subadulte Männchen ignorierten, stürzte er mit größerem Selbstvertrauen auf sie los und teilte im Vorbeilaufen kurze Schläge aus. Es war, als ob er sagen wollte: „Nimm von mir Notiz" – und manchmal taten sie es auch.

Nun aber kehrten sich Pauls seltene und sanfte Belästigungen in eine ernsthafte jugendliche Besitznahme um. Er wählte Zeitpunkte, zu welchen ein Männchen besonders verwundbar war: während der Paarung und wenn es gerade herausgefordert oder von anderen Männchen drangsaliert wurde.

Hitzige Weibchen in einem Consort wurden oft von interessierten Männchen verfolgt. Paul schloß sich diesen an. Er überließ den erwachsenen Männchen die Hauptherausforderung, zählte aber zu den ersten, die einen Kopulationsversuch zu stören versuchten. Wenn ein Consort in Schwung geriet und sich die Kopulationsversuche häuften, so konnte Paul auch jede beliebige andere Annäherung des Männchens an das Weibchen stören, vermutlich weil vorauszusehen war, daß jede solche Annäherung am Ende unvermeidlicherweise zu Besteigen und Kopulation führen würde.

Pauls Belästigungen begannen harmlos: Der engen Annäherung an die Paarungspartner folgte ein intensives Anstarren. Wenn die Spannung stieg, gewannen seine Handlungen an Ernst: Mit einem keuchenden Grunzen fuhr er aggressiv auf das Paar los. Er stellte für das kopulierende Männchen keine ernsthafte Bedrohung dar, aber angesichts der Spannung, die durch die nahe Anwesenheit weiterer Männchen, die sich offenbar ebenfalls für das Weibchen interessierten, gegeben war, konnte Paul manchmal das Zünglein an der Waage darstellen und über Erfolg oder Mißerfolg einer Paarung entscheiden. Es gelang ihm jedenfalls, eine große Zahl von Kopulationsversuchen zu unterbrechen oder sogar vollkommen zu stören, indem er einfach zum allgemeinen Aufruhr beitrug, der sich des öfteren rund um ein kopulierendes Paar bildete.

Pauls Timing für seine Interaktionen war sehr sorgfältig. Er verfolgte genau alle Interaktionen des Männchens, forderte jedoch nur selten ein erwachsenes Männchen direkt heraus. Im Tumult begab er sich dann in einem wenig riskanten Augenblick immer auf seiten der gewinnenden Männchen. Bei solchen Gelegenheiten hätte man ihn leicht für einen Erwachsenen halten können, wenn man nicht genau hinsah.

So wie es aussah, übernahm Paul innerhalb des Trupps auch auf anderen Gebieten mehr und mehr die Rolle eines Erwachsenen. Am Morgen kletterte er oft als erster von den Klippen herunter und marschierte entschlossen in eine bestimmte Richtung los. Er versuchte sich als Anführer zu geben, der bestimmte, wohin die Gruppe zu wandern hatte. Weigerten sich jedoch die anderen ihm zu folgen, so verließ ihn seine Entschlußkraft. Er setzte sich dann allein beiseite und starrte unbeirrbar in die Richtung, in die *er* gehen wollte, während der Rest des Trupps anhielt oder sich sogar in eine andere Richtung bewegte. Aber sosehr er es auch versuchte, es gelang Paul nur, seine Familie und einige von Peggys Freunden zu bewegen, ihm zu folgen. Sobald er bemerkte, daß er in der Minderheit blieb, sauste er an die vorderste Front, als wollte er dort die Stellung des Anführers der Mehrheit übernehmen.

Paul zeigte langsam auch physische Zeichen sexueller Reife. Seine Hoden hatten sich gesenkt und die klare Flüssigkeit, die vorher bei der Masturbation austrat – eine Tätigkeit, die meist in keinerlei Beziehung zu den rundherum stattfindenden Vorgängen stand –, besaß bereits die milchige Färbung der Samenflüssigkeit Erwachsener – vermutlich ein Hinweis auf das Vorhandensein lebender Samenzellen. Sein sexuelles Interesse an Weibchen steigerte sich und er versuchte, sich mit empfängnisbereiten Weibchen zu paaren, anstatt bloß die Männchen zu belästigen. Damit fand er sich plötzlich in die Welt der Erwachsenen hineinkatapultiert. Anfangs hatte er kein Glück. Er stellte sich bei der Paarung äußerst ungeschickt an und die interessantesten Weibchen interessierten sich im richtigen Moment nicht für ihn. Als er wieder in die alte Rolle des Paarungsbeobachters zurückverwiesen wurde, schaffte er einige ernstzunehmende Kopulationen. Man mußte Paul einfach bewundern: Mit seiner Keckheit machte er seine mangelnde Erfahrung wett.

Das erste Mal stellte ich das fest, als ich Roz beobachtete, ein subadultes Weibchen, das in Alter und hormoneller Ausgewogenheit gerade das für erwachsene Männchen interessante Stadium erreicht hatte. Sie hatte einen Paarungspartner, drei erwachsene männliche Begleiter – und Paul. Paul stellte niemals eine ernste Herausforderung dar, aber wenn der Paarungspartner sich einmal abwandte, um den Drohgesten der erwachsenen Begleiter zu begegnen, fand Paul Roz hinter einem großen Felsen und kopulierte mit ihr. Sie schien recht willig zu sein, wurde jedoch nach wenigen Minuten von ihrem erwachsenen Partner zurückgeholt. Von da an unterhielten Paul und Roz, was man nur als kleines Verhältnis bezeichnen kann. Zu ihrem beiderseitigen Glück verbrachte der Trupp jenen Vormittag in einem felsigen Gebiet, in dem es leicht war, zumindest für einige Minuten ein Versteck zu finden.

Pauls Sexualverhalten während dieser körperlichen und sozialen Reifezeit war ein guter Hinweis darauf, wie erwachsen er wirklich schon war. Es war Big Sam nicht gelungen, die sich zwischen Paul und Olive entwickelnde Freundschaft zu verhindern, eine Freundschaft, die dem Subadulten seine erste wirkliche Paarung bescherte. Er setzte sich auf ihre „Vormerkliste", ein Verhaltensmuster, das, wie ich später erkannte, bei den Pumpenhaus-Männchen ganz normal war. Es war nur ein kleiner Schritt von der „Beschattung" seiner Freundin Olive in ihren nicht empfängnisbereiten Zeiten zur Paarung in den frühen Stadien ihrer Schwellung. Die beiden Methoden, ihr zu folgen, waren leicht zu unterscheiden; die sexuellen Absichten der zweiten waren offensichtlich: Besteigen und Kopulieren. Paul paarte sich mit Olive jedoch wesentlich früher als erwachsene Männchen es normalerweise taten und kopulierte bereits, als ihre Schwellung noch sehr klein war. Es hatte den Anschein, als ob er noch vor den wichtigen Tagen rund um den Eisprung ein festes Besitzrecht anzumelden versuchte. Diese Taktik war jedoch nur zum Teil erfolgreich. Zwar schaffte er es, Olive zu ihren kritischen Tagen viel enger in Beschlag zu nehmen, vermochte auf dem Höhepunkt ihrer Hitze seinen Platz erwachsenen Männchen gegenüber jedoch nicht zu behaupten.

Paul versuchte, sich neben Olive auch bei anderen Weibchen „vormerken" zu lassen. Wenn er während der Anfangstage ihres Zyklus damit begann, blieben seine Aktionen seitens der Erwachsenen unangefochten. Allerdings blieb sein Verhalten widersprüchlich, denn er zeigte noch immer einen gewissen Mangel an Gewandtheit gegenüber jenen Weibchen, die nicht zu seinen besonderen Freundinnen zählten. Unabsichtlich vertrieb er manchmal das Weibchen von einem Futterplatz nach dem anderen. Die Tatsache, daß er größer, dominant und kein Freund war, bedeutete, daß ihm sein Partner aus dem Weg ging, sooft er sich näherte. Manchmal schmatzte er mit den Lippen, grunzte und warf dem Weibchen einladende Blicke zu, wie in den Frühstadien seines Werbens um Olive, und war außerordentlich aufmerksam. Manchmal hingegen ließ er sich auch von Olive pflegen, während er sich mit einem anderen Weibchen paarte. Je mehr Entspannung ihm das Grooming brachte, desto mehr ließ sein Interesse als Paarungspartner nach. Unter diesen Umständen war es nicht verwunderlich, daß seine Paarungspartnerin sich schließlich nach einem aufmerksameren Liebhaber umsah. Als ob ihm plötzlich wieder einfiel, wobei er war und was er eigentlich tun sollte, nahm Paul dann seine Rolle als Sexualpartner neuerlich auf, gerade noch rechtzeitig, um ein anderes Männchen an der Übernahme seines Platzes zu hindern. Gelegentlich schreckte ihn auch das Erscheinen eines männlichen Rivalen aus seinen Träumen auf, so daß er das Weibchen gerade noch für sich beanspruchen konnte.

Wenn Paul nicht gerade in Aktionen mit erwachsenen Männchen und empfängnisbereiten Weibchen verwickelt war oder versuchte, eine Führerrolle zu übernehmen und zu entscheiden, wohin sich der Trupp wenden sollte, zeigte er großes Interesse an anderen Trupps. Interaktionen zwischen verschiedenen Trupps trugen äußerst unterschiedlichen Charakter. Sie reichten von friedlicher Vermischung, bei der ein ungeschulter Beobachter den Eindruck einer einzigen Gruppe haben konnte, bis zu wirklicher Aggression zwischen verschiedenen Mitgliedern der einzelnen Gruppen. Gelegentlich eskalierte die Aggression: Dann attackierte eine Gruppe die andere etwa in der Art, wie sie das bei einem besonders aggressiven Männchen innerhalb der eigenen Gruppe tat.

Die Pumpenhaus-Bande unterhielt mit mindestens drei anderen Kekopey-Trupps regelmäßige „Gruppentreffen". Eine große benachbarte Gruppe war die der Eburru-Klippen, deren Territorium sich beträchtlich mit jenem der Pumpenhaus-Bande überschnitt; dann der Schul-Trupp, ungefähr ebenso groß wie die Pumpenhaus-Bande und im Nordwesten angesiedelt; und schließlich noch der Krüppel-Trupp, der seinen Namen aus der großen Zahl verletzter und versehrter Tiere ableitete. Dieser Trupp lebte im Nordosten, wo eine nicht-isolierte 22.000-Volt-Starkstromleitung ihren Tribut unter unvorsichtigen Pavianen forderte. Es gab noch andere Gruppen, mit denen die Pumpenhaus-Bande zusammentraf – den Krater-Trupp, den August-Trupp, den Mai-Trupp –; dabei handelte es sich jedoch kaum je um längere oder intensivere Treffen.

Unter Pauls Vorlieben rangierte das Beachten anderer Gruppen, gleichgültig, wie weit diese von ihnen entfernt waren, ganz vorne. Genaugenommen war es sogar oft sein Verhalten, welches mir signalisierte, daß ein anderer Trupp in der Nähe war. Paul hörte dann zu fressen auf, stellte das Grooming oder die Belästigungstätigkeit ein und konzentrierte sich ganz auf den anderen Trupp. Wenn sich dieser hinter eine Bodenerhebung bewegte und außer Sichtweite geriet, suchte Paul einen Standort auf, von dem aus er seine Beobachtungstätigkeit fortführen konnte.

Das Leben für die Pumpenhaus-Bande gestaltete sich beträchtlich aufregender, wenn sich ein anderer Trupp in der Nähe befand. Während friedlicher Zusammentreffen auf engem Raum waren es die subadulten Männchen, die sich als erste den Außenseitern näherten und sie voller Neugier begrüßten. Gelegentlich spielten die jüngeren Männchen beider Trupps miteinander. Es konnte sein, daß ein freches subadultes Weibchen, dessen Sexual-schwellung die Männchen der Pumpenhaus-Bande noch ziemlich kalt ließ, nach möglichen Geschlechtspartnern suchte, und feststellen mußte, daß auch dort, wie in ihrer Heimatgruppe, nur Kinder und junge subadulte Männchen an ihr Interesse zeigten. Ein gelegentliches Besteigen oder eine Kopulation regte kaum jemanden auf, sobald aber ein erwachsenes Weibchen in voller Empfängnisbereitschaft sich auch nur irgendwie in die Nähe des anderen Trupps wagte, war der Teufel los. Sie wurde dann ganz rasch in die eigene Gruppe zurückgeholt – durch ihren Paarungspartner, einen männlichen Freund oder durch Paul, der sich als äußerst aktiv erwies, wenn es um Förderung oder Schutz seines Trupps ging.

Der subadulte Paul stellte das perfekte Beispiel eines sich im Übergangsstadium befindlichen Pavian-Männchens dar. Er besaß bereits alle richtigen Impulse, war ihnen aber noch nicht ganz gewachsen. Wenngleich seine Familie weiterhin eine wichtige Rolle in seinem Leben spielte, war es ihm doch bis zu einem gewissen Grad gelungen, sich *außerhalb* der Familie Freunde zu schaffen, worauf er allerdings auch einen großen Teil seiner

Zeit verwandte. So konnte Olive nun als seine Partnerin beim Grooming, beim Ruhen und Wandern gelten, und sie tat auch bei Pauls Paarungsversuchen mit. Nach und nach entwickelten sich Pauls sexuelle Interessen, aber es galt noch einige Hürden zu überwinden: die Haltung der Weibchen ihm gegenüber, der vergleichsweise größere Erfolg anderer Männchen und seine eigene Unerfahrenheit beim Eintritt in das Reich der Erwachsenen. Pauls zunehmende Größe und Erfahrung zeigten doch schon einige Wirkung bei den erwachsenen Männchen. Sie bemerkten ihn zumindest, obwohl er noch weit davon entfernt war, Teil ihrer Erwachsenenkonstellation zu sein. Es war nicht leicht abzuschätzen, wo Paul enden würde: Sein Interesse an anderen Trupps ließ den Schluß zu, daß er bei normalem Verlauf dem Muster subadulter Männchen folgen und emigrieren würde. Warum und wie dieses Verlassen sich jedoch vollziehen würde, konnte nur die Zeit erweisen.

7. Die Sage von Sherlock

Während ich Paul und Patrick weiter beobachtete, machte ich gleichzeitig genaue Aufzeichnungen über Sherlock. Im März 1977 konnte ich feststellen, daß ich von ihm eine Menge gelernt hatte, sowohl über Männchen wie auch über das Weggehen von zu Hause.

Sherlock war mein Liebling unter den Subadulten. Vielleicht hatten die beiden Wochen im August 1976, in denen ich mich besonders mit ihm beschäftigt hatte, besondere Bande zwischen uns geknüpft. Er blieb mein interessantestes und lockendstes Untersuchungsobjekt. Innerhalb von zwei Monaten verließ Sherlock die Pumpenhaus-Bande und ich beschloß, ihm zu folgen. Viele Tage lang war ich seine einzige Begleitung, während er Kekopey auf der Suche nach anderen Trupps durchstreifte und immer wieder kurz zur Pumpenhaus-Bande zurückkehrte. Als er sich endgültig entschloß, seine Gruppe zu verlassen, mußte auch ich mich entscheiden, ob die Zeit für ein Überwechseln gekommen war.

Paul und Sherlock ähnelten einander in vielerlei Hinsicht. Beide zeigten starkes Interesse an anderen Trupps, nahmen sofort eine wachsame Stellung ein, wenn sich eine fremde Gruppe näherte und waren unter den ersten, die sie beim Näherkommen untersuchten. Während sie den Start in ein neues Leben mit anderen erwachsenen Männchen und Weibchen versuchten, blieben beide ihren Familien wenigstens zum Teil verbunden. Sherlock war es jedoch, der auf jenem Weg, der einen Subadulten zwingt, sein Zuhause zu verlassen, rascher vorankam. Zunächst bewegte er sich an den Rand der Gruppe. Niemand zwang ihn dazu, die Gruppe zu verlassen; es schien nur, als wäre er zu einem mehr peripheren Mitglied geworden als bisher. Seine Aufmerksamkeit war nun immer anderswohin gerichtet, immer auf der Suche nach einem anderen Trupp, vor allem nach jenem der Eburru-Klippen.

Bald bedeutete „peripher" Einsamkeit. Oft fand ich Sherlock allein auf halbem Weg zwischen den Schlafklippen der Pumpenhaus-Bande und dem offenen Grasland, wo die Eburru-Gruppe gerne fraß. Dieses Alleinsein war aber eigentlich eine Illusion; Sherlock achtete darauf, keinen der beiden Trupps aus den Augen zu verlieren. Wenn er den Eburrus folgte, so geschah dies immer in großer Entfernung. Im Verlauf der Stunden warf er viele aufgeregte Blicke auf den Klippenrand zurück, wo die Pumpenhaus-Bande zuletzt zu sehen war. Sherlock war außergewöhnlich nervös. Wenn die Pumpenhaus-Bande schließlich an ihre frühere Schlafstelle zurückkehrte, veranstaltete ein höchst erregter Sherlock aus etwa einem halben Kilometer Entfernung intensive Begrüßungszeremonien für seine Altersgefährten Sean und Ian.

Sherlock war hin und her gerissen, nicht nur zwischen zwei Rollen, sondern auch zwischen den Trupps. Ich folgte. Es war faszinierend, wie er sich einen Entschluß abzuringen versuchte. Einen Tag verbrachte er im sich selbst auferlegten Exil am Rande der Pumpenhaus-Bande, am nächsten zog er wieder weiter. Sobald er zurückkam, begab er sich genau in die Mitte der Pumpenhaus-Bande und führte sein Leben genau dort weiter, wo er es unterbrochen hatte. Er saß bei seiner Familie, pflegte sie, versuchte Freundschaften mit Weibchen zu schließen und spielte sogar mit der einen oder anderen Zugänglichen. Am nächsten Tag unternahm er wieder einen Ausreißversuch, diesmal gefolgt von ein paar jüngeren Subadulten in dem sonderbaren Versuch, eine rein männliche Gruppe zu bilden, deren Anführer Sherlock war. Aber was für ein Anführer! Der Ausflug endete damit, daß der kühne Sherlock zurück zur Pumpenhaus-Bande gesaust kam und direkt in die Arme seiner Mutter eilte, um sich zum ersten Mal an diesem Tag zu entspannen.

Anscheinend kam Sherlock zu keiner endgültigen Entscheidung und auch alle rund um ihn waren verwirrt. Sogar Anne betrachtete das Herannahen ihres Sohnes zögernd, wenn er einige Tage abwesend gewesen war. Nur von seiner Baby-Schwester Alexandra und seinem jüngsten Bruder Alan wurde er bereitwillig willkommen geheißen. Dennoch waren es Alexandra und Alan, die Sherlock in eine Klemme brachten, die anscheinend letztlich den Ausschlag gab.

An Sherlocks Verhalten gegenüber seiner Familie war etwas Bewegendes, Bezauberndes. Alexandra rutschte mit Begeisterung an ihm herunter, sprang auf ihm herum und kuschelte sich oft in seinen Schoß. Sherlock reagierte stets und pflegte sie sogar ohne Aufforderung. Die beiden gaben ein wunderbares Bild ab. Verglichen mit ihm, wirkte die winzige schwarze Gestalt Alexandras zwergenhaft. Sie war durch seine massige haarige Gestalt halb versteckt und nur ein Ohr, ein Auge oder die Nase stachen hervor und zeigten an, daß sich hier überhaupt ein Baby befand. Das zarte, sanfte Grooming zog auch Alan und Wound, eine weitere Schwester, an. Natürlich war auch Anne oft irgendwo in der Nähe zu finden.

Diese friedliche Szene wurde manchmal durch streitende Männchen gestört. Wenn sie dabei in die Nähe von Sherlock gerieten, drückte er Alexandra ganz fest an sich, weniger um sie zu behüten – sie war nicht in Gefahr –, sondern eher um sich selbst zu schützen. Die Kleine auf seinem Bauch zu haben, bedeutete für ihn ebensoviel wie eine Versicherungspolice. Die Männchen verzogen sich an einen anderen Ort, um ihre Frustration abzureagieren. Das Kind stellte auch einen ausgezeichneten „Paß" dar, wenn sich Sherlock einem der neuangekommenen Männchen nähern wollte. Er bewegte sich auf das Männchen zu, während sich Alexandra in vollkommenem Vertrauen bequem gegen seinen Magen kuschelte. Ein Männchen, dem er sich auf diese Weise näherte, rannte manchmal davon, blieb aber gelegentlich auch still sitzen. Es gab keinen Zweifel daran, daß Alexandra für Sherlock nützlich war.

Ungefähr zu der Zeit als Alexandra geboren wurde, erneuerte Big Sam eine alte Freundschaft mit Anne. Bald zählte auch Alexandra ihn zu ihren besonderen männlichen Freunden, weshalb es keineswegs ungewöhnlich war, ihn mitten in Annes Familie zu finden. Im allgemeinen lieben es Männchen nicht, einander zu nahe zu sein, zwischen Big Sam und Sherlock bestand jedoch gegenseitige Toleranz, wenngleich es zwischen ihnen nur sehr wenige Interaktionen gab. Schließlich geschah das Unvermeidliche: Sowohl Big Sam als auch Sherlock stürzten zur gleichen Zeit auf Alexandra zu, da sie den besonderen Schutz, den ihnen das Halten des Babys verlieh, in Anspruch nehmen wollten.

Wer hatte aber das Vorrecht auf Alexandra, ihr Bruder oder ihr männlicher Freund? Natürlich würden sie um sie nicht kämpfen. Das erste Mal, als es dazu kam, erreichte Sherlock Alexandra vor Big Sam; diesem standen jedoch andere Mittel zur Verfügung. Seine bis dahin Sherlock gegenüber geübte Toleranz verschwand. Wann immer Big Sam nun mit Anne oder Alexandra zusammen war, machten seine einfachen und unverhüllten Drohungen Sherlock klar, daß er hier nicht erwünscht war.

Um die Sache noch zu verschlimmern, zeigte Alan eine wachsende Begabung dafür, sich selbst in Schwierigkeiten zu bringen, bald mit dem einen, bald mit einem anderen Jungen. Jedesmal eilte Sherlock zu seiner Verteidigung herbei, fand sich selbst aber oft mit einem älteren Bruder oder einem erwachsenen Freund von Alans Gegner konfrontiert, der oft wesentlich größer und ihm rangordnungsmäßig überlegen war.

Konflikte wegen Alexandra, riskante Situationen wegen Alan und wenig Erfolg dabei, Freundinnen oder Paarungspartnerinnen zu finden – vielleicht war es für Sherlock nun wirklich an der Zeit, abzuwandern. Daß er die Eburrus als neues Zuhause wählte, überraschte mich keineswegs, seine ersten Tage bei ihnen waren aber äußerst ungemütlich. Er wurde auf ganz ähnliche Weise behandelt, wie ich es vom Verhalten der Pumpenhaus-Bande gegenüber neu ankommenden Männchen her kannte. Jeder war aufs äußerste angespannt und Sherlocks steife Haltung und sein wachsames Verhalten verrieten sein Unbehagen. Gruppen von Kleinkindern rotteten sich zusammen und machten sich an ihn heran, während er – ganz auf die Erwachsenen fixiert – sie meistens ignorierte. Wenn sie jedoch in seiner Nähe ein scharfes angstvolles Keckern ausstießen, wandte er sich ihnen wohlwollend zu und versuchte ihnen durch Grunzen und Lippenschmatzen zu vermitteln, daß alles in Ordnung war.

Sherlock war für die Eburrus kein völlig Fremder. Zuvor hatte es schließlich acht Jahre Interaktion gegeben. Zwar kannte keiner der Eburrus seine Familiengeschichte und keiner hatte von seinen jüngsten Erfolgen und Mißerfolgen bei der Pumpenhaus-Bande gehört, doch war es auf Grund seines lebhaften Interesses an anderen Gruppen sicher, daß etliche Eburrus ihn gegrüßt, mit ihm gespielt und sich vielleicht sogar mit ihm gepaart hatten.

Ich war der Fremdling. Allerdings wußte ich aus vergangenen Erfahrungen, daß andere Trupps sich nach dem Verhalten der Pumpenhaus-Bande richteten, wenn ich in der Nähe war. Da Sherlock mir gegenüber keinerlei Aversion zeigte, regten sich die Eburrus über meine Anwesenheit nicht mehr auf als über die seine.

Alle diese ersten Annäherungen der Eburrus Sherlock gegenüber waren freundlicher Natur. Niemand versuchte ihn zu verjagen oder zu dominieren. Neben den Kleinkindern waren es die Männchen seiner eigenen Altersstufe, die das größte Interesse an ihm zeigten. Sie machten sich auf, um ihn zu begrüßen, verloren aber im letzten Augenblick den Mut, geradeso wie es ihm selbst ergangen war, wenn sich neue Männchen der Pumpenhaus-Bande genähert hatten. Einer faßte nach seinen Genitalien, ein weiterer warf ihm einen einladenden Blick zu und ein dritter stolperte beinahe, als er sich umdrehte, um sich zu präsentieren. Sherlock blieb reserviert. Er schien zwar außerordentlich interessiert, fühlte sich aber nicht wohl in seiner Haut.

Wohin die Eburrus auch gingen, Sherlock lief immer in gewissem Abstand hinterher. Er fraß, wenn sie fraßen, ruhte, wenn sie ruhten. Besonders aufmerksam war er, wenn der Trupp das gesellschaftliche Zusammensein pflegte und stellte sofort jede Tätigkeit ein, wenn sich ihm irgendein Pavian näherte. Beobachtete er aus dem gleichen Grund, wie ich es bei Ray in seinen ersten Tagen bei der Pumpenhaus-Bande getan hatte, um aus ihren Verhaltensmustern und feinen Hinweisen herauszufinden, wer mit wem verwandt war und welche Tiere Freunde oder Feinde waren? Das Interesse des Trupps an ihm war so stark, daß ich mich manchmal fragte, ob er genug Nahrung und Ruhe bekam. Am Abend war er der letzte, der auf den Schlafklippen des Trupps ankam und ich überlegte mir, was für ein Gefühl es für ihn bedeuten mochte, allein zu schlafen. Natürlich war er bei einer Gruppe und daher nicht wirklich allein, in der Pumpenhaus-Bande war sein schmales Schlafsims jedoch mit Wound und Alan, Anne und Alexandra bevölkert, die sich alle eng aneinander kauerten. Kennen Paviane Einsamkeit?

Eine Woche verging. Während ich Sherlock beobachtete, begann ich die Mitglieder des Eburru-Klippen-Trupps zu identifizieren und mit Namen zu versehen. Es handelte sich um eine große Gruppe von über hundertzwanzig Tieren. Die Identifizierung war zwar keine Kleinigkeit, doch wußte ich, daß ich einmal damit beginnen mußte. Es war die einzige Möglichkeit, zu verstehen, was um Sherlock vor sich ging. Kamen nur gewisse Paviane, um ihn zu begrüßen oder handelte es sich um eine zufällige Auswahl? Reagierte er unterschiedlich, je nachdem, wer ihn zu begrüßen kam? Waren ihre Reaktionen verschieden?

Nach Ablauf der dritten Woche waren alle entspannt. Kleinkinder und subadulte Männchen grüßten Sherlock weniger oft. Sherlock schob sich ebenso wie ich langsam an das Zentrum des Trupps heran.

Plötzlich begannen die Weibchen, sich Sherlock zu nähern. Schnell versuchte ich die Weibchen zu unterscheiden, um die neuen Entwicklungen zu verstehen. Bevor ich jedoch jede von ihnen mit einem eigenen Namen bezeichnen konnte, wurde mir klar, daß alle jung und empfängnisbereit waren. Jedes Weibchen näherte sich Sherlock ein wenig unsicher, wandte ihm sein angeschwollenes rosarot leuchtendes Hinterteil zu und wartete, wobei es immer wieder nervös einen Blick auf ihn warf. Sherlock zollte ihren Schwellungen zwar höfliches Interesse, schien aber mehr von der Anwesenheit der Weibchen fasziniert. Wenn kein Besteigen und keine Paarung folgte, liefen die jungen Weibchen bald davon, kamen allerdings manchmal wieder zurück, nur für den Fall aller Fälle. Das war genauso wie bei Ray.

Während der folgenden Tage wurde Sherlock zu einer wahren Attraktion für die hitzigen Weibchen. Aber nicht allein die jungen, die keinen Paarungspartner hatten, zeigten Interesse. Eine nach der anderen marschierte an ihm vorbei, doch er lehnte alle Einladungen ab und tauschte nur höfliche Begrüßungen mit ihnen aus. Die Männchen der Eburrus erhoben einigen Einwand gegen die große Aufmerksamkeit, die dem fremden Männchen erwiesen wurde.

Da ich so wenige Mitglieder des Trupps kannte, hätten mich alle Aktivitäten, abgesehen von jenen, die ich bereits kannte, verwirren müssen. Männchen A, wie ich es nannte, führte eines der Weibchen von Sherlock weg und hinderte es immer wieder daran, dem neuen Männchen zu nahe zu kommen. Ein anderes Weibchen wurde sogar von einem jugendlichen Männchen in Schach gehalten, etwas, was ich in der Pumpenhaus-Bande niemals beobachtet hatte. Es war ganz klar, daß gewisse Männchen ein sicher begründetes Anrecht hatten, ihre Freundinnen oder weiblichen Verwandten vom Neuankömmling fernzuhalten.

Grundsätzlich ignorierten die erwachsenen Männchen Sherlock und er wich ihnen aus. Seine einzige Interaktion erfolgte mit Virgil, einem Männchen, das 1973 für die Dauer eines Monats bei der Pumpenhaus-Bande gelebt hatte, ehe es sich entschloß, wieder zu den Eburrus zurückzukehren. Vielleicht lag die Ursache darin, daß Sherlock Virgil besser als alle anderen Männchen kannte, oder aber an der Tatsache, daß Virgil einer der jüngsten Erwachsenen war. Aber sogar diese Begrüßung wurde rasch abgebrochen, als Virgil mich erblickte und davonrannte.

Während der nächsten Monate fuhr Sherlock damit fort, sich bei der Gruppe einzuschmeicheln. Seinen ersten großen gesellschaftlichen Triumph konnte er verzeichnen, als er eine Freundschaft zu Louise aufbaute, dem ersten Weibchen, das sich ihm genähert hatte. Im Unterschied zu Naomi war sie jedoch offenbar sehr darauf aus, Sherlocks Freundin zu werden. Begrüßungen, Grooming und Einladungen zum Näherkommen ebneten Sherlocks Weg. Zum Glück wurde die Interaktion mit Virgil nur vorübergehend durch meine Einmischung verzögert. Als Sherlock Virgil im Trupp folgte, wurde die Begrüßung erwidert. Benützte er dieses Männchen als Schild, als Mittel, um in die neue Gruppe einzudringen, oder versuchte er einfach nur die Beziehung zu ihm auszubauen? Auf jeden Fall war es Sherlock – nicht Virgil –, der letztlich verschwand.

So interessant die ersten Kontakte Sherlocks mit den Männchen und Weibchen aus seinem neu adoptierten Trupp auch waren, so hatte ich doch ähnliche Interaktionen bereits in der Pumpenhaus-Bande beobachtet. Es war für mich wichtig, zu wissen, daß die Pumpenhaus-Bande keine Ausnahme darstellte, aber der bei weitem faszinierendste Teil von Sherlocks Leben war für mich jener, wie ein Männchen, das in einen anderen Trupp übergewechselt war, bei Interaktionen mit anderen Gruppen auftrat, vor allem wenn es sich dabei um die Pumpenhaus-Bande handelte.

Wie vorhergesehen, verbrachte ich pro Woche einen Tag mit Sherlock im Eburru-Klippen-Trupp, nahm aber auch sonst jede Gelegenheit wahr, ihn zu beobachten, wann immer ich mich bei der Pumpenhaus-Bande befand und die Eburrus in der Nähe waren. Es war dies eine Periode häufiger Kontakte zwischen den beiden Gruppen und so hatte ich einige Wochen lang täglich Gelegenheit, Sherlocks Fortschritte zu verfolgen.

Zunächst versteckte sich Sherlock zu meiner Überraschung, wenn die beiden Trupps einander gewahr wurden. Ganz egal, wo er sich unter den Eburrus aufhielt, sobald er die Pumpenhaus-Bande erspähte, lief, sauste oder schlich er sich so weit als möglich an den äußersten Rand seines neuen Trupps, ohne ihn zu verlassen. Nicht, daß er kein Interesse hatte, ganz im Gegenteil; seine Augen blieben auch aus der Entfernung fest auf alles fixiert, was die Pumpenhaus-Bande tat.

Noch interessanter war Sherlocks Reaktion auf seine eigene Familie. Big

Sam hielt Anne bei jeder Konfrontation der beiden Trupps fern, wie es dem üblichen Verhaltensmuster für Männchen und deren Freundinnen entsprach. Im allgemeinen folgte das Weibchen ohne viele Einwände. Es war für mich nicht leicht festzustellen, was bei einer besonderen Gelegenheit geschah: Es war möglich, daß die Anwesenheit verschiedener anderer Männchen Anne ängstigte oder daß Big Sam aus demselben Grund besonders auf der Hut war. Wie auch immer, Anne kreischte plötzlich auf, woraufhin sich Alan und Wound auf ihre Seite stellten. Ohne Sherlocks Hilfe konnten sie nicht viel ausrichten, aber sie versammelten sich so gut es ging um ihre Mutter. Eine Sekunde lang schoß Sherlock, von Gefühlen und Gewohnheit getrieben, vorwärts, doch schon in der nächsten Sekunde bremste er jäh und hielt sich selbst im Zaum. Ob er erkannt hatte, daß ein Gruppenwechsel ein für allemal auch einen Loyalitätswandel bedeutete? Würde er einen Rückschlag bei den Eburrus zu erleiden haben, wenn er seiner Mutter in der Pumpenhaus-Bande zu Hilfe kam?

Warum ging Sherlock seinem alten Trupp aus dem Weg? War er immer noch durch einander widersprechende Wunschvorstellungen hin- und hergerissen? Wollte er zur Pumpenhaus-Bande zurückkehren? Versuchte er den Eburrus eine Demonstration seiner Zuverlässigkeit zu geben, die womöglich Zweifel an dieser hegten? Er mied auch den Kontakt mit anderen Trupps, welche die Eburrus trafen, jedoch niemals so sehr wie mit der Pumpenhaus-Bande. Als Händel und der juvenile Mike, zwei Brüder aus der Pumpenhaus-Bande, genügend Mut zusammengekratzt hatten, um sich im Eburru-Klippen-Trupp Sherlock zu nähern, tat dieser so, als seien sie Luft und schaute weg. Sie verstanden den Wink nicht, und je näher sie kamen, desto nervöser wurde Sherlock. Schließlich lief er tatsächlich vor diesen beiden jüngeren und rangniedrigeren Männchen davon.

Monate vergingen. Im Juni 1977 hatte Sherlock eine neue Rolle übernommen. Bisher war er das furchtsamste Männchen der Eburrus gewesen, jetzt war er bei Begegnungen zwischen den Trupps das unverschämteste und aggressivste. Im selben Augenblick, in dem ein Trupp auszunehmen war, wurde er aktiv und zum führenden „Hirten" der Weibchen seines Trupps. Während sich andere Männchen in erster Linie um ihre persönlichen Freundinnen kümmerten, um sicherzugehen, daß sie nicht zu sehr in die Nähe des anderen Trupps gerieten, war Sherlock gewissermaßen überall gleichzeitig. Er jagte Weibchen ohne besonderen Freund oder auch solche, deren Freunde noch nicht bemerkt hatten, daß Feinde in der Nähe waren. Dieses Zusammentreiben war eine recht schwierige Aufgabe, weil viele Weibchen, vor allem die subadulten, die jungen erwachsenen sowie die empfängnisbereiten vom anderen Trupp beträchtlich angezogen wurden.

Trotz allem gewann ihm seine hektische Aktivität bei den Eburrus keine Freunde. Viele Weibchen fürchteten ihn schon deswegen, weil er ein Fremder war. Das „Neuankömmlingsphänomen" – so nannte ich die generelle Anziehung, die die Weibchen einem neu zur Gruppe stoßenden Männchen gegenüber zunächst einmal zeigten – hatte sich wieder gelegt. Seine Gewohnheit, die Weibchen zu einer Herde zusammenzutreiben, verschlimmerte die Situation noch. Zumeist trieb er sie einfach zusammen, indem er das Weibchen in einem großen Kreis vor sich her, zurück zum Zentrum des Eburru-Trupps jagte. Es glich ein wenig dem Versuch eines Cowboys, eine Kuh ohne Lasso einzufangen. Sherlock konnte sich nie sicher sein, daß die Weibchen an dem Ort blieben, an dem er sie zusammengetrieben hatte, was denn auch häufig geschah. Während er hinter der nächsten „vom Weg Abgekommenen" herjagte, stahl sich die eben erst Eingefangene heimlich wieder zum fremden Trupp zurück. Manchmal erwies sich einfaches Jagen als nicht genug. Ungehorsame Weibchen wurden bedroht und sogar gebissen, um ihnen die Sachlage klar zu machen. Dann wurde die Situation meist noch komplizierter. Gab es seitens des Trupps offenbar keine Einwände gegen Sherlocks Tätigkeit als Hirte, so eilten ihre Familie und ihre Verbündeten zur Verteidigung herbei, wenn er ein Weibchen erschreckt hatte, und Sherlock wurde eher wie ein Feind, denn als zuverlässige Stütze der Gesellschaft behandelt.

Armer Sherlock! Es handelte sich um eine nie enden wollende Aufgabe und anscheinend gab es für ihn keinerlei Belohnung. Warum dieser plötzliche Wandel vom Einsiedler zum Tugendwächter? Warum bestand er hartnäckig darauf? Es war keine Methode, um sich bei den Eburrus, seinem neuen Trupp, Freunde zu schaffen. Was also wollte er damit beweisen?

Zwei weitere Erlebnisse in Sherlocks Leben beeindruckten mich sehr und trugen dazu bei, den Grundstein zu meiner Theorie über männliche Paviane zu legen.

Sherlock war nicht das einzige Männchen, das in diesem Jahr von der Pumpenhaus-Bande zu den Eburrus überwechselte. Sieben Monate später, Ende April 1977, traf Ian ein, der ältere Sohn eines Weibchens mittlerer Rangordnung. In der Pumpenhaus-Bande hatte Sherlock Ian dominiert – nicht auf Grund des Ranges seiner Familie, sondern weil er größer und älter war. In der Woche, in der Ian noch schwankte, ob er zu den Eburrus überwechseln sollte oder nicht, folgte ihm Händel, ein jüngerer Subadulter aus der seiner Familie rangmäßig unmittelbar nachgeordneten Familie von der Pumpenhaus-Bande zu den Eburrus.

Ein wenig naiv hatte ich erwartet, daß Sherlock diese beiden alten Spielgefährten aus der Pumpenhaus-Bande willkommen heißen würde, aber nichts dergleichen geschah. Sherlock verhielt sich Händel und Ian gegenüber sogar noch nervöser als er sich gegenüber den Männchen der Eburrus verhalten hatte, als er zu diesem Trupp übergewechselt war. Obwohl es ihn offenbar ungeheuer interessierte, was die beiden trieben und wohin sie gingen, wich er ihnen doch aus. Was das Paar betraf, so war Ian Anführer und Händel der Juniorpartner. Sie waren keine Brüder, im besten Fall waren sie Cousins; ich hatte nämlich den Verdacht, daß ihre Mütter Schwestern waren, besaß dafür aber keinen Beweis.

Innerhalb der nächsten Wochen entwickelte sich ein bestimmtes Muster. Wie zuvor Sherlock, verhielten sich auch Ian und Händel wie ausgestoßene Zuseher. Diesmal war es jedoch Sherlock, der sie aus diskreter Entfernung beobachtete. Wenn es zwischen ihnen zu einer Interaktion kam, war das Resultat überaus verwirrend. Sherlock war Ian rangmäßig offenbar unterlegen, er schien vor ihm sogar Angst zu haben – eine klare Umkehr der früheren Verhältnisse in der Pumpenhaus-Bande. Er war an Ian stärker interessiert als an Händel, wenn dieser aber nahe genug an ihn herankam, um in irgendeiner Form aktiv zu werden, ging ihm Sherlock ebenfalls aus dem Weg. Es hatte aber keine Kämpfe, Verletzungen oder plötzliche Wachstumsschübe gegeben, die bei diesen Subadulten eine solche Umkehr in der Rangordnung ausgelöst haben konnten.

Als Händel verschwand und später wiederkehrte, rutschte ein weiteres Steinchen meines Puzzles plötzlich an den richtigen Platz. Nun ging ihm nicht nur Sherlock, sondern auch Ian aus dem Weg, was eine *zweifache* Umkehr der Beziehungen bedeutete – sowohl jener innerhalb der Pumpenhaus-Bande als auch jener innerhalb der Eburrus. Wäre es möglich, daß die Rangordnung in irgendeiner Form mit der Zeitdauer verknüpft sein könnte, die ein Männchen beim Trupp verbrachte? Wenn das stimmte, dann konnte ich an diesen Männchen ablesen, daß nicht jenes von ihnen an der Spitze der Rangleiter stand, das am längsten zum Trupp gehörte, sondern der Neuankömmling. Aber wieso?

Sherlock richtete sich nun langsam ein. Er widmete seinen neuen Freundinnen eine Menge Zeit und begann sich ebenso auch einigen Männchen zu nähern. Vor allem seine Beziehung zu Virgil ließ sich mit nichts vergleichen, was mir bisher untergekommen war. Die beiden stimmten ihre Freßtätigkeit genau aufeinander ab. Aus seiner Position hinter Virgil beobachtete Sherlock viele andere Männchen, schüttelte manchmal seinen Leibwächter ab, um Cyclops, Boz oder Äneas zu begrüßen, sauste dann aber wieder an seinen alten Platz zurück.

Beim nächsten bedeutungsvollen Ereignis handelte es sich in Wirklichkeit eher um eine schrittweise Verhaltensänderung. Louise war Sherlocks erste Freundin im neuen Trupp, wenn auch nicht die letzte. Ich hatte aber mittlerweile bereits die Entwicklung so vieler Freundschaften beobachtet, daß mich Sherlocks Aktivitäten nicht überraschten. Die Tatsache, daß er einige Weibchen für sich gewinnen konnte, machte ihn für die übrigen nur noch attraktiver. Jetzt paarte er sich bereits erfolgreich mit empfängnisbereiten erwachsenen Weibchen. Es gelang ihm nicht nur, seinen „Anspruch" auf Louise anzumelden, er schaffte es sogar, sie für sich allein bereitzuhalten. Ähnlichen Erfolg verbuchte er auch bei Justine und Andromeda. Bei den Eburrus war er wesentlich erfolgreicher als in der Pumpenhaus-Bande. War dies einfach eine Folge der Zeit sowie seiner wachsenden Reife und Erfahrung – geschah es unabhängig davon, ob er in der Pumpenhaus-Bande blieb oder diese verließ? Oder aber bedeutete das Zusammensein mit einem neuen Trupp etwas ganz Besonderes für ihn? Eines war klar: Sherlock wollte Händel an seinem Erfolg nicht teilhaben lassen. Er ließ dies am absoluten Besitzanspruch erkennen, den er in Händels Gegenwart seinen Weibchen gegenüber an den Tag legte. Sein Verhalten erinnerte mich an die Art erwachsener Männchen, wie diese Neuankömmlinge daran hinderten, mit ihren Freundinnen Kontakt aufzunehmen. Vielleicht hatte Sherlock nun endgültig den Übergang zum Erwachsensein geschafft.

Sherlock, Paul und Patrick, Händel und Mike, Ian und Hoppy, Hank und Benjy, Tim und Nigel – sie alle lehrten mich, daß der Weg zum Erwachsensein einem Hindernisrennen ähnelt. Ehe sich andere Beziehungen verändern konnten, mußten zuerst familiäre Bindungen gelöst werden. Solange ein Männchen seine vorrangige Verpflichtung darin sah, Sohn und Bruder zu sein, zögerten die anderen Weibchen, seine freundlichen Annäherungen anzunehmen. Offensichtlich waren sie unsicher, ob es sich bei der Annäherung um einen aggressiven Akt der Familienverteidigung oder tatsächlich um die Anbahnung einer Freundschaft handelte.

Zweifellos schien es wichtig, Freundschaften mit Weibchen zu knüpfen. Die wenigen Paarungen, die es bei subadulten Männchen innerhalb der

Pumpenhaus-Bande gab, waren mit ihren neu erworbenen Freundinnen erfolgt. Im ursprünglichen Trupp erwiesen sich die reifen Männchen als die schwierigste Hürde. Sie waren viel mehr an einem Subadulten interessiert, der es bereits geschafft hatte, eine Paarungsgemeinschaft zu bilden und aufrechtzuerhalten, da ihn dies zu einem Konkurrenten machte. Je näher er in Größe und Erscheinung an einen Erwachsenen herankam, desto stärker war seine Wirkung. Seine Lage blieb aber dennoch problematisch. Jeder Subadulte, ganz gleich, wie hart er auch scheinen mochte, hatte doch Furcht vor allen Männchen, die zuletzt zur Gruppe übergewechselt waren. Mit den anderen ließen sich vielleicht Beziehungen auf der Basis gegenseitiger Toleranz und ein wenig Konkurrenzverhalten ausarbeiten. Mit anderen wieder ergab sich eher ein Verhältnis offener Gegnerschaft mit schwankender Rangordnung.

Andererseits wieder hatte ein Subadulter mit dem Verlassen seines ursprünglichen Trupps anscheinend mehr Möglichkeiten, so als ob mit dem Verlassen alles begraben und vergessen sein würde. Der Übertritt von einem Trupp in einen anderen, bedeutete eine Menge zu verlieren: die Familie, Spielkameraden, vielleicht sogar einige Freunde, jedenfalls aber eine vorhersagbare und wohlbekannte gesellschaftliche Welt. Wie auch immer, es gab nicht länger die Ungewißheit von Interessenskonflikten, keine Familie mehr, die gegen mögliche Feinde zu verteidigen war, und keine aggressive Vorgeschichte gegenüber Weibchen, denen er nun vielleicht den Hof machen wollte. Genaugenommen konnte der Neuankömmling bei den Weibchen sogar häufig einen Vorteil verbuchen. Bestimmt fanden einige von ihnen das neue Männchen im Trupp besonders anziehend, und wenn sich der Reiz der Neuheit einmal verloren hatte, konnten sich solche Anfangsbegegnungen zu einer wirklichen Zuneigung entwickeln. Auch Sherlock hatte diese Erfahrung gemacht. Freundschaften führten zu Paarungsgemeinschaften – wenigstens hatte es bei der Pumpenhaus-Bande wie bei den Eburrus den Anschein –, und Paarungsgemeinschaften gehörten nun einmal zum Leben als Erwachsener.

Auch wenn die Weibchen den subadulten Neuankömmling als *Fast-Erwachsenen* betrachteten, blieb es ihm natürlich immer noch nicht erspart, mit den Männchen fertig zu werden. Hiebei erging es Sherlock bei den Eburrus nur wenig besser als in der Pumpenhaus-Bande. Die Mehrzahl der erwachsenen Männchen ignorierte ihn, während er seinerseits ihnen allen gegenüber, von Virgil abgesehen, äußerst vorsichtig war. Zu Beginn ging es übrigens Ian, Händel, Tim, Mike, Hank und Paul keineswegs besser.

Ebenso wie bei jemandem, der sich in den Ferien befindet, die Vergangenheit nicht die Gegenwart beeinträchtigen sollte, und demjenigen nur auf Grund seines Mutes und seiner Phantasie Grenzen gesetzt sind, eine vollkommen neue Persönlichkeit zu schaffen, konnte ein Subadulter – vorausgesetzt er besaß das hiefür nötige Selbstvertrauen und die gesellschaftlichen Fähigkeiten – beim Übertritt in einen anderen Trupp derjenige werden, der er zu sein wünschte.

Sherlock war fast ein Jahr bei den Eburrus, als ich ihn eines Tages allein antraf. Er saß unter einem Baum und beobachtete die in der Nähe befindliche Pumpenhaus-Bande. Auch der Trupp bemerkte ihn, reagierte aber so, als wäre er ein vollkommener Fremdling. Das war etwas ganz anderes als damals, als sie Paul, nachdem er einige Tage weggeblieben und dann wieder zurückgekehrt war, mit freundlichem Willkommensgrunzen begrüßt hatten, und er geradewegs in Olives Arme geeilt war, wobei die beiden einander umarmten, wie ich es bis dahin bei erwachsenen Pavianen niemals beobachtet hatte. Dieses Mal kletterten die Jugendlichen auf hohe Ausgucke und einige Subadulte begannen sich zu nähern, während erwachsene Männchen die Weibchen von der potentiellen Gefahrenquelle wegtrieben. Aber es handelte sich nicht um einen Fremden, sondern um *Sherlock*. Dieses fast ganz erwachsene Männchen war in der Pumpenhaus-Bande geboren und aufgezogen worden. Seine Mutter, seine Schwestern und Brüder lebten noch immer hier, ebenso wie alte Freunde und Spielgefährten. Hatten sie ihn vergessen? Wie war es möglich, daß Paviane mit ihrem erstaunlichen Erinnerungsvermögen, deren Interaktionen sich manchmal über Tage und sogar Wochen erstrecken mochten, jemanden vergessen konnten, der wenigstens acht Jahre lang einen integrierenden Bestandteil ihres Lebens gebildet hatte? Mit Hilfe welcher Methoden und aus welchen Gründen vergessen Paviane?

Wie immer die Antworten auch lauten mochten, es war mir – und ebenso Sherlock – klar, daß es nicht leicht sein würde, wieder heimzukehren.

8. Bo und David

Sicherlich lernte ich eine Menge über die subadulten Männchen, als auch darüber, was es hieß, Teil des Systems männlicher Erwachsener zu sein, das offenbar unendlich komplexer war, als ich es mir vorgestellt hatte. Jeder Erkenntnisgewinn brachte aber prompt ein neues und verwirrendes rätselhaftes Verhalten mit sich.

Mittlerweile war es 1978 geworden – seit meinem ersten Besuch in Kenia waren sechs Jahre vergangen. Immer wieder aber fiel mir vor dem Einschlafen mein Blick auf das Motto jenes Lastwagens ein, der uns auf der Fahrt damals begegnet war: *Keine Eile in Afrika!* Darin lag keinerlei Ironie. Ich vertrödelte meine Zeit keineswegs, auch die Paviane waren unglaublich kooperativ, und dennoch hatte ich manchmal das Gefühl, daß ich ein ganzes Jahrzehnt benötigen würde, um meine Arbeit über die Männchen abzuschließen.

Und was war mit meinem anderen Leben, meinem Leben in Kalifornien mit meiner Familie und meinen Freunden? Meine Heimaturlaube verbrachte ich damit, meine Arbeitsphilosophie und meine Ideen zu erklären – meinen Eltern, die das Gefühl hatten, eine Tochter verloren zu haben und nur sehr wenig zurückzubekommen; meinen Freunden, die sich Sorgen um meine Zukunft machten und mich mit heiratsfähigen Männern bekanntmachten; meinen Kollegen und besonders auch mir selbst.

Es ist wichtig, sagte ich ihnen. Es betrifft jeden von uns, unsere Vergangenheit wie unsere Zukunft. Was ich entdecken will, ist wichtig, aber nicht leicht, und vor allem dauert es seine Zeit. Vergebt mir, hätte ich manchmal sagen wollen. Versteht mich.

Sie aber fragten mich, warum ich nicht einfach in Kalifornien bleiben und statt Pavianen Menschen studieren konnte. Gewiß konnte ich dabei ebensoviel lernen und beginnen, ein „normales" Leben zu führen.

Es stimmt, ich könnte Untersuchungen an Menschen durchführen. Das hätte den Riesenvorteil, daß ich meine „Untersuchungsobjekte" jederzeit befragen konnte, was sich zu einer bestimmten Zeit ereignet hatte, was sie empfanden, was sie dachten, was ihnen wichtig, was belanglos erschien. Aber es gab auch viele Nachteile. Keineswegs der kleinste war die Tatsache, daß menschliche Untersuchungsobjekte lügen können. Ich erinnere mich dabei an eine klassische anthropologische Untersuchung, die mehr als ein Jahrzehnt in Anspruch nahm. Nicht weniger als fünf Jahre nach Beginn der Arbeit informierten die Befragten den Forscher, der die Untersuchung führte, daß sie ihn in jedem Punkt belogen hatten. Jetzt, wo sie sicher waren, ihm vertrauen zu können, wollten sie ihm die Wahrheit erzählen!

Jemand, der Tiere untersucht, braucht zwar keine Angst vor Lügen zu haben, dafür gibt es aber das Problem, wie er ein Geschöpf verstehen soll, das nicht seine Sprache spricht. Wir vergessen nur zu leicht, daß auch wir selbst tierische Lebewesen sind, daß wir die Außenwelt mit hochspezialisierten Sinnesorganen wahrnehmen, daß wir mit einem Gehirn ausgestattet sind, das darauf angelegt ist, diese Informationen auf eine ganz bestimmte Art miteinander zu verbinden. Dazu kommt noch ein Gefühlssortiment, das in einem fest umrissenen Bild, wie die Welt funktioniert oder funktionieren sollte, verankert ist. Viele frühe Interpretationen tierischen Verhaltens waren unbewußt anthropomorph, Projektionen menschlichen Verhaltens auf die Tierwelt. Bei Untersuchungen über Affen und Menschenaffen war die Problematik natürlich am größten, da auf Grund des biologischen Naheverhältnisses zu einem anderen Geschöpf die Fähigkeit und der Wunsch, es nach menschlichen Gesichtspunkten zu betrachten, verstärkt wird. Es ist viel schwieriger zu erraten, was zwei Insekten tun, als sich in das Verhalten von Schimpansen einzufühlen. Da wir einander so ähnlich sind und so viel mehr von ihren Äußerungen und Gefühlen verstehen können, ist es um so schwieriger, *keine* Vermutungen darüber anzustellen, was vor sich geht, wenn wir höhere Primaten beobachten.

Hauptsächlich aus diesen Gründen gingen die ersten in unserem Jahrhundert durchgeführten Untersuchungen in die Irre. Wir können leicht die Fehler feststellen, die E. Kempf in seiner 1917 veröffentlichten Untersuchung* zu der Schlußfolgerung verleiteten, daß die Homosexualität ein natürliches Zwischenstadium in der Entwicklung der Sexualität des erwachsenen Menschen darstelle. Er beobachtete Rhesusaffen, die speziell für diese Arbeit in Käfigen zusammengesperrt worden waren. Seine Beobachtungen stimmten: Er sah häufig gegenseitiges Besteigen erwachsener Männchen, wogegen sie die im gleichen Käfig gefangengehaltenen Weibchen ignorierten. Daraus schloß er, daß es sich dabei um homosexuelle Affen handelt. Bei dieser Interpretation gab es zwei Probleme. Zum ersten verwenden Primaten viele soziale Signale, die sich vom Sexualverhalten herleiten, aber nicht unbedingt sexuelles Interesse verraten. Das Besteigen sowie das Umfassen der Hüften eines Männchens durch ein anderes kann einen Gruß oder auch eine Darstellung der Rangordnung bedeuten; nur selten hat es sexuellen Charakter. Außerdem ließ sich das Fehlen geschlechtlichen Interesses der Affenmännchen an ihren weiblichen Käfiggenossen leicht erklären: Keines der Weibchen hatte die geschlechtliche Reife erlangt.

Nachdem immer mehr Zeit auf das Beobachten von Tieren aufgewendet worden war und sich verbesserte theoretische Grundlagen für die Fragestellung sowie ausgefeiltere Methoden zur Aufzeichnung der Beobachtungen ergaben, gewannen die Wissenschaftler Zuversicht, daß sie ihre Untersuchungsobjekte nicht länger als Ebenbild des Menschen ansehen durften. Europäische Ethologen der dreißiger Jahre und späterer Zeit hatten zwar brauchbare Regeln für die Beobachtung tierischen Verhaltens erstellt, dennoch gab es immer noch große Schwierigkeiten bei der Interpretation der Beobachtungen.

Ich hatte diese ethologischen Regeln „geerbt" und sie so gut als möglich befolgt: Ich war mit den Untersuchungsobjekten in keine Interaktion

---

* „The Social and Sexual Behavior of Infra-human Primates, with some Comparable Facts in Human Behavior", *Psychoanalytic Review*, 4: 127–154.

getreten, hatte Verhaltensweisen nicht mit Begriffen bezeichnet, die auf bestimmte Interpretationen hinwiesen, hatte als erstes immer ein Ethogramm erstellt, das sich aus kleinen Einheiten zusammensetzte, die gut beschrieben waren und für jeden anderen Beobachter dieser Tiere eine Hilfe darstellen sollten, und hatte mich bei der Beobachtung wie bei der Beschreibung jeglicher Werturteile enthalten und bei meinen Aufzeichnungen jedmögliche Quelle von Vorurteilen ausgemerzt.

„Sauberes" Datenmaterial, intellektuelle Eingebungen und ihre Verifizierung hatten mich zwar ein ganz schönes Stück weitergebracht, jedoch nicht weit genug. Noch immer gaben mir männliche Paviane Rätsel auf. Mir war klar, daß mir irgendetwas entgangen war. Erst als ich einen scharfen Blick auf die Geschichte zweier junger Männchen – Bo und David – warf, bedeutete das für mich einen weiteren Fortschritt. Bo und David waren gleich alt. Der eine war als Jugendlicher zur Pumpenhaus-Bande übergewechselt, der andere wurde hier geboren und hatte die Gruppe niemals verlassen. Nachdem ich sie studiert hatte und sie auf dem Weg begleitete, den alle Männchen in der Gruppe beschritten, fand ich einige Antworten auf meine Fragen. Ich brauchte dafür fast ein ganzes Jahrzehnt.

Als Bo im Jahre 1973 von den Eburrus zur Pumpenhaus-Bande überwechselte, kam mir der Gedanke, daß es sich um einen Daueraufenthalt handeln könnte, so unwahrscheinlich vor, daß ich ihn wieder verwarf. Zu dieser Zeit war Bo etwa vier Jahre alt und daher ganz offensichtlich nur für einige Tage „zu Besuch". Wenn er einmal erwachsen war, so sagte ich mir, würde er vielleicht die Pumpenhaus-Bande zu seiner neuen Heimat wählen, in der Zwischenzeit würde er aber sicherlich zu seinem Geburtstrupp zurückkehren. Ich irrte mich. Bo war zwei Männchen von den Eburrus zur Pumpenhaus-Bande gefolgt. Ich nannte sie Strider und Brutus, den ersten nach der Figur aus Tolkiens „Der Herr der Ringe", den zweiten, weil er mir für ein Männchen passend schien, das sich wie ein Untier verhielt. Alle drei – Strider, Brutus und Bo – blieben bei der Pumpenhaus-Bande.*

---

* Die wenigen Jugendlichen, die sich dem Trupp innerhalb des nächsten Jahrzehnts anschlossen, befanden sich in der Begleitung eines – wie mir vorkam – älteren Bruders, eines Subadulten oder eines schon erwachsenen jungen Männchens, das die Pumpenhaus-Bande zu seiner ersten neuen Heimat nach seinem Geburtstrupp erwählt hatte. Es ist höchst unwahrscheinlich, daß Brutus und Strider mit Bo verwandt waren. Es handelte sich bei ihnen um Männchen mittleren Alters, beide viel zu alt, um seine Brüder zu sein, doch auch – bedenkt man die Transfer-Raten der erwachsenen Männchen – kaum vorstellbar, daß einer der beiden Bos Vater war. Wie auch immer ihre Beziehung bei den Eburrus gewesen sein mochte, sobald sich die drei in der Pumpenhaus-Bande befanden, wurde Bo von keinem der beiden besondere Aufmerksamkeit geschenkt.

Da Bo ein Jugendlicher war, schenkten ihm die Erwachsenen der Pumpenhaus-Bande nur wenig Beachtung. Solange er sich brav verhielt, ließ man ihn in Ruhe. Er durfte keine Kleinkinder erschrecken, sich nicht in Interaktionen einmischen und hatte sich immer in gebührendem Abstand zu halten. Alle diese Regeln kannte er schon, da sie in jedem Pavian-Trupp gelten.

Bo war an Spielkameraden und Grooming-Partnern interessiert – mit anderen Worten an Freunden –, jedoch nicht an Freundschaften mit Erwachsenen, die sexuelle oder gesellschaftliche Verwicklungen bedeutet hätten. Die Männchen seiner eigenen Altersgruppe nahmen ihn mit nur geringfügigem Zögern an. Die Weibchen schienen etwas mehr betroffen, aber dennoch befand sich Bo bald im Mittelpunkt der jugendlichen Aktivitäten. Größeren subadulten Männchen gegenüber verhielt er sich angsterfüllt und zögernd, wenngleich er ihre Einladungen zum Spielen annahm. Den erwachsenen Männchen ging er aus dem Weg.

David war in der Pumpenhaus-Bande geboren und in Bos Alter. Beide waren gleich groß, doch damit hatte die Ähnlichkeit schon ihr Ende. Davids Fell war goldfarben, jenes von Bo hingegen grau. David besaß einen kurzen, gebogenen Schwanz, während Bos Schwanz vom Körper abstand. David hatte eine gerade Brauenlinie, Bos Brauen wiesen an den äußeren Augenwinkeln einen geradezu orientalisch anmutenden Schwung auf.

Ich hatte keine Ahnung von Bos familiärem Hintergrund, vom Rang seiner Familie innerhalb seines Trupps, ob seine Mutter noch lebte, wieviele Brüder und Schwestern er besaß und welches Alter und Wesen diese hatten. David hingegen kannte ich gut. Er war Debbies* Ältester und Deirdre – alias Dieter – war seine Schwester. Im gleichen Jahr als Bo ankam, wurde eine weitere Schwester, Dawn, geboren; später folgte Desdemona. David hatte sowohl mit seiner eigenen wie auch mit deren Familien zu tun. Es war nichts besonders Charakteristisches an ihm und er kam mir wie ein Durchschnittspavian vor, der seine Zeit mit Familie und Spielgefährten verbrachte und ihnen Unterstützung angedeihen ließ, wann immer dies nötig war. Er begann damit, seine Position gegenüber ranghöheren Weibchen zu testen – Vorspiel zum Durchbrechen und Verlassen der weiblichen Hierarchie.

---

* Debbie war das Mitglied einer Clique von Weibchen mittlerer Rangordnung. Sowohl Marcia als auch Frieda rangierten hinter ihr und waren jünger als sie. Alle drei besaßen sehr kurze Schwänze und eine ganz besondere Körpergestalt. Vielleicht waren sie irgendwie miteinander verwandt. Sicher waren sie jedoch Freundinnen.

Zunächst ließ sich keine besondere Herzlichkeit zwischen Bo und David feststellen. Zwar spielten sie gelegentlich miteinander, das war aber auch schon alles. Als ich 1976 mit meiner Untersuchung subadulter Paviane begann, waren die beiden körperlich fast voll erwachsen, wenngleich sie noch immer einige Zeichen von Unreife zeigten. Da Bo als Jugendlicher dazugestoßen war, hielt ich es für nützlich, zu beobachten, wie er sich im Vergleich zu subadulten Überwechslern und zu jungen Männchen verhielt, die in der Gruppe geboren worden waren. David, den ich früher von meiner Untersuchung ausgeschlossen hatte, da er keinen jüngeren Bruder besaß, sollte mit dem etwa gleichalten Bo ein gutes Paar abgeben.

Ich begann mit der Beobachtungsstudie der beiden, die sich schließlich über fünf Jahre – von 1976 bis 1981 – hinziehen sollte. Jedes Jahr brachte mir entscheidende neue Einzelheiten darüber, was es bedeutet, ein männlicher Pavian zu sein. Anfangs schlugen sie unterschiedliche Wege ein, die sich letztendlich aber doch näherten.

Bo, der ein wohlerzogenes Kind gewesen war, verwandelte sich, als er subadult wurde, zu einem Angreifer. Entweder hielt er sich wie ein neu angekommenes Männchen am Rande des Trupps auf oder er veranstaltete inmitten des Trupps einen Aufruhr. Er tyrannisierte Weibchen und Junge und schlug sie in die Flucht. Manchmal eilte ein männlicher Freund von Bos Opfer diesem zu Hilfe. Dann kam es zu einem Schlagabtausch. In Konfrontationen zwischen Männchen war Bo allerdings meist der „Nehmer" und kam in Schwierigkeiten. Manchmal verteidigte der gesamte Trupp seinen verängstigten Gegner, indem er sich in Form einer mächtigen Phalanx auf Bo stürzte. Dabei schrieen, keuchten und grunzten sie und hörten erst auf, wenn Bo vertrieben worden war.

Je älter er wurde, desto häufiger begann Bo aktiv Handlungen in Gang zu setzen. Er ging geradewegs auf ein Männchen zu, beschattete es zuerst und belästigte es dann solange, bis es das Männchen nicht mehr länger ertragen konnte. Nacheinander bezwang er jedes einzelne erwachsene Männchen der Pumpenhaus-Bande. Bald ging ihm der gesamte Trupp aus dem Weg. Als McQueen Bo auf sich zukommen sah, ging er geradewegs auf Kate zu, um sie zu pflegen. Wenn Bo ankam, wurde er nur von einem ausdruckslosen Rücken „begrüßt". „Ausdruckslose Rücken" sah Bo häufig. Da er bei McQueen nichts erreichte, steuerte Bo auf Rad zu. Dieser sprang jedoch gerade noch rechtzeitig in Richtung Mary, ließ sich in Grooming-Haltung nieder und Bo hatte wieder das Nachsehen. Es gab noch Strider, aber auch der war auf der Hut, und Peggy gab eine perfekte Partnerin für ihn ab. Das war der Lauf der Dinge, bis Bo, nachdem er alle voll erwachsenen Männchen einen Freund zu pflegen oder ein Baby aufzunehmen genötigt hatte, seine Aufmerksamkeit den anderen Subadulten zuwandte. Sie boten jedoch nur eine geringe Herausforderung. So begann Sherlock bereits in einer Entfernung von etwa sechs Metern damit, Bo anzuschreien, obwohl dieser noch gar keinen Blick auf ihn geworfen hatte.

Die Aggression nahm andere Formen an. Obwohl Bo nicht das zuletzt zum Trupp gestoßene Männchen war, wurde er bei Begegnungen mit anderen Trupps doch zum generalbevollmächtigten Hirten. Wie ein gut ausgebildeter Collie war er stets darauf bedacht, daß keines der Pumpenhaus-Weibchen zur anderen Seite überlief. Wenn er sie zusammentrieb, folgten ihm die Weibchen. Er war äußerst gefürchtet. Er war auch der Widerspruch in Person. Zwar war er der aggressivste Pavian der Pumpenhaus-Bande, sobald aber ein Baby in der Nähe schrie – nicht seinetwegen, sondern wegen irgendeines anderen – schoß er davon, so schnell er konnte. Wenn andere Männchen in seiner Nähe einen Streit ausfochten, so floh er, selbst wenn *er* es war, der diesen Streit angezettelt hatte. Er war ein Aggressor, der Angst vor Aggression hatte. Er war auch ein begeisterter Mitläufer bei Paarungen – und auch hier zeigte sich ein weiterer Widerspruch. Nachdem er einem bestimmten paarungsbereiten Weibchen und ihren verschiedenen Partnern tagelang gefolgt war, konnte man ihn schließlich selbst an ihrer Seite entdecken, wenn er am frühen Morgen von den Klippen heruntergeklettert kam. Sein Consort dauerte jedoch nur wenige Minuten und nicht Tage oder zumindest Stunden wie bei anderen Männchen. Dieses Muster – Bo morgens in weiblicher Begleitung, wenn auch nur für kurze Zeit – wiederholte sich immer und immer wieder.

Diese Consorts endeten auf seltsame Weise. Einige interessierte Männchen drückten sich im allgemeinen eng hinter dem Pärchen herum. Obwohl Bo jedem von ihnen im Rang überlegen war – sobald er sich einem von ihnen näherte, setzte sich dieser unter lautem Angstschrei ab –, war er doch ganz offensichtlich nervös. Möglicherweise war es die Zahl der Männchen, die ihn verwirrte – irgend etwas mußte es jedenfalls geben. Wie auch immer, entweder marschierte er plötzlich davon und ließ die Verfolger in einer Rauferei um das Weibchen zurück – üblicherweise war der, der als erster bei ihr anlangte, der nächste Paarungspartner –, oder er attackierte das nächste Baby oder einen Jugendlichen ohne ersichtlichen Grund. Im Verlauf des darauffolgenden Aufruhrs lief Bo davon. Im ersten Fall bedeutete Bos Verhalten ein Nachgeben, im zweiten schien es ein Ablenkungsmanöver zu sein, das ihm einen Abgang ohne Gesichtsverlust erlaubte. Das grundlose aggressive Verhalten gegenüber einem Kleinkind war keine ausgefeilte Taktik, da das Baby mit den Verfolgern üblicherweise nicht verwandt war. Wären sie miteinander verwandt gewesen, so wären die Probleme wahrscheinlich noch viel größer gewesen. Obwohl alle Männchen Bo fürchteten, verwandelte sich ihre Angst doch in Aggression, sobald ein Freund in Gefahr war.

Bos Beziehung zu David war etwas ganz Besonderes. Sie waren Magneten, deren Polarität sich plötzlich, oftmals und unerwartet umkehrte. Bei den meisten Pavianen ist Ambivalenz in einer Richtung wirksam. Ein Subadulter, der ein neu angekommenes Männchen begrüßen will, kann sowohl freundlich als auch ängstlich sein. Ein rangniedriges, von einem neuen Kleinkind angezogenes Weibchen kann eventuell Angst vor dessen ranghöherer Mutter haben. Bo und David waren wechselseitig ambivalent, was eine überaus schwankende Beziehung ergab. Im Vergleich dazu erschien mir das wiederholte Aufnehmen und Abbrechen von Interaktionen zwischen Ray und Big Sam, bei denen ich erstmals die dynamische Instabilität in den Beziehungen der Männchen kennengelernt hatte, geradezu als stabil. Bo und David beobachteten einander ständig, manchmal sandten sie sich über den ganzen Trupp hinweg Grußbotschaften. Mit verengten Augenschlitzen, angezogenem Kinn und Kopfschütteln lud der eine den anderen zum Näherkommen ein. Häufig rannte dieser jedoch noch weiter weg.

Es war nur schwer zu beurteilen, welche Rangstellung die beiden zueinander einnahmen. Einmal schien David Bo aus dem Weg zu gehen, dann war es wieder umgekehrt. Manchmal tauschten sie sogar innerhalb eines einzigen Tages die Rollen. David hielt sich jedoch stets in einiger Entfernung von Bo auf, wenn dieser gesellschaftliche Beziehungen pflegte. Das war vermutlich eine vernünftige Entscheidung, da die meisten Interaktionen Bos einen aggressiven Charakter hatten. Sobald Bo die Szene verließ, verschwendete David keine Zeit und wurde selbst aktiv.

Soferne man ihre ambivalente Beziehung „freundlich" nennen konnte, war David Bos einzige ihm „freundlich" gesinnte gesellschaftliche Kontaktperson. Mit Ausnahme jener Zeit, die er mit David verbrachte, versuchte Bo ständig, sich den Zutritt zum gesellschaftlichen Zentrum des Trupps zu erkämpfen, was ihn zwar eine Menge Kraftaufwand kostete, ihn aber nicht besonders weit brachte. Er *war* allen erwachsenen Männchen gegenüber dominant, wenngleich deren Rangordnung untereinander unklar und instabil war. Wenn Dominanz aber irgendeine Bedeutung zukam, sollte sie dann nicht zum Erwerb und Besitz wertvoller oder notwendiger Güter führen? Ich war mir nicht im klaren darüber, welche Art von Verbindung zwischen Bo und seinen frühmorgendlichen Consorts bestand. Mir war klar, daß er das Weibchen jeweils nur für eine so kurze Zeitspanne besaß, daß er bisher wohl kaum in der Lage gewesen war, Nachwuchs zu zeugen – was wohl den eigentlichen Grund seiner Anstrengung darstellte. Warum verlor er die Weibchen? Er war allen Verfolgern gegenüber dominant – weshalb sollte er also nervös sein? Welche Rolle kam dem Weibchen bei seiner Haltung und seinem Versagen zu? Immer noch befand sich Bo am Rand der Gesellschaft. Statusgewinn kostete ihn Freunde; sein Rang wirkte sich also nur negativ aus.

David war ganz anders. In all den Jahren, in denen ich Paviane beobachtete, war er das einzige Männchen, das niemals seinen Geburtstrupp verließ. In Anbetracht dessen, was ich über die Gründe wußte, die subadulte Männchen zum Verlassen des Trupps bewegen, war er ein faszinierendes Studienobjekt. Sein Leben war hart. Es war für ihn äußerst schwer, in einem Trupp, in welchem er sein ganzes Leben lang seine Familie verteidigt hatte, den Übergang zum Erwachsensein durchzumachen. Dazu kam, daß er sich nun mit jenen Weibchen anfreunden wollte, denen gegenüber er sich früher als Angreifer verhalten hatte. Wie konnte er die anderen Männchen dazu bringen, ihn zur Kenntnis zu nehmen, wo er bis vor kurzem noch als kleiner, untergeordneter Pavian ein Bestandteil des „weiblichen Systems" gewesen war?

Davids frühe Versuche, sich Weibchen außerhalb seiner Familie zu nähern, stießen auf die gleiche Abneigung, den gleichen Widerstand, die gleiche Furcht wie bei jedem anderen subadulten Männchen in der Pumpenhaus-Bande. Ebenso wie bei Paul führte Frustration zu Aggression. Er attackierte sogar das Weibchen, welches er gerade beruhigen wollte. Das führte dazu, daß ihn die Weibchen zu fürchten begannen, wenn auch nicht so sehr wie Bo, der einfach *immer* aggressiv und niemals freundlich war.

Die Frage ob Paviane ebenso neurotisch sind wie Menschen, ist nicht leicht zu beantworten. David kam der Vorstellung eines neurotischen Pavians am nächsten. Er konnte nur schwer Niederlagen ertragen, und wenn ein Weibchen ihn abwies, lag er hinter Büschen und Felsen auf der Lauer.

Schrittweise und fast unmerklich distanzierte sich David von seiner Familie. Wenn sich eine kritische Situation entwickelte, dauerte es lange, bis er auf dem Schauplatz auftauchte. Dort verteidigte er seine Mutter und seine Schwestern nur halbherzig und verschwand häufig wieder, ehe die Schwierigkeiten beigelegt waren. Dann begann er die Hilferufe seiner Familie vollständig zu ignorieren. Statt tagsüber bei ihnen zu sitzen, sie zu pflegen und sich pflegen zu lassen, hielt er sich von ihnen fern. Ich konnte nicht feststellen, ob das Zufall oder Absicht war. Jetzt schlief er auch alleine, und mir wurde klar, daß es mir zu diesem Zeitpunkt schwer gefallen wäre, in David ein Mitglied einer Pumpenhaus-Familie zu erkennen, wenn ich ihn nicht schon vorher gekannt hätte. Es gab überhaupt keine Indizien mehr, die auf seine Mutter oder auf seine Schwestern hindeuteten.

Während Bo seine Muskeln spielen ließ, versuchte David innerhalb des Trupps gesellschaftliche Beziehungen aufzunehmen. Zwar fehlte es ihm an Raffinesse, seine Beharrlichkeit brachte ihm schließlich jedoch die Freundinnen ein, auf die er es abgesehen hatte. Er tat sich nicht leicht. Die Weibchen wiesen ihn entweder völlig ab oder ertrugen ihn bloß, zogen jedoch offensichtlich andere Männchen vor. David ließ sich aber nicht beirren. In der Absicht, Mary, einem jungen Weibchen, dem er seit Wochen gefolgt war, zu helfen, attackierte er ihren Angreifer, was zur Folge hatte, daß sich nun beide gegen ihn wandten. Aber auch das konnte ihn nicht entmutigen. Manchmal war sich Mary auch nicht zu gut, sich David zunutze zu machen. Wenn er in der Nähe war, tyrannisierte sie ranghöhere Weibchen – im Vertrauen darauf, daß Davids Ausstrahlung sie vor Vergeltung bewahren würde.

Glücklicherweise hatte David bei anderen Weibchen mehr Erfolg. Da war Diana, ein junges erwachsenes Weibchen mit einer kleinen Familie. Die Freundschaft, die sich in der Folge zwischen ihm und Dianas Baby Desirée entwickelte, war fast ebenso stark wie Dianas mütterliche Bindung. Nach Diana kam Beth, das rangniedrigste Weibchen des Trupps, dann Tina und ihr Kleinkind Tito, das jüngste Mitglied dieser ziemlich großen Familie mittleren Ranges. Schließlich aber, als er bereits mit so vielen Freundschaften jonglierte, wie er gerade noch schaffen konnte, worunter die Freundschaft zu Diana deutlich litt, setzte er sich mit Vicki, einem der ältesten Weibchen der Gruppe mit ziemlich hohem Rang, ab.

Weiblicher Widerstand war das eine, doch hatten einige Weibchen schon Freunde, die angesichts Davids Winkelzügen nicht glücklich waren. Hierin zeigte sich bei David ebenso wie bei Bo ein Widerspruch. Obwohl er viel umgänglicher war als Bo, konnte er doch aggressiv werden und antwortete manchmal mit blinder Wut, wenn jemand seine Pläne durchkreuzte. Frustration bedeutete Aggression, im allgemeinen gegen denjenigen, der sich gerade in der Nähe befand. Wie Bo verstand er es, zumindest bei einigen erwachsenen Männchen einen Vorteil durch Aggression zu erzielen. Er vermied es allerdings noch mehr als Bo, mit der Aggression eines anderen konfrontiert zu werden. Schreienden Babys, streitenden Jugendlichen oder Weibchen sowie raufenden Männchen ging er entschieden aus dem Weg. Obwohl er die Auseinandersetzungen manchmal selbst verursachte, hatte es doch den Anschein, daß sich David nicht auf direkte Konfrontationen einlassen wollte, die problematisch werden konnten.

Dennoch schreckten David Einwände von seiten der Männchen nicht ab, sie bremsten ihn höchstens ein wenig. Während Bo seine ganze Kraft in Konflikten verbrauchte, verwendete David seine anscheinend lieber darauf, Weibchen zu grüßen, zu beschwichtigen und sich ihnen zu nähern.

Zur gleichen Zeit, als David sich bemühte Freunde zu gewinnen, spielte er auch mit Paarungspartnerinnen, wenngleich diese ersten sexuellen Begegnungen zunächst ebenso kurz waren wie jene von Bo. Er war sichtbar nervöser als Bo. Entweder ließ er sich das Weibchen abjagen, oder er setzte Bos aggressive Methoden ein, um sich selbst zu befreien.

Aber während sich Bo in einer Sackgasse befand, ließen sich bei David Fortschritte feststellen. Zunächst versuchte er, sich auf die Warteliste setzen zu lassen, und hoffte, daß dies ausreiche, ein Weibchen während ihrer empfängnisbereiten Tage zu behalten. Damit hatte er jedoch nur bei neu gewonnenen Freundinnen wie Tina und Vicki Erfolg. Sogar wenn eine Menge männliche Verfolger in der Nähe war, zeigten diese freundlichen Paarungspartnerinnen an ihnen nur wenig Interesse und blieben lieber in Davids Nähe, statt „fremdzugehen", wie es seine bisherigen Partnerinnen getan hatten. Hatte David erst einmal ein ihm zugeneigtes Weibchen im Schlepptau, so flüchtete er auch nicht, wenn die Verfolger mit ihren unvermeidlichen Herausforderungen begannen. Er blieb einfach ganz nahe beim Weibchen und sah ruhig zu, wie sich die Aggression von ihm abkehrte und auf die Verfolger selbst übergriff.

David lernte auch einige Tricks. Während eines besonders heftig gestörten Consorts mit Tina schaffte er es, sie auf die höchste Spitze der isolierten Hochspannungsleitung zu treiben, die mitten durch Kekopey führte. Den Verfolgern schien es unmöglich, dem Paar auf diesen Hochstand zu folgen, und in ihren Reihen brach Streit aus.

Lohnten sich Davids besondere Beziehungen und Freundschaften? Partnerschaften mit Freundinnen brachten eine Menge Vorteile mit sich, und sicherlich gewann er dadurch an Selbstvertrauen. Er konnte Herausforderungen annehmen und anscheinend war es für ihn leichter, sein Weibchen zu halten. Eine ihm freundlich gesonnene Consort-Partnerin hielt sich in der Nähe auf, wenn Streitigkeiten ausbrachen, und gab ihm die Möglichkeit, sich ganz auf seine Gegner zu konzentrieren. Sogar in ruhigeren Zeiten schien es Vorteile zu geben. Während es in Consorts im allgemeinen die Aufgabe des Männchens ist, das Weibchen zu pflegen – wenn sich das Weibchen schon einmal dazu herabläßt, *ihn* zu pflegen, so tut sie dies oberflächlich und kurz –, erwiderten Davids liebenswürdige Paarungspartnerinnen das Grooming. Vielleicht ebenso wichtig war, daß er, da er sich nun nicht mehr dauernd über das „Fremdgehen" seiner Weibchen Sorgen machten mußte, endlich auch genug Zeit zum Fressen und zum Kopulieren fand.

Auch den Weibchen brachten diese Freundschaften Vorteile. David eilte rasch herbei, um seine neuen Gefährtinnen zu verteidigen – nicht nur das Weibchen allein, sondern auch dessen Familien. Aus ebendiesem Grund und gleichsam als Beweis seiner vollständigen Wandlung wurde manchmal sogar seine eigene Familie zum Gegenspieler seiner unermüdlichen Freundschaftskampagnen. Die Kämpfe waren meist belanglos, als er aber das erste Mal wirklich seine eigenen Schwestern angriff, um eine seiner Freundinnen zu verteidigen, mußte das für erstere ein ziemlicher Schock gewesen sein. Schließlich hatten es aber alle begriffen: David war nicht länger ein Angehöriger seiner biologischen Familie. Sie gingen ihm aus dem Weg und behandelten ihn wie einen Fremden, als ein für den Trupp neues Männchen unbekannter Herkunft. Mittlerweile begannen seine neuerworbenen Freundinnen und deren Familien ihn wie einen Blutsverwandten zu behandeln.

Bo und David, jene beiden Männchen, die einander in vieler Hinsicht so ähnlich, in anderer wiederum so verschieden waren, teilten die Unerfahrenheit aller Subadulten. Beide waren ziemlich leicht enttäuscht, wenn sie ihre Ziele nicht erreichen konnten; bei beiden führte die Frustration häufig zu Aggression. Das wilde Herumtoben innerhalb des Trupps führte ganz allgemein zum gleichen Resultat: Aufgebrachte Gruppenmitglieder taten sich zusammen, um den Störenfried in seine Schranken zu weisen.

Für mein Gefühl waren die Unterschiede zwischen den beiden jedoch überwältigend groß. Bo wählte den Weg der Aggression und schien entschlossen, sich seinen Weg ins gesellschaftliche Leben der Gruppe zu erkämpfen. Aber trotz seiner aggressiven Dominanz schien er nur wenig zu erreichen. Er war ein ranghohes Männchen, und mußte doch zusehen, wie andere, die ihm rangmäßig unterlegen waren, erreichten, was er ersehnte: besondere Leckerbissen, Freunde oder hitzige Weibchen. Gesellschaftlich war er ein Außenseiter, von allen gefürchtet, außer vielleicht von David, und sogar dieser verhielt sich ambivalent.

David andererseits hatte den sozialen Weg gewählt. Er widmete sein Leben dem Aufbau von Freundschaften.

Während der nächsten paar Jahre, zwischen 1979 und 1981, ging er seiner Familie weiterhin aus dem Weg und fuhr fort, Freundinnen zu sammeln. Er verfügte über mehr Freundinnen und Kleinkinder-Freunde als irgendein anderes Männchen der Pumpenhaus-Bande. Seine Beziehung zu den übrigen Männchen stabilisierte sich. Obwohl er den meisten rangmäßig überlegen war, ließ er sie das nur selten spüren und schloß oft Freundschaftsbündnisse mit ihnen. Wenn er sich mit Aggression konfrontiert sah, hatte er eine Reihe von Reaktionsmöglichkeiten. Er konnte versuchen, andere Männchen zu seiner Verteidigung zu engagieren, oder einen seiner Kleinkinder-Freunde oder sogar ein Weibchen als Puffer zu benützen. (Siehe Abbildungen 1–5.) Er begann erfolgreich seinen Übergang ins Erwachsenendasein mittels Bündnisstrategie.

Auch Bo behielt seinen ursprünglichen Weg der Annäherung mittels Aggression solange bei, bis ihn eine ernsthafte Fußverletzung veränderte. Er war nun nicht mehr imstande, seine Umgebung zu peinigen und ging daher von Aggression zu friedlichem Zusammenleben über. Zu meinem Erstaunen zeigte er mehr gesellschaftliches Feingefühl als David. Vielleicht erlaubten ihm sein höheres Alter und seine Reife, mit Geschick das zu erwerben, was David mittels Ausdauer erreicht hatte. Obwohl er einen großen Nachholbedarf besaß, sowohl was Freundschaften als auch Consorts betraf, war sein Potential in dieser Hinsicht vielleicht größer als das Davids. Weibchen, die noch an kein Männchen gebunden waren, schienen Bo David vorzuziehen. Lag das daran, daß er nicht in diesem Trupp geboren worden war?

Bo und David hatten sich dem Problem des Erwachsenwerdens auf zwei unterschiedliche Arten genähert. Die beiden Wege erwiesen sich als nicht gleichermaßen erfolgreich. Bos Verhaltenswandel überzeugte mich, daß Aggression kein guter Passierschein ins gesellschaftliche Leben der Paviane war. Die Beobachtungen an Ray, die ich in den Jahren 1972 bis 1974 gemacht hatte, hatten mich zur gleichen Schlußfolgerung gebracht. Trotz Davids seltsamer Neigung, in seinem Geburtstrupp zu verbleiben, ähnelte sein Verhalten jenem von Ray. Es war jedoch Bo, der mich davon überzeugte, daß nicht nur Dominanz keineswegs das war, was sie sein sollte, sondern auch Aggression sich von dem unterschied, was ich und andere uns darunter vorgestellt hatten.

Abb. 1

Abb. 2

Abb. 3

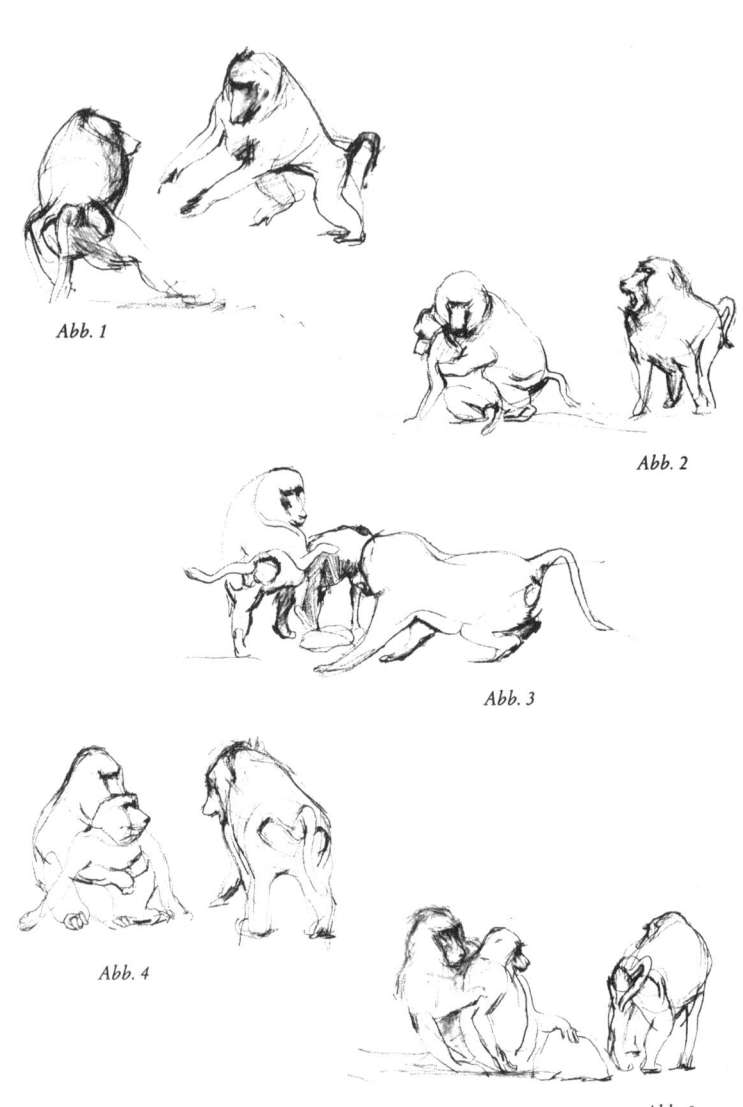

Abb. 4

Abb. 5

9. Einige Lösungen

Schließlich befaßte ich mich im Juli 1979 mit dem Datenmaterial, das ich im Laufe der Jahre über voll erwachsene Männchen zusammengetragen hatte. Von den Subadulten und Jugendlichen hatte ich soviel als möglich erfahren. Nun beabsichtigte ich, *alle* Männchen zu überprüfen, die ich während meiner achtjährigen Studienzeit erfaßt hatte.

Viele neue Männchen waren zur Pumpenhaus-Bande gestoßen, einige der ursprünglich Ansässigen zu anderen Trupps abgewandert, einige waren einfach verschwunden oder auch gestorben. Ich hatte jedoch die Gelegenheit gehabt, siebzehn Männchen genau zu beobachten, einige von ihnen nur während der wenigen Monate, die sie bei der Pumpenhaus-Bande verbrachten; andere blieben viel länger, einige die ganze Zeit über. Meine Forschungsobjekte waren Ray, Rad, Sumner, Carl, Arthur, Big Sam, Strider, Brutus, Virgil, Dr. Bob, Gargantua, McQueen, Reynard, Duncan, Angus, Higgins, Chumley und Antonio. Jeder Pavian war eine unverwechselbare Persönlichkeit und doch gab es Faktoren, die noch wichtiger waren. Bei den Verhaltensmustern der Männchen schien es einen Zusammenhang mit der Aufenthaltsdauer bei der Pumpenhaus-Bande zu geben. Im Vergleich zum Ansässigkeitsfaktor verloren Größe und Gewicht zwar an Bedeutung, doch spielte auch die Rangstufe eine seltsame Rolle. Ich mischte die Karten mit den Lebensgeschichten der Männchen immer und immer wieder. Es war alles da, was ich benötigte, aber wie paßte all das zusammen? Ich reihte die Männchen, einmal so, dann wieder so.

Eine Kombination schien besser als die anderen. Ich prüfte sie ein zweites Mal und auch diesmal funktionierte sie. Hinsichtlich der Verweildauer in der Pumpenhaus-Bande ließen sich die Männchen in drei Kategorien einteilen: *Neuankömmlinge, kurzfristig Ansässige* und *langfristig Ansässige*. Ich grenzte die Kategorien gegeneinander ab. Anscheinend machte es nicht allzuviel aus, die Grenzen ein wenig nach der einen oder anderen Seite zu verschieben. Das Leben verläuft kontinuierlich; derjenige, der es zu analysieren versucht, benötigt jedoch einzelne Kategorien. Mit Ausnahme von David begannen alle Männchen als Neuankömmlinge. Einige blieben und wurden nach etwa eineinhalb Jahren zu kurzfristig Ansässigen. Falls ein Männchen mindestens drei Jahre lang durchhielt, konnte es als langfristig Ansässiger betrachtet werden.

Ich fühlte mich nun in der Lage, meine erste Fragestellung in Angriff zu nehmen: die *Dominanz*. Obwohl sie weder stabil noch linear war, ließ sich die Rangordnung doch aus der Ansässigkeitsdauer vorhersagen. Die Neuankömmlinge waren die dominantesten Männchen des Trupps, dann kamen die kurzfristig Ansässigen und zuletzt die langfristig Ansässigen. Diese Schlußfolgerung schien mir zunächst widersinnig, da bisher angenommen wurde, daß die Dominanz eines Männchens auf seiner Größe, Stärke, seinen biologischen Fähigkeiten und seiner Geschicklichkeit im Kampf beruhe und nicht auf seiner Verweildauer.

Ich atmete tief durch und wandte mich dem Thema der *Aggression* zu. Auch die Aggression war eine Funktion der Ansässigkeitsdauer. Die Neuankömmlinge waren überaus aggressive Männchen, die kurzfristig Ansässigen schon weniger und die langfristig Ansässigen waren fast frei von Aggression. Wieder geriet ich durch meine Forschungsergebnisse in Gegensatz zu früheren Ansichten. Aggression wurde funktionell gesehen. Die Männchen setzten sie vermutlich immer dann ein, wenn sie etwas zu erreichen suchten oder sich selbst schützen wollten. Gleichgültig wie lange ein Männchen Mitglied eines bestimmten Trupps war, wenn sich die

Gelegenheit dazu ergab, wurde von ihm erwartet, daß es sich aggressiv verhielt – so hatte ich es zumindest gelernt. Wieder atmete ich tief durch. Schließlich nahm man an, daß die Rangordnung darüber entschied, wer die Belohnungen erhielt. Diese Paviane waren nun aber einmal entschlossen, mir Probleme zu bereiten. Nicht die Neuankömmlinge, die aggressiven und dominanten Männchen waren es, die den größten Erfolg bei Weibchen oder im Erringen von Lieblingsfutter aufzuweisen hatten, wie jeder vermutet hätte. Die erfolgreichsten Männchen waren vielmehr die langfristigen Pumpenhaus-Mitglieder, die rangniedrigsten und am wenigsten aggressiven Individuen. Am wenigsten erfolgreich waren die aggressiven Neuankömmlinge, während die kurzfristig Ansässigen irgendwo zwischen diesen beiden Extremen angesiedelt waren.

Ich versuchte, das ganze Modell nochmals zu durchdenken. Neuankömmlinge waren ranghohe, aggressive Männchen, die sehr wenig erreichten; langfristig Ansässige waren rangniedrige, verhältnismäßig unaggressive Männchen, die den Löwenanteil von allem bekamen. Niemand würde mir Glauben schenken, solange ich keine Gründe für dieses ungewöhnliche Beziehungsmuster anbieten konnte. Als ich eine größere Zahl von Ereignissen überprüfte, gewann ich an Selbstvertrauen. Ich dachte an die drei Subadulten – an Sherlock, Händel und Ian. Obwohl Sherlock einen höheren Rang besaß als die beiden anderen und, solange sie in der Pumpenhaus-Bande lebten, Ian vor Händel rangierte, veränderten sich ihre Beziehungen, sobald die drei einmal bei den Eburrus waren. Sherlock – in seinem neu gewählten Trupp kaum ein langfristig Ansässiger, unter den dreien jedoch der Senior – war Ian untergeordnet. Sobald Händel ankam, wurde dieser das dominierende Mitglied dieser drei. Jede Rangordnung spiegelte genau die Zeitdauer des Aufenthaltes bei den Eburrus wider. Sherlock, der Erstangekommene, war der rangniedrigste, Ian nahm hinsichtlich Verweildauer wie Rangordnung die mittlere Stufe ein, während der Neuankömmling Händel schlechthin den höchsten Rang einnahm.

Mehr als ein bloßer Hinweis ergab sich aus dem Verhalten zweier Männchen, die zwischen der Pumpenhaus-Bande und dem Krüppel-Trupp hin- und herwechselten. Als Sterling, ein Erwachsener aus dem Krüppel-Trupp, bei der Pumpenhaus-Bande eintraf, war er als Neuankömmling aggressiv und den ansässigen Männchen rangordnungsmäßig überlegen. Nachdem er einige Wochen lang die ungewohnte Luft geschnuppert hatte, kehrte er zum Krüppel-Trupp zurück. Dabei folgte ihm Mike, ein Pumpenhaus-Männchen. Zu diesem Zeitpunkt kehrten sich ihre Rollen ebenso um wie ihre Dominanz und Aggression. Sterling, der wenige Tage zuvor ein gefürchteter Gegner gewesen war, den alle angeschrieen hatten und dem alle aus dem Weg gegangen waren, wurde zum untergeordneten ansässigen Männchen, das nun seinerseits den Neuankömmling anschrie und ihm aus dem Weg ging. War es bei den beiden Männchen zu einem plötzlichen Persönlichkeitswandel gekommen? Waren sie das Ergebnis einer spontan auftretenden genetischen Mutation? Hatte Sterling vom Krüppel-Trupp seine körperliche Kraft verloren und das Pumpenhaus-Männchen seine Blütezeit erreicht? Das war angesichts der ebenso plötzlich erfolgenden Umkehr, sobald die beiden Männchen wieder zur Pumpenhaus-Bande zurückkehrten, höchst unwahrscheinlich. Der Ansässigkeitsstatus änderte sich erneut, und damit auch alles übrige.

Es gab keine andere Schlußfolgerung: Ansässigkeitsdauer, Dominanz und Aggression waren unauflöslich miteinander verbunden.

Aber warum erreichte ein Männchen mittels Dominanz und Aggression nicht das, was es wollte? Weshalb bestand hier sogar eine umgekehrte Beziehung? Ich konzentrierte mich mehr auf Consorts. Manchmal kämpften die Männchen um ein Weibchen; wenn es aber einer einmal erobert hatte, sollte es wohl genügen, es allein auf Grund seiner Größe zu dominieren. Aber während ich David, Paul, Sherlock, Bo und andere beobachtete, erfuhr ich, daß bei einer erfolgreichen Paarung das Weibchen eine entscheidende Rolle spielte. David war dann am erfolgreichsten, wenn er ein Consort mit einem befreundeten Weibchen aufnahm; und das galt auch für die übrigen Männchen. Ein freundliches Weibchen erleichterte das Leben. Es gab dann weniger Hindernisse bei der Futtersuche, auf Wanderungen, beim Grooming sowie bei der Kopulation. Ebenso wie David Verfolgern mit mehr Selbstvertrauen entgegentrat, wenn er mit einer Freundin unterwegs war, fiel es auch anderen Männchen leichter, dem Verfolgerdruck zu widerstehen, wenn sie mit einer wirklichen Freundin zusammen waren, mit jemandem, der in ihrer Nähe blieb und nicht davonlief.

Es gab Fälle, in denen die Weibchen eine gewisse Auswahl trafen. Ich erinnere mich daran, wie beharrlich Zelda vor Antonio davonlief. Es war unmöglich, ihre Absicht zu verkennen, wenn sie auf ein Dickicht zusteuerte und es im Zickzack durchquerte, um sich vor ihm zu verstecken. Das war ihre letzte Zuflucht. Schon den ganzen Tag über hatte sie sich bemüht, ihn loszuwerden, aber keiner der Felsen oder der kleinen Buschwäldchen war groß genug, um ihr ein geeignetes Versteck zu bieten. Das Dickicht war die

Lösung und nun funktionierte es. Nicht nur, daß es Zelda gelang, Antonio abzuschütteln, es wartete auch Gargantua, einer ihrer Lieblingsfreunde, am anderen Ende des Gestrüpps auf sie. Hatte er auf Zelda gewartet oder war seine Gegenwart bloß Zufall? Wie auch immer, Gargantua war Zeldas nächster Paarungspartner und der Unterschied in ihrem Umgangston und in ihrem Verhalten mußte jedem Beobachter klar machen, daß die beiden Freunde waren.

In anderen Fällen wieder trieben die Weibchen Männchen, die sie nicht besonders gern mochten, bis zur Erschöpfung. Im Unterschied zur „Weitergabetechnik", der sich Bo und David in ähnlichen Situationen bedienten, verließ das Männchen das Weibchen nach einem eher gehetzt verlaufenen, unproduktiven Versuch, mit ihr Schritt zu halten. Wollte das Männchen damit andeuten, daß die Sache, schlußendlich die Mühen doch nicht lohnte?

Freundliche Weibchen verhielten sich in einem Consort in vielerlei Hinsicht unterschiedlich. Ich konnte zwar nicht sagen, weshalb sie sich so verhielten, die Tatsache, daß sie sich so verhielten, war jedoch wichtig. Letztendlich entschied der Besitz von Freundinnen über die erfolgreiche Nachkommenschaft der Männchen. Vielleicht war dies der Grund, warum Ray so sehr darauf aus war, Freundinnen zu gewinnen, und warum David, Sherlock, Paul und schließlich sogar Bo dieses Ziel mit solchem Nachdruck verfolgten.

Es bestand auch die Möglichkeit, daß Männchen ein Consort weniger stark bedrängten, wenn das betreffende Männchen und das Weibchen miteinander befreundet waren. Hans Kummer[*] zeigte, daß bei den Mantelpavianen, die in haremähnlichen Gruppen zusammenleben, die übrigen Männchen geradezu eine Hemmung zeigen, einem Männchen das Recht auf ein Weibchen streitig zu machen, sobald dieses das Weibchen für sich gewonnen hat. Es gab Hinweise auf ein ähnliches Verhalten bei den Pumpenhaus-Pavianen, und die Sachlage erforderte eine nähere Untersuchung.

Sogar wenn die Männchen aggressiv waren, gab es keine allzu dramatischen Ergebnisse. Nur bei einem Viertel aller Fälle war Aggression die Ursache dafür, daß ein Männchen einem anderen ein hitziges Weibchen

---

[*] H. Kummer: „Dominance versus Possession: An Experiment in Hamadryas Baboons"; in E. Mengel (Hrsg.): *Precultural Primate Behavior*. Karger, Basel 1973.
H. Kummer, W. Goetz und W. Angst: „Triadic Differentiation: An Inhibitory Process Protecting Pair Bonds in Baboons". *Behaviour,* 49: 62-87, 1974.

abgewinnen konnte. Viel häufiger waren es verschiedene Ablenkungsmanöver, welche sich in dieser Hinsicht als erfolgreich erwiesen. So saß zum Beispiel Sumner in sicherer Entfernung und beobachtete gespannt und diskret ein Consort-Pärchen und seine männlichen Verfolger. Bevor jedoch irgendjemand mitbekam, was los war, war er der neue Paarungspartner. Was war geschehen? Ich beobachtete mehrmals solche Abläufe, ehe mir die exakte Reihenfolge der Vorgänge klar wurde. Sumner wartete einfach solange, bis seine Zeit gekommen war und die Spannung für den männlichen Paarungspartner unerträglich wurde und dieser sich seinen Verfolgern zuwandte. Während die Beteiligten miteinander stritten, eilte Sumner herbei und führte das Weibchen davon. Bei den Pavianen erreicht man durch tatsächlichen Besitz Rechtmäßigkeit.

Manchmal griff Sumner auch aktiv in die Geschehnisse ein, brach einen Streit vom Zaun, verschwand, wenn der Kampf in vollem Gange war, und beanspruchte, während die anderen beschäftigt waren, das Weibchen.

Verglichen mit anderen Schachzügen war eine solche List bescheiden. Vicki, die sich mit Strider in Paarungsgemeinschaft befand, ging bereits den ganzen Tag über ihren besonders aggressiven Verfolgern aus dem Weg. Ich beobachtete, wie sich die Gruppe in Kreisen bewegte. Keiner der Beteiligten machte einen Fortschritt, weder der männliche Paarungspartner, der Vicki hartnäckig folgte, noch die Verfolger, denen es nicht gelang, ihn zu vertreiben, und auch nicht der Trupp, der einen großen Teil des Tages aufwandte, um der Paarungsgruppe zu folgen. Jetzt hielten alle ein Ruhestündchen in einem Dickicht. In der Hoffnung gepflegt zu werden, ging Vickis Tochter Vanessa schnurgerade auf ihre Mutter zu. Plötzlich schnitt Rad Vanessa den Weg ab, wobei er sie mehr erschreckte als attackierte – und beide, Mutter und Tochter, ergriffen die Flucht. Vicki, die nicht einmal genau gesehen hatte, was geschehen war, wurde anscheinend durch die Schreie ihrer Tochter zu dieser Handlung getrieben, und Rad, der sich unmittelbar hinter ihnen befand, wurde zu ihrem neuen Paarungspartner. Unter den Verfolgern brach Konfusion aus. Sie blickten sich nach dem Schuldigen um, wechselten halbherzige Augenlid-Blitze, keuchten, grunzten und machten sich dann auf den Weg, um die neuen Paarungspartner zu verfolgen.

Sumner und Rad waren nicht die einzigen verschlagenen Paviane. Alle langfristig Ansässigen verhielten sich ähnlich. Kurzfristig Ansässige wiederum waren trickreicher als Neuankömmlinge, die sich fast nie solcher Taktiken bedienten. Der Erfolg, ein Weibchen für eine Paarungspartnerschaft zu erringen, es zu behalten und mit ihm sogar zu kopulieren, ließ sich selten durch Aggression erzielen. Die Pumpenhaus-Paviane verwendeten vielmehr *nicht-aggressive Sozialstrategien*, um ihre Ziele zu erreichen. Natürlich stellt auch Aggression eine Art Sozialstrategie dar, doch könnte sich der Gedanke, daß nicht-aggressive Alternativen im Wettstreit der Männchen um wertvolle Güter ebenso wichtig und effektiv sein können, vielleicht als revolutionär erweisen.

Warum aber werden diese nicht-aggressiven sozialen Strategien von den Männchen so *ungleich* eingesetzt? Auch das wurde mir schließlich klar. Um mit einer gesellschaftlichen Manipulation Erfolg zu haben, bedarf es Verständnis und Einsicht in das soziale Netzwerk und in die Komplexität des Trupps. Dies setzt Erfahrung und gesellschaftliche Fähigkeiten voraus und erfordert eine bereits bestehende Garnitur sozialer Beziehungen. Kein Wunder also, daß sich Neuankömmlinge selten einer solchen Taktik bedienten und langfristig Ansässige dabei natürlich Vorteile besaßen. In der Wahl ihrer Mittel beschränkt, verloren die Neuankömmlinge bei wichtigen Konkurrenzkämpfen im allgemeinen gegen langfristig Ansässige und gaben anscheinend deshalb die Aggression so schnell wie möglich auf. Mit der Zeit und unter Mühen eröffneten sich ihnen neue Wege: Freundschaften mit Weibchen und Kindern und Wissen über die anderen Trupp-Mitglieder. Hatten sie diese neuen Möglichkeiten einmal erforscht, so konnten es die Männchen mit Raffinesse anstelle von Gewalt probieren.

Mit Ausnahme von David begann jedes Männchen ohne Freunde, als unwissender und verhältnismäßig naiver Neuankömmling, wobei der Grad seiner Unwissenheit und Unbeholfenheit in gewisser Weise von seinem Alter abhing. Reife Männchen hatten Jahre der Erfahrung, wenngleich in anderen Trupps, hinter sich und erreichten ihre Ziele innerhalb der Pumpenhaus-Bande rascher als jüngere in der gleichen Situation. Wenngleich alleinstehende Neuankömmlinge ohne Freunde anfangs bei jungen ansässigen Weibchen gesteigertes sexuelles Interesse hervorriefen, so klang dieses Neuankömmlingsphänomen doch wieder rasch ab, und das betreffende Männchen wurde gefürchtet und gemieden. Möglicherweise erkannte ein Neuankömmling zwar die Beziehungen und die feinen Einzelheiten des Gruppenlebens, da er die anderen Tiere beobachtete, Beobachtung allein war jedoch nicht genug. Die Integration in den Trupp erforderte Handeln. Neuankömmlinge taten dies an zwei Fronten gleichzeitig, indem sie einerseits Freundschaften mit Weibchen schlossen und andererseits ansässige Männchen belästigten. Ray war ein typischer Neuankömmling. Jene Form von Interaktionen, die er mit Naomi, Peggy, Big Sam und Sumner in die Wege leitete, wiederholte sich, sobald andere Neuankömmlinge in den Trupp einzudringen versuchten.

Wenn ein Neuankömmling nicht aufgab – einige taten es, verließen die Pumpenhaus-Bande wieder, um in ihr früheres Zuhause zurückzukehren oder ihr Glück bei einem anderen Trupp zu versuchen –, wurde er mit der Zeit zu einem Ansässigen, zunächst ein kurzfristig Ansässiger. Anscheinend dauerte es eineinhalb Jahre, um als Männchen vollständig in die Pumpenhaus-Bande integriert zu werden. Der Neuankömmling erfuhr eine Verwandlung, schloß Freundschaften und legte das aggressive Showverhalten ab. Auch verlor er seinen dominierenden Rang, den ihm das Gefürchtetwerden eingebracht hatte. Diese Veränderungen brachten ihre eigenen Gratifikationen mit sich, etwa größeren Erfolg bei Consorts. Freundinnen arbeiteten nun mit dem Männchen zusammen und dieses erwarb sich mit der Zeit eine gewisse soziale Gewandtheit. Die erworbenen sozialen Fähigkeiten ihrerseits halfen einem kurzfristig Ansässigen bei der Erlangung anderer wichtiger Ziele.

Wenn ein Pavian länger als drei Jahre im gleichen Trupp gelebt hatte, wurde er zu einem langfristig Ansässigen. In der Pavianwelt bedeutete das, wie ich lernte, daß man es *geschafft* hatte. Langfristig Ansässige mit vielen Freunden und einer beträchtlichen Anzahl erfolgreicher Paarungspartnerinnen waren die gesellschaftlich gewandtesten Männchen. Geringe Dominanz und seltene Ausbrüche von Aggression gingen bei diesem Männchen-Typ Hand in Hand mit der Tatsache, daß die Aggression, wenn sie diese einsetzten, gut getimed, effektiv und eher ein taktisches Meisterstück, denn ein verheerender Wutausbruch war.

Mit der Zeit wurde mir immer klarer, daß die Verweildauer den Schlüssel zum Verständnis der Männchen darstellte und die Existenz sozialer Strategien die Erklärung dafür bot, weshalb Dominanz und Aggression für einen mächtigen männlichen Pavian von geringer Bedeutung waren.

Einer der Nachteile, den langfristig Ansässige hatten, war, daß immer wieder Neuankömmlinge auftauchten. Worum ging es bei Belästigung und Aggression? Ich erinnerte mich daran, als der aggressive Ray eine Auseinandersetzung mit Big Sam, der sich in einem Consort befand, gewann. Hatte es auch den Anschein, als ob die Männchen um das Weibchen stritten, so setzte sich Ray ab, ohne weiter Interesse zu zeigen. Welchen Sinn hatte Aggression, wenn sie sich nicht auf die Konkurrenz um das Weibchen bezog? Derartige Aggression schien eine Art Prüfung der ansässigen Männchen darzustellen. Sie diente dazu, eine Beziehung zu „klären". Ebenso wie sich jugendliche Männchen ihren Weg durch die weibliche Hierarchie bahnten oder subadulte Männchen ihren Status in den Augen der Erwachsenen zu verändern suchten, setzten auch die erwachsenen Männchen Aggression oft nur zu dem Zweck ein, um die Aufmerksamkeit anderer Männchen auf sich zu lenken.

Aggression *drückte also etwas aus.* Wir hatten immer angenommen, daß ein großes Männchen Aggression anwendet, um der Mitteilung „Ich will das, was du hast", „Verschwinde von hier" oder sonst einer gleichermaßen kriegerischen Botschaft Ausdruck zu verleihen. Wie sollte ein Männchen, in Ermangelung menschlicher Ausdrucksfähigkeit, denn eine Verhandlung mit jemandem aufnehmen, der entschlossen war, ihn zu ignorieren? Wie sonst sollte ein Männchen herausfinden, was es über andere Männchen wissen mußte? In ihren Reaktionen auf Aggression – und irgendwie war eine Reaktion gar nicht zu vermeiden – verrieten die Ansässigen der Pumpenhaus-Bande sehr viele Geheimnisse. Für einen Neuankömmling stellte ein Ansässiger einen Fremden ohne Vergangenheit und mit ungewisser Zukunft dar, so daß es schwierig war, sein Verhalten vorauszusagen. Für einen Ansässigen war es vorteilhaft, ein Rätsel darzustellen. Die Weigerung, mit einem Neuankömmling in Interaktion zu treten, ließ ihm alle Möglichkeiten offen.

Was konnten Ansässige tun, wenn sie sich einen Neuankömmling nicht länger vom Leibe halten konnten? Ich hatte erwartet, daß sie sich der Aggression stellen würden, entweder um zu bluffen – oder aber um nachzugeben. Manchmal war das auch der Fall, häufig jedoch – etwa wenn Ray Big Sam etwas zu oft und zu stark bedrängte – wich der Ansässige der Konfrontation dadurch aus, daß er ein Kleinkind oder ein Weibchen als Puffer benützte.

Zwar wurde der Einsatz von Kleinkindern als Puffer gegen die Aggression eines anderen Männchens auch bei anderen Pavian-Gruppen in ganz Afrika vielfach untersucht, es blieb aber dennoch ungeklärt, weshalb ein auf den Bauch gesetztes Baby ein aggressives Männchen beruhigen konnte. Natürlich gab es ebensoviele Erklärungsversuche wie Forscher. Einige waren der Ansicht, daß die schwarze Färbung des Kindes, die sich während der Primaten-Evolution herausgebildet hatte, das Junge vor aggressiven Angriffen schützte. (Auch bei anderen Affenarten unterscheiden sich die Babys in ihrer Färbung von den Erwachsenen.) Sie nahmen an, daß Paviane überaus stark und unverzüglich auf diese schwarze Farbe reagieren und sofort ihre Aggression einstellen. Ein erwachsenes Männchen, das ein Kleinkind aufgriff, setzte den positiven Effekt dieser evolutionären Entwicklung zu seinem eigenen Vorteil ein. Innerhalb der Pumpenhaus-Bande waren schwarzgefärbte Kleinkinder aber nicht vor Angriffen sicher. Wenn die Taktik aber für Babys an sich nicht funktionierte, warum sollte sie sozusagen aus zweiter Hand für die Männchen wirksam werden, die sich der Babys bedienten? Weiters wurde die Situation durch die Tatsache erschwert, daß die Pumpenhaus-Männchen auch braungefärbte Kleinkinder „benützten" – ältere Babys, die bereits die Adultfärbung besaßen. Solchen Kleinkindern fehlte die „besondere" schwarze Färbung; welchen möglichen Schutz sollten sie einem Männchen also bieten?

Andere Erklärungsversuche gingen dahin, daß angenommen wurde, daß Männchen fähig wären, zu erkennen, welcher Pavian der Vater eines betreffenden Kleinkindes war. Ich hatte daran zwar meine Zweifel, wollte jedoch auch diese Möglichkeit in Betracht ziehen. In einem diesbezüglichen Szenario kidnappte ein Männchen gewaltsam den Nachwuchs seines Gegners. Das Gefangenhalten seines „Reproduktionserfolgs" sollte ihn zum Innehalten zwingen. Aber obwohl ich alle Informationen überprüfte, wer sich mit wem gepaart hatte und wer möglicherweise der Vater eines ganz bestimmten Babys war, die Interpretation stimmte einfach nicht. Es waren die Ansässigen der Pumpenhaus-Bande, die sich der Kleinkinder zur Abwehr von Neuankömmlingen bedienten, und diese Neuankömmlinge waren oft noch gar nicht beim Trupp gewesen, als die betreffenden Kleinkinder gezeugt worden waren.

Auch eine zweite mögliche Version der Geschichte stellte diese Theorie einfach auf den Kopf: Ihr zufolge verwendeten die Männchen die Kleinkinder gar nicht als Puffer, sondern schützten sie vielmehr davor, von kindermörderischen Neuankömmlingen verletzt zu werden. In diesem Fall sollten die Kleinkinder mit dem sie beschützenden Männchen verwandt sein, nicht mit dem Neuankömmling. Wie üblich paßten die Paviane der Pumpenhaus-Bande wieder einmal nicht zu dieser Interpretation. Meistens griff sich ein Pumpenhaus-Männchen ein Kleinkind von irgendwoher auf und brachte es in die Nähe eines aggressiven Neuankömmlings, der bis dahin keinerlei Interesse an dem Jungen gezeigt hatte. Das erschien mir kaum ein erfolgreicher Weg, ein Kleinkind zu beschützen, und auch keine gute Erklärung dafür, warum ein Neuankömmling sein aggressives Verhalten plötzlich einstellen sollte.

Verwirrt ging ich immer wieder meinen eigenen Erklärungsversuchen durch. Ansässige Männchen setzten Kleinkinder auf ganz spezielle Art ein, in erster Linie gegen Neuankömmlinge. Das geschah in etlichen Situationen, angefangen von einfacher nervlicher Anspannung bis zu tatsächlicher Aggression. Die Verwendung eines Kleinkindes als Puffer erwies sich nicht immer als erfolgreich. Ich entdeckte einen wichtigen Anhaltspunkt: Wenn ein als Puffer eingesetztes Kleinkind mit einem erwachsenen Männchen zusammenarbeitete, war die Chance, daß der Aggressor klein beigab viel größer. Wenn sich das Kleinkind jedoch wand, wegzulaufen versuchte und sich in jeder Hinsicht unkooperativ verhielt, fuhr nicht nur der Gegner mit seiner Aggression fort, sondern es konnte, wenn das Kleinkind genügend aufgeregt war, sogar geschehen, daß der Trupp über das Männchen, welches das Baby als Puffer verwendete, herfiel.

Welche Kleinkinder kooperierten? Es handelte sich dabei um *Kleinkinder-Freunde*. Freundschaft bedeutete Vertrauen und Zusammenarbeit, die ihrerseits zum Erfolg beim Einsatz eines Kindes zwecks Abwehr der Aggression eines anderen Männchens führen konnte. Kein Wunder also, daß sich die Neuankömmlinge nicht der Kleinkinder bedienten. Da sie keine Freunde hatten, besaßen sie auch keine Jungen, auf die sie sich verlassen konnten. Der Versuch, ein nicht kooperationsbereites Junges aufzugreifen, konnte zu ernsthaften Schwierigkeiten führen. Manchmal konnten sich jedoch sehr junge Babys, die noch *keine* Freunde waren, kooperativer erweisen als ältere Kleinkinder, zu welchen ebenfalls kein freundschaftliches Verhältnis bestand. Vielleicht schenkten junge Babys den Erwachsenen deshalb naiv Vertrauen, weil sie gesellschaftlich noch unerfahren waren.

Der Einsatz eines Babys zur Abwehr männlicher Aggression stand auch in Beziehung zur Reaktion des Trupps. Wenn die von mir untersuchten Subadulten zu aggressiv wurden, ließ der Trupp der geballten Wut freien Lauf, fiel über sie her und jagte sie an den Rand der Gruppe und darüber hinaus. Das gleiche galt für aggressive Neuankömmlinge. Die Pumpenhaus-Bande verteidigte Kleinkinder und Weibchen – nicht jedoch erwachsene Männchen – gegen deren Übergriffe. Wollte ein Männchen die ganze Macht des Trupps hinter sich haben, so mußte es sich gewissermaßen als Versicherungspolice gegen Niederlage als auch gegen Verletzung an ein Kleinkind halten.

Allerdings diente dem Männchen das Aufgreifen eines Kleinkindes einer wesentlich komplizierteren Zielsetzung als einer bloßen Versicherung. Auf subtile Art konnte die Anwesenheit eines Babys die Gefühle und

Aktionen eines Männchens beeinflussen – und das konnte wiederum seine Chancen verändern. Von Kindheit an erfährt ein Pavian, welch beruhigendes Labsal der Kontakt mit einem anderen Affen bedeuten kann, egal ob es sich dabei um Mutter, Bruder, Schwestern, einen Spielgefährten oder Freund handelt. Tatsächlich spielte die wirkliche Verwandtschaft keine Rolle. Was von Bedeutung war, war der Kontakt. Der beruhigende Effekt des Kontakts war augenscheinlich: Man braucht nur eine Mutter mit ihren Kindern, einander pflegende Paare, Freunde oder Familien beobachten, die nach einer schrecklichen Zeit ruhig beieinander sitzen. Auf Grund ihrer Größe und ihres Ranges besaßen erwachsene Männchen eine beschränkte Anzahl von Kontaktpartnern; die Kleinkinder-Freunde waren die wichtigsten.

Man konnte nicht wissen, was in einem Männchen wirklich vorging, wenn es ein Kleinkind aufgegriffen hatte. Meine Vermutungen beruhten auf meinen Beobachtungen. Erregte Männchen beruhigten sich, unsichere schienen an Selbstvertrauen zu gewinnen. Sollten diese Veränderungen nicht auch Auswirkungen auf den Gegner haben? Würde nicht auch *ich* anders auf jemanden reagieren, der entspannt und selbstsicher auftrat und nicht von Angst geschüttelt? Würde nicht auch *ich* einem Gegner anders gegenübertreten, je nachdem, ob ich ruhig oder erregt war?

Ich wagte mich auf unbegangenes Terrain vor, aber es erschien einfach logisch und vernünftig, daß schon das bloße Halten eines Kleinkindes einen Einfluß darauf haben konnte, wie ein Männchen seinen Gegner und der Gegner das Männchen beurteilte. Natürlich gab es auch den Aspekt der Versicherungspolice.

Einige sonderbare Fälle waren ein Hinweis darauf, daß das Zusammensein mit einem Kleinkind das Aggressionsproblem lösen konnte. Manchmal gerieten Gegner in eine Pattsituation, aus der sich anscheinend keiner selbst befreien konnte. Plötzlich kam ein Baby ins Bild, und alle Augen wandten sich ihm zu, während sowohl der schüchterne Ansässige als auch der grimmige Neuankömmling grunzten und mit den Lippen schnalzten, so gut sie konnten. Bald setzten sich ein oder beide Männchen ab, als ob sie praktischerweise ihren ursprünglichen Streit vergessen hätten.

Als ich die Jahre meiner Forschungsarbeit an männlichen Pavianen rekapitulierte, wurde mir immer klarer, daß das Merkmal des männlichen Erfolges Sozialstrategien und nicht Aggression war. Eine bestimmte Strategie war vor allem beim Wettbewerb, etwa zwischen Männchen gegenüber empfängnisfähigen Weibchen, nützlich. Eine andere wieder eignete sich besser für die Verteidigung, etwa wenn ein Männchen ein Kleinkind oder ein Weibchen als Puffer verwendete.

Sozialstrategien mußten erstellt und erlernt werden, weshalb langfristig ansässige Männchen auch die erfolgreichsten waren. Für Neuankömmlinge gab es nur wenige Möglichkeiten, da es ihnen sowohl an gesellschaftlichen Banden wie an Erfahrung mangelte. Ihre Aggression – eine der wenigen Möglichkeiten, die ihnen offenstand – ließ sie zu gefürchteten und somit dominanten Mitgliedern der Gruppe werden, doch brachte ihnen weder ihre Dominanz noch ihre Aggression den Zugang zu all dem, was sie wirklich wollten. Kurzfristig Ansässige befanden sich auf dem Wege nach oben. Sie hatten zwar bereits Freundschaften geschlossen und gesellschaftliches Wissen gesammelt, doch waren es die langfristig Ansässigen, die vor Augen führten, wieviel Zeit und Erfahrung in dieser männlichen Welt notwendig war. Sie waren die Rangniedrigsten, die am wenigsten Aggressiven und die Erfolgreichsten. Ihnen war Weisheit eigen, sie verfügten über Freundschaften und Einsicht in die diffizilen Taktiken, auf die es ankam. Sie besaßen die größten Möglichkeiten, zu taktieren und andere zu manipulieren – und das taten sie auch.

Je besser ich die Männchen verstand, desto klarer wurde mir, daß sie ein schweres Leben hatten. Wozu diente ihre Größe, ihre Stärke und ihre physische Kraft? Unaufhörlich waren sie damit beschäftigt, ihre eigene Vertreibung aus dem Paradies neu zu inszenieren. Sie mußten ein vollständig neues Leben für sich selbst konstruieren, nachdem sie einmal alles, was einmal freundlich, sicher und vertraut gewesen war, hinter sich gelassen hatten. Befanden sie sich erst einmal in ihrem neuen Trupp, so mußten sie all das wieder erringen, was sie verloren hatten: gesellschaftliche Nähe, Verbündete, Freunde, Erfahrung und Wissen, das letzten Endes zur Pavianweisheit gehörte. Trotz großer Mühen und ausdauernder Geduld erreichten sie im Endeffekt doch nie soviel, wie ein Weibchen, das niemals sein Zuhause verlassen hatte, mit einem einzigen Blick, einer Geste oder einem Grunzen durchsetzen konnte. Mir taten die Männchen leid.

10. Clevere Paviane

Clevere Paviane. Wohin ich auch blickte, sah ich Tiere, die sich gesellschaftlich klug verhielten. Wie Diplomaten wandten sie für ihr reines Überleben hohe Finesse – Sozialstrategien, ausgeklügelte Manöver und das Prinzip der Gegenseitigkeit – an. Ich hatte ihre außerordentliche Intelligenz, ihre Fähigkeit zu planen entdeckt, sowie Einblick in ihre Interaktionen als Individuen wie als Mitglieder natürlicher oder neugebildeter Familien gewonnen.

Aber wie klug waren sie wirklich? Wo lagen die Grenzen dieser neu entdeckten „geistigen" Dimensionen der Paviane? Einige Antworten auf diese Fragen ergaben sich, als ich einen bemerkenswerten Vorfall überprüfte, der eine Gelehrsamkeit der Gruppe demonstrierte: Die Pumpenhaus-Bande war zu raffinierten Raubtieren, zu wirklichen Jägern geworden. Schon der erste Beobachter der Pumpenhaus-Bande, Bob Harding, hatte dokumentiert, daß die Paviane Hasen, junge Antilopen und Vögel töteten und fraßen. Damals hatte es sich jedoch um Zufallsaktionen des Trupps gehandelt. Weder jagten sie in abgestimmter, geplanter Weise, noch suchten sie nach toten Tieren. Die erwachsenen Männchen sammelten einfach die Beute auf, die ihnen über den Weg lief; zumeist waren es junge Tiere, die im Dickicht oder im hohen Gras versteckt waren.

Während meines ersten Jahres in Afrika, 1973, wurde die Gruppe wirklich zu Raubtieren. Das geschah ziemlich unvermittelt. Das lag zum Teil daran, daß Kekopey insofern ein ungewöhnliches Gebiet war, als es dort nur wenige gefährliche Raubtiere gab, die die Paviane töteten oder ihnen Beute streitig machten. Zum anderen gab es auf Kekopey genau die richtigen Beutetiere: Thomson-Gazellen. Diese „Tommys" hatten genau die richtige Größe und lebten in Herden, weshalb sie leichter als andere, zurückgezogen lebende kleinere Antilopen wie Dikdiks oder Steinböckchen zu finden waren.

Bis 1973 waren die Paviane der Pumpenhaus-Bande nicht räuberischer als jene im Amboseli-Nationalpark, die in ständiger Bedrohung durch Großkatzen und andere Raubtiere lebten. Zunächst fiel mir das veränderte Verhalten der Weibchen auf, die stärker an Fleisch interessiert waren und sich mehr engagierten, wenn eines der Pumpenhaus-Männchen Beute gemacht hatte. Die Jungen kamen hinzu und erhaschten wenige Bissen von dem Wenigen, das ihre Mütter übriggelassen hatten. Dann versuchten die Weibchen selbst eigene Beute zu machen, indem sie sich auf Hasen und Antilopen stürzten.

Der eindrucksvollste Wandel zeigte sich jedoch im Verhalten der Männchen. Er vollzog sich im Laufe einiger Monate. Es war Rad, der dafür praktisch allein verantwortlich war. Er war ein junges Männchen mit einem großen Interesse an Fleisch. Bis zu diesem Zeitpunkt war Carl der ausdauerndste Jäger gewesen, und Carl hatte von Anfang an einen überwältigenden Einfluß auf Rad ausgeübt und ihn von vielen Möglichkeiten ausgeschlossen. Dann litt Carl an einer schweren Armverletzung und Rad konnte sich entwickeln. Unbelastet ging er auf Exkursion und trug das Seine zum räuberischen Verhalten der Paviane bei.

Rad ähnelte Naomi, da auch er sich stets am Rande des Trupps, jedoch nicht wirklich am Rande des Geschehens, herumtrieb. Ganz anders als Naomi fand er jedoch nichts daran, hinter dem Trupp herzuschlendern oder ihm vorauszueilen. Er schien weniger fest an den Trupp gebunden als die meisten Männchen – mit Sicherheit weniger als Carl oder Sumner, die hauptsächlichen Räuber. Schon bald begann Rad damit, den Trupp zu verlassen, um eine in der Nähe grasende Herde von Thomson-Gazellen zu beobachten. Er hoffte wohl, ein junges Kitz zu finden, das irgendwo im Gras verborgen lag. Nachdem er es gefangen und seine Mahlzeit in wonniger Abgeschiedenheit verzehrt hatte, kehrte er blutverschmiert zur Pumpenhaus-Bande zurück, so daß es gar keinen Zweifel daran geben konnte, was er bis jetzt getrieben hatte.

Die anderen Männchen waren sich über Rads Aktionen im klaren, setzten zunächst jedoch keine Handlungen. Sie beobachteten einfach, wie er verschwand und wiederkehrte. Je erfolgreicher er jedoch wurde, desto mehr Aufmerksamkeit wandten sie ihm zu. Schließlich suchten sie sogar bessere Plätze auf, um seine Aktivitäten genauer beobachten zu können. Bald danach schlossen sie sich ihm an. Zunächst lag ihnen nichts daran, Rad zu helfen. Vielmehr verfolgte jeder seine eigenen Ziele.

Ein Vorfall führte dann anscheinend zu einer Änderung der Jagdmethode der Männchen. Bisher hatten sie, auch wenn mehrere von ihnen Jagd auf ein Tommy-Baby machten, dieses in irgendeine Richtung getrieben, manchmal sogar hinaus ins offene Gelände. Bei einer solchen Gelegenheit näherte sich Rad einer Gruppe von Tommys und zerstreute sie in alle Richtungen. Er erschreckte eine Mutter und ihr Kitz und schaffte es beinahe, das Baby zu packen. Jetzt begann er ihm ernsthaft nachzujagen. Er raste in vollem Tempo los und versuchte, nahe genug für einen zweiten Sprung heranzukommen. Zum gleichen Zeitpunkt kamen die übrigen Männchen über eine Hügelkuppe. Rad war am Ende seiner Ausdauer. Paviane können zwar schnell laufen, jedoch nicht für unbeschränkte Zeit. Gerade als Rad aufgab, nahm Sumner die Sache in die Hand, während Big Sam und Brutus sich ebenfalls der Beute näherten. Die Jagd verwandelte sich in einen Staffellauf, wobei ein Männchen hinter dem Kitz herhetzte und ein anderes Männchen übernahm, wenn das eine müde wurde. Big Sam trieb die junge Antilope schließlich direkt in Brutus' Arme.

Die Paviane lernten offenbar aus dieser Erfahrung. Von nun an wurde ich des öfteren Zeuge einer Jagd, bei welcher ein oder mehrere Männchen ihre Beute einem weiteren Jäger zutrieben, wodurch ihre Erfolgsrate rapid anstieg.

Bald entwickelten sie immer ausgefeiltere Jagdmethoden. Weibchen versuchten, ihre eigene Beute zu erjagen, und die Jungen lernten durch Zusehen und Nachahmung ihrer Mütter und ihrer männlichen Freunde, Fleisch zu fressen. Einige der Jungen versuchten sich sogar darin, selber ein lebendes Tier zu fangen, solange sie sich dafür nicht vom Trupp entfernen mußten. Als einmal ein jugendliches Männchen mit einem Tommy-Baby rang, das etwa so groß war wie er selbst, warf es zu Boden, nur um dann selbst geworfen zu werden, und so ging es weiter, bis Rad das Kitz für sich selbst beanspruchte. (Jugendliche schafften es allein, Hasen und Vögel zu fangen.)

Junge Tommys bildeten die hauptsächliche Beute der Erwachsenen und die Paviane lernten Unterschiede kennen. Früher folgte ein Männchen einfach jeder beliebigen Herde. Da Thomson-Gazellen jedoch in drei unterschiedlichen Gruppenformationen auftreten – in gemischten Herden, rein männlichen Herden sowie aus Weibchen und Jungen bestehenden Herden –, erwies sich dies nicht immer als erfolgreich. Mittlerweile hatten die männlichen Jäger jedoch gelernt, die Herden zu mustern und für ihre Raubzüge nur solche Gruppen auszuwählen, in denen es Babys geben konnte. Sowohl die Zeitdauer als auch die Entfernung, die während der Jagd zurückgelegt wurde, steigerten sich merklich, bis es gar nicht mehr ungewöhnlich war, wenn ein Jagdausflug sich über drei Kilometer erstreckte und es zwei Stunden dauerte, bis die Beute eingebracht war. Um die Situation weiter zu komplizieren, änderten auch die Tommys ihr Verhalten und begannen die Paviane als wirkliche Gefahr, die sie auch darstellten, zu behandeln, anstatt sie einfach zu ignorieren. Die Pumpenhaus-Bande mußte immer schwerer arbeiten, um so nahe genug an die Tiere heranzukommen, so daß sich die Chance auf ein Kitz ergab.

Während dieser Veränderungen verhielten sich Männchen und Weibchen völlig verschieden. Wie sehr ein Weibchen auch am Fleischfressen interessiert sein mochte, so hätte es doch nie den Trupp verlassen, um Beute aufzuspüren. Sogar Peggy, das enthusiastischste und dominanteste Weibchen unter allen, blieb stets innerhalb des Trupps. Wenn Männchen Beute gemacht und diese näher herbeigeschleppt hatten, stürzten Weibchen und Junge auf den Kadaver zu, um bei Gelegenheit ebenfalls an ihn heranzukommen. Wenn sich der Trupp aber wieder auf den Weg machte, während sie noch fraßen, so beeilten sich zuerst die Jungen, dann die Weibchen und schließlich sogar einige erwachsene Männchen, um sich den in der Entfernung verschwindenden Affen anzuschließen, wobei sie oft einen nur halb verzehrten Kadaver zurückließen. Der Grund war leicht zu verstehen. Für Weibchen bedeutete es ein großes Risiko, allein überrascht zu werden. Zudem befanden sie sich gewöhnlich in irgendeinem Stadium der Schwangerschaft und waren wenig beweglich und flink. Die Männchen hingegen waren immer Abgänger, selbst wenn sie zum Trupp gehörten.

Wenn sie ihren Wanderungsneigungen folgten, so befanden sie sich schon auf Grund ihrer eindrucksvollen Größe und ihrer Kampfkraft in einer ganz anderen Gruppe.

Manchmal nahmen die zwischen Männchen und Weibchen bestehenden Unterschiede hinsichtlich Beuteverhalten und Fleischverzehr komische Formen an. Wenn ein Weibchen einmal die Gelegenheit erhielt, Fleisch zu fressen, so gab es nichts, was ihm wichtiger war. Einen klassischen Fall stellte das Consort zwischen Sumner und Peggy dar. Während Sumner mit Peggy kopulierte, starrte sie auf einen in der Nähe befindlichen Kadaver. Als Sumner die Kopulation beendet hatte, wandte sie sich entschlossen dem von Männchen umlagerten Kadaver zu, während Sumner sie immer wieder in die andere Richtung zu treiben versuchte. Andererseits zog ein Männchen wie Sumner Sex stets dem Fleischfressen vor. Seine Überlegungen waren leicht zu erkennen, da sein Blick zwischen Beute und Weibchen hin- und herwanderte. Er zögerte nur kurz, setzte aber dann die Paarung fort.

Die Paviane veränderten sich rasch. Die Beuteziffer stieg: Im Jahr 1973 konnten binnen 1200 Beobachtungsstunden 100 Beutetiere gezählt werden. Verglichen mit menschlichen Jägern, Buschmännern etwa, ist das zwar nicht viel, doch beinahe zehnmal mehr als die Ausbeute der Schimpansen am Gombe-Strom. Was den tatsächlichen Fleischkonsum betraf, waren die Paviane vermutlich noch besser dran, da ihre Beutetiere schwerer waren als jene der Schimpansen.

Aber es waren nicht allein die Jagdmethoden und die Zahl der Beutetiere, die sich veränderten. Die Paviane hatten auch damit begonnen, ihre Beute zu *teilen*. Das war eine beispiellose Entwicklung.

Paviane teilen niemals ihr Futter – nicht einmal eine Mutter mit ihrem Kind. Beide können vielleicht auf demselben Platz ihr Futter aufnehmen, doch kommt es dabei zu keinem Teilen. Schimpansen hingegen teilen ihre Nahrung – eine Entdeckung, die eine der Bastionen menschlicher Einzigartigkeit in Frage stellte. Nun waren die Pumpenhaus-Paviane dazu übergegangen, miteinander zu teilen. Zwar kam es nie dazu, daß einer von ihnen das Fleisch einfach weitergab, aber ein Männchen rückte beiseite, um einer Freundin eine Chance zu geben, oder eine Mutter erlaubte ihrem Kind, am Mahl teilzunehmen. Wie üblich stand Peggy in der vordersten Reihe. Sie nützte ihre guten Beziehungen zu Sumner und Carl, den zwei Hauptjägern, aus und war die erste, die darauf achtete, daß sie teilten. Obwohl sich Sumner großzügig zeigte, nützte Peggy stets den richtigen Augenblick, in dem er wegsah, um sich große Stücke zu schnappen.

Überraschenderweise teilte keines der Männchen jemals seine Beute mit anderen, auch nicht mit solchen, die wissentlich oder unwissentlich bei der Jagd wie beim Beutefang mitgeholfen hatten.

Ebenso überraschend bei diesem gesteigerten Raubverhalten war die Tatsache, daß die Paviane immer noch Gelegenheiten ignorierten, an einem Kadaver nach weiterem Fleisch zu suchen. Das faszinierte mich und ich führte eine Reihe kleiner Feldversuche durch, die mir helfen sollten, zu verstehen, warum das so war. Ich hatte bemerkt, daß nicht alle Tiere, nicht einmal alle erwachsenen Männchen, wußten, wie man an das Gehirn einer Gazelle herankommt. Es gab verschiedene Techniken, etwa jene, den Gehirnschädel zwischen den Backenzähnen zu zermalmen, ihn mit den Eckzähnen zu durchbohren oder sich durch den weichen Teil des Gaumens bis zur weichsten Stelle der Gehirnschale durchzufressen. Das begrenzte Können der Paviane führte dazu, daß ein Kadaver oft aufgegeben wurde, der immer noch das Gehirn beinhaltete.

Nachdem ich mich vergewissert hatte, daß keiner zusah, hob ich die Überreste eines Beutetieres – das Fell, die Knochen der Gliedmaßen und den immer noch daranhängenden Kopf auf. Als ich den Trupp eingeholt hatte, zeigte ich den Kadaver einigen Tieren. Die Ergebnisse waren aufschlußreich. Nur jene Paviane, die tatsächlich beim Fangen des Tieres zugesehen hatten oder zu denen gehörten, die als erste davon fraßen, nahmen den Kadaver an und behandelten ihn als etwas Eßbares. Die übrigen fürchteten sich davor und rannten in sichere Entfernung davon. Noch interessanter war, daß auch jene, die den Kadaver ursprünglich zurückgewiesen hatten, ihre Meinung änderten und herbeieilten, um ihrerseits eine Chance auf einen Bissen zu bekommen, sobald auch nur ein einziger Pavian den Kadaver als Nahrung angenommen hatte.

Ich wiederholte dies mit einer Reihe von Kadavern und war schließlich davon überzeugt, daß sich die Paviane aneinander orientierten. Das war vielleicht äußerst wichtig. Schließlich sind Paviane keine echten Fleischfresser und möglicherweise nicht fähig, mit den Krankheiten fertig zu werden, die in Zusammenhang mit dem Fressen toter Beutetiere auftreten können. Die Paviane schienen einer bestimmten Regel zu folgen: War einer von ihnen Zeuge des Tötungsaktes gewesen oder hatte ein anderer das Gefühl, daß das Fleisch mit Sicherheit zum Fressen geeignet war, so war es für jeden einzelnen ebenfalls geeignet. Wenn der Kadaver unbekannter Herkunft war oder die anderen Paviane ein gewisses Zögern zeigten, ihn zu berühren, so sollte er lieber gemieden werden.

Auf Grund der Begeisterung sowie auf Grund des Erfolges des Trupps hatte ich angenommen, daß das Beutemachen zu einem beständigen Teil ihres Verhaltens werden würde. Ich glaubte, einen evolutionären Schritt nach vorne mitangesehen zu haben, soferne „nach vorne" in der Bedeutung von „menschenähnlicher" verstanden wird, doch erwies sich die Raffinesse beim Beutemachen nicht als dauerhaft. Mit der Zeit wanderten Männchen ab oder verschwanden und die neuen Männchen waren mehr aneinander und an Weibchen interessiert als an Fleisch. Gegen Ende der siebziger Jahre war das raffinierte Jagdverhalten der erwachsenen Männchen so gut wie verschwunden, obwohl die Weibchen und die Jungen weiter daran interessiert waren und auch weiterhin soviel Fleisch als nur möglich fraßen. Keiner der verbleibenden Paviane, sogar wenn sie potentielle Jäger waren, hatte diese neuen Jagdmethoden, die ich früher beobachten konnte, aus erster Hand kennengelernt. Und obwohl es immer noch so viele Tommys gab wie zuvor, gab es keine intensive Suche nach ihnen, kein langes Auflauern und keine gestaffelten Jagden. Die Kitze der Tommys waren nun verhältnismäßig sicher, und wenn gelegentlich eine Antilope, ein Hase oder ein Vogel gefangen und gefressen wurde, hatte er einfach Pech.

Die Paviane waren clever, aber nicht nur deswegen, weil sie ausgeklügelte Jagdtechniken entwickelten, sondern auch in anderer Hinsicht.

Ich mußte nur an Peggy und an den Tommy-Kadaver Dr. Bobs denken und schon bekam die Vorstellung von der „Klugheit" der Paviane für mich eine neue Dimension. Früher hatte Peggy es fertiggebracht, daß Sumner sein Fleisch mit ihr teilte. Später, als die Männchen gewechselt hatten und eines von ihnen, Dr. Bob, nur zögernd bereit war, mit ihr zu teilen, überlistete sie ihn. Das erste Mal brachte sie ihn dazu, in Pflegestarre zu verfallen, um ihm dann den Tommy-Kadaver aus seinem Schoß zu stehlen. Das nächste Mal, nur wenige Tage später, war Dr. Bob bereits klüger geworden. Er erlaubte Peggy zwar, ihn zu pflegen, sobald sie jedoch die kleinste Bewegung auf den Kadaver zu machte, bewegte sich seine Hand hinunter, um seine Beute festzuhalten. Peggy war in ihren Diebsabsichten also nur ein einziges Mal erfolgreich. Beschämt, doch nicht besiegt, sah sie sich um, bis sie Dr. Bobs engste Freundin entdeckte. Peggy war zwar selbst eine seiner Freundinnen, stand aber nicht so hoch im Kurs wie jenes Weibchen. Peggy ließ nun Dr. Bob im Stich und sauste auf das Weibchen zu, um sie auf eine äußerst „unpeggyhafte" Art ohne die geringste

Herausforderung zu attackieren. Dr. Bob befand sich in einer verzwickten Lage. Natürlich *sollte* er seiner Freundin zu Hilfe eilen, zumindest um sie nach einer solchen Attacke zu trösten, doch war es etwas zu weit, um den Kadaver mitzuschleppen. Er ließ seinen Blick zwischen Weibchen und Fleisch hin und herschweifen und versuchte ganz offensichtlich, zu einem Entschluß zu kommen. Schließlich gab er das Fleisch auf und machte einen Satz auf seine Freundin zu. Dabei kam er an Peggy vorüber, die sich in die andere Richtung – auf den Kadaver zu bewegte!

Es gab eine Menge ähnlicher Beispiele von Pavianschläue. So wurde Olive, ein junges Weibchen, einmal von Toby, dem subadulten Sohn Tinas schikaniert. Er gab sich gerade der üblichen Freizeitbeschäftigung strebsamer Männchen hin, Weibchen zu attackieren, um solcherart seine Rangstufe innerhalb des Trupps zu verbessern. Diesmal hatte er sich Olive als Opfer ausgesucht. Er belästigte sie, als sie sich am äußersten Rand des Trupps befand, wo ihre Schreie ungehört verhallten. Es war windig, und die Schreie konnten vermutlich nicht gehört werden. Olive versuchte Toby aus dem Weg zu gehen und verzichtete dabei auf die Hervorstreichung ihres Ranges.

Als sich das Paar wieder dem Trupp anschloß, war Toby Olive gegenüber dominant. In der natürlichen Ordnung des Pavianlebens sollte sich daran für den Rest ihres Zusammenlebens nichts mehr ändern. Ich verfolgte Toby den restlichen Tag über und war auch mittags noch an seiner Seite, als er wieder in Olives Nähe landete. Ihre neue Begegnung schien rein zufällig zu sein. Toby fraß gerade und achtete nicht darauf, wohin er sich bewegte. Olive hob den Blick: Da war Toby – aber da war auch ihr älterer Bruder Sean, der größer als Toby und ihm rangmäßig überlegen war. Sie warf einen intensiven Blick auf Toby, dann auf ihren älteren Bruder und danach erneut auf Toby. Plötzlich begann sie um Hilfe zu schreien. Gleichzeitig hoben die beiden Männchen den Blick und die Handlungsweise ihres Bruders zeigte, daß es nur eine Lösung geben konnte. Toby war der Schuldige, Olive das Opfer und Sean war nicht gewillt, das auf sich beruhen zu lassen.

Als die Jagd einige Minuten später endete, hatten beide Männchen die ganze Länge der grasenden Gruppe durchquert und waren noch weiter darüber hinausgekommen. Die Rangordnung kehrte sich wieder um, wenngleich es unvermeidlich war, daß Toby rangmäßig schließlich wieder vor Olive landen würde. Hatte Olive mit ihm eine Rechnung beglichen, versuchte sie einen Ausgleich, benützte sie ihren Bruder, um ihren Rang etwas länger aufrechtzuerhalten? Was auch immer ihre Absichten gewesen sein mögen, so waren ihre Schreie nicht gerechtfertigt und die Folgen zu ihrem Vorteil. Offenbar hatte sie ihre soziale Umwelt mit beträchtlicher Geschicklichkeit manipuliert – und das war etwas, was selbst ich bis dahin nur selten zuwege gebracht hatte.

Soziale Raffinesse wie diese mußte erlernt und perfektioniert werden. Ich hatte reichlich Gelegenheit, zu beobachten, wie sie sich entwickelte. Ich wußte, daß zuwandernde Männchen sich erst einarbeiten mußten, wie man im sozialen Netzwerk der Familien und Freunde vorankam. Innerhalb des Trupps geborenen Jungen erging es ebenso. Ein Beispiel dafür war Thelma. Als sie von Tina rangmäßig verdrängt wurde, war sie noch ein Kleinkind und noch nicht aus eigener Berechtigung dominant. Wenige Minuten später, als sie sah, daß Peggy in der Nähe vorbeimarschierte, versuchte Thelma, Peggy gegen Tina aufzustacheln. Sie bemühte sich, den Rang ihrer Großmutter für ihre Ziele einzusetzen. Aber Peggy dachte nicht daran. Ihrer Einschätzung nach rechtfertigte die Situation keineswegs das Eingreifen, das Thelma vorschwebte. Solcherart erlernten junge Paviane sowohl gesellschaftlichen Schliff als auch die Abschätzung, wie und wann sie ihre Grenzen überschreiten durften.

Dann gab es den ganzen Bereich der Freundschaft. Tim Ransom hatte bei den Pavianen am Gombe-Strom Freundschaften zwischen Männchen und Kleinkindern sowie zwischen Männchen und Weibchen festgestellt. Er hatte angedeutet, daß dies vielleicht für die verschiedenen Partner nützlich war, in seine Überlegungen jedoch nie taktische Kenntnis oder Weitblick der Paviane miteinbezogen. Die Pumpenhaus-Paviane führten mir ein umfassenderes und eindrucksvolleres Phänomen vor Augen. Freundschaften stellten beinahe formale Systeme gesellschaftlicher Wechselseitigkeit dar. Die zugrundeliegende Übereinkunft schien folgende zu sein: „Wenn ich dir jetzt etwas Gutes tue, wirst du mir später etwas Gutes tun." Die Bilanz eines Individuums setzte sich aus einer Mischung guter Taten und hart gewonnenem Vertrauen zusammen. Dies war ein ziemlich komplizierter Prozeß, wenn man in Betracht zieht, wieviel Zeit zwischen Soll und Haben gelegentlich vergehen konnte. Ein neues Männchen, das zur Pumpenhaus-Bande stieß, handelte, als ob es sich heimlich dachte: „Um in dieser Gruppe erfolgreich zu sein, brauche ich ein paar Freundinnen, einige Kleinkinder-Freunde (vorzugsweise zumindest ein winziges schwarzes Baby) und einige männliche Verbündete." Dann begann er diese Beziehungen zu knüpfen. Nach Wochen oder sogar Monaten kassierte er dann, was ihm zustand, wobei er sich während eines Consorts auf die Zusammenarbeit einer Freundin verließ, in einer kämpferischen Pufferszene auf die Mithilfe eines Kleinkindes zählte, und sich angesichts eines furchterregenden Gegners auf ein bestimmtes Männchen verließ. Ich wußte nun, weshalb Kleinkinder und Weibchen mit männlichen Freunden zusammenarbeiteten. Es handelte sich dabei um aufgeklärtes Selbstinteresse. In ihrem ungeschriebenen Vertrag handelten diese sozialen Partner mit dem, was sie zugunsten anderer anzubieten hatten: Beistand eines männlichen Freundes in einer kritischen gesellschaftlichen Situation. Dies schloß sowohl körperlichen Schutz als auch indirekte Konsequenzen des In-der-Nähe-Bleibens mit ein, wodurch Angriffe verhindert werden konnten. Schon dadurch, daß man neben einem männlichen Freund saß, wurde einem der Zugang zu besonderer Nahrung, zu besseren Ruheplätzen und anderen beschränkten Gütern erleichtert.

Männliche soziale Geschicklichkeit wies auch andere Facetten auf. Kämpferische Pufferszenen, bei denen man einen anderen Pavian zwischen sich und seinen aggressiven Gegner stellte, waren Hauptkennzeichen des männlichen Lebens. Jugendliche Männchen setzten gelegentlich ihre jüngeren Geschwister als Puffer ein und lernten dabei einige der gesellschaftlichen Gesetze kennen. Auch subadulte Männchen setzten so lange junge Familienmitglieder als Puffer in Kampfsituationen ein, bis sie mit Weibchen und später auch mit nicht verwandten Kleinkindern Freundschaften zu schließen begannen, wodurch sie schließlich in die Welt der erwachsenen Männchen eintraten. Erwachsene setzten Kleinkinder und Weibchen nicht wahllos als Puffer ein. In manchen Situationen erwiesen sich Kleinkinder wesentlich wirksamer als in anderen. Das gleiche galt für Weibchen. Worauf es ankam war, wer man selbst und wer der Gegner war. Je länger der Gegner beim Trupp gewesen war, desto günstiger erwies sich ein Kleinkind bei der Befriedung seiner aggressiven Haltung. Im Gegensatz dazu reagierten Neuankömmlinge wesentlich stärker, wenn sie mit einem weiblichen Puffer konfrontiert wurden, vor allem wenn es sich dabei um ein ranghohes Weibchen handelte. Das schien sinnvoll. Neulinge wollten Freundinnen haben. Ernsthafte Aggression gegen ein Weibchen, selbst gegen eines, das durch ein anderes Männchen in die Krise geraten war, war nicht gerade die feine Art, um eine Freundschaft anzubahnen oder zu fördern. Je länger ein Männchen sich im Trupp aufhielt, desto mehr Freundschaften hatte es bereits geschlossen und je besser es gesellschaftlich etabliert war, desto weniger mußte es sich um den Eindruck

1. Die Pumpenhaus-Bande auf Kekopey
2. Peggy, meine wichtigste Führerin in der Pumpenhaus-Bande
3. Erholung mit den Pavianen bei Einbruch der Dunkelheit

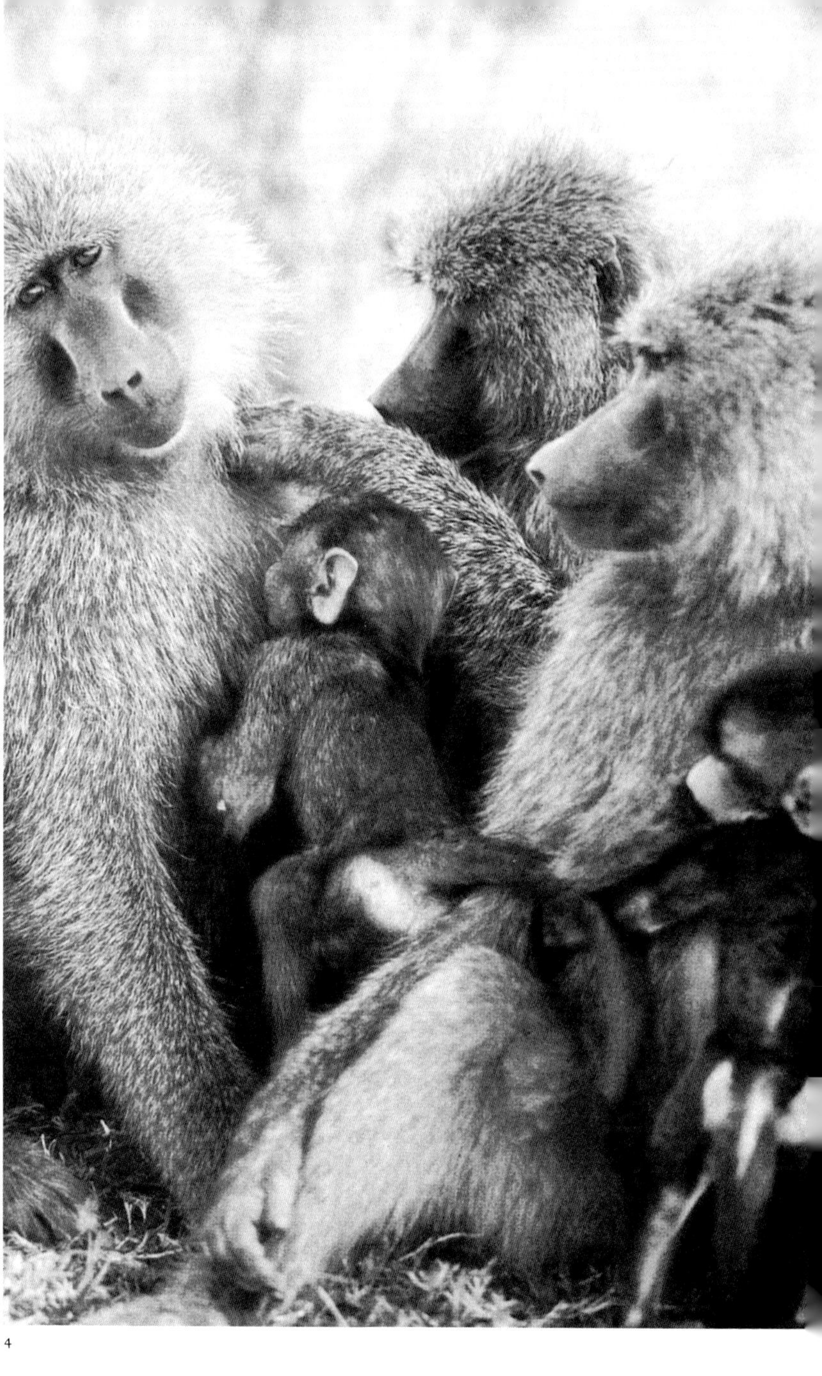
S.C.S.

4. Weibchen und Kleinkinder beim Sozialisieren
5. Ältere Kleinkinder reiten auf dem Rücken ihrer Mutter
6. Josiah mit den Pavianen
7. Überzeugungskraft ist oftmals nötig

8. Männchen mit einem nicht-kooperativen Kleinkind
9. Männchen mit Kleinkind-Freund

10. Schwarzes Kleinkind mit älterem Spielgefährten
11. Männchen beim Fressen eines Gazellen-Babys
12. Die Tage enden bei den Schlafklippen

T.W. Ransom/National Geographic

13

S.C.S.

14

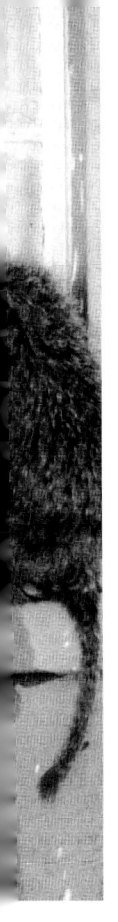

13. Die Paviane waren fasziniert von meiner Siamkatze
14. Der Trupp in einem Maisfeld
15. Schulung der ansässigen Leute in Sachen „Wildlife"
16. Shirley und die Paviane

17. Die Paviane wurden einige Tage vor der Umsiedlung gefangen
18. Familienmitglieder und Freunde bei **der Rast** nach der Umsiedlung
19. Die Umsiedlung änderte nichts am **V**erhalten der Paviane mir gegenüber

Sorgen machen, den es möglicherweise hinterließ. Worauf es ihm ankam war, seine Freunde und seinen Nachwuchs in Sicherheit zu wissen. Doch war es für ein Männchen einer promiskuös lebenden Art wie den Pavianen oft schwierig, den eigenen Nachwuchs zu erkennen. Wenn er es als Ansässiger geschafft hatte, sich erfolgreich fortzupflanzen – eines der Merkmale eines Ansässigen –, so konnte das Baby auf dem Bauch seines Gegners tatsächlich eines seiner eigenen Kinder sein. Es war also durchaus das Beste, kein Risiko einzugehen.

Ich hatte monatelang über den Informationen des kämpferischen Puffereinsatzes gebrütet, um zu diesen Schlußfolgerungen zu gelangen. Mein Datenmaterial umfaßte ein Jahrzehnt und zahlreiche Männchen. Hatten die Männchen die Regeln im Kopf? Wenn ja, so kam es bei jeder männlichen Interaktion zum Einsatz und zur Bewertung einer Menge von Informationen und Erfahrungen – wesentlich mehr als wir ihnen je zugetraut hatten.

Ich besaß Hinweise auf etwas anderes, das ebenso bemerkenswert war. Nachdem ich die Pumpenhaus-Bande dreizehn Jahre lang beobachtet hatte, wußte ich, daß einige Männchen lang genug geblieben waren, um die am längsten Ansässigen zu werden. Sie lebten mit dem Trupp länger als fünf Jahre zusammen, einer sogar zehn Jahre lang. Ich war neugierig, ob es irgendein Muster dafür gab, wie die Männchen die Pumpenhaus-Bande verließen, um sich anderen Gruppen anzuschließen. Nach einem Jahr der Ansässigkeit kam es zu einem großen Exodus – vor allem jener Männchen, die nicht imstande gewesen waren, sich in den Trupp zu integrieren und den Trupp verließen, um ihr Glück anderswo zu versuchen.

Dann kam es zu einem merklichen Absinken der Emigration, dem nach ungefähr fünf Jahren Verweildauer ein weiterer Abgang von Männchen folgte. Das war natürlich eine magische Zahl für jeden, der nach biologischen Erklärungen suchte. Zu diesem Zeitpunkt waren die Töchter eines Männchens, das erfolgreich Nachwuchs in die Welt gesetzt hatte, gerade reif genug, um sich der Reihe sexuell tauglicher Weibchen anzuschließen. Konnte es vielleicht sein, daß diese erwachsenen Männchen die Gruppe verließen, um Inzest und Inzucht zu vermeiden? Das war der evolutionäre Grund dafür, daß ein subadultes Männchen seinen Geburtstrupp verließ. Mit Sicherheit zeigten die heranwachsenden Jugendlichen, solange sie innerhalb ihres Geburtstrupps blieben, wenig Interesse an ihrer Mutter und ihren Schwestern, obwohl sie oft versuchten, sich mit Weibchen gleichen Alters zu paaren, mit denen sie nicht verwandt waren. Solche

Beobachtungen waren provokativer Natur und stimmten mit Beobachtungen an den Makaken-Gruppen von Cayo Santiago ebenso überein wie mit Erkenntnissen über das Sexualverhalten von Menschen, die in israelischen Kibbuzim aufgewachsen waren. Weshalb gab es das selektive Interesse? Nur die Untersuchungen an Menschen brachten hier eine Erklärung. Kinder, die zusammen in Kinderhäusern aufwuchsen, zeigten beim Heranwachsen kein sexuelles Interesse aneinander, obgleich die meisten von ihnen nicht miteinander verwandt waren. Vertrautheit scheint sexuelles Desinteresse zu produzieren – ein gutes evolutionäres Mittel, das im Falle der Israelis fehlschlug, sich im Falle der Makaken und Paviane jedoch als äußerst brauchbar erwies.

Verließen die erwachsenen Männchen den Trupp, um Inzucht zu vermeiden? Wenn sie die Gruppe nicht zu einem bestimmten Zeitpunkt verließen, konnte Inzucht zu einem ziemlich gefährlichen Problem werden. Selbst wenn es für ein Männchen möglich sein sollte, seine eigenen Töchter zu erkennen oder alle Weibchen dieser Altersgruppe zu meiden, so würde es mit der Zeit immer weniger und weniger „sichere" Weibchen vorfinden, mit denen es sich paaren konnte.

Natürlich konnten die Männchen die Pumpenhaus-Bande zum Fünfjahres-Zeitpunkt verlassen, ohne sich über evolutionäre Gründe Gedanken zu machen. Etwas so Einfaches wie eine Stimmung, die in Jahrtausenden programmiert worden war und die an jene der heranwachsenden Männchen erinnerte, konnte einen Weggang auslösen. Wie auch immer, es konnte sich auch um eine einsichtige Überlegung handeln: um das Aufzählen attraktiver Weibchen und die Erkenntnis, daß die Auswahl zu gering wurde.

Während ich die Intelligenz der Paviane überdachte – ihre Schläue, ihre gesellschaftliche Raffinesse und die neuen geistigen Fähigkeiten, die solche Talente vielleicht miteinschlossen –, kehrten meine Gedanken immer wieder zum stabilen weiblichen Kern zurück. Obwohl dieser Kern eine einfache, lineare Rangordnung der Familien widerspiegelte, gab es bei den Weibchen doch große Widersprüchlichkeiten. Sie waren zwar am Beutemachen interessiert, zögerten jedoch, etwas Neues oder Riskantes zu versuchen. Später, im Jahre 1981, sollte ich auf Kekopey einen weiteren Widerspruch erkennen, als die Paviane die Ernten der örtlichen Farmer plünderten. Während die Weibchen anfangs auf der Hut waren und an den tatsächlichen Überfällen nicht teilnahmen, waren sie anscheinend bereit, ihre eigenen Familien auseinanderzureißen, um den Männchen bei den Plünderungen zu folgen. Schließlich beteiligten sie sich selbst an den Plünderungen.

Die festgefügte weibliche Rangordnung erwies sich als rätselhafter als ursprünglich angenommen. Normalerweise stehen Mütter im Rang höher als ihre Töchter. Die gesamte Familienstruktur basiert auf dem Matriarchat. Solange ein Baby noch klein ist, hilft ihm die Unterstützung seiner Mutter dabei, seinen Platz in der Hierarchie zu establieren. Später ist diese Hilfe nicht mehr nötig.

In Peggys Familie wurde der normale Lauf der Dinge durch die Umstände schließlich vollständig auf den Kopf gestellt. Peggy wurde schwer krank; ihr Kleinkind Pebbles verschwand und war verschollen; Paul wurde getötet. Es war unmöglich, herauszufinden, was ihrer Tochter Thea durch den Kopf gehen mochte. Eines Tages jedenfalls war Peggy Thea gegenüber nicht mehr dominant und Thea unterstrich die neue Sachlage auch noch dadurch, daß sie ihre Mutter, die nun zu schwach war um einen Kampf aufzunehmen, ständig schikanierte. Paul, der sie hätte beschützen können, war nicht mehr da, und Außenseiter mischten sich nur selten in Familienangelegenheiten ein.

Ich bin sicher, daß es Peggys schlechter Gesundheitszustand und ihr generell deprimierter Zustand waren, die Thea die Gelegenheit boten, sie zu unterjochen. Aber warum tat sie das? War Thea wirklich ein Biest? Innerhalb der Familie entstand Verwirrung. Peggys Enkelinnen, die ihr immer glücklich untergeordnet waren und niemals einen Schaden erlitten hatten, verstanden nicht, was nun geschah. Sie sahen zu, wie ihre Mutter die Großmutter entmachtete und peinigte; erst Wochen später kam ihnen zu Bewußtsein, daß auch sie selbst Peggy überlegen waren. Von nun an traten auch Theodora, Tessa und sogar die kleine Thelma in die Fußstapfen ihrer Mutter und hackten gnadenlos auf Peggy herum. Sie verletzten sogar die oberste Regel des Familienlebens und ergriffen zusammen mit Fremden gegen sie Partei. Peggy leistete geringen Widerstand; sie war als Verliererin ebenso damenhaft wie als Siegerin. Patrick war nicht so gefügig. Er versuchte seine alte Stellung zu verteidigen und schaffte es, seiner Mutter ein wenig zu helfen, indem er die Schikanen seiner Nichten unterbrach. Die friedlichen Pflege-Rituale – das Markenzeichen dieser Familie – verschwanden, die Aggression innerhalb der Familie stieg sprunghaft an. Schließlich rangierte jedoch nur Thea vor Patrick. Die Rangordnung innerhalb von Peggys Familie war innerhalb des Trupps auf jeden Fall einmalig: Tochter und Enkelinnen standen im Rang über der Mutter, die ältere Schwester über dem jüngeren Bruder.

Bisher hatte niemand die Ausbildung einer weiblich dominierten Hierarchie in freier Wildbahn beobachtet. Sie existiert einfach, und ist bemerkenswert stabil. Umkehrungen zwischen Weibchen sind äußerst selten – ein Hinweis auf die konservative Natur des weiblichen Charakters. Wie auch immer, es handelt sich dabei um einen Charakterzug, der nicht meßbar ist. Einer vernünftigen Spekulation zufolge könnte sich die weibliche Hierarchie etwa folgendermaßen entwickelt haben: Zu einer bestimmten Zeit waren ein Pavian-Weibchen und ein Pavian-Männchen die einzigen Mitglieder ihrer Gruppe. Bald kam ein Baby. Ein wenig später kam ein weiteres, dann wieder eines, bis die Gruppe nicht mehr klein war. Den Kindern untereinander kam eine Rangstufe zu, welche die Bereitwilligkeit ihrer Mutter widerspiegelte, ihnen beizustehen. Das Jüngste war das ranghöchste und so ging es in umgekehrter Reihenfolge bis zum Ältesten. Nach vielen Jahren erreichten die Töchter das Erwachsenenalter, hatten aber immer noch den durch den Zeitpunkt ihrer Geburt bestimmten Rang inne. Sie bekamen eigene Kinder und der Zyklus wiederholte sich. Schließlich starb die Matriarchin, die Gruppe wuchs jedoch weiter. Alle erwachsenen Weibchen waren in eine Hierarchie eingeordnet; als die Gruppe sich vergrößerte, waren viele Weibchen nur mehr entfernt miteinander verwandt.

Wie immer sich die Geschichte wirklich abgespielt haben mochte, bei der Pumpenhaus-Bande war die weibliche Rangordnung klar und stabil. Sogar Peggy, einst das mächtigste Weibchen des Trupps und auch jetzt nur ihrer Tochter im Rang unterlegen, trug zu dieser Stabilität bei, da sie nach Wiedererlangung ihrer Gesundheit nicht versuchte, ihren alten Rang zurückzuerobern. Wie anders war dagegen ein Männchen! Die Männchen schienen geradezu aufzublühen, wenn Dynamik ins Spiel kam. Ihre Rangordnung bestand in Wirklichkeit nur aus der geringen Wahrscheinlichkeit, daß einer den anderen besiegen konnte, wobei Rangumkehr eher die Regel als die Ausnahme darstellte – weit davon entfernt, was Wissenschaftler normalerweise unter Dominanzhierarchie verstehen. Die Seltenheit solcher Rangumkehr unter Weibchen unterstrich die Tatsache, daß Familienmitglieder einander kaum ausnutzten, selbst dann nicht, wenn sich dafür die Gelegenheit bot. Jeder der dieses ungeschriebene Gesetz der Pavian-Gesellschaft verletzte, tat das auf eigene Gefahr.

Diese Prophezeihung erfüllte sich einige Jahre später, im Jahre 1984, als

Thea ihrerseits durch die zu dieser Zeit älteste ihrer Töchter abgesetzt wurde. Sie litt an einer schlimmen Fußverletzung, die nicht nur ihre Bewegungsfähigkeit einschränkte, sondern ganz offensichtlich auch überaus schmerzhaft war. Der genaue Augenblick der Rangumkehr wurde zwar nicht beobachtet, konnte aber nicht besonders dramatisch gewesen sein, da er sonst sicher bemerkt worden wäre. Es war leicht zu vermuten, daß sich die Tochter während einer Interaktion plötzlich weigerte nachzugeben. Vielleicht kam es zu einer kleinen Rangelei, die Thea ohne fremde Hilfe körperlich nicht gewinnen konnte; auch gab es niemanden, der bereit oder in der Lage gewesen wäre, ihr in diesem Moment zu Hilfe zu kommen. Die Umkehrung der Rangordnung wurde zwar zu einer feststehenden Tatsache, es folgte jedoch eine Periode der Unsicherheit, die für die normalen Familieninteraktionen eine gewisse Belastung bedeuteten, gerade so wie es bei Thea und Peggy der Fall gewesen war.

Ich war gespannt, ob sich dieses Verhaltensmuster in der nächsten Generation wiederholen würde, ob also Theodoras Tochter Tootsie ebenso ihre Mutter absetzen würde, wie das in den beiden Generationen zuvor geschehen war.

Die stabile weibliche Hierarchie hielt auch anderen Erschütterungen stand. Wenn eine Matriarchin starb und eine Familie unter der Führung einer subadulten Tochter zurückließ, konnte es dazu kommen, daß dieses junge Weibchen sich in eine höhere Position zu drängen versuchte. Diese Bemühungen klappten selten und die Weibchen erhielten im Endeffekt einen niedrigeren Rang, als sie zuvor innegehabt hatten. Lohnte sich dieses Risiko? Warum versuchten sie es?

Trotz all der Unterlagen, die ich über die Schläue der Paviane besaß, verwirrten mich einige ihrer Verhaltensweisen immer noch. Ein besonders kniffliges Problem stellte die Frage der weiblichen Dominanz an sich dar. Das Bestehen einer Rangordnung deutete an, daß es gewisse Vorteile zu erringen gab. Um dominant zu sein, mußte das, was man erreicht hatte, unmittelbare oder mittelbare Auswirkungen auf das Überleben oder die Frage erfolgreicher Nachkommenschaft haben. Was waren also die wirklichen Vorteile, die ein hoher Rang einem Weibchen einbrachte? Sie konnte einen anderen Pavian von einem guten Futter- oder Ruheplatz verdrängen und auch andere Streitereien oder Rangeleien gewinnen. Wenn ihr Rang aber wirklich von großer Bedeutung war, dann sollten ranghohe

Weibchen auch mehr Babys in die Welt setzen, von welchen wiederum mehr überleben sollten.

Ich besaß von vielen Weibchen über die Dauer von dreizehn Jahren Informationsmaterial und das war immerhin eine Zeitspanne, welche mehr als die Hälfte ihres fertilen Lebens darstellte. Bei manchen Weibchen besaß ich sogar Material über ihr gesamtes Leben. Meine Aufzeichnungen – sie reichten von guten über halbwegs gute zu ganz schlechten Zeiten – stellten einen ausgezeichneten Querschnitt dar. Als ich jedoch die Details überprüfte, stellte ich fest, daß ranghohe Weibchen keineswegs mehr Babys hatten und sich bei ihren Kleinkindern auch keine höhere Überlebensrate feststellen ließ. Das bestehende Muster erinnerte an jenes, das auch bei anderen Säugetieren zu finden war, wenngleich es bisher für nichtmenschliche Primaten in freier Wildbahn noch nicht dokumentiert worden war: die altersspezifische Fruchtbarkeit.

Zwei Faktoren beeinflußten die weibliche Gebärfreudigkeit: das Alter und die Verfügbarkeit von Nahrung. Junge und alte Weibchen waren viel weniger fruchtbar als jene mittleren Alters, und sie brachten auch weniger Babys zur Welt. Die ältesten Weibchen kamen gelegentlich auf eine derart verlangsamte Fruchtbarkeitsrate, daß es wahrscheinlich war, daß sie ins Klimakterium kommen würden, wenn sie lange genug lebten. In Gefangenschaft war dies sowohl bei Affen wie auch bei Menschenaffen der Fall. Die Weibchen aller Altersstufen brachten weniger Babys zur Welt, wenn eine Nahrungsknappheit herrschte, und mehr Babys, wenn ihnen mehr Nahrung zur Verfügung stand. Verglichen mit den beiden Faktoren Alter und Nahrungsangebot waren die Auswirkungen der Rangordnung unbedeutend.

Es blieb noch eine weitere Möglichkeit, eine jedoch, die ich erst erforschen konnte, nachdem alle Weibchen des Trupps gestorben waren. Lebten ranghohe Weibchen einfach länger und brachten sie deswegen pro Lebenszeit ein Baby mehr zur Welt? Das alleine hätte genügt, um die weibliche Rangordnung bedeutsam erscheinen zu lassen. Wenn rangniedrige Weibchen mehr schikaniert wurden und einem größeren gesellschaftlichen und ernährungsmäßigen Druck ausgesetzt waren, dann starben sie vielleicht früher, was einen „Vorteil" für ranghohe Weibchen mit sich bringen würde. Das ist möglich, doch muß ich diesen Gedanken während der kommenden Jahre überprüfen.

Ich war verwirrt. Alle Hinweise ließen erkennen, daß die Paviane in allen Lebensbereichen bemerkenswert kluge, gesellschaftlich geschliffene Tiere waren. Die Weibchen besaßen eine deutliche und beherrschende Rangordnung, aber *warum?* Ich kannte bereits die Gründe, weshalb den Männchen eine solche fehlte. Mit all dem Kommen und Gehen, das bei ihnen herrschte, war es schwierig, stabile Beziehungen zu erzielen. Und was noch wichtiger war: Ein hoher Rang verschaffte einem Männchen nur relativ wenig von dem, worauf es wirklich Wert legte. Es benötigte gesellschaftliche Strategien, Fähigkeiten und Erfahrungen, die ihm erlaubten, seine Ziele viel eher mittels raffinierter Taktiken zu erreichen, als auf Grund seiner Dominanz.

Das Vorhandensein der weiblichen Dominanzhierarchie stellte für mein Verständnis der Paviane eine ebenso gewaltige Herausforderung dar. Ein hoher Rang sicherte einem Weibchen keineswegs einen Erfolg hinsichtlich einer hohen Reproduktionsrate. Anders als die Männchen zögerten die Weibchen, ihren Rang zu verändern, außer vielleicht in einigen seltenen Fällen, wie zum Beispiel in Peggys Familie oder wenn das Familienoberhaupt starb. Dennoch schafften es die Weibchen, ihre Rangstellung durch verschiedene Mittel zu umgehen. Ein gutes Beispiel stellte Beth dar, die das rangniedrigste Weibchen des Trupps war. Sie sicherte ihre niedrige Position auf verschiedene Art ab. Sie hielt sich immer in der Nähe ihrer männlichen Freunde auf und hatte viele Söhne, die, wenn sie einmal zu Subadulten herangewachsen waren, zu den glühendsten und erfolgreichsten Verteidigern ihrer Mutter wurden. Keine dieser Tatsachen änderte tatsächlich etwas an Beths Rang, sie senkten nur die Zahl der Paviane, die sie herumstießen oder in ihrer Nähe ihre Muskeln spielen ließen. Wenn ein hoher Rang weniger Streß und damit auch ein längeres Leben bedeutete, so schuf sich Beth als rangniedriges Weibchen eine vergleichsweise gute Voraussetzung, indem sie Freunde hatte und Söhne zur Welt brachte. Evolutionsbiologen behaupten, daß rangniedrige Weibchen in erster Linie Töchter, ranghohe dagegen Söhne zur Welt brächten. Die Lebensgeschichte von Beth verlieh dieser Behauptung einen völlig neuen Akzent. Aber gab es wirklich einen Weg, mit dessen Hilfe Weibchen Einfluß auf das Geschlecht ihres Nachwuchses nehmen konnten?

Auch Beth tat selbst etwas dazu, um sich anzupassen. Als Benjy geboren wurde, rückte das Mutter-Kind-Paar in den Mittelpunkt der Aufmerksamkeit der anderen Weibchen. Unglücklicherweise waren alle diese Weibchen Beth gegenüber dominant. Zuerst rannte sie beim geringsten Anzeichen ihrer Annäherung davon. Sie näherkommen zu lassen, bedeutete Schwierigkeiten. Aber langsam lernte sie, daß die Weibchen nur das Baby angreifen und angrunzen wollten. Sie waren überhaupt nicht daran interessiert, was Beth gerade fraß. Nach und nach änderte Beth ihr Verhalten. Zuerst hörte sie damit auf, sich so weit von den Eindringlingen zu entfernen. Dann gab sie es überhaupt auf, sich wegzubewegen, und schließlich stellte sie einfach nur mehr ihre augenblickliche Tätigkeit ein, solange sich der dominante Pavian in der Nähe befand. Schließlich stand sie der ganzen Angelegenheit geradezu gelangweilt gegenüber und kaute weiter, während sie den anderen Weibchen gestattete, sich ihrem Kleinkind zu widmen.

Als Benjy älter wurde und für die Weibchen der Gruppe weniger attraktiv war, bedeutete eine Annäherung oft eher ein Problem als einen Babybesuch. Beth lernte, ihre alten Verhaltensweisen wieder auf- und ihre Technik des Aus-dem-Weg-Gehens wieder anzunehmen. Zu keiner Zeit während dieses ganzen Verlaufs der Dinge – und das wiederholte sich bei jedem ihrer Babys – änderte sie ihre Rangstufe. Sie lernte lediglich, wie sie ihre gesellschaftliche Position so unauffällig wie möglich einsetzen konnte, um ihre Ziele zu erreichen. Welchen *echten* Nachteil brachte der niedrige Rang Beth also ein? Konnte sie einige Nachteile in Schranken halten, die sich aus dem Untergeordnetsein ergaben? Sie konnte sich ganz offensichtlich durch ihr Verhalten in Krisensituationen hinein- und wieder herausmanövrieren. Aber reichte ihre Kontrolle auch noch darüber hinaus? Konnte sie ihrem Körper gebieten, Söhne zu produzieren? Wie clever war Beth wirklich?

Ich war auch von weiblichen Streitereien und Kämpfen beeindruckt. Da die Weibchen ihren Rang und von Anfang an den wahrscheinlichen Ausgang eines Streits kannten, fragte ich mich, warum sie sich überhaupt die Mühe machten. Das Schlüsselwort war die *Wahrscheinlichkeit*. Der Erfolg war *zumeist* wahrscheinlich, anscheinend waren die Weibchen aber gewillt, den Spielraum auszuloten. Bei jeder Gelegenheit testeten sie das Ausmaß und die Stärke ihrer Beschränkungen.

Mit Sicherheit waren die Weibchen ebenso clever wie die Männchen und gesellschaftlich ebenso hellhörig, was Peggy und andere Weibchen unter Beweis stellten. Brauchten sie im Kreise ihrer Familie diese Klugheit ebensosehr wie die Männchen? Die Männchen besaßen viel mehr Möglichkeiten und großen Bedarf, ihre sozialen Fähigkeiten einzusetzen. Wieviele Chancen hatte ein Weibchen?

Wie clever waren die Paviane wirklich? Die Unterlagen waren überwältigend. Ihre Intelligenz schloß Dimensionen ein, die weit über das hinausgingen, was man bisher für diese vergleichsweise „niedrigen" Kreaturen für möglich gehalten hatte. Wenn ich meine Notizen durchging, dann war ich ebenso erschüttert von den Grenzen, die ihnen in emotioneller und physischer Hinsicht gesetzt waren.

Die Jagdtradition stellte dafür ein sprechendes Beispiel dar. Es war klar, daß eine größere Kooperation der Männchen bei der Jagd auf einen größeren Erfolg beim Beuteschlagen hinauslief. Ein Weg, diese Kooperation anzuregen, war vielleicht, die Beute zwischen kooperierenden Partnern zu teilen. Das war jedoch für die Pumpenhaus-Männchen nicht so einfach, die anscheinend sowohl in ihrer Bereitwilligkeit zur Zusammenarbeit wie in ihrer Bereitwilligkeit zu teilen, großen Beschränkungen unterworfen waren. Die Kooperation, die es gab, war auf Bündnisse während einer Aggressionsphase beschränkt. In der Regel gab es innerhalb des Trupps eine Kooperation zwischen Männchen gleicher gegenüber Männchen einer anderen Verweildauer. Diese seltenen, auf gegenseitiger Hilfe beruhenden Pakte zwischen zwei Männchen verloren an Bedeutung, wenn man sie damit, was Familien füreinander oder was Männchen für ihre Freundinnen taten, verglich. In der Evolutionsgeschichte der männlichen Paviane gab es etwas, das die Regel „Hilf einem männlichen Kollegen gelegentlich, aber nicht zu viel" einschloß.

Neben dem Temperament stellte auch die Anatomie ein Hindernis beim weiteren Ausbau des Jagdverhaltens dar. Da die Paviane körperlich nicht in der Lage waren, ihrer Beute einen Todesstoß zu versetzen, konnten sie nur mit Beute jener Größe fertigwerden, die festgehalten und gefressen werden konnten, solange sie noch am Leben war. Das bedeutete, daß alle etwas größeren Tommy-Jugendlichen und alle außer den jüngsten Impala-Babys bereits jenseits dieser Grenze lagen. Ich fragte mich, ob die Eckzähne der männlichen Paviane auch als Angriffs- oder bloß als Verteidigungswaffen eingesetzt werden konnten. Konnten sie zur Tötung einer größeren Beute verwendet werden? Ich hatte meine Zweifel, da diese Zähne sehr dünn, lang und relativ zerbrechlich waren. Alle älteren Männchen der Pumpenhaus-Bande besaßen abgebrochene Eckzähne, und einige unglückliche junge Paviane hatten ihre bereits beschädigt. Vom Standpunkt der Aggression untereinander aus betrachtet war das nicht besonders bedeutungsvoll; ein altes Männchen ohne Eckzähne konnte immer noch einen Kampf gewinnen. Wenn aber die männlichen Eckzähne das Schlüsselelement beim Versuch eine größere Beute zu schlagen darstellten, so spielte ihre Zerbrechlichkeit sehr wohl eine Rolle. Die Paviane besaßen sonst nur weniges, das es ihnen ermöglicht hätte, das Sortiment und die Art der Beutetiere zu vergrößern. Natürlich befanden sich die frühen Hominiden in einer noch viel schlimmeren Lage, besaßen sie doch nicht einmal die eindrucksvollen Eckzähne der Paviane. Sie lösten das Problem aber dadurch, daß sie Werkzeuge zum Töten und zum Zerlegen einer großen Anzahl von Tierarten erfanden.

Auch die Weibchen der Paviane waren auf ihre eigene Art Beschränkungen unterworfen. Sie waren an den Trupp gebunden und gefühlsmäßig sogar angesichts neuer Möglichkeiten wie der Jagd sowie im Entdecken möglicher Hintertürchen im Rangordnungssystem konservativ. Warum versuchte Peggy nicht, ihren Rang zurückzugewinnen? Warum auch Thea nicht? In den meisten Fällen hinterfragten Weibchen eine Änderung der Rangordnung nicht, wenn sie einmal stattgefunden hatte. Subadulte Männchen brauchten nicht mehr als einen einzigen gewonnenen Kampf, um sich bei erwachsenen Weibchen durchzusetzen. Wenn es auch unvermeidbar war, daß die Subadulten groß genug wurden, um allein auf Grund ihrer Größe zu dominieren, weshalb eigneten sich die Weibchen nicht wieder ihren alten Rang an, wenn ihnen das möglich war? Nur Olive hatte das einmal versucht. Die Gefühle und die Psychologie der weiblichen Paviane waren also nicht weniger verwirrend als die der Männchen.

Die Paviane der Pumpenhaus-Bande waren klüger als bis dahin irgendjemand für möglich gehalten hatte. Das war meine aufregendste Entdeckung, doppelt erregend, weil ich wußte, daß ich nur die Oberfläche der gesellschaftlichen Intelligenz der Paviane angekratzt hatte. Trotz all ihrer Raffinesse und ihres Einfallsreichtums stellte die Welt ihnen jedoch Hindernisse in den Weg, die sie nicht überwinden konnten. Manchmal lagen die größten Hindernisse in ihnen selbst. Unterschieden sie sich wirklich so sehr von anderen Arten?

11. Implikationen

Wenn ich die Pavianwelt durch die „Pavianbrille" betrachtete, sah ich eine überaus komplexe Landschaft, die von Klugheit und sozialer Intelligenz gekennzeichnet und von Tieren mit Langzeitgedächtnis bevölkert war, die sich auf soziale Wechselseitigkeit verließen und daher gezwungenermaßen „nett" zueinander waren. In dieser Welt kam Männchen und Weibchen im Gruppenleben eine komplementäre Bedeutung zu. Wenn ich die Pavianwelt hingegen durch meine eigenen akademischen Brillen besah, sah ich, was zu sehen man mich gelehrt hatte – und das war etwas ganz anderes. Viele Punkte, einschließlich Aggression, Dominanz und sexuellen Rollenverhaltens, wurden unscharf, wenn ich die eine gegen die andere Brille vertauschte.

Mir wurde klar, daß der klare, fest umrissene, keine Zweifel zulassende akademische Rahmen, den ich aus Berkeley mitgebracht hatte, mit seinem einfachen, funktionell eleganten Stützwerk sich völlig verzerrt hatte. Seine

Stelle nahm nun eine ketzerische, komplexe, unübersichtliche und ein wenig bedrohliche Struktur ein, deren Einzelteile zwar in den täglichen Realitäten des Pavianlebens wohlbegründet, dennoch aber vollkommen überraschend waren. Dieses Gedankengebäude wuchs mit meinen Entdeckungen und war ständig offen für neue Ergebnisse. Die Grundlagen meines ererbten Denkrahmens, die Konzepte über Aggression und Dominanz wurden gleichzeitig immer weniger wichtig und immer interessanter, sobald ich sie in die neue Struktur einbaute, an der ich arbeitete.

Bis in die dreißiger Jahre hatten Wissenschaftler die Aggression sowohl für abnormal wie auch als funktionelle Störung erachtet, da sie ihnen als für das grundlegende Gewebe des gesellschaftlichen Lebens bedrohlich erschien. Die Ethologen der ersten Stunde, einschließlich Konrad Lorenz, der ebenso berühmt für seine populären wie für seine wissenschaftlichen Werke ist, veränderten diese Einstellung grundlegend. Sie begannen, die Tiere aus einer neuen evolutionären Perspektive zu betrachten, wobei sich Aggression unvermeidlicherweise in adaptives Verhalten verwandelte. Sie galt nunmehr eher als normal denn als abnormal, vielmehr als natürlich denn als pervers. Aggression war die Art und Weise, in der Tiere die kritischen Probleme des Wettbewerbs und der Verteidigung lösten.

Solcherart wurde Aggression zu einem wichtigen evolutionären Kennzeichen der tierischen Gesellschaft. Sie wurde auch auf andere Art wichtig: Aggression führte häufig zu Dominanzhierarchien, welche die Interaktionen zwischen den Einzelindividuen und durch diese die Gruppe als solche kontrollierten und organisierten. Wenn man wie die meisten Biologen annahm, daß die Lebensgrundlagen beschränkt waren, so war das Individuum auf Dominanz und Aggression angewiesen, um zu überleben und Erfolg zu haben. Wettbewerb, Fortpflanzung, Verteidigung, Aggression und Dominanz wurden daher sowohl in Modellen der tierischen wie auch der menschlichen Gesellschaften unauflöslich miteinander in Zusammenhang gebracht.

Anthropologen wie Washburn trugen noch eine weitere Dimension zu der sich entwickelnden Meinung über Aggression bei: die Bedeutung der funktionellen Anatomie und das Wissen über die Evolution der Primaten. Viele körperliche Unterschiede zwischen männlichen und weiblichen Affen und Menschenaffen schienen eine direkte Folge ihres unterschiedlich aggressiven Verhaltens zu sein. Die Schlußfolgerung lag nahe: Primaten besitzen die biologische Grundlage für Aggression, verwenden diese Fähigkeit häufig und werden im Erfolgsfall belohnt.

Unter diesem Gesichtspunkt wandte Washburn sein Interesse den Menschen zu. Er versuchte, die Entwicklung und mögliche Wandlung der Aggression im Laufe der Evolution nachzuzeichnen. Zunächst lag es auf der Hand, daß den Menschen die den nicht-menschlichen Primaten eigene Anatomie der Aggression fehlte. Da Aggression ein wichtiges Kommunikationsmittel im Zusammenhang mit Wettbewerb und Verteidigung darstellt, schloß Washburn daraus, daß statt dessen ein anderer Faktor verwendet werden mußte. Als Hauptfaktor kam ihm dabei die menschliche Sprache in den Sinn. Wenn die Hominiden über Probleme des Wettstreits und der Verteidigung sprechen konnten, so würden sie vielleicht nicht länger die speziellen physischen Mittel benötigen, um ihre feindseligen Absichten, Drohungen und Zeichen auszudrücken. Wenn das stimmte, könnte die Sprache den Weg zu einer Gesellschaftsordnung geebnet haben, in der aggressives Verhalten nicht ständig belohnt wurde, wie dies offenbar bei nicht-menschlichen Primatengruppen der Fall gewesen war.

Washburn war der Ansicht, daß die Sprache im Laufe der menschlichen Evolution ein neues und komplexes gesellschaftliches Leben möglich machte, ein Leben, das zu einer Veränderung des Menschen in körperlicher, geistiger und seelischer Hinsicht führte. Tatsächlich könnte daher das Sprachzentrum, jener Teil des Gehirns, der die Ausbildung der Sprache möglich machte, als das „soziale Gehirn" betrachtet werden, wie Washburn es formulierte. Seine Funktion bestünde darin, als Mittler zwischen dem gesellschaftlichen Druck und dem Hervorbringen angemessener sozialer Aktionen tätig zu sein. Washburn und zahllose andere Wissenschaftler wie Laien glaubten, daß Aggression tief in der Anatomie und in der Physiologie der Primaten verwurzelt wäre und eine lange und wichtige Evolutionsgeschichte hatte. Aber Washburn ging noch weiter: Er stellte die Behauptung auf, daß während der Evolution der Primaten einzigartige menschliche Vorfälle sowohl die Biologie der Aggression als auch deren Rolle im Leben der Individuen entscheidend veränderten.

An diesem Punkt begann ich mich von Washburns Denken zu lösen. Was wäre, wenn sich herausstellte, daß Aggression – nicht nur bei den Menschen, sondern vielleicht bei allen höheren Primaten – weder so unvermeidlich noch so zentral war? Was wäre, wenn die frühere Einstellung zur Aggression, die einen wesentlichen Fortschritt in der Untersuchung tierischen Verhaltens darstellte, unbeabsichtigt und unbewußt die Rolle der Aggression im Alltagsleben vieler Tierarten *überbewertete?*

Sogar ohne meine Unterlagen über Paviane wäre es vernünftig erschienen, zu erwarten, daß es eine Alternative zur Aggression geben müßte. Jeder aggressive Akt beinhaltete ein hohes Risiko: eine gefährliche Verletzung, ja sogar den Tod. Würden die Tiere nicht nach einer sichereren Methode suchen, um ihre Ziele zu erreichen? Sogar die Stärksten und Mächtigsten unter ihnen konnten zeitweilig behindert sein. Wie würden sie sich in einem solchen Fall verhalten? Und wie verhielt es sich mit den Kleinen und Schwachen? Hätten sie nicht immer noch die gleichen Probleme zu lösen? Wie konnten sie das schaffen, wo sie doch keinerlei Vorteil aus der Aggression ziehen konnten?

Ich erinnerte mich an die Beziehung zwischen Raubtier und Beute: Je besser die Strategie des Räubers, desto stärker der Druck auf das Beutetier, eine Möglichkeit zum Entkommen zu finden. Sollten die gleichen evolutionären Prozesse, die zur Ausbildung aggressiver Fähigkeiten führten, nicht auch der Entwicklung von Alternativen zur Aggression gedient haben, wenn potentielle Verlierer nach einem Ausweg aus ihrer Lage suchten, um nicht ständig Verlierer zu sein?

Die Lösung schien auf der Hand zu liegen. Wenn es Aggression gibt, dann müßte es auch Alternativen dazu geben. Allerdings sind vielleicht nicht alle Tierarten in der Lage, solche zu entwickeln. Die Sozialstrategien der Paviane machten es erforderlich, daß Einzeltiere komplexe Situationen beurteilen und dann entsprechend früherer und aktueller Erfahrungen Handlungen zu setzen. Dafür ist eine besondere Art von Intelligenz erforderlich, ein besonders gutes Gedächtnis und genügend Gehirnkapazität, um die vielen unterschiedlichen Informationen zusammenzufügen. Können Ameisen Sozialstrategien anwenden? Ich hatte meine Zweifel.

So gesehen schien es offensichtlich, daß die Primaten Hauptanwärter dafür waren, Alternativen zur Aggression zu entwickeln und einzusetzen. Ihre Gehirnstruktur und Lernfähigkeit sind ein Grundbaustein ihrer besonderen Anpassungsfähigkeit.

Wohin führt uns das?

Die Pavianbeobachtung überzeugte mich davon, eine neue Haltung gegenüber der Bedeutung und Stellung der Aggression im tierischen Leben einzunehmen. Vielleicht stellte Aggression nur *eine*, nicht aber die *einzige* Möglichkeit dar, die einem Individuum zur Verfügung stand, wenn es sich selbst zu verteidigen oder mit anderen zu konkurrieren galt. Angesichts möglicher Alternativen verlor die Aggression plötzlich etwas von ihrer Unvermeidlichkeit. Das Einzelwesen konnte sich verschiedene Reaktionsmöglichkeiten aneignen, wobei es auf die Möglichkeit zu aggressivem Handeln zwar vorbereitet, doch nicht zwangsläufig daran gebunden war.

Sobald es alternative Verhaltensweisen gab, sank logischerweise auch die Bedeutung der Aggression. Die Sozialstrategien gestatteten es den Pavianen, Aggression zu vermeiden, umzukehren oder umzufunktionieren. War dies der Grund dafür, daß im Leben der Pumpenhaus-Bande die aggressiven Lösungen anscheinend durch andere ersetzt wurden? Was soll ein aggressiver Sieger tun, wenn der Verlierer ihn ohne Aggression umgehen kann? Letztendlich findet er sich in einer Art Schachspiel wieder, in dem eine Mattstellung nur dadurch erreicht werden kann, wenn er mit seinen eigenen gesellschaftlichen Möglichkeiten kontern kann. Wenn ein Pavian-Männchen ein Kleinkind als Puffer gegen seinen aggressiven Gegner einsetzte, hatte dieser nur wenige Wahlmöglichkeiten: Er konnte seinerseits ein Kleinkind oder ein Weibchen als Puffer verwenden oder sich absetzen. Wer über kein Baby verfügte, mußte zunächst mit Weibchen und Jungen Freundschaft schließen, um sich soziale Alternativen zu sichern.

Ich wollte nicht behaupten, daß Aggression für Paviane, nichtmenschliche Primaten oder sogar Menschen evolutionsmäßig belanglos war. Diese war bei Affen und Menschenaffen unleugbar vorhanden. Viele anatomische Aspekte standen im Zusammenhang mit ihrem aggressiven Verhalten. Viele Unterschiede im männlichen und weiblichen Körperbau reflektierten die verschiedenartigen aggressiven Neigungen: Die Männchen besitzen große Eckzähne, eine größere Muskelmasse, voluminöse Schultermäntel und andere körperliche Charakteristika, die für aggressives Drohverhalten benötigt werden. Aber ganz gleich, wie alt die Aggression auch sein mag, die sozialen Alternativen, die wir heute in der menschlichen Gesellschaft beobachten können – Washburn schrieb sie der Entstehung der menschlichen Sprache zu – traten höchstwahrscheinlich schon vor den Hominiden auf.

Wenn wir erkennen, daß soziale Taktiken und persönliche Flexibilität bei der aggressiven Reaktion in der Evolution der Primaten viel früher anzusetzen sind, als ursprünglich angenommen (das Hauptargument meiner Pavianstudien), so wird es – nicht nur bei Menschen, sondern bei allen höheren Primaten – schwieriger, die Behauptung, Aggression sei unvermeidlich, aufrechtzuerhalten. Schließlich trifft diese Behauptung auch auf jede andere Tierart zu, die in der Lage ist, Sozialstrategien zu entwickeln.

Was also, wenn in uns Menschen nicht das Vermächtnis eines „Killer-Affen", sondern eines „höflichen" und „kultivierten" Pavians schlummerte? Könnte der Sport ein notwendiges Sicherheitsventil für unsere aggressiven *Instinkte* sein? Wären Armeen nur das unvermeidliche Ergebnis der Unfähigkeit, unsere tief verwurzelte menschliche Aggression zu beherrschen? Wenn überhaupt, dann müßte, wie Washburn behauptete, die Sprache mit Sicherheit die soziale Kommunikation verbessern und die sozialen Möglichkeiten der Menschen vermehren – ein weiteres Argument gegen die Notwendigkeit von Aggression im täglichen Leben.

Konnte die Rangordnung ohne den überaus wichtigen Eckstein der Aggression innerhalb der tierischen Gesellschaft weiterhin ihre entscheidende evolutionäre Rolle bei der Strukturierung von individuellen Lebensgeschichten und Tiergruppen spielen? Sicherlich ließ das Material, das ich bei der Pumpenhaus-Bande gesammelt hatte, den Schluß zu, daß Dominanz bei den Männchen eine geringe Rolle spielte, im Leben der Weibchen und deren Familien jedoch eine bis dahin noch rätselhafte, aber weit beherrschendere. Und doch waren Familien und Freundschaften mindestens so wichtig wie die Hierarchie, um dem weiblichen Kern des Trupps Struktur und Stabilität zu verleihen. Weder das bei den Pavianen gewonnene Informationsmaterial noch meine eigenen Überlegungen gestatteten eine Deutung, die auf das von Männchen dominierte, hierarchisch organisierte Gesellschaftssystem des alten Pavian-Modells und der auf Pavianen basierenden Modelle hinauslief. Wie wichtig waren Dominanz und Hierarchie für die Gesellschaft, sei es nun jene der Menschen oder die der Paviane? Ich mußte noch weiter nach einer Antwort auf diese Frage suchen, wußte jedoch, daß die alten Antworten nicht länger zufriedenstellend waren.

Die ursprünglichen Ansichten von Aggression und Dominanz beinhalteten auch Vorstellungen über die Evolution des Unterschiedes zwischen „männlich" und „weiblich" und über die „natürliche" Rollenteilung zwischen den Geschlechtern innerhalb der menschlichen Gesellschaft.

Eine Gesellschaftsordnung, die auf Aggression und männlicher Dominanz aufgebaut war (das Pavian-Modell), wurde noch weiter zementiert, als die frühen Hominiden die Lebensform des Jägers einschlugen, wie dieses auf evolutionären Überlegungen basierende Argument behauptete. Die Frauen blieben nun zu Hause, kümmerten sich um die Kinder und sammelten in der Umgebung pflanzliche Nahrung, während die Männer auf Jagd gingen. Die Frauen waren auf Grund verschiedener Handikaps nicht selber imstande zu jagen. Sie waren immer durch Kinder behindert und konnten auf Grund ihrer veränderten Anatomie nicht so gut laufen wie die Männer. Die in der menschlichen Evolution auftretende Tendenz zur Größenzunahme des Gehirns, die ihren Höhepunkt in einer Größe finden sollte, die mehr als das Dreifache des Menschenaffengehirns ausmacht, geriet in unmittelbaren Konflikt mit einem anderen anatomischen Trend. Um gut auf zwei Beinen gehen zu können – eines der charakteristischen Merkmale der menschlichen Anpassung – muß der Beckendurchmesser so klein wie möglich sein. Babys mit größeren Köpfen erforderten jedoch genau das Gegenteil: ein breites Becken, das weit genug war, um eine sichere Passage durch den Geburtskanal zu ermöglichen. Die Menschenfrauen stellten einen Kompromiß dar: Ihr Becken war breiter als jenes der Männer und bot so den im Verlauf des Geburtsvorganges dringend benötigten Raum, doch waren sie beim Laufen weniger leistungsfähig.

Diese Handikaps wurden durch einen weiteren Wandel im Zustand menschlicher Neugeborener noch verstärkt. Da die Gehirngröße weiterhin bemerkenswert zunahm, war es auch wahrscheinlich, daß Menschenkinder, die verglichen mit Affen und Menschenaffen zu einem verfrühten Zeitpunkt geboren wurden, den gefährlichen Geburtsvorgang besser überlebten als voll herangereifte Babys. Je unreifer ein menschliches Neugeborenes war, desto mehr war es von der mütterlichen Fürsorge abhängig. Die Menschenbabys verloren sogar die elementarsten Fähigkeiten der Affen und Menschenaffen, etwa jene, sich nach der Geburt an ihrer Mutter festzuklammern oder sich kurz danach bereits selbständig herumzubewegen.

Überlegungen hinsichtlich der „natürlichen" Rollenteilung zwischen Männern und Frauen in den Hominiden-Gruppen beruhten auf diesem Szenario. Die Frauen waren auf Grund ihrer häuslichen Verpflichtungen unvermeidlicherweise an die nahe Umgebung ihres Zuhauses gebunden, während die Männer gezwungen waren, sich den neuen Herausforderungen der Jagd zu stellen. Das Auf-sich-Nehmen solcher Risken brachte auch Vorteile. Die Jagd verlieh den Männern einen besonderen Status und besondere Macht. Die Arbeitsteilung und die Rollenteilung wurde durch den Güteraustausch zwischen Männern und Frauen vervollkommnet: Fleisch gegen Pflanzennahrung und vielleicht, wie manche behaupteten, Fleisch gegen Sex, wobei sich die Männer die Zuneigung der Frauen erkauften oder die Frauen Sex als besonderes Tauschmittel gegen Nahrung und Schutz benützten, das zu ihrem eigenen Überleben wie zu jenem ihrer Familie nötig war. Da die Jagd während mehr als neunzig Prozent der gesamten Evolution eine menschliche Lebensform darstellte, sind die der Gesellschaft der Jäger und ihren Rollen zugrundeliegenden Gefühle und ihre Psychologie tief in der Biologie des Menschen verwurzelt und nur schwer aus dem menschlichen Verhalten späterer Zeiten auszuradieren.

In den letzten zehn Jahren haben Feministinnen sich bemüht, das ihrer Meinung nach „sexistische" Modell der Evolution der menschlichen Gesellschaft zu verändern. Die Debatte geht weiter, da Frauenrechtlerinnen und Vorkämpfer für die Macht der Frau zu beweisen suchen, daß Sammeln für unsere Ahnen wichtiger als die Jagd war und infolgedessen die Frauen in den hominiden Jäger-Gemeinschaften wichtiger waren als die Männer.

Was ich bei der Pumpenhaus-Bande erfahren hatte, stellte einige der traditionellen Überlegungen über das menschliche geschlechtsspezifische Rollenverhalten und seine evolutionären Ursprünge stark in Frage. Zum Pech für die feministische Position unterstützten die bei Pavianen gefundenen Daten keineswegs die von ihnen angestrebte Umkehr des Rollenverhaltens. Stattdessen ließ sich an den Pavianen ablesen, daß es beim Primaten-Muster eine Menge geschlechtsspezifischer Unterschiede in Verhalten, Gefühlen und Psychologie gibt, die den Neuerungen der Jagd vorausgingen. Und dennoch gab es auch ebenso starke Hinweise dafür, daß zwischen Männchen und Weibchen in den meisten sozialen Bereichen, einschließlich Politik und Sorge für die Kinder, eine komplementäre Gleichheit besteht. Als noch provokativer erwies sich die Entdeckung gesellschaftlicher Wechselseitigkeit bei einzelnen Individuen. Das bedeutete, daß die Männchen und Weibchen der Paviane auch ohne aufrechten Gang auf zwei Füßen und ohne Erfindung von Werkzeugen, ohne Jagen und Sammeln, ohne die Entwicklung des großen menschlichen Gehirns mit seiner Fähigkeit zur Sprache und kulturellen Leistung, als auch ohne die außergewöhnlich abhängigen Kinder, die die Frauen in ihrer Bewegung einschränkten, mit einem komplizierten Austausch von Gunstbeweisen befaßt waren.

Solche bei Pavianen gewonnenen Erkenntnisse sind sowohl provokanter wie komplexer Natur. Männliche und weibliche Psychologie unterscheiden sich schon bei den Pavianen sehr. Es gab keinen Zweifel, daß die Weibchen konservativ sind, was das Ausprobieren neuer Verhaltensweisen, wie der Jagd, oder das Durchbrechen alter Muster, wie zum Beispiel der familiären Rangordnung, betraf. Sie nehmen ungern Risiken auf sich und ersinnen nur ungern solche selbst. Vielmehr ziehen sie die Sicherheit und den Schutz der Gruppe vor und bleiben stets in der Nähe von Freunden und Familie. Stabilität heißt das Ziel, das sie erstaunlich oft – manchmal angesichts beträchtlicher Schwierigkeiten – erreichen. Die Männchen stellen das gerade Gegenteil dar. Sie sind dynamische Risikotypen und ergreifen jede Gelegenheit, die sich ihnen bietet. Sobald Stabilität und Status quo tatsächlich einmal ihre Ziele sind, so sind diese schwer zu fassen, zumindest was die Beziehung zu anderen Männchen betrifft.

Für mich bedeuteten diese Tatsachen aus dem Pavianleben, daß die Rollenteilung, welche manche Forscher dem neuen, mit der Jagd aufkommenden Lebensstil der Hominiden zuschrieben, bereits unter den Pumpenhaus-Pavianen verbreitet war. Ihre verhältnismäßig wenigen Raubzüge illustrierten zwar den Unterschied zwischen männlichen und weiblichen Neigungen, schufen diesen jedoch nicht selbst. Die Tatsache, daß wie bei den Jägern der Hominiden Fleisch zum Teilen vorhanden war, vergrößerte vielleicht die Vielfalt der möglichen Tauschaktionen zwischen Männchen und Weibchen. Weder Gegenseitigkeit noch sexuelle Verhaltensweisen gingen auf Sammeln und Jagen zurück. Obwohl die Paviane nur Fleisch und keine anderen Nahrungsmittel teilten, tauschten männliche und weibliche Freunde doch gesellschaftliche und sexuelle Gunstbeweise in einem komplizierten „Wie-du-mir-so-ich-Dir" aus, das die Grundlage ihrer Freundschaft darstellte. Die Männchen tauschten auch mit ihren Kleinkinder-Freunden und, wenn auch zu einem wesentlich geringeren Grad, sogar mit ihren männlichen Verbündeten Wohlwollen aus.

Der abschließende Punkt, den die Paviane für sich verbuchen können, ist vielleicht der verblüffendste: In der weiblichen Rolle finden sich keine Elemente von Machtlosigkeit oder Schwäche, auch wenn die Weibchen mit der Aufzucht der Jungen beschäftigt sind und den stabilen Kern der Gruppe darstellen. Die alte Forschergeneration nahm an, daß dies die einzigen Rollen und Funktionen der Weibchen darstellen. Bei den weiblichen Pavianen bildet dies jedoch nur die Grundlage für eine Vielzahl anderer politischer oder Führungspositionen. Wenn Wissen und gesellschaftlicher Einfluß Macht bedeuten, wie das unter Pavianen (und bei den Menschen) der Fall ist, dann sind die Weibchen gesellschaftlich mächtig, da ihnen beides zueigen ist. Noch wichtiger ist die Tatsache, daß, immer wenn es Alternativen zur Aggression gibt, sogar die Großen die kleinen oder schwachen Mitglieder ihrer Gesellschaft brauchen, um wirksame gesellschaftliche Möglichkeiten für ihr eigenes Überleben zu schaffen. Erfahrung, gesellschaftlicher Schliff und soziale Manipulation waren für das Überleben und für den Erfolg des Pavian-Individuums wichtig. Wirkliche Macht aber lag eher bei den „Weisen" als bei den „Starken", eher bei jenen, die Verbündete mobilisieren konnten als bei jenen, welche sich mit brutaler Gewalt durchzusetzen suchten.

Ich glaube nicht, daß sich die heute lebenden Menschen – unter all den kulturellen Fassaden und institutionellen Einrichtungen – irgendwie von den Pavianen unterscheiden. Wer glaubt, daß wir anders sind, wird neue evolutionäre Erklärungen dafür suchen müssen, in welcher Weise sich die Menschen verändert haben.

Als ich mich mit der Bedeutung sozialer Strategien für die Pumpenhaus-Paviane und mit den neuen Konzepten von Ergänzung und Gleichheit zwischen den Geschlechtern befaßte, die diese Strategien in die Pavian-Gesellschaft eingebracht hatten, fand ich mich mit einem weiteren Fragenkomplex konfrontiert. Waren soziale Möglichkeiten und soziale Raffinesse für beide Geschlechter in gleichem Ausmaß notwendig oder denkbar? War der evolutionäre Pfad für Männchen und Weibchen gleich?

Es schien mir klar, weshalb vom männlichen Standpunkt aus Sozialstrategien notwendig waren. Zunächst einmal waren miteinander im Wettstreit liegende Männchen potentiell gewalttätige und gefährliche Gegner. Die Männchen konnten einander wirklichen Schaden zufügen, obwohl sie die meiste Zeit hindurch unglaubliche Selbstkontrolle an den Tag legten. Aber irgendwann bricht die Zurückhaltung unweigerlich zusammen. Sozialstrategien boten den Männchen wirkungsvolle Möglichkeiten, den Risken echter Aggression entgegenzuwirken.

Ein zweiter Faktor, der eine Rolle spielte, war, daß die Männchen ihr Zuhause verließen. Damit zerbrachen sie alle Bande der Verwandtschaft. Von diesem Augenblick an konnte sich ein Männchen nicht länger auf die Hilfe seiner Familie verlassen. Ein älterer Bruder hilft genau deshalb, weil er ein älterer Bruder *ist* und nicht weil er erwartet, daß als Gegenleistung auch ihm geholfen wird. Das gleiche gilt für Eltern und Kinder, Tanten, Onkeln, Nichten und Neffen. Angesichts der besonderen Altersstruktur, die sich innerhalb von Pavianfamilien ergeben kann, konnte manchmal sogar ein Cousin von großer Hilfe sein.

Hatte ein Männchen seine Gruppe einmal verlassen, so mußte es sich eigene Verbündete schaffen, falls es diese benötigte, was jene Männchen, die sich der Pumpenhaus-Bande anschlossen, auch taten. Indem sie Zeit und Energie auf andere Gruppenmitglieder verwendeten, schufen sie „Familien", Einzelindividuen, die ihnen auf Grund der Bande sozialer Gegenseitigkeit verbunden waren. Diese Beziehungen erbrachten die im Bedarfsfall notwendigen Verbündeten.

Soziale Raffinesse, gesellschaftliche Gewandtheit und Manipulation dienten einem Männchen sehr. Das war auch notwendig, da dies, falls es allein weiterkommen wollte, die einzigen Mittel seiner Wahl waren. Weibchen sahen sich einer völlig anderen Situation gegenüber. Sie waren immer von Verwandten umgeben und konnten, falls notwendig binnen einer Sekunde, zumindest aber nach einem lauten Schrei, Hilfe erhalten. Selbstverständlich funktionierte eine solche Hilfe in beide Richtungen, doch führte im Unterschied zum Prinzip der sozialen Gegenseitigkeit keiner Buch. Das Motto „Ich habe Tante Marcia letzte Woche dreimal geholfen und sie mir gar nicht; deshalb helfe ich ihr diesmal nicht" wurde unter Mitgliedern einer Pavian-Familie nicht angewandt. Das Familiensystem war eng und effektiv. Gelegentlich konnte ein Weibchen versuchen auszubrechen, und sich, um ihre eigene Position zu verbessern, mit Familien-Fremden zusammentun; solche Methoden waren jedoch selten erfolgreich.

Angesichts der Zwänge und Möglichkeiten innerhalb der Familienbeziehungen gelangten die Weibchen vermutlich seltener in eine Lage, in der sie die gesellschaftliche Raffinesse, die Grundlage des männlichen Überlebens und des männlichen Erfolgs benötigten. Außerdem waren Weibchen kleiner und es fehlten ihnen die „aggressive" Anatomie und die damit verbundenen Möglichkeiten der Männchen. Manchmal benötigten sie die Hilfe von Freunden und gesellschaftliche Raffinesse, um zu bekommen was sie wollten, wie dies Peggys Verhalten angesichts des Tommy-Kadavers von Dr. Bob illustrierte.

Obwohl Männchen und Weibchen soziale Strategien benötigen, scheint es wahrscheinlich, daß sie grundsätzlich verschiedene Taktiken betonen. Die Männchen verlassen sich auf das System der Gegenseitigkeit, das sie selbst aufbauen können, wogegen die Weibchen sich gewöhnlich auf Hilfe seitens ihrer Familie verlassen konnten, die sich zumeist von selbst einstellte.

Ich besaß nun schon gute indirekte Hinweise auf die Temperamentsunterschiede zwischen Männchen und Weibchen, über ihre unterschiedlichen Gefühle und ihre unterschiedliche Psychologie. Könnte der zwischen den Geschlechtern bestehende Unterschied in der sozialen Taktik auch biologische Folgen haben?

Wenn Männchen gesellschaftlich ineinander „investieren" und einander später manipulieren, so müssen sie ununterbrochen – vor, während und nach jeder sozialen Interaktion – mit einem beträchtlichen Maß an Raffinesse testen, bewerten und berechnen, was es kostet und was einbringt. Im Gegensatz dazu besteht bei den Weibchen weniger Bedarf an solchen Fähigkeiten, da sie sich in erster Linie auf die Familie verlassen, die ihnen unter fast allen Umständen zu Hilfe kommt.

Soziale Strategien hängen von eben jenen geistigen Fähigkeiten ab, die mit der Vergrößerung des Gehirns im Laufe der Primaten-Evolution in Zusammenhang stehen: Erinnerungsvermögen, Integrationsfähigkeit und die Einschätzung komplexer Situationen. Obwohl manche dieser Fähigkeiten sowohl für die männlichen als auch für die weiblichen Sozialstrategien wichtig sind, besteht doch die Möglichkeit, daß die zwischen Männchen und Weibchen bestehenden Unterschiede hinsichtlich des Ausmaßes der benötigten sozialen Raffinesse auch einen Einfluß auf die Gehirnstruktur haben könnten.

Der allgemeine Trend der Primaten wurde durch die Evolution des Menschen noch beschleunigt. Wir wissen, daß bei den Menschen Unterschiede in der Spezialisierung der beiden Gehirnhälften existieren. Auch gibt es einander widersprechendes Material hinsichtlich der geschlechtsspezifischen Unterschiede bei den räumlichen und verbalen Fähigkeiten eines Individuums. Diese Unterschiede sind zu erwarten, wenn Sozialstrategien bei der Ausgestaltung des Gehirns eine einflußreiche Rolle zukommt.

Es hatte für mich den Anschein, daß die Untersuchung von Pavianen, anderen Affen und Menschenaffen für die Rekonstruktion der menschlichen Evolution vielleicht sogar wichtiger war, als die einfacheren früheren Modelle durchblicken ließen. Die Paviane lieferten nicht nur Beispiele, sondern auch wichtige Grundprinzipien. Indem wir besser verstehen, wie sich evolutionäre Veränderungen innerhalb komplexer Primaten-Gruppen ergaben, können wir auch die den Primaten offenstehenden Möglichkeiten verstehen. Das ist die beste Methode, den Ausgangspunkt für das Szenario der menschlichen Evolution zu finden. Es liegt an uns, zu entdecken, was für die frühen Hominiden möglich war, indem wir die möglichen Zusammenhänge innerhalb der Hominidenbiologie, -anatomie und -ökologie betrachten. Künftighin werden Rekonstruktionen der Evolution nur dann Erfolg haben, wenn sie sich eher auf die wichtigsten Prinzipien und Vorgänge in Primaten-Gesellschaften denn auf einzelne Arten konzentrieren, ganz egal als wie menschenähnlich uns diese auch erscheinen mögen.

Wenngleich ich mich auf diese neue Modellvorstellung festgelegt hatte und nicht vorhatte, das Pavian-Modell als Modell für die menschliche Evolution neu zu installieren, war ich doch davon beeindruckt, um wieviel menschenähnlicher die Paviane nun erschienen. Sie lernten durch Einsicht und Beobachtung und gaben neue Verhaltensweisen sowohl innerhalb einer Lebenszeit wie auch über viele Generationen weiter. Das ist gesellschaftliche Tradition – die Anfänge dessen, was später zur „Kultur" werden sollte. Ihre gesellschaftlichen Manöver und ihre soziale Raffinesse ließen sie neue Höhen erreichen. Der kumulative Effekt meiner Jahre der Beobachtung, Analyse und Interpretation des Pavian-Verhaltens war, daß ich mich immer wohler dabei fühlte, menschliche Begriffe und Vorstellungen auf die Paviane anzuwenden.

Es lag mir nicht an der Betonung der menschlichen Einmaligkeit; jede Art ist einmalig. Es waren die Ähnlichkeiten, die mich interessierten. Die Ähnlichkeiten waren es, die es mir erlaubten, mir vorzustellen, wie sich im Laufe der Zeit Verhaltensmuster entwickeln können. Wie kam es bei den Hominiden zum Auftreten von Innovationen? Es ist kaum vorstellbar, daß dies in plötzlichen, großen Schritten ins Ungewisse erfolgt sein sollte, ohne daß es bereits Grundlagenmaterial gegeben hätte, auf das sie aufbauen konnten. Die evolutionäre Rekonstruktion des menschlichen Verhaltens wird um so glaubwürdiger, je größer das Kontinuum zwischen menschlichem und nicht-menschlichem Primatenverhalten ist. Die Paviane schafften es, auf diesem Weg viele neue Schritte beizutragen.

Indem ich über Paviane in etwas menschlicheren Begriffen sprach, setzte ich mich der Kritik aus, daß ich menschliche Verhaltensweisen auf diese nicht-menschlichen Kreaturen projizieren würde, die diese in Wirklichkeit gar nicht besäßen. Ich wollte noch weiter gehen: Wenn menschliche Begriffe sich auf das *Verhalten* der Affen anwenden ließen, war es dann nicht auch möglich, daß Paviane in emotioneller, psychologischer und intellektueller Hinsicht beträchtlich mehr menschenähnlich waren? Meine universitäre Ausbildung hatte mich außerordentlich nachdrücklich vor den Gefahren des Anthropomorphismus gewarnt. Dennoch waren es gerade die Paviane, die für meinen Gesinnungswandel verantwortlich waren. Ich war ein zögernder Reisender und hatte ihnen auf jedem Schritt Widerstand geleistet, fand jedoch nun, am Ende der Straße, daß sich viele frühere Unterschiede zwischen Menschen und Pavianen zu verwischen begannen.

Ich wandte mich der Geschichte zu, um herauszufinden, ob es irgendeine Unterstützung für den Wechsel meines Standpunktes gab. Als ich die Vorstellungen prüfte, die sich die Menschen in den letzten Jahrhunderten von den Tieren gemacht hatten, fand ich einige überraschende, aber tröstliche Antworten.

Die gleichen Tiere konnten – abhängig von Kulturkreis und Epoche – Heilige oder Dämonen, dumme Bestien oder kluge Geschöpfe sein. Ein bedeutender Einstellungswandel ergab sich als Folge von Darwins Ideen. Die Menschen des abendländischen Kulturkreises jener Zeit, die glaubten, daß nicht-menschliche Tiere – vor allem Affen und Menschenaffen – wesentlich tiefer stünden als die Engel, standen nun vor einem Rätsel. Wenn die Menschen mit diesen Kreaturen wirklich verwandt waren, so standen entweder wir wesentlich tiefer als angenommen, oder – und das war viel reizvoller – *diese* mußten netter, intelligenter und menschenähnlicher sein, als wir sie bisher immer gezeichnet hatten.

In der post-darwinistischen Epoche nahmen die Tiere einen sentimentalen Charakter an. Ihre Fähigkeiten wurden auf eine Stufe gehoben, auf welche wir Menschen stolz sein konnten. Die *Tiere* hatten sich nicht verwandelt, wohl aber die Erwartungen und Interpretationen seitens der *Menschen*. Das war auch der Grund, warum die Ethologen der dreißiger Jahre so beinhart dagegen auftraten, den Tieren menschliche Fähigkeiten und Eigenschaften zuzuschreiben. Sie erkannten, wie unangemessen das bis dahin geschehen war und wollten die Tiere in deren eigenen Begriffen verstehen.

Aber wie das Pendel in der viktorianischen und nachviktorianischen Ära nach einer Seite ausgeschwungen war, schwang es nun auf Grund dieser frühen ethologischen Annäherung ebenso drastisch nach der anderen Seite aus. Die Ethologen forderten, daß komplexe Verhaltensweisen auf die kleinstmöglichen Einheiten reduziert und später wieder zu sinnvollen Gruppierungen zusammengesetzt werden sollten. Sie erkannten die Bedeutung rigoroser Methoden und harter Beweise, mit denen Feststellungen und Schlußfolgerungen unterstützt wurden, die andernfalls mit

Vorurteilen und Projektionen beladen sein konnten. Das Problem ergab sich bei der Frage, was man untersuchen sollte. Wichtige Bereiche des tierischen Verhaltens waren nur schwer in derart rigoroser Art zu untersuchen. Emotionen, Seelenleben und Verstand wurden beiseite geschoben, da die modernen Forscher das zu untersuchen begannen, was ihnen am leichtesten lösbar erschien.

Ursprünglich hatten die Wissenschaftler den Eindruck, daß wir eines Tages lernen würden, diese wichtigen, aber schwierigen Gebiete zu untersuchen. Bald aber erschien das, was ursprünglich nur aus purer Bequemlichkeit weggelassen worden war, als völlig unbedeutend. Die Einstellung, daß es schwierig war, diese Fragen zu untersuchen, wandelte sich unmerklich dahingehend, daß es sich dabei um unwichtige Aspekte des Verhaltens handle, und wir, indem wir einfach sein äußeres Verhalten beschrieben, erklären konnten, was ein Tier tat. Jene Forscher, die darüber sprachen, was die Tiere vielleicht „fühlen", „denken" oder wofür sie sich „entscheiden" mochten, galten als unwissenschaftlich und sentimental. Die Bemühungen hingebungsvoller Wissenschaftler hatten die Tiere unabsichtlich vieler ihrer wichtigen Fähigkeiten beraubt.

Die Linie zwischen ungerechtfertigtem Anthropomorphismus und dem, was ich mehr und mehr als einfache Rückerstattung tierischer Fähigkeiten betrachtete, die ihnen aus historischen Gründen aberkannt worden waren, war schmal und schwierig zu begehen. Ich fühlte mich bei dem Gedanken, daß sich die am längsten ansässigen Pavian-Männchen dafür entschieden, die Pumpenhaus-Bande zu verlassen, weil sie *begriffen,* daß ein weiterer Verbleib in der Gruppe vielleicht zu einer unschicklichen geschlechtlichen Beziehung mit ihren eigenen Töchtern führen konnte, immer noch nicht wohl. Zur gleichen Zeit konnte ich aber den Gedanken akzeptieren, daß Peggy ganz genau wußte, was sie tat, als sie Dr. Bob in eine Pflegestarre hineinstreichelte, um ihm dann seinen Tommy-Kadaver zu stehlen. Ich war davon überzeugt, daß Peggy ebenso wie Olive wissentlich und bedacht gehandelt hatten, als Peggy Dr. Bobs Freund in dem Streit um das Fleisch, das er besaß, attackierte und diesen weiter anheizte, und Olive Toby an dem Tag, an dem dieser sie zum ersten Mal dominiert hatte, anschrie.

Ich besaß auch viele Beispiele unter den Männchen. Die Männchen verwendeten ausgefeilte Taktiken im Zusammenhang mit Partnerschaften und täuschten anderen Männchen Interesselosigkeit vor, während sie alle Vorkehrungen trafen, um im rechten Augenblick am rechten Ort zu sein und sich des begehrten Weibchens zu versichern. Die Männchen lösten bei anderen Verfolgern Aggression aus und verschwanden genau im richtigen Moment, in dem die Auseinandersetzung wild ausartete, nur um im entscheidenden Augenblick wieder aufzutauchen. Sie schikanierten ein ahnungsloses Kind, das zu seiner Mutter unterwegs war, um sich pflegen zu lassen, und führten dann, während des folgenden Pandämoniums, das Weibchen von seinem verwirrten Consort-Partner weg.

Wußten die Pumpenhaus-Paviane, was sie taten? Es hatte nun den Anschein, daß sie sich ihrer Handlungen nicht weniger, ja vielleicht sogar stärker bewußt waren als die meisten Menschen.

War es Anthropomorphismus, zu glauben, daß die Paviane ihre gesellschaftliche Welt auf intelligente Weise manipulierten, zu denken, daß sie Alternativen abwogen und Entscheidungen trafen, daß sie sogar ohne Sprache geistige Symbole besaßen, die ihnen gestatteten, zuerst zu denken und dann zu handeln und ihnen ermöglichten, erstaunliche ungeschriebene Kontrakte gesellschaftlicher Gegenseitigkeit zu schaffen? Nach einigem Nachdenken kam es mir besonders menschlich, besonders anthropozentrisch vor, ihnen diese Fähigkeiten abzusprechen. Als ich weiterforschte, entdeckte ich, daß auch einige wenige andere Erforscher tierischen Verhaltens zu ähnlichen Schlußfolgerungen gelangt waren.

Als ich das in Jahren angehäufte Datenmaterial durchsah, neue Konzepte zu erarbeiten versuchte und diese anhand des vorliegenden sowie neuen Datermaterials überprüfte, gelangte ich zur Überzeugung, daß meine „Pavianbrillen" viel verläßlicher waren als meine akademischen. So ketzerisch manche meiner Gedanken auch klingen mochten, sie erlaubten mir viel besser als frühere Theorien vorauszusagen, was ein Pumpenhaus-Pavian tatsächlich tun würde. Für mich stellte das die Feuerprobe dar.

12. Sorgen

Auf Grund meiner Entdeckungen war ich erregt, aber auch besorgt. Als ich im Jahre 1976 meine Untersuchungen an Männchen begann, vermutete ich zwar, daß ich mich großen akademischen Auseinandersetzungen stellen müßte, hatte dieses Problem aber aufgeschoben. Nun, im Jahre 1978, konnte ich mich diesen Gedanken nicht länger entziehen.

Das Konzept eines stabilen weiblichen Kerns in jeder Pavian-Gruppe und die Vorstellung, daß die Männchen nur vorübergehend in den Gruppen verweilten, während den Weibchen viele Rollen zukamen, die bisher nur den Männchen zugeschrieben wurden, war nicht mehr ketzerisch. Es gab eine rasch anwachsende Menge von Informationen über nicht-menschliche Primaten, die in die gleiche Richtung wiesen. Sogar das Problem von Kultur und Tradition, wie ich es mit dem räuberischen Verhalten der Pumpenhaus-Bande in Verbindung gebracht hatte, war nicht besonders kontroversiell.

Dennoch war mir bewußt, daß meine Arbeit ein Bild der Pavian-Gesellschaft entwarf, das andere nur schwer akzeptieren würden. Meine beunruhigendste Entdeckung war, daß es bei den Männchen keine Dominanzhierarchie gab, daß Paviane Sozialstrategien besaßen, Finesse über Gewalt triumphierte, und daß gesellschaftliche Fähigkeiten und soziale Gegenseitigkeit gegenüber Aggression Vorrang besaßen. Hier lag der Anfang der geschlechtlichen Taktiken, bei denen Männchen und Weibchen gegenseitig Gunstbezeugungen austauschten. Es hatte den Anschein, daß Paviane schwer arbeiten müssen, um ihre gesellschaftliche Welt aufzubauen. Die Art, in der sie dabei vorgingen, ließ sie jedoch wesentlich „netter" als die Menschen erscheinen. Sie brauchten einander auf der niedrigsten Stufe zum bloßen Überleben – jeder einzelne benötigte den Schutz und die Vorteile der Gruppe – als auch auf der höchst entwickelten Stufe, die durch soziale Strategien des Wettbewerbs und der Verteidigung gekennzeichnet war. Die Paviane erschienen uns auch deshalb als „nett", weil im Unterschied zu den Menschen keiner von ihnen über die Fähigkeit verfügte, die wichtigen Lebensgrundlagen zu kontrollieren. Jeder Pavian hatte sein eigenes Futter, sein eigenes Wasser und seinen Platz im Schatten und sorgte selbst für die Abdeckung seiner grundlegenden Lebensbedürfnisse. Aggression konnte zwar als Druckmittel eingesetzt werden, stellte jedoch einen gefesselten Tiger dar. Grooming, Einander-Nahesein, gesellschaftlicher guter Wille und Kooperation waren die einzigen Vermögenswerte, die man gegenüber einem anderen Pavian als Tausch- oder Druckmittel einsetzen konnte. All das waren Aspekte der „Nettigkeit", der Angliederung, nicht der Aggression. Die Paviane waren „nett" zueinander, weil ein solches Verhalten ebenso von entscheidender Wichtigkeit für ihr Überleben war wie Atemluft und tägliche Nahrung.

Was ich entdeckt hatte, war ein revolutionäres neues Bild der Pavian-Gesellschaft – wirklich revolutionär für *jede* bisher beschriebene Tiergesellschaft. Die Auswirkungen waren atemberaubend. Ich behauptete, daß Aggression in der Evolution weder so beherrschend noch so wichtig gewesen war, wie man bisher gedacht hatte, und soziale Strategien und soziale Gegenseitigkeit äußerst wichtig waren. Wenn die Paviane darüber verfügten, mußten sicherlich auch die Vorläufer unserer frühen menschlichen Ahnen diese besessen haben.

Solche Behauptungen waren eine Herausforderung und würden angezweifelt werden. Wenn es an der Zeit war, mich zu rechtfertigen, würde ich dafür schlecht gerüstet sein. Ich war mehr als ein akademischer

Eindringling. Ich war nun ein kultureller Außenseiter, sogar unter meinen Kollegen.

Claude Lévi-Strauss schreibt, daß Anthropologe sein bedeutet, daß man entfremdet ist, und jemand, für den die Welt in „zu Hause" und „die Welt da draußen" geteilt ist, in das Häusliche und das Exotische, die urbanakademische Umgebung und die Tropen. Zuerst reist man als Fremder in einen anderen Kulturkreis, und kehrt nach Jahren, die man mit Fremden verbracht hat, wieder als Fremder nach Hause zurück. Der Anthropologe hat die Absonderung zu seinem Beruf gemacht und kann sich nie wieder wirklich „zu Hause" fühlen. Wenn ich Lévi-Strauss schon früher in meinem Leben gelesen hätte, wäre ich auf das, was die Paviane meiner Welt antun würden, vielleicht besser vorbereitet gewesen.

Obwohl ich während der letzten paar Jahre, zwischen 1976 und 1978, meine Zeit zwischen meiner Lehrtätigkeit in Kalifornien und der Pavianbeobachtung in Kenia geteilt hatte, war ich doch nur wirklich glücklich, wenn ich mit den Affen zusammen war. Sie waren der Mittelpunkt meines Gefühlslebens, und ein wichtiger Teil von mir bleib selbst dann bei ihnen, wenn ich physisch weit entfernt war. Der kalifornische Lebensstil, der mich ursprünglich geprägt hatte, erschien mir fremd, gespalten, uneinheitlich. Das Gefühl der Ganzheit, das ich aus dem Studium und dem Zusammenleben mit den Pavianen bezogen hatte, war verschwunden. Wehmütig blickte ich auf die Photographien, die mich mit den Affen zeigten. Da sah ich einen glücklichen Menschen, jemanden, der mit sich selbst und mit seiner Umwelt in Frieden lebte. Das Bild, das mir in Kalifornien aus dem Spiegel entgegenblickte, war voll Anspannung und Unglück über das Gefühl, den an mich gestellten Anforderungen nicht entsprechen zu können. Und doch besaß ich alles, was ich wollte: Felderfahrung, eine gute Position an der Universität und eine sich entwickelnde Karriere.

Das Problem war, daß die Paviane für mich zur Leidenschaft, ja beinahe zur Besessenheit geworden waren. Wenn ich nicht bei ihnen war, umgab ich mich mit Surrogaten wie Photographien oder Tonbandaufzeichnungen. Ich fühlte mich nur wohl, wenn ich mit den wenigen Menschen, die mir zuhörten und mich auch verstanden, über mein anderes Leben, mein Leben mit den Pavianen, sprechen konnte.

Später erfuhr ich dann, daß meine Gefühle keineswegs ungewöhnlich waren. Eine Untersuchung über das Rückkehrproblem von Tierbeobachtern deutete darauf hin, daß sie dabei noch größere Schwierigkeiten haben als Forscher, die fremde Kulturkreise untersuchten. Kulturanthropologen leben durch ihre anderswo gemachten Erfahrungen zwar mit dem Risiko, ihrem eigenen Kulturkreis entfremdet zu sein, leben jedoch immerhin ständig in einer Welt von Menschen. Man stelle sich den Aufenthalt in einem Land vor, dessen Einwohner kein Wort sprechen und mit denen jeder Kontakt verboten ist, während dennoch eine unglaubliche Intimität die Norm ist: Die Rückkehr ins Reich der Menschen ist schwer – für manche sogar unmöglich.

So sah mein geistiger Rahmen aus, als ich mich mit meinen Vorstellungen über die Paviane in die wissenschaftliche Gemeinschaft wagte. Es war dies nicht mein erster Ausflug in die akademische Arena. Erstmals hatte ich 1974 meine Daten und Interpretationen des räuberischen Verhaltens der Paviane dargelegt und war enthusiastisch akklamiert worden. Meine Untersuchungsergebnisse waren bedeutend, meine Spekulationen interessant und hochgeschätzt, und die Kritik mild. Aber Dominanz, Aggression und Männchen stellten eine vollkommen andere Geschichte dar.

Als ich meinen nicht-akademischen Freunden mitteilte, daß ich ein Treffen der Pavian-Experten der ganzen Welt plante, betrachteten sie mich mit Unglauben. Wieviele Pavian-Experten konnte es schon geben, und was würden sie einander zu sagen haben, das ganze zehn Tage in Anspruch nehmen würde? Paviane waren sogar schon ehe ich im Jahre 1972 die Pumpenhaus-Bande zu untersuchen begann, die meistuntersuchten nichtmenschlichen Primaten. Während der folgenden sechs Jahre wurden sogar noch weitere Pavian-Studien begonnen. Mittlerweile gab es zwei Studiengruppen in Tansania, drei in Kenia, einige in Äthiopien und noch ein paar im Süden Afrikas, die sich alle mit ernsthafter Anstrengung um ein Verständnis der Paviane bemühten. In der Tat fiel es mir schwer zu entscheiden, welche achtzehn Leute ich zu dem Treffen einladen sollte – achtzehn Teilnehmer stellten das Limit dar, das der Sponsor, die Wenner-Gren-Foundation in New York, generell als Obergrenze für ihre international berühmten Konferenzen festgesetzt hatte.

Die Schlußauslese war ein Kompromiß. Die Gruppe umfaßte nun einen Teilnehmer aus jedem größeren wissenschaftlichen Lager, ausgewogen zwischen älteren Wissenschaftlern oder „Silberrücken", wie sie innerhalb der Primaten-Beobachter genannt werden, bis hin zu den ganz jungen, von denen einige noch nicht einmal ihr Doktorat vollendet hatten, die jedoch mindestens ein Jahr für die Beobachtung von Pavianen aufgewandt hatten.

Ich hatte zwei Ziele. Das erste war einfach ein Gedankenaustausch über Paviane, eine Zusammenfassung der Forschungsergebnisse und ein Vergleich, der vielleicht zur Entdeckung einiger Informationen führte, die sonst unserer Aufmerksamkeit entgangen wären. Ich hatte auch noch eine zweite, mehr philosophische Zielsetzung. Ein Anthropologe muß seinen eigenen Zweifeln und Unsicherheiten gegenüber eine sehr kluge Haltung einnehmen. Wie kam es, daß mein Untersuchungsmaterial sich so sehr von dem aller anderen unterschied? Warum standen meine Interpretationen im Widerspruch zu Ansichten von gestern und heute? Waren die Pumpenhaus-Paviane wirklich so anders, oder spiegelten meine Untersuchungsergebnisse die Unterschiede zwischen meinen Untersuchungsmethoden und der Art und Weise, wie andere ihre Studien durchgeführt hatten, wider?

Wie kam jeder einzelne von uns zu Schlußfolgerungen? Hatte schon die Auswahl der Themen, die wir untersuchen wollten, Einfluß darauf, was wir herausfinden würden? Warum schienen manche Antworten befriedigender als andere? Für mich war es schwer, eine der beiden Alternativen zu glauben, denen ich mich gegenüber sah: nämlich, daß ich falsch lag und alle anderen recht hatten, oder daß ich recht hatte und alle anderen nicht. Zwischen 1974 und 1978 war ich mehrere Male zu den Pavianen zurückgekehrt und war jedes Mal stärker davon überzeugt gewesen, daß ich jetzt einige der Grundprinzipien kannte, die mir eine Vorhersage über ihr Verhalten gestatteten. Irgend etwas stimmte aber nicht; nur eine gründliche Untersuchung konnte dieses Problem freilegen und in Ordnung bringen.

Ich hatte weder mir selbst noch den anderen Konferenzteilnehmern eine leichte Aufgabe gestellt. Spannungen und Meinungsverschiedenheiten lagen bereits in der Luft. Ein Teil der „Silberrücken" war der Ansicht, daß ich zu jung war, um eine Konferenz von weltweiter Bedeutung zu organisieren, und einige Junioren stimmten ihnen zu. Während ich versuchte, die Gemüter so kühl wie möglich zu halten, zielte ich auf eine bescheidene Präsentation ab. Ich wollte einfach und direkt demonstrieren, daß die männlichen Paviane der Pumpenhaus-Bande nicht die traditionelle Dominanzhierarchie besaßen, die Weibchen dagegen schon. Dann wollte ich diskutieren, wie wir uns in der Vergangenheit den Weg durch das Labyrinth der Pavian-Verhaltensweisen bis zur Schlußfolgerung, daß männliche Dominanz der Gruppe ihre grundlegende Struktur verlieh, gedacht hatten.

Es folgten die schlimmsten zehn Tage meines Lebens. Da wir schon vor

Beginn der Tagung unsere Vortragstexte untereinander herumgehen ließen, waren meine Schlußfolgerungen bereits bekannt. Als ich mich auf die Rede vorbereitete, entdeckte ich, daß ich Feinde besaß. Ein Erzrivale, der in meiner Nähe saß, rechnete ganz offensichtlich meine Statistiken auf einem Taschenrechner nach.

Am Ende meines Vortrages blieb es vollkommen still. Die höfliche Ruhe wurde jedoch schließlich durch kaum verhüllte Anschuldigungen gebrochen: Ich hätte mein Datenmaterial erfunden, ich besäße nicht genug Informationen, um meine Schlußfolgerungen zu ziehen, und daß es einfach eine männliche Dominanzhierarchie unter den Pumpenhaus-Männchen zu geben *hätte*. Ich hätte es geschafft, sie zu übersehen, das wäre alles.

Dann folgte das Mittagessen. Ich hielt mich in meinem Zimmer auf und erfuhr später, daß während des Essens alle dem Thema der männlichen Dominanzhierarchie geflissentlich aus dem Weg gegangen waren. Hatte es wenigstens eine Diskussion über dieses Thema gegeben? Glaubte mir niemand, oder erkannte keiner von ihnen, worauf ich hinaus wollte? War die Vorstellung einer männlichen Dominanz so tief verwurzelt, daß sie nicht einmal angezweifelt werden durfte?

Der Konferenznachmittag brachte keine Antworten. Auf meinen Vortrag folgte einer, der bei drei Pavian-Trupps männliche Dominanzhierarchien festgestellt hatte. Daraufhin waren ringsum Lobeshymnen zu hören. Ich war wie gelähmt. Hier lag ein Referat mit nur einem Bruchteil des Datenmaterials vor, das ich besaß, und die Beweisführung, die sie allesamt akzeptierten, war eine Computersimulation des fehlenden Untersuchungsmaterials! Wenn *ich* zuwenig Datenmaterial besaß, wie konnten meine Kollegen dann eine Schlußfolgerung akzeptieren, die auf so viel weniger beruhte? Sollten Paviane so lange eine männliche Dominanzhierarchie besitzen, bis sich etwas anderes nachweisen ließ? Was war notwendig, um meine Fachkollegen zu überzeugen?

Die Konferenz stellte für mich intellektuell wie emotionell einen Wendepunkt dar. Meine einzigen Verbündeten waren zwei ältere Kollegen. Der eine war ob der Aufregung völlig überrascht, da männliche Dominanz für ihn ein überholtes Problem darstellte. Die andere zeigte Einfühlungsvermögen und Sympathie. Sie hatte schon vor einem Jahrzehnt die Frage der männlichen Dominanz aufgeworfen und ganz ähnliche Reaktionen wie ich erlebt. Viele Teilnehmer waren einfach nicht bereit oder unfähig, die bedeutenden philosophischen Probleme unserer Tagesordnung zu diskutieren. Fast keiner von ihnen wollte die Gründe überprüfen, die zur Wahl des von ihnen eingeschlagenen Weges geführt hatten, oder erklären, weshalb sie manche Fragen für wichtig und andere für trivial hielten, warum sie manche Antworten akzeptierten und andere, für die gleichermaßen zwingendes Datenmaterial vorlag, ablehnten.

Dennoch fand ich mitten in all der Enttäuschung endlich einen verwandten Geist. Ich hatte den französischen Soziologen und Wissenschaftsphilosophen Bruno Latour zur Konferenz eingeladen, obwohl ich ihm zuvor nie persönlich begegnet war. Er hatte eine bemerkenswerte Arbeit darüber verfaßt, auf welche Weise Wissenschaftler Wissenschaft betreiben. Ich wollte ihn als unser Gewissen betrachten, das uns helfen sollte, die schwierigeren Fragen zu untersuchen. Er wurde kühl empfangen, ja es gab sogar einen Versuch, ihn zu vertreiben. Ich bewunderte seine Gelassenheit während und nach diesem Angriff.

Ich verließ die Konferenz mit neuen Erkenntnissen, zwar nicht über Paviane, wohl aber über die Pavianforscher. Bruno half mir zu erkennen, daß ich wissenschaftspolitisch schlauer vorzugehen hätte, wenn ich ein Auditorium für meine Ideen gewinnen wollte. Statt zu behaupten, daß es keine männliche Dominanzhierarchie gab, beschloß ich eine darzulegen, gleichgültig wie unbedeutend sie für die Paviane war. Vielleicht würden meine Kollegen dann zuhören, was ich sonst noch zu sagen hatte.

Bruno erinnerte mich daran, daß Mozart einmal bemerkt hatte, nur jener Mensch sei glücklich, der zwar die Vernunft liebt, die Welt aber dennoch so akzeptiert, wie sie ist. Viele meiner Kollegen waren „Techniker", die sich gründlich durch die feinen Details traditioneller Ideen arbeiteten, ohne sie je in Frage zu stellen oder anzuzweifeln. Sie waren nicht daran interessiert, zu verstehen, warum oder wie sie das taten, was sie taten, und fühlten sich vielleicht sogar von der Vorstellung darüber nachzudenken bedroht – philosophisch gleichermaßen wie historisch.

Ich erinnerte mich an eine verblüffende Vorlesung von Washburn: „Eine ‚Tatsache' ist nur die augenblicklich beste Annäherung zwischen der Wirklichkeit und unseren Methoden, diese zu untersuchen", hatte er damals behauptet. „Sobald sich unsere Methoden ändern, werden das auch die ‚Tatsachen' tun." Das war weit entfernt von der Vorstellung von Wissenschaft als „Wahrheit", als objektives und präzises Erfassen der Wirklichkeit. Meine Erfahrung hatte mich jedoch dazu geführt, Washburns Standpunkt zu glauben, und Bruno half mir nun dabei, zu klären, was ich schon früher vermutet hatte: Gesellschaftliche, kulturelle und sogar psychologische Faktoren drängen sich in die Wissenschaft hinein, weil

Wissenschaftler Menschen sind. Das mindert zwar nicht ihre Bemühungen, verändert sie jedoch. Da diese Hindernisse zu überwinden sind, wird gute Wissenschaft zu einer weitaus größeren Leistung. Wir schworen uns, diesen Gedanken weiter zu verfolgen. Bruno wollte seine nächste Studie einer näheren Untersuchung der Pavianbeobachter widmen.

———

Schon 1973, lange vor dieser schrecklichen Konferenz, hatte ich meine Vorstellungen an Besuchern der Pumpenhaus-Bande und an Kollegen in Kenia und anderswo getestet. Ihre Antworten dämpften meinen Enthusiasmus. Einige Reaktionen waren einfach dumm. Rivalisierende Pavianbeobachter kritisierten meine Entscheidung, den Bus zu verlassen und meine Forschungen zu Fuß fortzusetzen. Ich hätte mich „eingemischt" und dadurch die Paviane ruiniert! Ein anderes Mal, als ich die Namen und Größen der Familien der Pumpenhaus-Bande aufzählte, sagten sie, daß ich unmöglich recht haben könnte, weil „Paviane nicht so große Familien besitzen können". Meine Beschreibung der Freundschaft zwischen Männchen und Kleinkindern sowie zwischen Männchen und Weibchen wurden trotz Tim Ransoms früherer Berichte mit Mißtrauen begrüßt. Und meine Schlußfolgerung, daß die Männchen nicht wirklich über eine bedeutungsvolle Dominanzhierarchie verfügten, stieß geradezu auf Feindseligkeit.

Ich empfand sowohl selbstgefällige Genugtuung als auch Zorn, als die gleichen Verleumder später entdeckten, welche Freude es ihnen bereitete, sich unter *ihren* Untersuchungstieren frei zu bewegen, oder selber herausfanden, was sie eigentlich die ganze Zeit über schon gewußt haben sollten, nämlich, daß die Größe der Pavian-Familien die Überlebensrate der Jungen widerspiegelt, die zu gewissen Zeiten und unter gewissen Umständen natürlich variiert. Was sollte ich aber davon halten, als sie eine aufregende neue Erkenntnis verkündeten, daß Pavian-Babys „Paten" besäßen, Männchen, die sich mit ihnen anfreundeten und sie beschützten?

Bei all dem ging es um mehr als um bloße Dummheit und um mehr als um verletzten Stolz. Ich war naiv. Ich hatte mir vorgestellt, daß ein Forscher seine Arbeit tut, Informationen sammelt, analysiert, interpretiert und sie der wissenschaftlichen Welt vorlegt. Dann sollte diese Arbeit bewertet und, falls solcherart akzeptiert, in das Grundwissen des jeweiligen Fachgebietes eingebaut werden. Aber wie in jedem anderen Zweig menschlicher Unternehmen gibt es auch in der Wissenschaft Cliquen. Wenn man Mitglied jener Gruppe ist, die gerade „in" ist, werden sogar

Erkenntnisse von wenig Belang diskutiert und integriert und solcherart vielleicht Teil des Wissens in diesem Fachgebiet. Ist man kein Mitglied einer solchen Gruppe, so hat man große „Chancen", vollkommen ignoriert zu werden. Mit Ausnahme meiner Arbeit über das Jagdverhalten, die nicht besonders kontroversiell war, reagierte niemand auf meine Forschungsergebnisse, oder zitierte meine Arbeit über Dominanz, Aggression, Sozialstrategien und Freundschaft. Ich war darauf vorbereitet, mich geirrt zu haben, oder meine Position angesichts zwingender Argumente meiner Kollegen abändern zu müssen. Ich war aber nicht darauf vorbereitet, daß ich für sie überhaupt nicht existieren würde. Nur einige wenige Häretiker ließen mich Reaktionen hören. Sie mochten meine Gedanken, warnten mich jedoch, daß es den Leuten schwer fallen würde, das zu akzeptieren, was ich vorschlug.

Mit der Zeit begann sich das Blatt zu wenden. Gesellschaftliches Raffinement wurde überall entdeckt, auch wenn die Vorstellungen darüber nicht auf die Weise präsentiert wurden, die ich vorgeschlagen hatte. Die Aggression verlor langsam ihren machtvollen Einfluß bei der Interpretation des tierischen wie des Primaten-Verhaltens. Sollte ich mich damit zufrieden geben, die neue Sicht der Dinge einfach früher auf die Tagesordnung gebracht zu haben, auch wenn niemand mir zugehört hatte? Ging es der Wissenschaft um neue Entdeckungen oder um Einflußnahmen? Mein Verstand sagte mir, daß es um „Entdeckungen" ginge – mein Inneres sagte mir: um „Einfluß".

Es war nur zu leicht, sich in hitzige und herzzerreißende Streitereien zu verirren. Wissenschaft unterscheidet sich in dieser Hinsicht überhaupt nicht von anderen menschlichen Beschäftigungen. Ich mußte lachen, als ich einen Leitartikel in der Zeitschrift *Science* las. Der Verfasser war ein Mann, der die höheren Ränge der Geschäftswelt zugunsten der ruhigeren Felder des akademischen Lebens verlassen hatte, in der Hoffnung, die in der Geschäftswelt üblichen Halsabschneidertaktiken loszuwerden. In diesem Artikel kündigte er seine Rückkehr in die Welt der Finanz an. Er war dem Wettbewerbsdenken, den Schlägen unter die Gürtellinie und dem wahnsinnigen Tempo, das er bei den Wissenschaftlern vorgefunden hatte, nicht gewachsen. Im Vergleich dazu war die Geschäftswelt reines Kinderspiel. Ich begann zu verstehen.

Zu dieser Zeit entdeckte ich ein bemerkenswertes Buch darüber, wie die Wissenschaft „arbeitet": *„Die Struktur wissenschaftlicher Revolutionen"* von Thomas S. Kuhn, 1962 verfaßt. Anscheinend referierte dieses Buch sowohl die Gedankengänge Washburns als auch die von Bruno Latour. Kuhn verwarf die traditionelle Ansicht, daß es Wahrheit gibt und daß die Wissenschaft einfach Techniken benützt, um diese zu erkennen. Sein Hauptinteresse galt dem Ideenwandel und der Frage, was eine wissenschaftliche Revolution auszulösen vermag. Seine Beobachtungen stimmten sowohl mit meinen persönlichen Erfahrungen als auch damit überein, was ich über die kurze und relativ moderne Geschichte der Primatenforschung wußte.

Nach Kuhn wandeln sich in der Wissenschaft die Ideen nicht nur einfach deswegen, weil sich neue Tatsachen gegen überholte durchsetzten. Vielmehr gestalten soziale, kulturelle und historische Variablen das gesamte Bild. Da die Tatsachen nicht für sich selbst sprechen können, sind es ihre menschlichen Fürsprecher, die für sie das Feld gewinnen oder verlieren. Mein Freund Bruno Latour hatte ebendiese Tatsache in seiner 1979 erschienenen Studie *Laboratory Life,* einer Arbeit über ein Laboratorium, dessen Direktor soeben den Nobelpreis gewonnen hatte, nachgewiesen. Aber Kuhn, der die „harten" Wissenschaften studierte, ging noch weiter. Die Wissenschaft arbeitet, indem sie Modelle (Paradigmata) hinsichtlich der Frage, wie die Welt funktioniert, akzeptiert. Wenn sich ein solches Paradigma einmal festgesetzt hat, ist es äußerst schwierig wieder zu verdrängen. Wenn man auf Diskrepanzen stößt, werden diese entweder ignoriert oder als Ergebnis ungünstiger Arbeitsmethoden oder „schlechter" Wissenschaft eliminiert. Diese Diskrepanzen gewinnen jedoch schließlich an Größe und eine andere Version, ein anderes Modell, ein anderes Paradigma, ersetzt das alte. Dies wird als wissenschaftliche Revolution bezeichnet. Nach der Revolution verändert sich die Vorgangsweise jedoch nicht wesentlich. Die meisten Wissenschaftler widmen ihre Zeit „normaler" Wissenschaft, um Kuhns Terminus zu verwenden, arbeiten anstelle der Einzelheiten des alten jene des neuen Modells aus und lassen nur ungern divergierende Ideen oder Informationen zu.

Kuhn nennt dies einen „Gestaltsprung". Sobald es einmal ein neues Modell gibt, können die Wissenschaftler auf die gleichen Stellen blicken, die sie seit Jahrzehnten im Auge hatten, und neue Entdeckungen machen. Sie können auf Teile alter Informationen sehen, die einmal unbedeutend oder trivial erschienen waren, und wesentliche neue „Tatsachen" entdecken. Ebenso faszinierend ist Kuhns Beobachtung, daß Revolutionen oft durch einen Außenseiter ins Leben gerufen werden, durch jemanden, der nicht in das aktuelle Modell eingebunden ist, welches den Blick beinahe ebenso stört wie Scheuklappen. Der Vorteil, sich im Rahmen eines bestimmten Paradigmas zu bewegen, besteht darin, daß großer Fortschritt im Verständnis von Details und Tiefe der Welt, wie sie sich im Rahmen dieses Modells darbietet, erzielt werden kann. Die Schwierigkeit liegt darin, daß jedes Modell den Blick des Wissenschaftlers einengt und Paradigmata eine große Macht darüber haben können, wie die Leute denken.

Darüber hinaus neigen Menschen dazu, konservativ zu sein, wie Kuhns Untersuchung nachgewiesen hat. Für einen Wissenschaftler ist es oft schwer, Paradigmata zu wechseln und im Laufe eines Lebens seine Ideen zu verändern. Nur wenn die Anhänger eines alten Modells wirklich aussterben, wird ein neues eigenberechtigt wirksam.

Diese Theorie paßte anscheinend zu meinem Verständnis der Primatenforschung, obwohl einige Wissenschaftler – zum Beispiel Kernphysiker – vielleicht die Frage stellen könnten, ob es sich bei Verhaltensforschung und Forschung über die Evolution der Primaten wirklich um Wissenschaft handle. Das erklärt zum Teil, warum sich die Vorstellung von der Vorherrschaft der männlichen Paviane so lange halten konnte. Ich entdeckte eine ganze Reihe von Beispielen dafür, wie sehr ein Modell oder eine Idee das Denken prägen können. C. R. Carpenters Arbeit über die Brüllaffen, die Affen der Neuen Welt, die er in den dreißiger Jahren untersucht hatte, stellte dafür eine gute Illustration dar. In seiner ursprünglichen Beschreibung waren diese Primaten beinahe Kommunisten. Es gab keine hierarchischen Beziehungen zwischen Weibchen und Männchen, keinen sexuellen Wettstreit, und das Alltagsleben wurde durch die Gemeinschaft geprägt. Dreißig Jahre später, zur Blütezeit des Pavian-Modells als Vorbild für Primaten-Gesellschaften, eines Modells, das ganz auf männlichem Wettstreit und Dominanzhierarchie beruht, schrieb Carpenter jedoch eine Abhandlung, die zwar keinerlei zusätzliche Daten über das Sozialverhalten enthielt, in welcher er die Brüllaffen aus miteinander nicht konkurrierenden Sozialisten in Mitglieder einer Gesellschaft verwandelte, in welcher die Männchen eine Rangordnung besaßen und miteinander um die Weibchen kämpften! Diese Veränderung war nicht bewußt erfolgt, doch ein sprechender Hinweis darauf, wie mächtig ein bestimmtes Weltbild sogar unter ehrenwerten und ernsthaften Forschern sein kann.

Was ich in der Pumpenhaus-Bande beobachten konnte, und was in wachsendem Maße auch in anderen Arbeiten geäußert wurde, trug zu einem sich anbahnenden Paradigmenwechsel bei. Ich entdeckte, daß sich die Diskrepanzen mehrten und es für andere Feldforscher immer schwieriger wurde, diese zu ignorieren, sie einfach nur ungünstigen Methoden oder schlechter Wissenschaft zuzuschreiben, was man mir auf der Pavian-Konferenz vorgeworfen hatte.

Nichtsdestoweniger gab es gegen gewisse Ideen in der Primatenforschung mehr Widerstand als gerechtfertigt erschien. Bruno Latour und ich entschieden uns, diese Frage zu untersuchen, indem wir meinen anthropologischen Hintergrund in Verbindung mit seinem philosophischen, soziologischen und wissenschaftsgeschichtlichen Wissen einsetzten. Wir trafen eine Auswahl der Autoren, die über die Anfänge der menschlichen Gesellschaft geschrieben hatten, wobei wir neben den berühmtesten auch unbedeutendere in unsere Liste aufnahmen. Manche Namen waren jedem geläufig, andere stießen auf ganz geringes Echo: Rousseau, Hobbes, Nietzsche, Freud, Aristoteles, Engels, Bentham, Mauss, E. O. Wilson, Richard Dawkins, Robert Trivers, W. D. Hamilton und Richard Leakey. Dann untersuchten wir den logischen Aufbau ihrer Argumentation und die Rolle, welche die ihnen zugänglichen Tatsachen spielten. Der Vergleich erwies sich als überaus aufschlußreich.

In logischer Hinsicht waren philosophische Arbeiten des 17., 18. und 19. Jahrhunderts den modernen wissenschaftlichen Studien bei weitem überlegen. Die Erklärungen von Rousseau und Hobbes paßten rundum zusammen und waren logisch zwingend, obwohl diese Autoren nur über wenig oder gar kein Wissen darüber verfügten, ob die menschliche Gesellschaft in der ihnen zutreffend erscheinenden Weise entstanden war. Sie behaupteten auch niemals, daß es „*genau so war*", wie sie es beschrieben, sondern vielmehr, daß „*es so gewesen sein sollte*". Die modernen Berichte, gepolstert mit wissenschaftlichen Theorien, und vollgestopft mit neuen Daten über Biologie, Primaten und Fossilien, stellten zwar zunächst die grundsätzlichen Erkenntnisse fest, entschwebten dann aber in das Reich der Phantasie. Tatsachen und Schlußfolgerungen standen eigentlich nur durch ihr gleichzeitiges Auftauchen in ein und demselben Buch oder Artikel miteinander in Beziehung; zwischen ihnen gab es jedoch keine logischen Verbindungsglieder, weder wissenschaftlicher noch anderer Natur.

Bruno und ich besaßen keine vorgefaßte Meinung darüber, was wir finden wollten, nahmen jedoch an, daß die modernen wissenschaftlichen Untersuchungen über den Ursprung des Menschen weniger fabel- und storymäßig abgefaßt sein würden als die alten, philosophischen Arbeiten. In den heutigen Berichten spielten Tatsachen eine bedeutende Rolle, nicht jedoch in den alten, da die meisten damals noch nicht bekannt waren. Bruno zog die Schlußfolgerung, daß bei modernen Autoren „alles möglich ist, solange es nur in englischer Sprache formuliert wird"; „Fakten" in logischer und zusammenhängender Weise anzuordnen war von sekundärer Bedeutung.

Weshalb sollte das so sein? Wir können es nur vermuten. Diskussionen über die Ursprünge der menschlichen Gesellschaft, ob sie nun als wissenschaftlich gelten wollen oder nicht, finden im weiteren Zusammenhang der Bedürfnisse und Erwartungen einer lebendigen Gesellschaft statt. Das schafft besondere Schwierigkeiten. Warum kommen uns einige Versionen über unsere Anfänge befriedigender und angenehmer vor als andere? Warum ziehen wir die eine einer anderen vor? Es gibt versteckte Vorlieben, die in unserer Auslese eine wichtige Rolle spielen.

Bruno und ich stimmten darin überein, daß sich die meisten Menschen ununterbrochen auf der Suche nach Selbstverständnis befinden, wissen möchten, wer sie sind, woher sie kommen, und welche Handlungsweisen man von ihnen erwartet. Jedesmal wenn jemand die Anfänge der menschlichen Gesellschaft zu erklären versucht, wird eine neue Genealogie der menschlichen Gesellschaft geschaffen. Er legt fest, was natürlich ist und was nicht, was gerechtfertigt ist und was nicht. Diese Information über unsere „Anfänge" wird dazu verwendet, um die Fakten des Lebens von heute zu erklären und ein besonderes Sortiment an Bedingungen moralischer, politischer und ökonomischer Art zu rechtfertigen. Wir erkennen an, daß dies für den allgemeinen Gebrauch wissenschaftlicher Berichte zutrifft, doch scheint es auch für die wissenschaftlichen Berichte an sich zuzutreffen. Bruno mahnte mich, niemals zu vergessen, daß auch Wissenschaftler Menschen sind, die Rechtfertigungen und Rationalisierungen für ihre eigene Lebensweise gerade so benötigen wie jeder andere auch.

Man kann sagen, daß die wissenschaftlichen Berichte über die Anfänge der menschlichen Gesellschaft das funktionelle Äquivalent der alten Mythen darstellen. Das ist nicht unbedingt eine abschätzige Feststellung. In primitiven Gesellschaften ebenso wie in modernen Industrienationen werden Mythen geschaffen, um so zeitlose Probleme wie Selbsterkenntnis und Bündnispolitik, die Beziehung zwischen Mensch und Tier und den Zweck des menschlichen Zusammenlebens in der Gesellschaft zu behandeln. Weder Bruno noch ich hatten den Eindruck, daß wir mit den Antworten auf diese Fragen auf den vorwissenschaftlichen Stand zurückkehren sollten, unsere Zusammenarbeit half uns aber dabei, die Trägheit bestimmter moderner „wissenschaftlicher" Gedankengänge zu erklären. Wir wurden aber auch davor gewarnt, daß unsere wissenschaftlichen Berichte, vor allem bei der Behandlung bestimmter Themen, vielleicht gar nicht so wissenschaftlich waren, wie sie es hätten sein sollen. In Zukunft wird es wichtig sein, die Fakten rigoroser zu nützen, ohne dabei aus den Augen zu verlieren, daß das gesamte Thema des menschlichen Verhaltens, seiner Ursprünge und der vorhergegangenen Evolution – und das schließt nahverwandte Tiere mit ein – gefühlsmäßig überaus belastet ist.

Es war klar, daß Wissenschaft deswegen so kompliziert war, weil ihre Träger menschliche Primaten waren. Primaten wurden nicht als objektive Maschinen geschaffen. Alle Primaten – einschließlich der Menschen – erleben die Welt auf eine ganz bestimmte Weise: mit Primaten-Augen, -Ohren, -Nasen und -Händen, was jedoch das wichtigste ist – mit einem Primaten-Gehirn, das eine ganz besondere Geschichte hat; ein Gehirn, das verschiedene Funktionen äußerst geschickt erfüllt, andere hingegen völlig mangelhaft. Es ist eine einzigartige Eigenschaft der Menschen, daß wenigstens einige von ihnen die Welt lieber untersuchen und verstehen möchten, „wie sie wirklich ist", als sich mit dem zufriedenzugeben, was sie sehen und sie nur insoweit zu begreifen, als dies einem unmittelbaren und egoistischen Zweck dient.

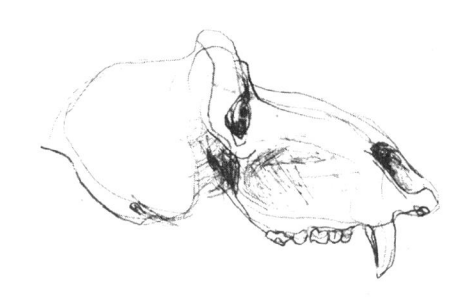

13. Ernteraub

Mit großer Erleichterung kehrte ich aus der akademischen Welt in die Welt der Paviane zurück – nur um festzustellen, daß auch ihre Welt ernsthaft bedroht war.

Im Jahre 1976, gerade als ich mit meiner Untersuchung der subadulten Pavian-Männchen begann, hatten die Coles Kekopey verkauft. Ich war am Boden zerstört. Hugh Cole, der mittlere Sohn der Familie, war für mich wie ein Bruder gewesen. Die Porzellankaffeekanne seiner Großmutter, die fünfzig Jahre lang in Kekopey verwendet wurde und die er mir schenkte, gehört heute noch zu meinen Schätzen und erinnert mich immer an die Vergangenheit.

Ich wurde mir nie klar darüber, weshalb die Coles Kekopey verkauften. Gerüchte gab es in Mengen. Die offizielle Geschichte war die, daß es der sich verschlechternde Gesundheitszustand Arthurs erforderte, nach England zurückzukehren, doch gab es auch Gerüchte, daß politischer

Druck auf sie ausgeübt wurde, da Kekopey, vor allem in einer Zeit wachsender Afrikanisierung, ein überaus begehrtes Areal darstellte.

Es hatte niemals irgendwelche offiziellen Vereinbarungen zwischen den Coles und einer Universität oder Forschungsgemeinschaft gegeben. Jedes Jahr Pavianforschung war ein direktes Resultat der Freundlichkeit der Coles und wurde von den unmittelbar mit der Forschung Befaßten direkt mit ihnen ausgehandelt – zuerst durch Bob Harding, dann durch Matt Williams und dann, bis die Coles 1976 abreisten, durch mich. Danach verhandelte ich mit jedem neuen Manager der Ranch, mit der Landwirtschaftskooperative, die Kekopey erwarb, und schließlich mit den einzelnen Eigentümern der zahlreichen kleinen, etwa zwei Hektar großen Farmen.

Wie sollte es nun mit Kekopey weiter gehen? Es bestand der Plan, Leute ohne Grundbesitz aus anderen Gebieten hierher zu übersiedeln und die Ranch in kleine Farmen, sogenannte „*Schambas*", aufzuteilen. Unsicher blieb, ob sich diese Farmen mit dem Territorium der Pumpenhaus-Bande überschneiden würden, oder ob sie nur am Rande angelegt werden sollten.

Ironischerweise hatte ich mich nur kurz vor dem Verkauf der Farm mit Bob Harding zusammengetan. Die Pavianbeobachtungen waren sechs Jahre lang von einer Person auf die andere übergegangen, und es schien nun an der Zeit, das Projekt auf eine formellere Basis zu stellen. Auf diese Weise sollte sichergestellt werden, daß es keine Unterbrechung der Pavianbeobachtung gab und daß langfristig Aufzeichnungen über das Projekt durchgeführt werden konnten. Die Gastfreundschaft des Landes und der Landbesitzer, zusammen mit den aufregenden Ergebnissen der Pavian-Studien und der wichtigen Rolle, die diese Kenntnis hinsichtlich der Interpretation unserer eigenen menschlichen Evolution spielen konnte, hatten uns davon überzeugt, wie wichtig es war, aus der Pavianbeobachtung ein langfristiges Projekt zu machen. Im Jahre 1976 wurde das Gilgil-Pavian-Projekt geboren. Die Paviane wurden nun tagaus, tagein durch viele universitäre Forscher aus den Vereinigten Staaten und Europa beobachtet. Ich und Bob Harding waren die Direktoren des Projekts und die Hauptbeobachter der Paviane. All dies begeisterte mich. Ich würde ständig in Gilgil zu sein haben, um die Dissertanten zu instruieren und mit ihnen auch Kontakt halten, wenn ich zurück in Kalifornien war. Ich wußte, daß die Paviane mir niemals schreiben konnten, die Dissertanten waren dazu aber verpflichtet.

Der Verkauf Kekopeys bedeutete aber nun, daß das Gilgil-Pavian-

Projekt, seine langfristigen Aufzeichnungen und der Strom von forschenden Dissertanten zu einem Hirngespinst werden würden. Wir wurden alle für eine gewisse Zeit aus dem Roten Haus ausgewiesen, während Verwalter Vorbereitungen trafen, die 18.000 Hektar in kleine, zwei und vier Hektar große Parzellen aufzuteilen. Dann erhielten wir jedoch ebenso plötzlich wieder die Erlaubnis zurückzukehren. Mir brach fast das Herz, als ich zusah, wie die Verwalter das Land, das von den Mitgliedern der Kooperative gekauft werden konnte, überall mit Stöcken markierten. In verzweifeltem Schweigen saß ich da, als lastwagenweise Menschen rund um das Territorium der Paviane fuhren, um ihr eigenes Stück Land ausfindig zu machen. Ich hatte nichts gegen die fünfzig bedürftigen Witwen, denen hier ein besonders günstiges Angebot gemacht worden war, ebenso wenig wie gegen irgendjemand anderen. Ich wollte einfach nur nicht, daß sich hier Leute niederließen. Meiner Ansicht nach waren sie Eindringlinge, die kein Recht hatten, sich hier aufzuhalten. Ich stand auf der Seite der Paviane.

Für längere Zeit geschah nun gar nichts. Ein paar Farmer kamen an, einige Häuser wurden in der Nähe der Lieblingsschlafplätze der Paviane errichtet. Neugierige Affen erforschten das neue „Spielzeug", das hier so großzügig für sie errichtet worden war. Alles, was ich tun konnte, war, hinter ihnen aufzuräumen, wenn sie vom Spielen müde geworden waren. Die Unordnung war im allgemeinen harmlos und beinahe unmerkbar: ein paar leere Coca-Cola-Flaschen an Orten, wo sie nicht hingehörten, roh behauenes Holz, das mit einem „Holzschutzmittel", mit Pavian-Urin, behandelt worden war. Einmal schafften es die Paviane, in eine Hütte hineinzugelangen und kamen mit einem großen Knäuel gelben Kunststoffgarns wieder heraus. Ein Jugendlicher übernahm die Führung und wickelte das Garn ab, indem er immer wieder um die Hütte lief. Als er damit endlich fertig war, fehlte nur noch eine große Schleife, um der Hütte das Aussehen eines verpackten Geburtstagsgeschenkes zu geben.

Diesen Häusern war jedoch keine lange Lebensdauer beschieden. Auf geheimnisvolle Weise wurden die Farmer wieder in Gebiete umgesiedelt, in welche sich die Paviane selten vorwagten. Die Katastrophe war abgewandt, und ich kehrte beruhigt nach Kalifornien zurück – mit weiterem Datenmaterial versehen und mit der Absicht, größere Subventionen aufzutreiben, die mir eine Beobachtung der Paviane bis weit in die Zukunft hinein gestatten würden. Ich hätte gerne gesagt für immer, Subventionen werden jedoch nicht auf ewig zugesagt. Obwohl drei Jahre ohne größere Probleme vergingen, konnte ich mich noch immer nicht vom ominösen

Gefühl nahenden Verderbens freimachen. Ich war jedoch glücklich, daß ich das Pavian-Projekt 1976 nicht aufgegeben hatte, wie mir damals so viele geraten hatten. Drei Jahre später – mit beträchtlich mehr Datenmaterial ausgerüstet – schien die Zukunft nicht mehr gefährdet. Ich war weiterhin bereit, als Beschützerin der Paviane aufzutreten.

Im Sommer 1979 kehrte ich für eine Lehrtätigkeit nach Kalifornien zurück. Ich fühlte mich selbstsicher und zufrieden. Das Gilgil-Pavian-Projekt lief bestens. Innerhalb von drei Wochen und vollkommen ohne Warnung veränderte sich alles. Die Pumpenhaus-Bande begann die Ernte zu plündern, die die Farmer sorgfältig gehegt hatten. Während der vergangenen drei Jahre waren nach und nach einige weitere Siedler nach Kekopey gekommen und hatten mitten im Territorium der Paviane ihre Häuser errichtet und ihre Felder angelegt. Am Anfang war es zu keinen Konflikten gekommen, und die Paviane hatten nur eine gewisse Neugier ob der neuen Entwicklungen an den Tag gelegt.

Aber schon früher hatte es in einem anderen Gebiet unerwartete Probleme gegeben. Einige der neu vom Krüppel-Trupp herübergewechselten Männchen, die an das Leben rund um das Armeelager gewöhnt waren, das im Osten an Kekopey grenzte, hatten ihre schlechten Gewohnheiten mit in die Pumpenhaus-Bande gebracht. Nun, da es keine Armeekasernen mehr für sie zu plündern gab, richteten Chumley, Duncan und Higgins ihre Augen und sehr bald auch ihre Hände auf die kleinen Blechhütten, in denen die Rinderhirten lebten. Die dünnen Wände, die unsichere Tür und der Spalt zwischen Hüttenwand und Boden ließ den „bösen Buben", wie wir die hauptsächlich männlichen Plünderer nannten, genügend Gelegenheit, hineinzukommen. Im allgemeinen gab es in den Hütten nicht viel zu finden, der eine oder andere Sack *Poscho* (gemahlenes Maismehl) ließ es jedoch einen Versuch wert erscheinen.

Es waren diese Überfälle durch die „bösen Buben", die zu meiner ersten schwierigen Entscheidung und zu einem grundlegenden Wandel in meiner Orientierung führten. Im Laufe der vergangenen drei Jahre hatte ich mir selbst und anderen Forschern fast unmerklich einen größeren Spielraum gelassen, im Sinne der Tiere zu intervenieren. Die Weltuntergangsstimmung, die aufgekommen war, als Kekopey verkauft wurde, und die das Projekt weiterhin bedrohte, bedeutete, daß gelegentlich ein Affe aus einem halb gefüllten Wassertank befreit wurde, in welchem er andernfalls ertrunken wäre. Soziale Interaktion zwischen Pavianen und ihren Beobachtern war immer noch verboten, doch wurde es immer schwieriger, zu erkennen, wo man die Grenze ansetzen sollte, um einem Tier in Not zu Hilfe zu kommen. Wir griffen nur selten ein, und ein „gerettetes" Tier galt offiziell, was unsere Aufzeichnungen betraf, als tot. Ein solches Tier wurde auch in den Analysen nicht mehr weiter beachtet, da ein derartiger Vorfall zu einem Unterschied bei den Schlußfolgerungen führen hätte können. Aber das war alles nichts, verglichen mit meinen Gedanken, die sich im Zusammenhang mit den „bösen Buben" einstellten. Wenn ich die Situation sich frei entwickeln ließ, riskierte ich, daß die bis jetzt noch unschuldigen Mitglieder der Pumphaus-Bande deren schlechte Gewohnheiten übernahmen. Die Alternative bestand darin, die paar wenigen zugunsten der vielen anderen zu opfern.

Diese Möglichkeit wäre in den frühen Tagen meines Projekts undenkbar gewesen. Nun aber schien vom Aufrechterhalten der guten Beziehungen zu den Leuten auf und rund um Kekopey die Zukunft der Paviane abzuhängen. Gleichsam als um mich zu versichern, daß meine schwierige Entscheidung richtig war, verschwand Duncan einen Tag bevor wir die Fallen aufrichteten, mit denen wir die drei Missetäter fangen wollten. Die einzige Nachricht, die wir über ihn erhielten, ließ den Hinweis zu, daß er im Verlauf einer Plünderungsaktion offenbar getötet worden war.

Chumley und Higgins ließen sich leicht fangen und wurden, so weit als möglich vom Ort der Versuchung entfernt, wieder freigelassen. Ich sollte eigentlich zufrieden sein und fühlte mich freilich auch glücklich, daß der Trupp nun in Sicherheit zu sein schien. Die Erleichterung war jedoch mit großer Traurigkeit gemischt – die Paviane hatten mir vertraut, und ich hatte sie verraten. Die ausdrucksvollen Augen, mit denen Chumley mich ansah, als er einen ganzen Tag lang in seinem Käfig saß und wartete, bis wir Higgins gefangen hatten, schienen das gleiche auszudrücken. Ich wußte, daß es nur Gefangenschaft auf kurze Zeit war; ich wußte, daß die Männchen bald wieder frei sein und ein besseres Leben führen würden als vor meinem Eingriff – aber *sie* wußten es nicht. Ich stand als Angeklagte vor ihnen. Ihr Beschützer zu sein bedeutete manchmal wie ihr Feind zu handeln. Ich wußte allerdings nicht, wie oft ich mich in den nächsten vier Jahren sowohl als ihr Feind wie auch als ihr Beschützer erweisen sollte.

Die ersten Nachrichten von ausgedehntem Ernteraub trafen im September

1979 ein, als ich in Kalifornien war. Als unmittelbares Ergebnis dieser Plünderung gab es fünf tote Paviane, und nach einigen Wochen war die Zahl der Todesopfer auf elf angestiegen. Ich war völlig verzweifelt. Jeder Todesfall bedeutete für mich einen schweren persönlichen Verlust: Paul, Big Sam, McQueen, Naomi, Kate, Frieda und viele andere. Die Situation wurde noch dadurch verschlimmert, daß ich von ihnen so weit entfernt war. Ich konnte nichts anderes tun, als den nächsten Brief öffnen und die neue Opferliste lesen.

Die Realität bei Tag war schon schlimm genug, noch ärger waren aber die Nächte. Ich hatte schon immer von den Pavianen geträumt – sie untersucht und nach Antworten auf meine wichtigsten Fragen gesucht, und hatte manchmal sogar den Hinweis auf eine Antwort erhalten. Jetzt aber träumte ich von Delegationen von Pavianen, die mich zu finden versuchten und mich baten, ihnen zu helfen. Sie hatten Angst, waren hilflos und verließen sich ganz auf mich.

Verpflichtungen, die ich nicht absagen konnte, hielten mich neun Monate lang von den Pavianen fern. Glücklicherweise war die Haupterntesaison vorbei, und die in Kekopey anwesenden Dissertanten und ich hatten so etwas wie eine funktionierende Abmachung getroffen. Es wurden Leute angemietet, die die Paviane von den Feldern verjagten und sie davon abhielten, das Farmgebiet zu betreten, auch wenn es dort keine Ernten gab. Das war einfacher als es klang, da sich die Siedlung auf dem Plateau oberhalb der Schlafklippen der Paviane konzentrierte. Das bedeutete, sie müßten auf die daruntergelegenen, unbesetzten Plateaus ausweichen.

Warum hatten die Paviane plötzlich damit begonnen, nach einigen Jahren friedlicher Koexistenz die Farmen zu plündern? Nur im Rückblick wurden mir die Gründe klar. Die lange Trockenheit Mitte der siebziger Jahre endete erst 1977, ungefähr zu jenem Zeitpunkt, als die ersten Siedler ankamen und das Land zu bebauen begannen. Die Regenfälle brachten sowohl eine Fülle „natürlicher" Nahrung für die Paviane als auch reiche Ernten. Die Affen hüteten sich so sehr vor den Menschen – von jenen abgesehen, denen sie vertrauten: jenen seltsamen Pavian-Beobachtern –, daß sie die realen oder eingebildeten Risken der Nahrungssuche auf den Feldern im Zaum hielten. Sie brauchten das Futter nicht, und seine Beschaffung brachte nur eine Menge Probleme mit sich. 1979 war jedoch ein schlechtes Jahr. Wenn es früher schwierige Zeiten gegeben hatte, hatte es der Trupp dadurch zu überleben geschafft, indem er auf Futtersuche ein großes Areal durchstreifte. Der Erfolg hing davon ab, ob das ihnen zur

Verfügung stehende freie Gebiet mehr als fünfzig Quadratkilometer umfaßte.

Nun stellten sich dieser Freiheit jedoch Widerstände entgegen. Die Zäune, die die Farmer rund um ihre *Schambas* errichtet hatten, hielten die Paviane zwar nicht zurück, wohl aber die Hunde und die Menschen, die rund um das zwei Hektar große Lager lebten. Diese Farmen befanden sich auf dem traditionellen Territorium der Paviane. Woher sollten Affen wissen, daß die Ernte nicht ihnen gehörte? War das nicht nur eine größere und bessere Version von Hibiskusblüten oder unterirdischen Sprossen?

Andererseits gab es vielleicht besondere Gründe, welche die Paviane zwangen, etwas Neues zu versuchen. Als ich im Sommer 1980 schließlich zurückkam, um mir über die veränderte Situation klarzuwerden, wollte ich vor allem auch diese Frage klären. Bob Harding, der erst vor kurzem einen Besuch gemacht hatte, bezeichnete die Situation als hoffnungslos und zog sich von dem Projekt zurück.

Auch nachdem wir Higgins, Chumley und Duncan losgeworden waren, schienen wir uns eine neue Anzahl von Tätern eingeheimst zu haben: Ernteräuber. Wieder war es der Krüppel-Trupp, der die Pumpenhaus-Bande mit einer Reihe furchtloser, intelligenter Männchen versorgte, die einen Geschmack für das leichte Leben entwickelt hatten. Sie hatten die Müllgruben des nahe gelegenen Armeelagers entdeckt und ergriffen jede Gelegenheit, um möglichst leicht ihren Lebensunterhalt zu beschaffen. Zumeist waren es nur einige junge erwachsene und subadulte Männchen im Alter zwischen sechs und dreizehn Jahren, die Überfallsgruppen bildeten. Ältere Männchen und andere Gruppenmitglieder waren viel konservativer. In voller Einsatzstärke näherten sich bis zu sieben Männchen einem unbewachten Feld. Stand der Mais genügend hoch, so verwüsteten sie die Ernte, noch ehe jemand Alarm schlagen konnte.

Die kleine Bande verschwand und kam Stunden später, von oben bis unten mit Maismilch beschmiert wie weiß bemalte Clowns, zurück. Der Saft aus dem Inneren der zarten Maiskörner klebte auf ihren Gesichtern. Wieder beim Trupp zurück, taten sie nicht mehr viel anderes als ruhen und schlafen. Manchmal nahmen sie dabei eine ungewöhnliche Ruhestellung ein. Sie legten sich flach auf den Bauch und preßten ihre Wangen auf den Boden, während sie ihre Hinterteile hoch in die Luft streckten – ähnlich wie Menschenbabys gern auf dem Bauch liegend schlafen. Kein Wunder, hatte doch jeder mindestens dreizehn Maiskolben gefressen!

Bald zogen diese plündernden Männchen ein paar weitere Pumpenhaus-

Mitglieder an. Zunächst handelte es sich um junge subadulte Weibchen, die mit den Plünderern befreundet waren, mit dem allgemeinen weiblichen Verhaltensmuster eines vorsichtigen Konservativismus brachen und sich ihren Freunden anschlossen. Unter den Erwachsenen gab es nur ein paar Weibchen aus Paarungspartnerschaften, die sich überreden ließen, den Trupp zu verlassen und zu den *Schambas* aufzubrechen. Wenn sie es aber einmal taten, ergriffen sie oft die Führung, als ob das, was sie bisher im Zaum gehalten hatte, nun verschwunden war und sie die „verlorene Zeit" aufholen wollten.

Wenn der Mais unreif war, waren die Ernteschäden am größten. In diesem Fall zupften die Paviane geschickt ein Hüllblatt nach dem anderen herunter, um nachzusehen, in welchem Entwicklungszustand sich der jeweilige Kolben befand. Unter Umständen rissen sie sogar einen Kolben ab, um ihn nach einem einzigen Bissen wegzuwerfen. So ließen die Plünderer einen Pfad der Verwüstung hinter sich zurück, der weit über das hinausging, was sie selber verzehrten. Wenn der Mais reif war, blieben sie sitzen und fraßen soviel sie konnten, stopften ihre Backentaschen bis zu unglaublicher Geschwulstform voll. Dann versuchten sie unbeholfen so viele Kolben wegzutragen, wie sie nur konnten.

Die älteren Pumpenhaus-Männchen und die langfristig Ansässigen waren an Plünderungen überraschend wenig interessiert. Glücklicherweise war der Trupp nicht verzweifelt. Da Kenia einer besonderen Zone angehört, die zwischen der nördlichen und südlichen Region mit jeweils einer Regenzeit liegt, gibt es hier eine doppelte Regenzeit. Die erste im Jahr kann zu gering ausfallen oder sogar ganz ausbleiben, aber glücklicherweise dauert es dann nur kurze Zeit bis zur nächsten Regensaison. Diese Unberechenbarkeit bedeutet auch, daß auf Kekopey praktisch *jeder* Monat der regenreichste des Jahres sein kann, wenngleich die geringsten Niederschläge normalerweise im November sowie nochmals von April bis Juni zu finden sind.

Schon ein bißchen Regen läßt die Welt für die Paviane bereits freundlicher erscheinen. Das junge Gras und die Pflanzen, die noch zu kurz für Zebras, Impalas, Gazellen und andere Huftiere sind, die kurze Blüte der Akazien und anderer Bäume bieten den Pavianen eine reiche Nahrungsvielfalt, auch wenn es sich nur um ein vorübergehendes Angebot handelt. Obwohl die Paviane während harter Zeiten erstmals zu plündern begonnen hatten, hatten diese Perioden nicht lange angedauert. Die eifrigsten Plünderer waren aber offenbar von mehr als bloßer Notwendigkeit getrieben. War es

Gewohnheit? War es Tradition? Wußten sie irgend etwas, das der Rest der Pumpenhaus-Bande erst entdecken mußte?

Was auch immer die Gründe waren, der Ernteraub mußte unter Kontrolle gebracht werden. Ich begann mit sämtlichen Tricks, manche davon so alt wie das Problem an sich. Herauszufinden, weshalb meine Tricks *nicht* wirkten, konnte mir vielleicht dabei helfen, etwas zu finden, was funktionierte. Die Paviane zu verjagen war eine Methode, der Einsatz von Hunden eine andere. Ich plante sogar, rund um jene Farmen, auf die es die Paviane meistens abgesehen hatten, Sprengstoff einzusetzen. Das Abspielen von Pavian-Alarmschreien sowie der Einsatz unterschiedlicher chemischer Abschreckungsmittel waren weitere neue Techniken. Ich war verzweifelt und sogar bereit, es mit der „White-paint-Theorie" zu versuchen, die landesweit als wirksam galt. Ein Pavian wurde mit weißer Farbe angestrichen und zu seiner Gruppe zurückgebracht. Die Farmer behaupteten, daß dann die ganze Gruppe flüchtete.

Als Bob Campbell im Jahre 1978 für Survival-Anglia-TV mit der Pumpenhaus-Bande ein Special über Paviane drehte, gelangen ihm einige wunderbare Bandaufnahmen, darunter auch solche von Pavian-Alarmschreien. Konnten diese Geräusche vielleicht ausreichen, daß sich der Trupp, wenn man ihm die Schreie genau im richtigen Augenblick vorspielte, das Plündern gründlich überlegte?

Die Resultate waren unklar. Einige Mitglieder der Pumpenhaus-Bande wurden aus der Fassung gebracht, andere blieben jedoch völlig ruhig. Die Bandaufnahmen schienen wirksamer zu sein, wenn man sie im Dickicht und nicht im offenen Gebiet einsetzte. Möglicherweise lagen die Gründe für diese wenig aufregenden Ergebnisse daran, daß die Bänder sowohl zu kurz als auch zu alt waren. Ich selbst konnte nur wenige Stimmen identifizieren, die Paviane jedoch erkannten alle. Die aufgenommenen Alarmschreie stammten vielleicht von Männchen, die sich nun nicht mehr beim Trupp aufhielten oder bereits tot waren, oder auch von Mitgliedern einer bestimmten Familie, weshalb in diesem Fall nur die Mitglieder der betreffenden Familien reagieren würden. Ursprünglich hatte ich den Gedanken, diese Bänder einzusetzen, weil ich mich daran erinnerte, wie die Paviane reagierten, als Bob die Aufnahme machte. Ich bat ihn damals, eine Aufnahme sofort wieder abzuspielen, mußte ihn dann jedoch bitten, damit aufzuhören, da der Trupp sehr aufgeregt wurde, als er das Band hörte.

Es war möglich, daß die Playbacks mit den Alarmschreien während Ernteraub-Situationen funktionierten, um jedoch das Wie und Wann herauszufinden, waren eine Menge Untersuchungen notwendig. Ich versuchte etwas anderes: Chemikalien. Ich hatte den Plan, Leoparden- und Löwendung, der angeblich Huftiere abschrecken soll, zu sammeln und ihn rund um die Felder zu verstreuen. Während ich aber darauf wartete, daß der Dung gesammelt wurde, versuchte ich einige andere, leichter zugängliche chemische Abschreckungsmittel.

H. A. T. E. C_4 war ein Präparat, das in Nordamerika und Europa bei Hirschen und Elchen gut funktioniert hatte. Es schien auch gewisse Wirkung auf Elefanten zu besitzen. Sicherlich war es einen Versuch wert, aber die Kosten für das große Gebiet, das wir schützen wollten, waren phänomenal, und ich hielt es für vernünftig, vorerst einen Testversuch zu unternehmen. Ein Kollege schlug Chilipfeffer-Essenz vor, die bei der Abwehr von Hirschen sehr erfolgreich gewesen war, wenn man sie auf Obstbäume aufbrachte. Vielleicht funktionierte sie ebenso auch bei Pavianen. Sie würden den mit der Pfefferlösung behandelten Mais in die Hand nehmen und den brennenden Chili in ihre Augen, Münder und an andere empfindliche Körperstellen bekommen.

Mit kleinen Proben beider Abschreckungsmittel versehen, wandte ich mich an das Institut für Primaten-Forschung in Nairobi. Das Institut hatte sich freundlicherweise bereit erklärt, einige ihrer gefangenen Paviane als Versuchskaninchen zur Verfügung zu stellen. H. A. T. E. C_4 erwies sich als völlig wirkungslos. Diese wohlgenährten, gefangengehaltenen Paviane fraßen den behandelten Mais mit Begeisterung. Die mit Chilipfeffer behandelten Kolben veranlaßten sie jedoch dazu, sich einzubremsen. So kehrte ich mit Handschuhen, Gesichtsmasken und genügend Chilipfeffer-Essenz ausgerüstet, um damit ganz Mexiko über Jahre hinweg versorgen zu können, nach Kekopey zurück. Die Forschungsassistenten und ich faßten die *Schambas* je nach der Häufigkeit, mit der die Paviane sie überfielen, in Gruppen zusammen. Wir planten, sowohl starke wie auch schwache Konzentrationen auszuprobieren.

Wir erhielten die Antwort nur allzu schnell. Während wir noch dabei waren, unsere erste Farm mit dem stärksten Chili-Konzentrat zu besprühen, traf der erste Trupp ein. Sie verschlangen den behandelten Mais, als ob mit ihm nichts geschehen wäre. Schließlich stellten wir eine Konzentration her, die sowohl hundertmal stärker als das von der Firma hergestellte Präparat wie auch unserer ursprünglichen Lösungen war. Deshalb ging uns bereits nach der Behandlung von drei Farmen das Mittel aus – es reichte höchstens für einen Probedurchgang.

Wie es so geht, endeten auch diese Experimente unklar. Eine Farm erntete den noch übriggebliebenen Mais bereits am nächsten Tag, da der Besitzer Angst vor den sich in der Nähe aufhaltenden Pavianen hatte. Eine andere Farm wurde zwei Wochen lang nicht überfallen. Während dieser Zeit regnete es jedoch schwer, und wir waren nicht sicher, ob das noch an den Pflanzen haftende Mittel wirklich wirkte. Es wurden behandelte wie nicht behandelte Pflanzen überfallen. Der Bericht von der dritten *Schamba* war verwirrend, und es war nicht festzustellen, welche Pflanzen die Paviane gefressen hatten. So viel über „neue" Techniken. Ich beschloß, einige der traditionellen Methoden zur Kontrolle von Plünderungen einzusetzen.

Die Pavian-Kontrollore oder Pavian-„Vertreiber" waren immer noch im Amt, und einige Farmer halfen dabei mit, die Paviane von ihren *Schambas* zu vertreiben. Das Verjagen funktionierte – jedoch nur dann, wenn es dauerhaft oder in Verbindung mit großer Wachsamkeit durchgeführt wurde, wobei die „Vertreiber" die Felder oder den Zugang zum Farmbereich bewachten. Immer wieder bot sich mir die gleiche Szene dar: Eine Bande Männchen, manchmal sogar der gesamte Trupp, reagierte schön auf das Verjagtwerden. Sie machten sich zwar stets davon, warteten aber ebenso zuverlässig in sicherer Entfernung auf eine neue Chance. Wenn ihnen die verantwortlichen Leute die Chance ließen, kehrten sie – schnell wie der Blitz – zu den Feldern zurück.

Die Affen schienen unglaubliche Geduld zu besitzen. Es hatte fast den Anschein, als ob sie nichts anderes zu tun hätten, und das bedeutete, daß die Menschen gleichfalls so beharrlich zu sein hatten. Hunde stellten, vor allem, wenn die menschlichen Wächter Frauen oder Kinder waren, eine große Hilfe dar. Die Pumpenhaus-Bande reagierte Männern gegenüber mit großer Angst, Frauen gegenüber wesentlich lockerer, während sie die Kinder fast zum Narren hielt. Ein oder zwei freigelassene Hunde jedoch, die die letzten einer Phalanx von Pavianen ins Hinterteil zwicken oder ein Weibchen oder ein Junges in die Enge treiben konnten, erregten größere Aufmerksamkeit – bis zu dem Tag, an welchem die Paviane drei Hunde entdeckten, die innerhalb eines Geheges angebunden waren. In der unvermeidlichen Konfrontation schafften es die Paviane irgendwie, die Hunde umzubringen. Seit diesem Vorfall stellten Hunde für sie nicht länger die mächtige Gewalt dar wie früher.

Langsam ergriff mich Verzweiflung. Der Gedanke an einige gezielte Abschüsse erschreckte mich. Die „bösen Buben" zu ihrem eigenen Besten und zum Besten des Trupps in eine andere Gegend zu verbannen, war eine Sache; durfte ich jedoch selbst zum Vollstrecker ihrer Vernichtung werden?

Viele Pumpenhaus-Mitglieder waren infolge der Plünderungen bereits umgekommen, direkt oder indirekt. Im ersten Jahr des Konfliktes lag die Todesrate bei neunzehn Tieren. 1980 war etwas besser, weil wir mittlerweile bereits mit der Mitarbeit der Farmer rechnen konnten. Es gab nur einen Verlust von sechs Tieren, davon vier Kleinkinder, die aus unbekannten Gründen verschwanden. Zwei Männchen waren möglicherweise getötet worden oder aber abgewandert. 1981 brachte, vielleicht als Ergebnis des Hundeeinsatzes und anderer Angriffsmethoden seitens der Farmer eine steigende Mortalitätsrate. Das Problem war, daß die Paviane von Anfang an nicht zu begreifen schienen, daß die Todesfälle direkt mit den Überfällen in Zusammenhang standen. Weshalb? Sie lernten so viel voneinander; wie war es möglich, daß sie diesmal nicht erkannten, worum es ging?

Andererseits gab es nur wenig Auffälliges. Häufig verläßt ein Männchen den Trupp ohne je wiederzukehren. Das geschah, noch ehe es auf Kekopey Ernten gab. Wie sollte der Trupp also wissen, weshalb ein Männchen verschwunden war? Nahmen sie an, daß ein bei einem Überfall getötetes Männchen zu einem entfernten Trupp abgewandert war? Nur allzu oft verliefen diese Todesfälle völlig unbeobachtet. Selbst wenn ein Hund einen jungen Pavian fing und umbrachte, konnte das inmitten eines solchen Höllenlärms und Tumults praktisch unbemerkt vor sich gehen. Wenn ich meinen tödlichen Plan durchführen sollte, mußte der betreffende Pavian vor den Augen des gesamten Trupps erschossen werden. Dies war die einzige Methode, das Opfer so zu gestalten, daß sich die Mühe „lohnte". Ich haßte diese Vorstellung als ganzes.

Es galt aber noch weitere Überlegungen anzustellen. Die Pumpenhaus-Bande hatte sich gerade in zwei neue Trupps aufgespalten. Das hatte drei Monate gedauert, und zu Beginn der Entwicklung war es nicht klar, was geschah – außer, daß diese Teilung einer Primaten-Gruppe nicht dem vorgezeichneten Muster folgte, wie ich es in Arbeiten über Paviane und andere Primatenarten gelesen hatte.

Zuerst zeigte sich ein typisches Plünderungs-Muster. Die jungen Erwachsenen als auch die subadulten männlichen Plünderer verließen mit ihren subadulten Freundinnen die Hauptgruppe, um ihrem Hauptinteresse – der Plünderung – nachzugehen. Bald schliefen sie als eine getrennte

Gruppe, blieben jedoch immer in der Nähe der Pumpenhaus-Bande. Dann wurden ältere Schwestern, Nichten und Neffen, und sogar einige Mütter der Täter in die Splittergruppe hinübergezogen.

Bei den meisten Gruppenteilungen bei Primaten wählen ganze Familien die eine oder andere Seite. Mit einigen Männchen zusammen ergibt sich auf diese Weise eine Tochtergruppe. In diesem Fall verhielt es sich jedoch anders. Familien wurden zerschlagen. Einige Kinder schlossen sich der abwandernden Gruppe an, während der Rest bei der Hauptgruppe blieb. Mütter blieben bei der einen Gruppe, während ihre Kinder die andere wählten. Ein paar Junge und erwachsene Weibchen waren ganz offensichtlich verwirrt. Vielleicht befand sich die Mutter, und somit auch all ihre Unterstützung, im kleineren neuen Trupp, doch enthielt *dieser* Trupp keine Jungen, weswegen ein Spiel nur in der anderen, größeren Gruppe möglich war, wo es Jungtiere in großer Zahl gab. Die jungen Paviane wechselten also zwischen den Gruppen hin und her, um zu einem Entschluß zu kommen, was ihnen wichtiger war: Spiel oder Nahrung.

Auch Beth, die rangniedrigste Matriarchin, hatte Probleme. Vermutlich sah sie einige Vorteile darin, wenn sie sich beim neuen Trupp aufhielt. Auch hier würde sie auf der untersten Stufe der Rangordnung stehen, doch konnte diese vielleicht besser sein als jene in der Pumpenhaus-Bande. Ihre subadulten und jugendlichen Söhne mochten die Pumpenhaus-Bande und weigerten sich zu übersiedeln. Nur ihre subadulte Tochter Beatrice gesellte sich in ihrer Unentschlossenheit zu ihr.

Bald schliefen die beiden getrennten Trupps immer weiter von einander entfernt. Sie trafen sich zwar während des Tages, die Beziehungen kühlten sich jedoch zweifellos ab. Für die unentschlossenen Mitglieder wurde es immer schwieriger, von der einen Gruppe in die andere überzuwechseln. Offene Feindseligkeit brach aus. Die beiden Trupps begannen einander gegenseitig zu attackieren. Dabei begann gewöhnlich der kleine, neue Trupp, es war jedoch schwer zu sagen, welche Gruppe dominant war. Ich vermutete, daß sich die Pumpenhaus-Bande, als die größere der beiden, behaupten würde, doch stand zu diesem Zeitpunkt noch nichts fest.

Was sicher war, war die Ursache der Spaltung. Es war zu einer Meinungsverschiedenheit darüber gekommen, wohin man gehen und was man fressen sollte. Es gab drei Meinungen. Die Männchen im neuen Trupp wollten nichts anderes tun als plündern. Manche Weibchen fühlten sich zu diesen Männchen offenbar hingezogen und wurden von diesen irgendwie überredet, sich ihnen anzuschließen. Die übrigen Mitglieder der Pumpenhaus-Bande waren zögernde Plünderer, die sich heftig gegen unnötige Plünderungen aussprachen, wenn „natürliche" Nahrung zur Verfügung stand. Der Name für den neuen Trupp lag auf der Hand: *Wabaya*, das bedeutet „die bösen Kerle".

Warum plündern, wenn es nicht notwendig ist, war eine der Schlüsselfragen. Das zweite bedeutende Problem betraf die Erklärung der Zurückhaltung einiger Mitglieder des Trupps, während andere sich nicht so verhielten. Meine Ernteraub-Forschung hatte sich nun auf drei Trupps ausgedehnt, auf die Pumpenhaus-Bande, den neu gebildeten Wabaya-Trupp und die Eburrus, jenen benachbarten Trupp, dem sich Sherlock, Ian, Händel und viele andere angeschlossen hatten. Jeder dieser drei Trupps hatte auf die Veränderungen auf Kekopey anders reagiert. Die Wabaya waren ständige Plünderer, die Pumpenhaus-Bande plünderte nur wenn es notwendig war, und die Eburrus suchten ihr Futter, das sie früher im Gebiet der jetzigen *Schambas* gefunden hatten, anderswo. Tatsächlich wanderten die Eburrus jetzt fast dreißig Kilometer weit und durchzogen auf ihrer Suche nach Nahrung eine angrenzende riesige Ranch im Zickzack-Kurs. Obwohl sie eine Reihe guter Aufenthaltsorte gefunden hatten, schienen sie doch zu zögern, ihre alten Lieblingsplätze auf Kekopey aufzugeben. Oft rasten sie zu geliebten Kekopey-Schlafplätzen zurück, um gerade noch rechtzeitig andere, nachrückende Trupps zu vertreiben, und um dann frühmorgens aufzustehen und die lange Reise zurück zu ihren Futterplätzen anzutreten.

Nicht nur, daß einige Trupps zu Plünderungen neigten, während andere nach anderen Lösungen drängten, so konnte es sogar innerhalb eines Trupps Plünderer wie Nicht-Plünderer geben. Sogar die Wabaya besaßen – nach Wabaya-Standards – ihre Nicht-Plünderer. Die Pumpenhaus-Bande besaß ihre Nicht-Plünderer, und bei den Eburrus gab es einige Männchen, die Gelegenheiten für Plünderungen nutzten.

Wir begannen nun Stück für Stück das Bild zusammenzusetzen. *Plünderer waren anders.* Sie verbrachten viel weniger Zeit mit Fressen und mehr Zeit mit Ruhen; was die Weibchen betraf, so gab es viel mehr Zeit für soziale Beziehungen. Zwar war Mais ernährungsmäßig nicht wesentlich besser als die natürliche Nahrung der Paviane, doch gab es ihn in viel größeren Paketen. Kleine fleischige Sprosse enthielten wahrscheinlich mehr Proteine als ein Maiskern der gleichen Größe – wir analysieren das Material gerade, um dies herauszufinden –, doch mußten jene Paviane, die sich in erster Linie von Sprossen ernährten, während ihre Genossen die Maisfelder plünderten, für ihre Ernährung wesentlich härter arbeiten. Ein Sproß hat etwa die Größe einer unreifen Babyerbse, und es bedarf umfangreicher Vorbereitungsarbeit, ehe er von der umgebenden Erde und den Wurzeln befreit ist. Ein großer Bissen von einem Maiskolben entsprach vielleicht mehr als hundert Sprossen.

Feldfrüchte zu fressen sparte Zeit. Ernteräuber konnten den ganzen Tag herumsitzen und auf die richtige Gelegenheit warten. Solange diese Gelegenheit auch tatsächlich kam, waren sie die übrige Zeit frei. Wenn die Felder ordentlich bewacht waren und die Paviane jeden Tag lang genug ferngehalten wurden, zogen sie ab. Wollten sie an einem solchen Tag noch genügend zu fressen bekommen, so mußten sie das Futter irgendwo anders suchen. Das bloße Vertreiben der Paviane genügte nicht. Nur Vertreiben *und* Überwachen konnte die Ernte retten. Wenn man irgendeinen lebensbedrohenden Faktor – etwa den Einsatz von Hunden, Menschen oder Gewehren – mit dem Vertreiben koppeln konnte, so erhöhte dies den nötigen Einsatz seitens der Paviane so sehr, daß sie sich anders besannen. Die vorrangige Überlegung wurde dann zum Risiko.

Das „Aktivitäts-Budget" der Plünderer, die Art und Weise, wie ein einzelnes Individuum seinen Tag verbrachte, glich einander auch quer durch die Trupps. Während die männlichen Plünderer der Pumpenhaus-Bande ein Aktivitäts-Budget aufwiesen, das fast identisch jenem der Wabaya-Männchen glich, so unterschied es sich doch merklich von dem der nicht-plündernden Männchen ihres eigenen Trupps. Dieses Muster galt in jedem Fall, ganz gleich, für welchen Trupp, welche Jahres- oder Tageszeit.

Dadurch ließ es sich auch leichter erklären, warum die Paviane offenbar nicht an den Bohnen interessiert waren, die einige der Farmer nun anpflanzten. Bohnen waren klein, und sie zu fressen war viel zeitaufwendiger – sie waren der natürlichen Nahrung der Paviane einfach zu ähnlich. Warum sollten sie also die Risken einer Plünderung auf sich nehmen, wenn sich das Resultat nicht lohnte? Wenn das tatsächlich die Überlegungsweise der Paviane war, so konnten sie vielleicht – so lange es genügend natürliches Futter gab – weniger an Plünderungen interessiert sein, wenn weniger attraktive Feldfrüchte angebaut wurden.

Eine Zeitlang hatte es also den Anschein, daß sich auf diese Weise eine natürliche Lösung für das Problem des Ernteraubs ergeben konnte, solange die Anzahl der Farmen unverändert blieb. Die Regenzyklen konnten die meisten Affen davon abhalten, zu gewohnheitsmäßigen Plünderern zu werden. So fraß die Pumpenhaus-Bande im Jahre 1979 zum Beispiel

Sprosse statt Feldfrüchte. Wechseln einander Jahre mit hoher Niederschlagsrate und trockene Jahre ab, so gibt es Sprosse wie Feldfrüchte im Überfluß. Mit einem vernünftigen Maß an Ernteschutz durch Menschen und Hunde konnte der Ernteschaden dann, wenn es ökonomisch besonders wichtig war – während der guten Ernte regenreicher Jahre –, auf ein Minimum beschränkt werden. In den trockenen Jahren hatten die Kekopey-Farmer zwar nichts zu ernten, die Paviane konnten die mit dem Überleben kämpfenden Pflanzen jedoch immer noch schädigen, so daß eine Bewachung notwendig war, um die Paviane im Zaum zu halten, und sie zu erziehen, so daß sich die Erwartungen der Farmer als vernünftig erwiesen. Die Farmer wußten bereits, wann die Aktionen der Affen kritische Ausmaße annahmen, und wann sie einfach zu einer Unmenge anderer natürlicher Faktoren zu zählen waren, die zu einer Mißernte führten.

Die Paviane verrieten uns, daß Ernteraub nicht unvermeidlich war. Darüber hinaus waren die meisten von ihnen nicht bereit, Risken in Kauf zu nehmen, die mit dieser neuen Lebensart in Verbindung standen. Es sollte also für Menschen und Paviane auf Kekopey eine Möglichkeit zur Koexistenz geben, solange die Affen außer den Feldern der Farmer noch andere Plätze besaßen, auf die sie sich zurückziehen konnten, solange es auch etwas anderes als Feldfrüchte zu fressen gab, und die Farmer beim Schutz ihre eigenen Felder mitarbeiteten. Immer wieder, sobald die Notwendigkeit für Plünderungen nicht mehr gegeben war, das heißt, sobald es auch nur kleine Mengen guter, natürlicher Nahrung gab, kehrte die Pumpenhaus-Bande zu ihrer alten, nicht-plündernden Lebensweise zurück.

Die Paviane waren kooperativ, nicht aber die Natur. Die Regenfälle blieben von 1980 bis 1982 Saison für Saison aus, und die Paviane verzweifelten. Sogar die Eburrus, die noch immer an ihrem Wanderungsmuster festhielten, begannen gelegentlich als gesamter Trupp zu plündern. Es war Zeit, einen neuen Plan auszuprobieren.

Negative Geschmackskonditionierung ist eine kontroversielle Technik, die sich bei Wölfen, Kojoten und deren Beute, den Schafen, und sogar bei einigen Raubvögeln und deren Beutetieren als überaus wirkungsvoll erwiesen hat. Würde eine solche Konditionierungstechnik auch bei Primaten funktionieren? Primaten und Fleischfresser sind hinsichtlich ihrer Freßgewohnheiten sehr verschieden. Die Fleischfresser schlingen ihre Nahrung einfach hinunter und sind hinsichtlich deren Aussehens und Geruchs nicht besonders wählerisch. Auch sind sie keine besonders problematischen Fresser. Im Vergleich dazu stellen Primaten wahre Gourmets dar. Sie wählen ihre Futter nach ganz bestimmten, ausgeklügelten Kriterien des Aussehens, des Geruchs und des Geschmacks aus. Sie können eine überaus abwechslungsreiche Kost zu sich nehmen, wie etwa die Paviane, die viele verschiedene Futterarten fressen, oder, wie die Gorillas, deren Nahrung im Prinzip aus nur wenigen bevorzugten Speisen besteht, extrem selektiv sein. Wäre es möglich, einen Primaten dazu zu verleiten, „vergiftetes" Futter aufzunehmen?

Die meisten von uns haben schon einmal negative Geschmackskonditionierung kennengelernt – sie kann durch eine Nahrungsmittelvergiftung hervorgerufen werden. Es handelt sich dabei um einen eingebauten, evolutionären Schutzmechanismus, der uns davor bewahrt, schlechte Nahrung zu sich zu nehmen. Wir wollten das gleiche Prinzip an den Pavianen ausprobieren. Wenn „behandelte" Kojoten damit aufhören konnten, Schafe zu reißen, so konnte man vielleicht auch Paviane davon abhalten, Mais zu fressen.

Die ursprüngliche Idee stammte von einer Dissertantin, die während der „Bösen-Buben"-Phase bei uns weilte. Sie hatte schon einige Male versucht, Maismehl, das mit Brechreiz erregendem Lithiumchlorid versetzt war, an Duncan, Chumley und Higgins zu verfüttern. Zwar wurde diese Idee am Institut für Primaten-Forschung untersucht, doch waren es Debra Forthman-Quick und ihr Mann Bronco, die den Versuch mit den Pavianen durchführten. Debra war an einem psychologischen Laboratorium der Universität für Kalifornien (U. C. L. A.), das diese Technik entwickelt hatte, ausgebildet worden und bereits eine wirkliche Expertin. 1981 kam sie nach Gilgil, um das Projekt im Rahmen ihrer Dissertation durchzuführen, und wußte im vorhinein, daß es unausführbar sein könnte. Ich war davon überzeugt, daß es diese beiden, wenn es überhaupt möglich sein sollte, das Experiment durchzuführen, schaffen würden.

Unter den gegebenen Umständen taten die beiden das Menschenmögliche. Die einzige Schwierigkeit war, daß sich nach einem Versuch mit einer Reihe von Medikamenten mit Brechreiz erregenden Eigenschaften, bei den gefangenen Pavianen Lithiumchlorid als das einzige erwiesen hatte, das den Tieren zwar Übelkeit verursachte, sie aber nicht tötete und keinerlei Schaden anrichtete, wenn die Tiere nicht augenblicklich erbrechen mußten. Lithiumchlorid ist jedoch ein Salz, und die Dosis, die man braucht, um eine Wirkung zu erzielen, war so hoch, daß die Paviane sein Vorhandensein wahrnehmen und sich hüten würden, solcherart behandeltes Futter zu fressen.

Um die Durchführbarkeit dieser Technik zu überprüfen, begannen Deb und Bronco mit einem Feldversuch. Der halbe Trupp wurde in seinem Territorium eingefangen, wobei als Köder Mais verwendet wurde. Den gefangenen Tieren wurde zuerst ein Beruhigungsmittel und danach Lithiumchlorid injiziert. Schließlich wurden sie mit einem Gegenmittel zum Sedativ wieder zu Bewußtsein gebracht. Die Tiere wurden freigelassen und genau beobachtet. Dieser Vorgang entsprach nicht dem, was Deb oder ich uns zu Beginn vorgestellt hatten. Ich suchte nach einfachen Techniken, die auch von relativ ungebildeten Farmern leicht durchgeführt werden konnten. Die Fangtechnik war zwar teuer und umständlich, würde es uns jedoch ermöglichen, eine wichtige Sache herauszufinden: Vermögen Paviane eine geschmackliche Aversion gegen Mais zu entwickeln? Wenn ja, dann mußten wir nach anderen Chemikalien oder anderen Methoden suchen, um bei den Tieren Übelkeit auszulösen.

Der erste Schritt war ein voller Erfolg: Da der Köder, der den Pavianen Übelkeit bereitete, Mais war, brachten sie Mais mit Krankheit in Verbindung. Das war es, was wir brauchten. Der nächste Schritt bestand nun darin, herauszufinden, ob sich eine Aversion ausgebildet hatte. Wie das Schicksal es so wollte, war 1982 ein Dürrejahr, und zwar so sehr, daß es überhaupt keine Ernten gab, die die Paviane hätten in Versuchung führen können, und keine, an denen sich ihre Reaktion prüfen ließ. Deb sah sich also gezwungen, unterschiedliche Nahrungsmittel bei ihren Forschungstieren zu testen, die sie ihnen klammheimlich anbieten mußte. Die Mehrzahl der Tiere, die die Lithiumchlorid-Behandlung über sich ergehen lassen mußten, ließen einige Hinweise auf eine Mais-Aversion erkennen. Mehr als ein Viertel zeigte sogar eine sehr starke Abneigung. Jene, die nicht behandelt worden waren, verschlangen Kartoffeln, Karotten und Mais mit gleicher Begeisterung.

Diese Resultate waren zwar ermutigend, hätten aber besser ausfallen können. Die Gründe waren klar. Zunächst war das Experiment von Anfang an mit einem Handikap belastet gewesen. Mais besitzt nur sehr wenig Geschmack, weshalb es schwierig ist, eine Aversion gegen ihn zu entwickeln. Darüber hinaus hatten die Tiere schon viele Male zuvor Mais gefressen und ihn echt genossen, so daß eine einzelne schlechte Erfahrung vielleicht nicht ausreichte, die vielen guten zu übertönen. Je öfter ein Tier erkrankt und je stärker die Reaktion ausfällt, desto intensiver wird die Abneigung. Da die Paviane aber sehr wertvoll waren und geschützt werden mußten, war ihnen nur eine schwache Lithiumchlorid-Lösung verabreicht worden, und das nur ein einziges Mal.

Debs Arbeit ließ den Schluß zu, daß man bei Primaten Aversionen hervorrufen kann, die mindestens fünf Monate anhalten. Das war die längste Zeit, die ihr für die Untersuchung der Reaktionen der Paviane zur Verfügung stand. Aber es gab Einschränkungen. Die Tiere waren nicht imstande, ihre unerfreulichen Erfahrungen zu verallgemeinern. Der Pavian, der im Institut für Primaten-Forschung auf Grund einer Geschmacksaversion keine Bananen mehr fraß, verschlang auch weiterhin die *Schalen* von Bananen. Offenbar waren die Tiere auch in der Lage, zwischen Maiskörnern und Mais auf dem Kolben zu unterscheiden. Eine solche Unterscheidung würde überaus wichtig sein. Was wäre, wenn man ihnen zum Beispiel eine Aversion gegen junge Maiskolben beibrachte, und die Paviane möglicherweise einfach warteten, bis die Kolben ausgereift waren, ehe sie diese fraßen?

Deb machte andere Beobachtungen, die interessanter wie auch vernichtender waren. Ich wußte von meiner eigenen Beobachtung der Freßgewohnheiten freilebender Paviane, daß Affen auf sozialen Druck reagieren. Deb versuchte, einem gefangenen Männchen mit einer bekannten Abneigung gegen Mais angesichts einer ganzen Versammlung von neunzehn anderen hungrigen Pavianen, davon viele älter als er, Mais einzugeben. Die Zuschauer wollten den Mais haben, und drohten lautstark und energisch. Ohne sich nun darum zu kümmern, was sein Magen ihm riet, fraß der „behandelte" Affe in Eile rasch einen halben Maiskolben. Sobald im Geschäft gekauftes Affen-Futter angeboten wurde und die Zuseher das Interesse verloren, wechselte der Versuchsaffe zum neuen Futter über. Später jedoch kehrte er wieder zum Mais zurück, prüfte ihn langsam und sorgfältig, indem er daran schnüffelte und Körner herunterbiß; danach warf er alle weg und wandte sich wieder dem Affen-Futter zu. Offensichtlich gibt es keinen allzu großen Unterschied zwischen Menschen und Pavianen. Selbst wenn man das Angebotene gar nicht wirklich braucht, so muß es doch erstrebenswert sein, sobald es ein anderer heftig begehrt.

Von allen Techniken, die wir versuchten, schien die Geschmackskonditionierung am vielversprechendsten. Zugegeben, wir mußten ein neues chemisches Präparat finden – am besten eines, das für einen Primaten-Gaumen geschmacklos war, eine starke Reaktion hervorrief, ohne tödlich zu wirken, und mehr als einmal leicht angewandt werden konnte. Das waren zwar eine Menge Forderungen, sie waren jedoch nicht unerfüllbar.

Der Ernteraub verstärkte sich. Waren die Zeiten hart, plünderten mehr Paviane. Sie besaßen keine Alternative – es gab nur wenig andere Nahrung, und ihr Gebiet war von neuen menschlichen Ansiedlern eingeengt worden. Die Wabaya plünderten sogar in jedem Fall. Was gewannen sie dadurch? Zwar sparten sie etwas Zeit, doch was taten sie damit? Sie ruhten, und wenige Tiere, hauptsächlich Weibchen, intensivierten den gesellschaftlichen Kontakt. Der Nutzen schien aber nur gering zu sein.

Mit der Zeit, begann ich mehr Vorteile zu erkennen. Vielleicht war es kein Zufall, daß subadulte und junge Männchen die Initiatoren und die hauptsächlichen Plünderer waren. Es handelte sich dabei um jene Tiere, die auf Grund ihres Wachstums und ihrer Größe den höchsten Energiebedarf aufwiesen. Sie waren auch diejenigen, die den größten Konflikt zwischen Nahrungsaufnahme und Fortpflanzungstätigkeit auszuhalten hatten. Die Plünderer schienen diese beiden Tätigkeiten gar nicht miteinander in Verbindung zu bringen; vielmehr stiegen sie aus dem normalen männlichen Wettbewerb um die Weibchen aus, um ihre gesamte Zeit dem Plündern zu widmen. Als Ergebnis schienen sie schneller zu wachsen als jene Männchen, die „natürliches" Futter fraßen. Dann hörten sie – falls das Beispiel einiger weniger Männchen als repräsentativ gelten kann – mit dem Rauben auf und kehrten wieder zur Gruppe zurück. Da sie rascher gewachsen waren als die anderen, konnten sie nun in früherem Alter die Reproduktionsarena betreten und besaßen gegenüber den konservativeren, nicht-plündernden Männchen einen Vorteil. Vielleicht konnte ein junges Männchen seinen gesamten Reproduktionserfolg dadurch beeinflussen, daß es seine Futterstrategien änderte. Konnte dies eine evolutionäre Antwort auf verbesserte Ressourcen, die in einem Fall aus menschlichen Produkten (Ernten), in anderen Fällen aus dem natürlichen Kreislauf stammten, sein?

Auch die Wabaya-Weibchen schienen bevorteilt. Mit ihrem dichteren, rötlicheren Fell, das eher an die Farbe des Krüppel-Trupps als an das übliche Graubraun herankam, waren sie sicher in besserer Kondition. Ursprünglich dachte ich, daß die Farbe des Krüppel-Trupps genetisch bedingt sei – nun war ich mir dessen schon weniger sicher. Der deutlichste Unterschied lag aber in der Geburtenhäufigkeit. Während die Pumpenhaus-Weibchen alle 18 bis 24 Monate gebaren, und die Weibchen der Eburrus sogar in noch längeren Intervallen, gebaren die Wabaya-Weibchen alle 11 bis 12 Monate – ein deutlicher Hinweis darauf, daß sie sich in besserem

Zustand befanden. Vielleicht ging es ihnen im Endeffekt aber doch nicht so gut, da sie Verletzungen, Todesfälle und Verschwinden im Zusammenhang mit dem Ernteraub viele Babys und sogar einige Mütter kostete. Die Plünderung hatte für die Paviane eine neue und gefährliche Umwelt geschaffen.

Das Plündern hielt an, und die Farmer wurden immer wütender. Meine akademischen Kollegen waren mir keine Hilfe. Seit der Konferenz sprach ich mit einigen von ihnen überhaupt nicht mehr. Ich wußte nicht, wohin ich mich wenden sollte, weder um praktische Hilfe wegen des Ernteraubes, noch um geistige Unterstützung für meine eigene sinkende Moral.

An diesem entscheidenden Punkt erneuerte ich meine Bekanntschaft mit jemandem, der in meinem privaten und beruflichen Leben eine bedeutende Rolle spielen sollte. Kennengelernt hatte ich David (Jonah) Western im Jahre 1973. Er war ein überaus gutaussehender Mann, dessen sandfarbenes Haar sich durch intensive Sonnenbestrahlung in ein helles Blond verwandelte. Seine Haut war goldbraun, und sein naturburschenhaftes Aussehen stand im Gegensatz zu seiner fast scheuen Art und seinem rasiermesserscharfen Intellekt. Jonah, wie sein seit Schultagen gebräuchlicher Spitzname lautete, war beinahe schon eine Legende, als ich das erste Mal in Kenia eintraf. Im Jahre 1967 war er nach Amboseli gekommen, um die Ursachen für das Austrocknen eines wichtigen Ökosystems zu erforschen – eine Untersuchung, die ihn sofort mitten in eine Kontroverse und einen Konflikt stürzte. Ruinierten die Massai, die ansässige Hirtenbevölkerung, das Gebiet durch Überweidung seitens ihres Hausvieh-Bestandes? Waren die Elefanten schuld? Welche Maßnahmen sollten, wenn überhaupt, ergriffen werden? Sogar Mitte der sechziger Jahre waren diese Probleme keineswegs emotionslos zu untersuchen.

Jonah war ein leidenschaftlicher Naturwissenschaftler und ein außergewöhnlicher Wissenschaftler. Er enträtselte das Geheimnis in einer Weise, die niemand erwartet hatte. Die Schuld lag beim natürlichen Zyklus. Wenn der Grundwasserspiegel stieg – das war ungefähr alle fünfunddreißig Jahre der Fall –, so erhöhte sich der Salzgehalt des Bodens und bewirkte das Absterben der bestehenden Vegetation, einschließlich der gelbrindigen Akazienbäume. Die Schirmakazien litten ebenso wie das Gras. An ihre Stelle trat eine salztolerante Vegetation; die gesamte Landschaft, Tiere wie Pflanzen, wurde umgestaltet.

Jonah interessierte sich jedoch für mehr als nur rein akademische Fragestellungen. Seine Kindheit in Tansania hatte ihm eine große Liebe für die Tierwelt und die Wildnis überhaupt eingeimpft, und er hatte sein Leben der Bewahrung von Tierwelt und Wildnis geweiht. Seine Vorstellung von Erhaltung war jedoch ungewöhnlich. Sie umfaßte die Gründung einer Koexistenz von Mensch und Tier. Wie sonst, so hatte er überlegt, konnte es eine langfristige Zukunft geben? Die Forschung führte ihn zur Planung, und diese wiederum zu einer noch weiteren Verwicklung in regierungspolitische Fragen. 1974, im Alter von fünfundzwanzig Jahren, spielte er bei der Einrichtung des Amboseli-Nationalparks eine entscheidende Rolle. Mit siebenundzwanzig war es ihm gelungen, von der Weltbank eine Anleihe von vielen Millionen Dollar für die Entwicklung von Nationalparks in Kenia zu erhalten. Mit vierunddreißig hatte er mit Hilfe der kanadischen Regierung die „Wildlife"-Planungseinheit für die kenianische Regierung eingerichtet.

Ich hatte Jonah schon seit einigen Jahren flüchtig gekannt. Affenbeobachter galten zwar nicht wirklich als Teil der afrikanischen Wildlife-Szene, unsere Wege kreuzten sich jedoch immer häufiger. Unsere Konversation beschränkte sich im allgemeinen auf Forschung, und obwohl ich bei unseren ersten Treffen vor lauter Nervosität nur vor mich hinmurmelte, verlieh mir Jonahs ruhige Art Mut. Wir erforschten die Parallelen und Unterschiede zwischen unserer Arbeit und unseren Welten, bis Jonahs Zustimmung mich davon überzeugte, daß meine Gedanken vernünftig waren, und ich mich nicht davor zu fürchten brauchte, zu sagen, was ich dachte. Seine ruhige, entschlossene Unterstützung wirkte allmählich Wunder. Er war mein Gegenstück: in gesellschaftlichen Belangen ebenso scheu wie ich extrovertiert war, geistig ebenso kühn, wie ich zurückhaltend war. Sein Verständnis für die Erhaltung gab mir in praktischer Hinsicht jenen zusätzlichen Anstoß, den ich brauchte, um die Farmer zu einem Versuch zu überreden, der eine Lösung für den Ernteraub bringen und die Tiere vor der Vernichtung bewahren sollte.

Die Plünderungs-Situation hatte ein Minimum erreicht. Sowohl bei den Forschern als auch bei den Farmern auf Kekopey war die Moral schlecht. Die Überfälle für dieses Jahr hatten zwar noch nicht begonnen, doch gab es Groll, der in den Problemen der vorangegangenen Jahre begründet lag. Die Atmosphäre war spannungsgeladen, und die Feindseligkeit der Leute gegen Paviane und Pavianbeobachter war nur schwach verschleiert. Das größte Problem war offenbar, herauszufinden, wer für die Paviane eigentlich verantwortlich war.

In Kenia ist „Wildlife" Angelegenheit der Regierung, das heißt ein

Problem der Bevölkerung des gesamten Landes. Selbst auf Land im Privatbesitz gelten die freilebenden Tiere nur als seitens der einzelnen Landbesitzer treuhänderisch verwaltet. Die Regierung entscheidet in beiderlei Wortsinn über das Schicksal der Wildtiere. Zwar schlossen Nationalparks die Menschen zugunsten der freilebenden Tiere aus, doch wurden dabei auch die Rechte der Menschen in Betracht gezogen. Als der Amboseli-Nationalpark eingerichtet wurde, erhielten die Massai in vielfacher Hinsicht Entschädigungen, sowohl grundsätzlich als auch für noch zu erwartende Verwüstungen, die Wildtiere aus dem Park außerhalb der Parkgrenzen anrichteten.

Rechtlich gehörten die Paviane der Regierung. Diese war die Vertretung der Farmer – daher gehörten die Paviane den Farmern. Auch ohne den letzten Schluß zu ziehen, waren das schwierige Vorstellungen, die erst allen klargemacht werden mußten. Zunächst dachte ich, daß die Siedler hartnäckig waren, doch langsam, mit Jonahs Hilfe, dämmerte es mir, daß das, was sie selbst sahen und was wir ihnen erzählten, nicht zusammenpaßte. Sie sahen, wie wir mit den Pavianen – für gewöhnlich vor ihnen her oder hinter ihnen nach – herumwanderten. Wenn sich der Trupp auf die *Schambas* zubewegte, eilten wir zumeist voraus, um die Leute zu warnen, oder versuchten verzweifelt, mit den Affen Schritt zu halten. Das alles wirkte auf die Farmer überaus vertraut. Folgten nicht auch die Ziegen-, Schaf- und Kuhhirten *ihren* Tieren? Bei den Farmern erweckten wir also den Anschein, als ob wir die Paviane hüteten. Und was noch schlimmer war: Gelegentlich mochte es so aussehen, als ob wir sie tatsächlich zu den *Schambas* führten.

Womit ich nun tatsächlich konfrontiert war, waren Kommunikationsprobleme zwischen verschiedenen Kulturkreisen. Ich lernte, daß es oft leichter ist, Verständigung zwischen verschiedenen Arten zu erzielen als kulturelle Barrieren zu überwinden. Wir mußten diese Menschen davon überzeugen, daß die Paviane Wildtiere waren, die wir nicht kontrollieren konnten. Da die Paviane nicht uns gehörten, war es auch nicht unsere Aufgabe, die Ernten vor ihnen zu schützen. Es war die Aufgabe jener Leute, deren Besitz das Land und die Ernten tatsächlich waren.

Aber ganz egal, wie oft ich dieses Problem mit den Farmern diskutierte, die Antwort war immer die gleiche: völlige Verständnislosigkeit, gefolgt von wütenden Anschuldigungen. Was würde ich wegen der Ernten unternehmen? Was würde ich bezüglich der Paviane tun? Was in bezug auf die gesamte Problematik?

Mittlerweile haßte ich die Farmer. Meine ersten Treffen mit ihnen fanden statt, als ich gerade dabei war, Paviane zu beobachten – noch ehe ich mit den Problemstellungen richtig konfrontiert war. Sie kamen, um zu glotzen, um zu stören, und um ihre Unzufriedenheit zur Sprache zu bringen. Meine eigene Reaktion erschreckte mich. Mein im Grunde unaggressives Wesen hatte sich verändert – ich hätte die Farmer am liebsten umgebracht. Erst im Rückblick konnte ich erkennen, daß Haß und Unwissenheit zusammenwirkten. Ich kannte die Farmer nicht – sie waren der gesichtslose Feind. Für mich war die Welt in Gut und Böse geteilt: Die Paviane waren gut, die Farmer waren böse. Ich stand auf der Seite des Guten, auf seiten der Tiere, und die Farmer standen auf der anderen, bösen Seite. Sie waren – unmittelbar und letztendlich – für die Vernichtung der Paviane verantwortlich.

Jonah hörte mir geduldig zu, und begann dann langsam, mir seine Ideen einzuimpfen. Die Leute waren Teil des Problems, also mußten sie auch Teil der Lösung sein. Sie mußten ihre eigenen Ernten schützen, indem sie wachsam waren und die Paviane verjagten. Der Trupp hatte immer noch Angst vor Menschen, und sogar eine relativ harmlose Anstrengung von seiten der Farmer genügte, um die Paviane in sichere Entfernung flüchten zu lassen, weg von den umstrittenen Ernten. Die Farmer spielten jedoch nicht mit. Die Leute liefen *in* ihre Häuser statt *hinaus* und verschlossen die Türen, bis die Paviane wieder weg waren. Alle diese Siedler kamen nämlich aus Gegenden, wo es überhaupt keine freilebenden Tiere gab, und hatten vor den Pavianen mehr Angst als diese vor ihnen.

Ich war zornig und entmutigt. Auf der Gerüchtebörse hatte ich Tratsch gehört – daß die Farmen aus Spekulationsgründen von reichen Leuten aus Nairobi gekauft worden waren, die nicht auf diesem Grundstück lebten und zu dessen Erhaltung Verwandte oder angemietete Hilfskräfte eingesetzt hatten. Ein anderes Gerücht lautete, daß diese Menschen unehrlich waren und soviel als möglich betrügen würden. Einzig meine große Sorge um die Zukunft der Paviane hielt mich davon ab, einfach abzureisen. Ich hatte mich seinerzeit entschlossen, nicht Kulturanthropologie zu studieren, aus dem einfachen Grund, daß ich nicht beabsichtigte, mit Menschen in fremden Kulturkreisen zu arbeiten – und meine Jahre mit den Affen hatten mich darin noch bestärkt. Und doch war ich nun mit diesem menschlichen Problem befaßt.

Als ersten Schritt – wieder mit Jonahs Hilfe – organisierte ich eine *Baraza*, ein öffentliches Meeting, und versicherte mich der Hilfe von örtlichen Beamten sowie von Beamten aus dem „Wildlife"-Bereich, kurzum von jedem, der mir nützlich sein konnte. Es handelte sich um einen Versuch, Kommunikationsmöglichkeiten zu finden, um das Problem und seine möglichen Lösungen zu diskutieren. Das Treffen war ein großer Erfolg, zum Teil deshalb, weil es mir gelang, die Wildlife-Clubs von Kenia, eine wichtige und wirkungsvolle Organisation zum Schutz des Lebens in freier Wildbahn mit hervorragendem und überaus geschickt operierendem Personal, einzubeziehen. Sie halfen mir dabei, einen einfühlsamen Dolmetscher zu finden, und sandten dann auch eine mobile Filmeinheit, mit deren Hilfe ich ein Erziehungsprogramm über das Leben in freier Wildbahn starten konnte. Die Wildlife-Clubs organisierten auch Ausflüge zum nahegelegenen Nationalpark am Nakuru-See. Zum ersten Mal besuchten diese Kenianer einen ihrer eigenen Nationalparks. Die Vorträge wurden sowohl in Suaheli, der offiziellen Landessprache, wie auch in Kikuyu, der Stammessprache der Farmer, gehalten. Aber unsere wichtigste Trumpfkarte war *Harambi*. *Harambi* ist ein wichtiger, in Kenia weit verbreiteter Begriff, eine Vorstellung, die dem Schlagwortkatalog Jomo Kenyattas, des ersten Präsidenten Kenias, entstammte. Es war das Motto von Kenias Unabhängigkeit. Frei übersetzt bedeutet es: „Laßt uns alle zusammenarbeiten!" –, mitzuhelfen, ein Problem, das die Gemeinschaft betrifft, zu lösen, etwa eine Schule zu bauen. Wenn eine Schule gebraucht wird, so tragen Eltern und Freunde soviel als möglich dazu bei. Diese Haltung stellt eine Grundvoraussetzung jeder Regierungshilfe oder Subvention dar. Wenn jemand schwere Zeiten durchmacht, lädt er seine Nachbarn zu einem Mahl ein, das er sich nur schwer leisten kann. Als Gegenleistung erwartet er dafür von ihnen, daß sie Geld beisteuern, um ihm aus der Patsche zu helfen. In unserem Zusammenhang bedeutete *Harambi*, daß wir, Farmer wie Pavianbeobachter, zusammenarbeiten mußten, um unser Problem zu lösen. Das *Harambi*-Treffen als solches lockerte bereits die Anspannung, und obwohl das Problem erhalten blieb, erhellten sich doch die Gemüter. Es schien, als ob die Farmer bereit waren, sich an unseren Bemühungen um eine Problemlösung zu beteiligen.

Dann setzte erneut die Plünderung ein. Es ereignete sich ganz ruhig an einem Tag, als sich ein Teil des Trupps an den Wächtern vorbeischlich und gerade reif gewordenen Mais fand. Zuerst plünderte nur eine kleine Untergruppe, bald aber folgte der gesamte Trupp ihrem Beispiel. Zwei Wochen während der Erntesaison war Kekopey Kriegsgebiet. Im Vergleich zur Plünderungs-Saison des Vorjahres gab es einen Unterschied: Diesmal unternahmen die Farmer wirklich alles, um das Problem zu lösen. Sie verjagten die Paviane, und ihre Hunde verjagten die Paviane; oft waren die Affen jedoch zu klug, zu hartnäckig und zu zahlreich. Was konnten wir tun?

14. Die Menschen

Jonahs Worte klangen in mir nach: „Die Leute sind ein Teil des Problems, also müssen sie auch ein Teil der Lösung sein."

Ich nahm einen neuen Anlauf und war diesmal ernsthaft entschlossen herauszufinden, worauf der menschliche Teil dieser tödlichen Gleichung hinauslief. Das mindeste, was ich tun konnte, war die Höhe des Schadens zu schätzen, den die Paviane an den *Schambas* angerichtet hatten. Die *Baraza* hatte zwar das Eis gebrochen, ich empfand die Farmer jedoch immer noch als den Feind, als die Schlange in meinem Pavianparadies. Sie waren dumme, unehrliche und habgierige menschliche Wesen, und ich hoffte insgeheim, daß sie wie durch ein Wunder von der Erde verschwinden würden, zumindest aber von Kekopey. Die folgenden zwölf Stunden die veränderten jedoch meine Einstellung und mein Leben.

Es war im September 1980 – und als ich von Farm zu Farm, von Farmer zu Farmer ging, mußte ich erkennen, daß die Verwüstung gewaltig und die

Situation der Farmer weit von dem entfernt war, was ich mir vorgestellt hatte. Für viele von ihnen war das ihr erstes Stück Land, und es war offensichtlich, daß für sie der Besitz von Grund und Boden eine ganze Menge bedeutete. Zum großen Teil brauchten sie alle – von einigen Farmen, die Grundbesitzern gehörten, die nicht hier lebten und die Farm gegen Kost und Quartier von Verwandten bearbeiten ließen, abgesehen – die Ernten für ihren eigenen Verbrauch.

Ich war von den Leuten, die ich traf, von ihrem Mut, ihrer Not und ihrer Haltung tief beeindruckt, und wunderte mich über ihre Ehrlichkeit. Ich hatte als Hausaufgabe die Ernteerträge unter ähnlichen Bedingungen errechnet und, von zwei Ausnahmen abgesehen, stellte keiner seine Verluste übertrieben dar, obwohl sich das zu seinem Vorteil ausgewirkt hätte.

Der zweite Tag ähnelte im großen und ganzen sehr dem ersten – mit einem wichtigen Unterschied. Die Großzügigkeit der Leute überwältigte mich einfach. Offensichtlich waren die Farmer erfreut, daß ich mir die Zeit genommen hatte, mich persönlich um ihre Probleme zu kümmern. Wann immer ich mich zum Gehen anschickte, wurde ich mit Lebensmittelgeschenken überhäuft. Ich protestierte und erklärte, daß ich nicht auch noch das letzte Bißchen von dem nehmen konnte, was ihnen nach dem Blitzkrieg der Paviane geblieben war. Sie aber erklärten, daß die Paviane gleichsam Diebe waren, und ich nehmen sollte, was noch da war, bevor auch das noch gestohlen wurde. An diesem Tag machten sie mich für die Missetaten der Paviane nicht persönlich verantwortlich.

Während ich mich – beladen mit meinem Notizblock, einigen Maiskolben, einem Kürbis, zwei Süßkartoffeln und einer Wassermelone – nach Hause mühte, hatte ich eine Menge nachzudenken. Da ich wußte, daß das Land zu trocken und zu steinig war, um eine gründliche Bearbeitung des Bodens zu gestatten, hatte ich angenommen, daß die neuen Eigentümer zum Kauf verleitet worden waren und nun sowohl über seine Qualität wie über den Kaufpreis zutiefst enttäuscht sein mußten. Seltsamerweise war das aber nicht der Fall. Die Farmer hatten das Gefühl, daß man sie fair behandelt hatte, und sie hatten sogar die Absicht, mehr Land zu kaufen, wenn sie das Geld dafür aufbringen konnten. Irgendwann einmal hatte ich den Gedanken einer Massenumsiedlung der Farmer als mögliche Lösung der augenblicklichen Schwierigkeiten erwogen, doch anscheinend war daran niemand interessiert.

Langsam lernte ich die Leute näher kennen und entwickelte für einige von ihnen echte Sympathie. Eine Farmersfrau, an die ich mich immer erinnern werde, war Rosemary, die ich bei vielen meiner Besuche irrtümlich Rebecca nannte. Kikuyu-Namen sind schwer zu merken. Jede Person besitzt drei Namen, die zu verschiedenen Zeiten von verschiedenen Familienmitgliedern verwendet werden. Rosemarys Farm lag in der Nähe eines Lieblingsschlafplatzes der Paviane und war für die Paviane ein leicht erreichbares Ziel. Kurz vor einem meiner Besuche hatten die Paviane den noch verbliebenen Rest der Maisernte verzehrt. Als sie mir erzählte, was geschehen war, zeigte sie nichts von dem Zorn jener Farmer, die mit ihren Beschwerden zu mir ins Rote Haus gekommen waren.

Rosemary und ihre Nachbarn lebten bescheiden, meistens in Hütten aus unbearbeitetem Bauholz mit rostigen Wellblechdächern. Andere Hütten waren sogar in der traditionelleren Bauweise errichtet worden – ein von Lehm umkleidetes Gerüst aus Ästen und Zweigen, mit einem Strohdach gedeckt. Alle besaßen in die Wände gehauene Fenster und Türen – ohne Fensterscheiben, doch mit hölzernen Fensterläden versehen. Manche Häuser umschlossen einen schmutzigen Hof. Der Fußboden bestand in allen Häusern aus festgestampfter Erde und wurde trotz der Ziegen, Kücken, Hühner, Schafe und Hunde, die darauf herumwanderten, makellos sauber gehalten.

Jeder war auf sein Heim ungeheuer stolz. Sie hatten es selbst erbaut. Obwohl nach westlichem Standard jede Familie arm war, erachtet ein Kenianer den Besitz eines eigenen Stück Landes als größten Vermögenswert. Diese sich selbstversorgenden Farmer waren erst kürzlich in eine Marktwirtschaft eingetreten, in welcher Bargeld erforderlich war. Ganz gleich, wie kahl ein Haus auch sein mochte, die darin lebende Familie besaß doch ein Transistorradio, das stets mit einem handgestickten Staubfänger zugedeckt war. Die Wände waren mit zahllosen Schnappschüssen von Familienmitgliedern geschmückt.

Jedes Haus hatte seine eigene Geschichte. Die meisten Familien kämpften mit aller Kraft, um sich auf die neuen Gegebenheiten Kenias einzustellen. Nach nur wenigen Generationen medizinischer Versorgung hatte sich der Gesundheitszustand dermaßen verbessert, daß zahlreiche Familien nunmehr so viele Mitglieder besaßen, daß das Land überlastet war. Das hatte zur Folge, daß die jüngere Generation in Randgebiete wie Kekopey ausweichen mußte, die landwirtschaftlich bisher noch nicht erschlossen worden waren.

Alle Farmer und ihre Familien waren besorgt. Kekopey unterschied sich grundlegend von ihrer ursprünglichen Heimat. Es war so trocken, und der

Regen so schwer vorherzusagen, daß niemand abzuschätzen vermochte, wie die Ernte ausfallen würde. Sie waren ganz auf sich allein gestellt. Von ihren Großfamilien abgeschnitten, fanden sie sich zum ersten Mal von wildlebenden Tieren umgeben, von Geschöpfen, die vor langer Zeit aus den Hauptanbaugebieten Kenias verschwunden waren.

Diese Wellblechdächer, die ich anfangs so bedrückend empfunden hatte, beherbergten viele Hoffnungen und Ängste. Viele ehrgeizige Gedanken kreisten um den Erfolg dieser neuen Lebensaufgabe, und die Menschen waren beunruhigt. Würde der Ertrag der Ernte für Schulgeld und Schuluniformen, für Tee, für Zucker und für ein wenig Fleisch ausreichen? Die Sprache dieser Menschen war mir zwar fremd, nicht jedoch ihre Gefühle. Ich konnte ihnen gegenüber nicht länger Bitterkeit empfinden.

Was auf Kekopey geschah, war ein Spiegelbild dessen, was überall in Kenia und auch in vielen anderen Gegenden der Dritten Welt geschah. Bessere medizinische Versorgung, eine niedrigere Sterbe- und eine kontinuierlich steigende Geburtenrate führten zu einem rapiden Bevölkerungswachstum. Das traditionellerweise einer Familie gehörende Stück Land, das in vergangenen Zeiten ausgereicht hatte, um die überlebenden Kinder zu erhalten, wurde nun in winzige Landstücke aufgeteilt und an eine immer größere Anzahl von Erben weitergegeben. Die erste Generation dieses neuen Lebensstils war vielleicht noch imstande, auf dem traditionellen Familiengrund zu verbleiben, in der zweiten Generation jedoch reichte das Land bereits nicht mehr aus, um die wachsende Anzahl von Leuten zu ernähren, und ein wilder Kampf um Neuland setzte ein.

Das Problem war, daß das gute Land bereits Jahre früher besiedelt und erschlossen worden war. Was an Boden noch frei war, erinnerte an Kekopey – hervorragend geeignet für die Rinderzucht, jedoch nur randlich oder schlechter geeignet für Landwirtschaft. Unter diesen Umständen war es kein Wunder, daß auf Kekopey Land sehr gefragt war und die Farmer mit ihrem Schicksal nicht im geringsten unzufrieden waren. Die Not hatte sie hierhergetrieben. Glücklicherweise mußte niemand verhungern, wie es vor hundert Jahren der Fall gewesen wäre. Das Kenia dieses Jahrzehnts hatte seine wirtschaftliche Grundlage abwechslungsreich gestaltet – sogar für sich selbstversorgende Farmer. Die Großfamilien stellten auch eine gewisse Absicherung für Katastrophen dar. Entweder konnte irgendjemand zu Hause eine erfolgreiche Ernte einbringen, oder einer aus der bereits gebildeteren jüngeren Generation besaß einen Job in Nairobi, der Geld für Nahrung und andere Grundanschaffungen ins Haus brachte. Was die

Menschen wirklich wollten, war Sicherheit, ein Stückchen Land, das Zuhause genannt werden konnte. Wenn man von diesem Land auch noch leben konnte, um so besser. Ein Versuch lohnte sich jedenfalls. Und wenn sich das nicht machen ließ, dann wußte man immerhin, wo man daheim war.

Wissen und Kontakte können viel ausrichten. Als ich diese Leute näher kennenlernte, schwand mit meinen Vorurteilen auch meine Abneigung gegen sie. Was vorher klar war, wurde nun unscharf. Nachdem ich einmal beide Seiten des Problems kannte, wurde ich mir auch der Tragödie bewußt, die in dieser Situation lag. Die Farmer hatten ein Recht auf das Land und seinen Ertrag, die Paviane jedoch auch. Die Siedler konnten sich nirgendwo anders niederlassen, ebenso die Paviane. Jede Seite handelte gemäß Tradition und Vernunft – selbst wenn beide diametral entgegengesetzt waren.

Sosehr ich es auch gehofft hatte, die neuen auf Kekopey existierenden Gegebenheiten verschwanden nicht. Jonah half mir mit seinem unschätzbaren Rat, seiner Erfahrung und seiner moralischen Unterstützung. In diesen Jahren – 1979 bis 1981 – wurden wir ein Paar. Die Diskussionen über die Forschungsarbeit hatten zu vielen anderen Gesprächen geführt, und auf Tage, die wir zusammen verbrachten, folgten Wochen und schließlich Monate, die wir in Kalifornien und in Kenia zusammen waren, während wir langsam entdeckten, daß es trotz unserer unterschiedlichen Hintergründe sehr viele Gemeinsamkeiten gab. Jetzt befanden wir uns in einem „Consort".

In einem Bereich waren Jonah und ich nicht einer Meinung: Tier- und Landschaftsschutz und wissenschaftliche Arbeit. Ich war vor allem von den mit der Pavian-Arbeit verbundenen geistigen Problemen fasziniert. Die Jahre, die ich mit ihnen verbracht hatte, hatten eine tiefe persönliche Beziehung zwischen ihnen und mir entstehen lassen.

Die Pumpenhaus-Bande war jedoch in Not geraten, und ich war persönlich mit vielen grundsätzlichen Fragen des Tier- und Landschaftsschutzes konfrontiert, denen sich die Natur in Ländern der Dritten Welt gegenüber sieht.

Bisher hatte ich über all diese Dinge nicht viel nachgedacht, und obwohl ich Tier- und Landschaftsschutz für wichtig hielt, fehlte es meinen halb durchdachten Ideen sowohl an Wissen wie auch an Ausgereiftheit. Jonah war das Gegenteil. Er war ein Pionier einer neuen Art von Tier- und Landschaftsschutz. Reine Tierschutzfragen hatten ihn zur wissenschaftlichen Forschung gebracht, um mehr Verständnis dafür zu erlangen, wie Gegenden und Tiere geschützt werden können.

Es mußten Kosten und Nutzen des „Wildlife" für jene Leute in Betracht gezogen werden, die in Gebieten lebten, in denen es Tiere in freier Wildbahn gab. Wenn die Kosten des Tier- und Landschaftsschutzes den Nutzen übertrafen, konnte es für die Tiere keine realistische Zukunft geben. Eine von Jonahs größten Leistungen war, vorzuführen, wie sowohl für die Tiere als auch für ihre Nachbarn, die Menschen, ein Managementplan erstellt und ausgeführt werden konnte.

Zu meinem Glück besaß Jonah in Sachen moderner Tier- und Landschaftsschutz-Methoden jene Klugheit und Erfahrung, die mir fehlten. So wurde ein neues Projekt geboren, eine neue Richtung und in vielerlei Hinsicht ein neues Ich. Zum ersten Mal seit ich Anthropologin geworden war, hatte ich nun mit Menschen zu tun.

Am Anfang war es schwierig, mich auf mein neues Leben und auf das neue Projekt einzustellen. Das „Unternehmen Mensch", wie ich es nannte, nahm immer mehr Zeit in Anspruch. Ich sah die Paviane seltener, und wenn ich sie sah, waren sie immer „bemüht", sich entweder in irgendeine Klemme hinein- oder wieder herauszuarbeiten. Ich war emotionell einfach nicht auf den Rollen- und Richtungswechsel vorbereitet. Die Paviane waren immer meine Inspiration gewesen – bei ihnen zu sein belebte mich neu. Diese neue Arbeit entfernte mich nun von den Pavianen. Da ich keine formale Ausbildung gehabt hatte, war es geistig wie physisch ermüdend, und es blieb mir nur, Jonah und meinen Instinkten zu folgen. Die Aussichten schienen trübe und oft endete mein Tag in Tränen – nicht so sehr Tränen der Verzweiflung, sondern vielmehr Tränen der Erschöpfung. Ich war einen solchen ununterbrochenen Krisenzustand nicht gewöhnt. Schließlich schufen jedoch sowohl das „Unternehmen Mensch" als auch meine Forschung in Zusammenhang mit dem Ernteraub neue Herausforderungen, die mich auch geistig in Anspruch nahmen.

Paviane sind clevere Geschöpfe; wie sie auf Gelegenheiten zu Plünderungen reagierten, zeigte mir jedoch eine neue Facette ihrer Intelligenz. Zum ersten Mal fragte ich mich, ob die Farmer oder ich selbst sie tatsächlich austricksen konnten. Selten stellte es für sie ein größeres Problem dar, an den geplagten Pavian-Vertreibern vorbeizukommen. Wir erhöhten den Mitarbeiterstab und empfingen sie mit Steinen und Geschrei, was die

Wirksamkeit der Vertreiber erhöhte. Dennoch dauerte es einige Zeit, bis wir manche Affen-Tricks durchschaut hatten. Lou, einer der leidenschaftlichsten Plünderer – er war vom Krüppel-Trupp, der ursprünglich die Heimat der „bösen Buben" Duncan, Chumley und Higgins gewesen war, hierher abgewandert – konnte dreinschauen, als ob er an einer Plünderung gar nicht interessiert war, während er sich mit dem Rest des Trupps in die „erlaubte" Richtung bewegte. Sobald er jedoch das Dickicht erreicht hatte, machte er kehrt, schlug einen weiten Bogen um die Vertreiber – deren Wachsamkeit hatte bereits nachgelassen, da sich die Paviane ja von der kritischen Zone wegbewegt hatten, anstatt sich ihr zu nähern – und fraß sich, noch ehe irgendjemand etwas bemerkt hatte, mit Mais voll.

Lou war aber nicht der einzige hinterhältige Pavian. Im allgemeinen waren die jungen Männchen die leidenschaftlichsten Plünderer und fanden gar nichts dabei, auch allein oder nur in kleinen, destruktiven Gruppen auf Plünderung zu gehen. Manchmal folgte ihnen der gesamte Trupp, manchmal nur ein paar Freunde und Verwandte. Wenn die Farmer auch wachsam waren, waren sie vor eine schwierige Aufgabe gestellt. Die Paviane hatten vor ihnen immer noch Angst und liefen davon, wenn sie gejagt wurden, vor allem, wenn Hunde in der Nähe waren. Sie hatten jedoch keine Angst vor Frauen und Kindern. Sooft die Paviane davonliefen, hielten sie in geringer Entfernung an, bis die Leute wieder in ihre Hütten zurückgekehrt, oder auf Grund des Verjagens so erschöpft waren, daß sie ihre Wachsamkeit vergaßen. Sogleich kamen die Paviane zurück – immer und immer wieder. Man mußte einfach ihre Ausdauer und ihr taktisches Vorgehen bewundern. Ich bemitleidete den Farmer, der auf sich allein gestellt war, wenn entschlossene Paviane ankamen. Während er auf einer Seite ein paar Paviane vertrieb, schlichen sich andere von einer anderen Seite heran.

Weder ich noch die Forschungsassistenten durften die Paviane selber verjagen. Das beste was wir tun konnten war, vor ihnen auf dem betreffenden Landstück anzukommen, und dort den Widerstand zu mobilisieren. Es war äußerst schmerzlich, zu beobachten, daß die Paviane immer wieder den Sieg davontrugen, aber gelegentlich konnten wir doch einen gewissen Abstand zu den Ereignissen gewinnen, so daß die Szene die Ausgelassenheit eines Stan-Laurel-&-Oliver-Hardy-Films annahm.

Sich auf die Seite der „Leute" zu stellen, bedeutete jedoch mehr als bloß Paviane zu verjagen. Die Philosophie, die Jonahs Tier- und Landschaftsschutz-Idee zugrunde lag, besagte, daß die Leute dazu motiviert werden mußten, Tiere aus Eigeninteresse heraus zu schützen.

Als die Massai in Amboseli zusätzlich zu anderen Unterstützungen auch einen Anteil an den Einkünften des Parks erhielten, verwandelten sich die „Wildlife"-Vernichter zu nicht-beamteten Naturhütern, die Probleme abwandten und Tiere beschützten. Das System funktionierte in Kenia auch in anderen Fällen. Welche Vergünstigungen für die Farmer konnten jene Schäden aufwiegen, die die Paviane auf Kekopey verursachten? Das war nur schwer einzuschätzen. Natürlich wollten die Leute eine Entschädigung für den Ernteschaden, den die Affen anrichteten, und sie verdienten diese auch. Dabei handelte es sich jedoch um eine Regierungsangelegenheit und um Regierungspolitik. Alles was ich tun konnte, war, die Wege der Bürokratie zu erkunden und deren Durchführung zu beschleunigen. Ich konnte mich aber nicht direkt in den Vorgang einmischen. Wenn ich das Geld für die Kompensation der Farmer auftrieb, gab ich damit zu, daß ich persönlich für die Paviane verantwortlich war. Wie konnte ich dann noch behaupten, daß ich *keine* Verantwortung für sie trug, weder so noch so. Als ich mir am Ende die Summe ausrechnete, um die es ging, klang die Höhe des Betrages verlockend. Weniger als 2000 Dollar pro Jahr reichten aus, um den gesamten Schaden abzudecken. Allerdings war es Geld, das ich nicht hatte, aber verglichen mit anderen Projektkosten, wie dem Preis der Flugtickets nach Kenia oder den Betriebskosten eines Autos kam mir das nahezu lächerlich vor. Noch angenehmer war es, zu wissen, daß das Geld direkt an die Farmer gehen sollte, die schwer unter den Kekopey-Pavianen zu leiden hatten.

Ein weiterer Vorschlag Jonahs wies meinem Denken eine neue Richtung. Warum sollten wir die Farmer nicht in anderer Form entschädigen, indem wir ihnen mit sozialen Dienstleistungen oder bei anderen drückenden Problemen halfen? Das kostete vielleicht nicht besonders viel Geld, konnte sich jedoch als beträchtlicher Nutzen erweisen. Und was noch viel wichtiger war, die Hilfe würde bei den Farmern zwar als Geschenk des Gilgil-Pavian-Projekts – als Teil von *Harambi* – gelten, jedoch nicht den Eindruck erwecken, daß wir für die Handlungen der Paviane verantwortlich waren. Diese Idee hatte entschieden etwas für sich. Natürlich waren meine Kontakte in Kenia selbst und auch international besser als jene der Farmer auf Kekopey. Mit geeigneter Technologie, Energieversorgung, Schutz von Boden und Wasser, „Wildlife"-Erziehung, Agrartechnik sowie Saatgut konnte ich eine Reihe von Hilfsmöglichkeiten für sie organisieren. Kekopey war viel trockener als die Gebiete, in denen sie zuvor gelebt hatten. Vielleicht stellte für ein Gebiet mit so wenig Niederschlag Mais gar nicht die beste Getreideart dar – und eine andere Feldfrucht war für die Paviane vielleicht weniger verlockend.

Es wurde ein landwirtschaftliches Entwicklungsprojekt in die Wege geleitet. Mein Ziel war es, die Farmer bei der Selbsthilfe zu unterstützen. Wenn wir im Lauf unserer Arbeit eine Lösung zustandebrachten, die zu weniger Konflikten zwischen Tieren und Menschen führte, um so besser. Mittlerweile attackierten nicht nur die Affen, sondern *alle* in freier Wildbahn lebenden Tiere – einschließlich Elen-Antilopen, Warzenschweine, Impalas, Thomson-Gazellen, Zebras, kleiner Antilopen und Hasen – die Ernten. Das landwirtschaftliche Entwicklungsprojekt besaß eine eigene Evolution – war ein organischer Prozeß. Vielleicht wäre es zwar besser gewesen, wenn eine besonders dafür eingerichtete Entwicklungsagentur mit einem eigenen „Generalplan" beigezogen worden wäre, doch besaßen wir, obwohl weder ich noch die Farmer Erfahrung in Agrarentwicklung hatten, doch einen großen Vorteil: Ich war mit dem Gebiet und seinen Möglichkeiten vertraut, und die Farmer wußten, was sie wollten. Die Lösungen, die wir miteinander ausarbeiteten, paßten besser zu unserem speziellen Problem als alles, was man von außen an uns herangetragen hätte.

Die neue Art der Pavianforschung und das dazukommende landwirtschaftliche Entwicklungsprojekt erforderten mehr Personal. Wieder brachte Jonah einen hervorragenden Vorschlag ein. Warum sollten wir nicht ansässige Kenianer für einen Teil der Arbeit engagieren? Bisher war ich einer solchen Möglichkeit äußerst reserviert gegenübergestanden, da ich nicht sicher war, wie die Paviane reagieren würden, hatten sie doch viele unerfreuliche Erfahrungen mit Schwarzen gemacht. Ich fürchtete, daß es Monate kostbaren Datensammelns kosten würde, bis die Pumpenhaus-Bande so weit war, den kenianischen Arbeitskräften zu trauen.

Jonahs Vorschlag war jedoch sehr vernünftig. Wenn man genügend Studenten aus dem Ausland einbrachte, so ergaben sich massenhaft Probleme, wie etwa unterschiedliche Terminpläne, die uns fürchten ließen, daß die Paviane einige Zeit hindurch unbeobachtet blieben. Ein Student aus Amerika oder aus Europa hatte stets einen schwierigen Anpassungsprozeß hinter sich zu bringen. Dazu kam noch das Problem der reinen Lebenshaltungskosten in Afrika, der Preis der Flugtickets, das Fahrzeug, das gebraucht wurde, sowie ein Gehalt. Ein kenianischer Forschungsassistent war, vorausgesetzt, daß er es überhaupt als einen passenden Job betrachtete, aus Interesse und Notwendigkeit heraus gebunden. (Viele Kenianer hassen das Leben im Busch nicht weniger als manche Amerikaner.)

Er kannte das Land, er kannte die Sprache, er wußte, wie man sich arrangierte und würde auch unter widrigen Bedingungen schwer arbeiten, da gute Jobs nur schwer zu finden waren.

Josiah Musau wurde im November 1981 mein erster kenianischer Forschungsassistent. Er war schlank und gutaussehend, und ich stellte ihn mir immer als einen Stammesältesten vor, obwohl er jünger war als ich. Josiah war ein Mitglied des Wakamba-Stammes, des zweitgrößten Ackerbau treibenden Stammes in Kenia. Er hatte früh die Schule verlassen und war, ähnlich wie Freitag von Robinson Crusoe, von einem amerikanischen Zoologen angenommen worden, der seinen ungewöhnlich hellen Verstand erkannt hatte. Er war ein außergewöhnlicher Schüler. Die Instruktion, die er von seinem Arbeitgeber erhielt, sog er geradezu in sich auf. Er fuhr bis nach Nairobi in die Bibliothek, um sich weitere Informationen zu den im Unterricht aufgeworfenen Fragen zu holen. Auch ohne abgeschlossene Schulbildung entsprach er durchaus den Anforderungen, und sein amerikanischer Akzent ließ die Leute aufhorchen. Ich war glücklich, daß er bei mir arbeitete.

Am ersten Tag, als ich Josiah zu den Pavianen mitnahm, war ich auf das Schlimmste gefaßt, obwohl er eine Kleidung gewählt hatte, die der meinen so ähnlich wie möglich war – inklusive Rucksack, Feldstecher, langer Hosen und Hut. Das einzige Zeichen, das darauf hinwies, daß er nicht einer der bis dato „regulären" Beobachter war, waren seine Hände und ein kleiner Teil seines Gesichts. Meine Gegenwart genügte im allgemeinen, um die Tiere zu versichern, daß sie eine neue anwesende Person akzeptieren konnten, und ich hoffte, daß ihnen ihr Zutrauen auch über diese neue Herausforderung hinweghelfen würde.

Zuerst schienen sie überhaupt nicht zu reagieren. Erst als wir näherrückten, sahen einige Paviane auf und erlebten den Schock ihres Lebens. Ihr Gesichtsausdruck zeigte den Schrecken und die Not, die sie empfanden. Sie stießen Alarmschreie aus und stoben völlig konfus davon. Aber *ich* befand mich bei dieser Person und *ich* schien doch keineswegs alarmiert. Sie rannten nur einige Schritte und drehten sich um. Dann setzten sie sich hin und starrten Josiah an. Wir hielten ruhig unsere Stellung, und gegen Ende des Vormittags gestattete der Trupp Josiah bereits, in meiner Gegenwart bis an den Rand der Gruppe vorzudringen. Allerdings wurden sie immer noch extrem nervös, wenn sie ihn allein in Bewegung beobachteten.

Josiah war inmitten von Tieren aufgewachsen und entwickelte besondere

Feinfühligkeit. Unter den Pavianen bewegte er sich voller Anmut und Ungezwungenheit. Das stand in krassem Gegensatz zu den typischen amerikanischen Studenten, die immer wieder in die Löcher von Warzenschweinen fielen, Schreie ausstießen, ihre Notizblöcke und Ferngläser in der Gegend herumfliegen ließen, und die ich ohne Unterlaß ermahnen mußte, „auf die Paviane zu achten", da sie nur selten eine Gelegenheit ausließen, auf ein Kleinkind zu treten, das hinter einem Busch hockte.

Als sich die Zielsetzungen unseres Projekts erweiterten, wuchs auch der Personalstand. Nach Josiah kamen Hudson Oyaro, dann Simon Ntobo und schließlich Francis Malele und andere. Nach und nach erweiterte ich das Personal durch mehr Kenianer – natürlich waren auch die Vertreiber, aber auch einer der Farmer darunter, der als Dolmetscher fungierte, und auf allen Farmen den Anbau als auch die Ernte überwachte. Kenianer in das Projekt zu integrieren, war die beste Idee überhaupt. Hätte ich das nur schon früher getan!

Trotz allem war das Leben in Gilgil nicht mehr lustig. Eine Krise folgte der anderen und schwierige Entscheidungen führten nur zu weiteren, noch schwierigeren. Das viele Personal bedeutete, daß ich mich in wesentlich größerem Ausmaß mit verwaltungstechnischen Details beschäftigen mußte und viel weniger Zeit bei den Pavianen verbringen konnte. Auch Konflikte waren zu einer Lebensart geworden. Wenn es sich nur um den Konflikt zwischen den Farmern und den Pavianen gehandelt hätte, wäre ich damit vielleicht zu Rande gekommen, aber das Pavian-Problem bildete nur den Kern anderer, mehr persönlicher Schwierigkeiten.

Eine stattliche Anzahl neuer Studenten kam, um die Kekopey-Paviane zu studieren. Es wurden nun nicht nur die Pumpenhaus-Bande und die Eburrus, sondern auch die Wabaya und, wenn auch nur für kurze Zeit, der Krüppel- und der Schul-Trupp beobachtet. Einige kamen als freiwillige Assistenten, manche als graduierte Forscher; die große Mehrheit bestand jedoch aus Dissertanten, die an ihrer Dissertation arbeiteten. In dem Maße, wie sich die Situation der Paviane verschlechterte und ich eine aktive Rolle als Direktor zu spielen begann, waren Konflikte zwischen den Studenten untereinander als auch zwischen mir und den Studenten unvermeidlich.

Die meisten Meinungsverschiedenheiten entstanden über die Prioritätenfrage: Wer durfte was wann tun. Später wurde aus den Konflikten ein

Wettstreit. Je ähnlicher die wissenschaftlichen Interessen lagen, desto intensiver wurde die Wettbewerbssituation.

Jede neue Krise brachte mich in Streit mit den Dissertanten, deren Ansichten von meinen sehr deutlich abwichen. Die meisten vertraten eine zeitlich begrenzte Sichtweise, wobei ihre eigenen Studien den zentralen und wichtigsten Teil der zu tätigenden Arbeit darstellte. Alles, was ihnen dabei im Wege stand, war schlecht, und forderte ihren Widerspruch heraus. Ich dagegen sah alles aus einem längerfristigeren Blickwinkel. Nun, da das Leben der Paviane in Gefahr war, konnte ich selbst über die kleinste Kleinigkeit nicht gleichgültig hinweggehen, da eine solche Haltung verheerende Folgen zeitigen konnte. Die goldenen Jahre Kekopeys gingen dem Ende zu. Wir waren nicht länger eine glückliche Familie. Zum ersten Mal erkannte ich, daß eine Machtposition innezuhaben, ganz gleich, wie zögernd man diese auch übernommen haben mochte, bedeutet, sich Feinde zu schaffen. Natürlich kann es auch unter Gleichgestellten Verstimmungen geben, wenn jedoch zwei von verschiedenem Rang die Dinge unterschiedlich beurteilen, entsteht zwangsläufig böses Blut.

Die Zusammenarbeit, der Gedanken- und Ideenaustausch wurden eingestellt. Eisiges Schweigen breitete sich aus. Es gab seltsame Gedächtnislücken und eine Menge offensichtlicher Manipulation. Ich war sehr verwundert, als ich vom Doktorvater eines meiner Studenten hörte, daß er über dessen Arbeit völlig erregt sei, da dieser *zum ersten Mal* die Tatsache aufdeckte, daß männliche Paviane keine Dominanzhierarchie besitzen. Ich war sprachlos, als ich einen Anruf von einer Studentin erhielt, die gerade dabei war, ihre Arbeit über die Paviane abzuschließen. Sie informierte mich, daß sie nicht länger gewillt war, von mir Arbeitsunterlagen und Manuskripte zu erhalten. Bis dahin hatte ich mit ihr offen über meine Ideen gesprochen und ihr erst kurze Zeit zuvor neue und wichtige Ansatzpunkte zu ihrer Forschungsarbeit gegeben, die sie übersehen hatte. Wovor hatte sie Angst? Die Antwort war nur allzu offensichtlich, als ich mich, ehe sie diese an ihrer Universität einreichte, in ihre Dissertation vertiefte und ihre Arbeit las: Es gab fast keine Erwähnung meiner Arbeiten oder der Begriffe von Freundschaft, Wechselseitigkeit und Sozialstrategien, die ich seit über einem Jahrzehnt geprägt hatte. So konnte sie viele wichtige Gedankengänge, die in meiner Arbeit begründet lagen, ungehindert als ihre eigenen ausgeben. Dieser Vorfall war nicht der einzige – Wettbewerb ging bewußt oder unbewußt mit Täuschung Hand in Hand.

Hier war die dunkle Seite der Pavianforschung, und traurigerweise spielte sie eine so große Rolle. Daß sich alte Freunde in Feinde verwandelten, wäre schon schlimm genug gewesen, doch geriet ich auf Grund der neuen Richtung, in die sich meine Forschung bewegte, unter Beschuß schwererer Geschütze. Obwohl ich ursprünglich geplant hatte, vorübergehend alle männlichen Paviane zu „entfernen", um herauszufinden, wie sich die Weibchen in einem solchen Fall verhielten, führte ich diesen Plan doch nie aus. Ich fühlte, daß ich genug wußte, um mich nicht einzumischen. Unbewußt hatte ich jedoch auch eine bestimmte Einstellung gegenüber den Pavianen angenommen. Ich wollte sie „natürlich" hinterlassen. Für viele meine Kollegen und Vorgesetzten war *natürlich* gleichbedeutend mit „von Menschen unberührt". Aus diesem Grund war Kekopey kritisiert worden, da es sich um eine Rinderfarm und nicht um einen Nationalpark oder ein Reservat handelte, obwohl es auf Kekopey mehr Leben in freier Wildbahn gab als in vielen Parks und in vielen Reservaten mehr Menschen und Rinder lebten als auf dieser Rinderranch.

Es ging darum, daß es nach Meinung einiger wichtiger Kollegen so etwas wie eine unverdorbene, unberührte Natur gab. Nur dort konnte man die Paviane studieren und wichtige Erkenntnisse gewinnen. Sobald sich einmal Menschen einmischten, war diese Quelle und deren Möglichkeiten auf der Stelle versiegt. Es war schlimm genug, daß die Paviane auf einer Rinderranch lebten, und nun überfielen sie auch noch Farmen und fraßen „menschliche" Nahrung. Und ich schlug noch dazu vor, sie weiter zu manipulieren und an ihnen alle Arten von Tests und Experimenten durchzuführen. Wenn die Pumpenhaus-Bande je eine Chance gehabt hatte, als „normale", „natürliche" Paviane zu gelten, und meine Kenntnisse über Paviane je die Chance gehabt hatten, ernst genommen zu werden, so verloren sich diese Chancen mit dem neuen Lauf der Dinge.

Ist man für das, was man gezähmt hat, verantwortlich? Bisher hatte ich diesem Gedanken nicht allzu viel Aufmerksamkeit zugewandt, aber meine Instinkte, meine Handlungen und nunmehr auch mein Gewissen sagten mir, daß ich sehr wohl dafür verantwortlich war. Wenn ich die Paviane retten wollte, hatte ich Skepsis und Kritik zu ignorieren. Wie sonst konnte ich ihnen meine Schuld zurückzahlen? Dazu kam noch eines: Bisher war ich nur ein naiver Tierbeobachter gewesen, ein überaus zögernder Natur- und Umweltschützer. Als nun andere Probleme auf mich zukamen und ich mich um Antworten bemühte, erkannte ich, daß die Akademiker aus ihren

Elfenbeintürmen heraustreten und sich für ihre „Untersuchungsobjekte" verantwortlich fühlen müssen, wenn sie auch in Zukunft Tierforschung betreiben möchten. Dieses Problem besteht in der gesamten Dritten Welt. In dem Maße, wie unterentwickelte Länder sich zu modernisieren trachten und ihre menschliche Bevölkerung wächst, wird die nationalstaatliche ebenso wie die Weltwirtschaft zur Bedrohung für das Leben in freier Wildbahn und für die letzten unbebauten Landstriche.

Dürfen wir ihnen jedoch Vorwürfe machen? Haben die Staaten des Westens ein Recht darauf, mit dem Finger eines Anklägers auf die Dritte Welt zu zeigen, wenn in den meisten industrialisierten Ländern in ebendemselben Drang nach Erschließung der Ressourcen Tiere und Landschaft längst vernichtet worden sind. Jetzt, wo *wir* gut dastehen, möchten wir dafür sorgen, daß es sowohl uns als auch unseren Kindern möglich sein sollte, die Schönheiten der Natur zumindest anderswo zu genießen.

Immer noch kam mir Jonahs Lösungsvorschlag als der beste vor: an die Menschen zu denken und Lösungen auszuarbeiten, bei welchen sie von den Tieren einen Nutzen ziehen konnten, ohne sie auszurotten. Es war eine pragmatische wie realistische Lösung, und sie funktionierte sogar auf Kekopey. Obwohl wir das Problem des Ernteraubs nicht gelöst hatten, hatten wir mit unserem landwirtschaftlichen Entwicklungsprojekt doch beträchtliche Fortschritte erzielt. Von den Einnahmen des Survival-Anglia-Films über Paviane wurde eine bescheidene doch angemessene Schule gebaut. Farmer wurden in Kurse geschickt, in denen sie über Bodenbearbeitung und Energiespartechniken, das Setzen von Bäumen sowie über die Entwicklung neuer landwirtschaftlicher Techniken und Saatgut informiert wurden. „Wildlife"-Erziehungsprogramme, die den Farmern mehr über die Tierwelt erzählen sollten, waren in die Wege geleitet worden, und die Regierungsbehörden unterstützten uns bei den verschiedensten Zielsetzungen unseres Entwicklungsprojektes.

Im Oktober 1982 lernte ich eine neuartige Idee kennen. Monica Geary, eine australische Weberin, war nach Kenia gekommen, um der Landbevölkerung neue Wege des Erwerbs des Lebensunterhalts durch Handwerk näherzubringen. Sie suchte nach einem geeigneten Standort, und da sie mit einem der Kekopey-Farmer befreundet war, kreuzten sich unsere Wege. So entstand das Wollhandwerksprojekt. In drei kurzen Monaten lernten die Farmer, in der Gegend aufgekauftes Wollvlies zu bearbeiten, es zu verspinnen und mit Naturfarbstoffen zu färben, Strick- und Webgarn als auch Teppiche von beachtlicher Schönheit herzustellen. Wenn das Projekt funktionierte, verfügten die Farmer über eine neue Einnahmequelle, die nicht vom Regen abhängig war, und es ihnen mit der Zeit vielleicht sogar gestattete, gänzlich auf den Ackerbau zu verzichten – wodurch sich der Konflikt mit den in freier Wildbahn lebenden Tieren ebenfalls lösen könnte.

Eine Bemerkung eines Farmer ließ mich erkennen, wieviel wir erreicht hatten. Als wir unsere erste *Baraza*, das Treffen, bei dem das Eis gebrochen wurde, veranstaltet hatten, war er der am feindlichsten gesinnte Teilnehmer gewesen. Mittlerweile war er zu einem Freund und Verbündeten geworden, einem wahren Pionier im Erproben neuer Ideen. Er sagte folgendes: „Lieber haben wir Überfälle durch die Paviane und ein Pavian-Projekt, das sie studiert (und uns hilft), als keine Paviane und kein Projekt." Ich konnte nicht glauben, was ich gehört hatte, und mußte ihn einfach bitten, es noch einmal zu wiederholen.

Die positiven Resultate, die wir erzielen konnten, waren indirekter Natur; in den Plänen für die Zukunft lagen jedoch andere, direktere Möglichkeiten, wie die Farmer Vorteile aus dem sie umgebenden „Wildlife" ziehen konnten. Es war leicht einzusehen, daß die Leute aus aufgeklärtem Selbstinteresse heraus zugunsten der Tiere handeln würden. Es war unbillig, zu erwarten, daß sie sich altruistisch verhalten würden. Sie waren zu arm und ihr Leben zu schwierig, als daß man von ihnen erwarten durfte, daß sie auch nur einen kleinen Teil ihres Eigentums Geschöpfen opferten, die mit ihnen nur entfernt verwandt waren.

Ich hätte mir viel Zeit und Kummer erspart, wenn ich die Erkenntnisse aus meiner Pavian-Arbeit von Anfang an auf diese menschlichen Probleme angewandt hätte. Wenn man eine gute soziale Beziehung herstellen möchte, eine die funktioniert und dauerhaft ist, so muß diese auf Gegenseitigkeit gegründet sein. Zuerst ist es jedoch vonnöten, das Vertrauen des Partners zu gewinnen. Egal ob man ein neu zu einer Gruppe gestoßenes Pavian-Männchen oder eine Frau und Wissenschaftlerin ist, muß man durch Handlungen und Gesten beweisen, daß man großzügig und vertrauenswürdig ist und einen guten gesellschaftlichen Verbündeten abgeben möchte. Nur dann kann man mit dem Wohlwollen des Partners rechnen und sich darauf verlassen, daß man sich gegenseitig aus der Not helfen kann – nicht unbedingt in vollkommen gleicher, doch in einander ergänzender Art und Weise.

Das ist der Grund dafür, weshalb manche Methoden des Tier- und Landschaftsschutzes nicht funktionieren können und auch nicht funktionieren. Allzu oft werden dabei die Menschen übersehen, wenn man von jenen abwegigen Methoden absieht, die das Ziel verfolgen, sie auszuschließen oder sie zu zwingen. Es wurde behauptet, daß wir ganze Armeen benötigten, um unsere kostbare, verschwindende Natur zu schützen, es dafür, daß eine solche Lösung Aussicht auf Erfolg haben würde, jedoch nicht genügend Geld und Personal gibt. Sobald es auf das Problem Leute kontra freilebende Tiere hinausläuft, werden, falls die Menschen verzweifelt sind, immer die Tiere den kürzeren ziehen. Schließlich „funktionieren" ja auch die Tiere auf die gleiche Weise. Wir alle besitzen einen unglaublichen Selbsterhaltungstrieb. Die Lösung, auf die Jonah vor vielen Jahren kam, beruht darauf, die beiden Interessensgebiete zur Deckung zu bringen und zwischen Mensch und Tier ein System der Gegenseitigkeit aufzubauen. Das ist keine kleine Aufgabe, wie ich zu diesem Zeitpunkt entdecken mußte. Es erfordert beträchtlichen Zeitaufwand wie Einfallsreichtum und selbst wenn es funktioniert, kann es keine Lösung auf Dauer sein. Alles ist im Wandel begriffen, und alle Lösungen bedürfen immer wieder einer Neuanpassung. Um mit einer veränderten Realität fertig zu werden, müssen neue Wege gefunden werden. Natur- und Landschaftsschutz ist eine Aufgabe, die nie endet; durch den Lernprozeß, den ich durchmachte, wurde ich jedoch zu einem wesentlich besser informierten und, was die Zukunftsaussichten betraf, optimistischeren Menschen.

Die Richtung, in welche sich meine Natur- und Landschaftsschutzgedanken entwickelten, brachte unerwartete Gratifikationen. Den Leuten bei deren Selbsthilfe zu helfen, war äußerst befriedigend. Nach so vielen Jahren, während welcher sich mein soziales Gewissen gleichsam in einer Sackgasse befunden hatte – Weshalb nahm ich mich so sehr der Paviane an, wo es auf der Welt gleichzeitig so viele Leute gab, die ebenfalls Hilfe brauchten? – sah ich nun eine Gelegenheit, beiden zu helfen.

Die Forschungsarbeit selbst machte Fortschritte. Mein wachsendes Verständnis dafür, warum die Paviane ihre Plünderungen unternommen hatten, verhalf mir zu vielen anderen Einsichten, die für unser allgemeines Verständnis so kluger Tiere und sogar für die Evolution des Menschen von grundlegender Bedeutung waren. Wieder einmal hatten mich die Affen auf einen Pfad geführt, den ich von selbst nicht eingeschlagen hätte, und mich gezwungen, interessantere und wichtigere Themenstellungen zu erforschen.

So viel hatte sich geändert oder änderte sich laufend: Kekopey, die Paviane, das Projekt und meine Rolle in diesem Projekt. Ich hatte mich vom Beobachter der Paviane zum Dolmetscher und Schützer entwickelt. Ich war zu beschäftigt, um zu überlegen, was die Zukunft bringen würde. Peggys Tod im November 1982 war ein Symbol, ein Hinweis darauf, daß sich die Zukunft sehr von der Vergangenheit unterscheiden würde.

Während der zehn Jahre, die ich Peggy und ihre Familie beobachtet hatte, war sie für mich etwas ganz Besonderes gewesen. Als ich in diesem November nach einer meiner Reisen nach Kalifornien zurück nach Gilgil kam, berichteten mir Josiah und Hudson, daß Peggy sich ein Bein gebrochen hatte und sich nicht bewegen konnte. Sie saß in der Nähe einer Wasserstelle, die der Trupp häufig aufsuchte. Peggy war schon einmal, während ich mich in Kalifornien aufhielt, nur knapp dem Tod entronnen. Sie hatte sich dann wieder erholt, befand sich mittlerweile jedoch in ihren Dreißigern. Mir war klar, daß sie irgendwann einmal sterben mußte, hatte mir jedoch nie vorgestellt, daß es auf solche Art geschehen würde.

Als ich bei Peggy ankam, befand sie sich schon eine Woche lang auf dem gleichen Fleck. Es hatte stark geregnet, und ich macht mir große Sorgen darüber, daß sie sich im Freien befand. Sie war äußerst schwach, und mein erster Gedanke war, ihr Futter zu bringen und für sie irgendeine Art eines behelfsmäßigen Schutzdaches zu errichten. Als ich das tat, bemerkte ich, daß sie mir – während sie fraß – gestattete, sie anzufassen. Dann bemerkte ich, daß bereits Maden ihr verletztes Bein befallen hatten, und mir wurde klar, daß sie nicht überleben konnte.

Zunächst wußte ich nicht, ob ich einen Rettungsversuch unternehmen sollte. Schon in der Vergangenheit hatten wir schwierige Entscheidungen mit verwundeten Tieren zu treffen; und es war uns gelungen, manchen von ihnen zu helfen, obwohl jeder Fall schwerwiegende Entscheidungen verlangte. Aber diesmal handelte es sich um Peggy und meine Handlungsweise wurde von meinen Gefühlen diktiert. Zumindest konnte ich sie ins Rote Haus bringen und sie dort beschützen, wenn sie es mir gestattete, – oder noch besser ins Institut für Primaten-Forschung, wo man versuchen könnte, sie zu behandeln.

Das bedeutete meinerseits zwar einen beispiellosen Gesinnungswandel. Da wir aber schon bei unserem Versuch, die Plünderungen in den Griff zu bekommen, damit begonnen hatten, Blitzüberfälle auf den Trupp zu unternehmen, sie mittels giftiger Substanzen fernzuhalten, und sie zu manipulieren versuchten, warum sollte ich dann vorgeben, daß dieses Leben völlig normal war, wenn dem nicht so war?

Ich besaß keinerlei Ausrüstung, kein Beruhigungsmittel für einen Betäubungspfeil, ja nicht einmal einen Käfig, in dem ich sie hätte transportieren können. Dennoch zögerte ich nicht und lief zurück, um Josiah, Hudson und das Auto zu holen. Peggy schrie vor Schmerz, als wir sie aufhoben, aber sie half mit. Sie war bei vollem Bewußtsein und wußte anscheinend was geschah, als ich sie im Fond des Wagens bettete und mit Futter umgab. Ich hatte mich entschlossen, die Fahrt zum Institut für Primaten-Forschung zu wagen.

Nach zwei Stunden Fahrt, vier Kartoffeln, vier Karotten, einem halben Kohl, fünf Tomaten und einem Laib Brot hatten wir es geschafft. Peggy sah mich ein- oder zweimal an, wenn wir über ein besonders großes Loch in der Straße rumpelten und sie durchgeschüttelt wurde, oder auch zwischen zwei Maulvoll Futter. Ich werde nie erfahren, was sie dachte, aber ich fühlte, daß ihr Jahre gegenseitigen Vertrauens ins Gedächtnis zurückgerufen wurden.

Im Institut besprachen wir die Möglichkeiten. Wenn das möglich war, wollten sie versuchen, den Bruch einzurichten, und Peggy konnte zur Pumpenhaus-Bande zurückgebracht werden. Wenn das Bein jedoch amputiert werden mußte, war Peggy nicht mehr imstande, in der freien Wildbahn zu überleben. Sie versuchten wirklich alles. Sogar den Leuten im Primaten-Institut, die schon Tausende Paviane gesehen hatten, war noch nie einer begegnet, der wie diese große alte Dame war. Sie reinigten die Wunde und machten es ihr so bequem wie möglich, letztendlich konnte jedoch nichts mehr getan werden. Darüber hinaus sagten mir auch ihre Zähne, was ich bereits vermutet hatte. Sie waren so abgenützt, daß Peggys Tage gezählt waren. Sogar unter den bestmöglichen Umständen wäre sie bald körperlich verfallen und einer Krankheit erlegen.

Es gab soviel, woran ich mich im Zusammenhang mit Peggy erinnerte. Ihre Art, mit Kindern umzugehen und andere zu pflegen, die insofern ganz besonders und einmalig war, weil sie nur ein gutes Auge besaß; ihr ruhiges, fast königliches Verhalten, das in solch erstaunlichem Kontrast zum Betragen ihrer Tochter und ihrer Enkelinnen stand. Was in meiner Erinnerung jedoch am deutlichsten hervortrat, waren ihre gesellschaftlichen Fähigkeiten, ihre intelligente Raffinesse – wie sie Sumner dazu brachte, mit ihr seine Beute zu teilen, und in späteren Jahren, als die Männchen gewechselt hatten, den cleveren Dr. Bob, der nicht dazu bereit war, einfach dadurch austrickste, daß sie ihren Verstand einsetzte.

Peggy verdankte ich viele entscheidende Einsichten über die Paviane. Ihr

Leben hatte mir gezeigt, was wichtig und was trivial war. Die bedeutendste Lehre war jedoch persönlicher Natur: Peggy lehrte mich, daß man sehr wohl starke Gefühle – wie zum Beispiel die besondere Zuneigung, die ich für sie empfand – entwickeln und dennoch gute wissenschaftliche Arbeit leisten kann. Beides schloß einander nicht gegenseitig aus, wie ich einmal gedacht hatte – ja, es konnte miteinander in Beziehung stehen. Ich war nun mit dem Ernteraub und der landwirtschaftlichen Entwicklung befaßt, nicht weil mich dies intellektuell am stärksten fesselte, sondern weil ich die Paviane retten wollte.

Trotzdem brauchen Emotionen nicht die Wissenschaft überrennen. Die Arbeitsmethoden können weiterhin systematisch und rigoros bleiben, das Datensammeln weiterhin vorurteilsfrei erfolgen, und die Interpretationsversuche können sich weiterhin auf einer festen quantitativen Basis bewegen. Das Beste an allem war, daß die starke Zuneigung zu den Pavianen die wissenschaftliche Arbeit lohnender gestaltete.

Peggys Tod bedeutete das Ende einer Ära. Er erfolgte genau zehn Jahre nach der Aufnahme meiner ersten Beobachtungen bei der Pumpenhaus-Bande. Die Paviane und ich waren einen weiten Weg miteinander gegangen, und wir hatten noch einen weiten Weg vor uns.

Nun war die wirkliche Krise da. Wie war es dazu gekommen, wie konnte ich sie stoppen?

Vor sieben Jahren, im Jahre 1975, hatte der Krüppel-Trupp die Müllgrube der Kaserne entdeckt. Im Lauf der Zeit waren sie mehr und mehr dorthin übersiedelt, bis ich sie auf Kekopey kaum mehr zu Gesicht bekam. Offensichtlich brachte das Vorteile: eine Menge Futter, auch wenn es ungewohntes Menschenfutter war, und nicht weit von Freßplätzen und Wasserstellen entfernt.

In der Nähe gab es eine passende Schlafgelegenheit. Es gab jedoch auch Nachteile: Wie schon der Name besagte, hatten die Starkstromleitungen vom Trupp viele Opfer gefordert, und mir kam immer vor, daß diese Paviane mehr Verletzte aufwiesen als normal war.

Die Wabaya führten den Weg ins Armeelager an. Die Trockenheit hatte sich verschlimmert, und da es weniger *Schambas* zu überfallen gab, schien das Lager eine gute Alternative für die Paviane, die eine Vorliebe für das leichte Leben entwickelt hatten. Zuerst taten die Wabaya-Mütter und -Babys den Frauen und Kindern, die in den Familienunterkünften wohnten, leid.

Sie machten sich Sorgen, daß die Paviane nicht genug zu fressen hatten, und boten ihnen Leckerbissen an. Auch genossen sie es, die Paviane zu beobachten. Wenn man sie einmal wirklich sehen konnte, waren sie faszinierend – sogar für Menschen, die keine Ahnung von den Eigenheiten ihres Familienlebens, der Freundschaften und der Rangordnungen besaßen. Im Armeelager gab es nicht viel Zerstreuung und die Paviane ersetzten ein gutes Fernsehprogramm. Alle waren glücklich.

Einmal eingeladen, taten die Paviane jedoch das, was sie am besten können. Sie wurden Opportunisten und kosteten alles, was in Sicht war – nicht nur die Bissen, die man ihnen anbot, sondern auch die Feldfrüchte, die gerade in den kleinen, bewässerten Gärtchen zu sprießen begannen. Einige der größeren Männchen, die mit den Armeekasernen schon seit ihrer Kindheit im Krüppel-Trupp vertraut waren, erwiesen sich sogar als noch unerschrockener. Sie stießen Türen auf, wanderten in Küchen und Vorratsräume und veranstalteten dort ein Höllenspektakel sowie ein großartiges Durcheinander.

Die Liebesaffäre bekam einen bitteren Beigeschmack. Die Bewohner des Camps wollten die Paviane nicht länger um sich haben, doch war die Situation nicht ganz klar. Zum Beispiel schrie mich eine Frau an, die Paviane doch wegzuschaffen, während ihre Nachbarin zur gleichen Zeit den Trupp mit Futter versorgte. Dagegen schienen die Probleme, die ich bei den Kekopey-Farmern kennengelernt hatte, vergleichsweise milde; zumindest hatten die Farmer die Affen nicht auch noch ermuntert.

Es war paradox. Mit den Siedlern auf Kekopey hatten wir ja einen Punkt erreicht, der Hoffnung für die Zukunft erwarten ließ. Die Tiere wurden aktiv verscheucht, unsere Forschungsarbeit verlief in vielversprechende neue Richtungen, das landwirtschaftliche Entwicklungsprojekt hatte sich gut angelassen und konnte vielleicht sogar eine brauchbare Lösung für die erfolgreiche Koexistenz von Pavianen und Menschen auf Kekopey darstellen.

Dann kam es zu Schießereien. Glücklicherweise konnte ich so rasch eingreifen, daß nur ein einziges Tier getötet wurde und eines verschwand. Glücklicherweise handelte es sich auch um keine offizielle Maßnahme. Ein wütender Sergeant hatte verbotenerweise den örtlichen Wildhüter dazu überredet, zur Waffe zu greifen.

Die übergeordnete Armeebehörde hatte dies nicht gebilligt, und erwies sich meinen Erörterungen der Entwicklung des Problems gegenüber als verständnisvoll. Sie wollten keine Paviane mehr abschießen, wollten jedoch Zusicherungen, daß das Pavian-Problem so rasch wie möglich gelöst werde. Wie ich das schaffen würde, sei meine Sache. Bis dahin würden sie sich, wie sie es ausdrückten, „in jeder möglichen Art und Weise" kooperativ verhalten.

15. Auf der Suche

Zum Jahresende 1982 war mir klar geworden, daß wir die Pumpenhaus-Bande umsiedeln mußten. Die Alternative stellte ja schließlich die Ausrottung des Trupps dar. Die Herausforderung war klar. Um das Pavian-Problem der Armee zu lösen, mußten zusammen mit ihren Beobachtern 131 Paviane – 57 bei der Pumpenhaus-Bande, 38 beim Krüppel-Trupp sowie 36 Wabaya – in eine Region übersiedelt werden, in der beide, Paviane wie Beobachter, gedeihen konnten. Aber wohin? Die Nationalparks kamen nicht in Frage; dort gab es schon jetzt zu viele Paviane. Ich fühlte mich – vor allem angesichts der dort anzutreffenden Einstellung gegenüber Pavianen – nicht in der Lage, Verhandlungen um Stammesland aufzunehmen.

Übrig blieben die riesigen Rinderfarmen, die Weißen gehörten. Als ich das erste Mal nach Kekopey gekommen war, hörte ich, daß die meisten weißen Grundbesitzer Primaten in drei Klassen einteilen. Klasse I waren natürlich die weißen Grundbesitzer, Klasse II die Eingeborenen und

Klasse III die Paviane. Erst im Jahre 1976 waren die Paviane durch gesetzliche Verordnung vom Rang eines Ungeziefers in den einer in freier Wildbahn lebenden Tierart erhoben worden. Doch sogar jetzt noch betrachtete man sie weithin als gute Zielscheiben und nicht viel mehr. Weibliche amerikanische Pavianforscher waren bisher nicht klassifiziert worden, doch hatte ich einen unangenehmen Verdacht, in welche Kategorie ich fallen würde.

Am tiefsten verwurzelt, wie es hieß, war diese bigotte Einstellung im Hochland, einschließlich des Gebietes rund um Laikipia, wo ich unsere neue Heimat zu finden hoffte. Wohlhabende Europäer hatten um 1900 begonnen, das „weiße" Hochland zu besiedeln, und waren während der wilden zwanziger und dreißiger Jahre an mehr Alkoholexzessen, Drogenorgien, Orgien, Mord und Selbstmord beteiligt, als man sich, zieht man die damaligen rudimentären Verkehrsverhältnisse in Betracht, vorstellen kann.

Natürlich war mein eigenes Rollenbild von weißen Grundbesitzern durch die Coles geprägt. Ihre Haltung gegenüber dem einheimischen Personal paßte ganz zu ihrem Klassenbewußtsein und berief sich schwer auf die alten Vorstellungen des Feudalismus. Anfangs war es für mich schwer, die Unterschiede in den Lebensbedingungen von Schwarzen und Weißen sowie der ihnen zur Verfügung stehenden materiellen Güter zu akzeptieren, doch gehörten die Lebensbedingungen auf Kekopey bis 1972 sicherlich zu den besten. Viele Dienstleistungen waren gratis – die medizinische Versorgung, der Schulunterricht sowie Land für in Pension gehende Arbeiter. Wenn irgendetwas schief lief, kamen die Arbeiter, im Wissen, daß ihnen geholfen werden würde, zu den Coles. Als ich, vollgestopft mit liberalem Gedankengut, aus Berkeley nach Kekopey kam, erlebte ich zum ersten Mal, wie verwickelt solche Beziehungen in Wirklichkeit sein konnten. Überall waren Widersprüche erkennbar, aber die zugrunde liegende Freundlichkeit, der Respekt und die gegenseitige Fürsorge waren nicht zu übersehen.

Gewiß waren die Coles außergewöhnliche Grundbesitzer, doch standen auch viele meiner anderen Kontaktpersonen den Rechten und Anliegen der Eingeborenen mit gleicher Sympathie gegenüber – den Menschen ebenso wie den Tieren. So kolonial sie auch eingestellt waren, und ungeachtet auch ihrer aristokratischen Einstellung, schienen viele von ihnen doch eine tief verwurzelte Zuneigung für das Land und seine Bewohner zu bewahren. Bwana Cathcart war dafür ein Beispiel. Obwohl er sich mindestens schon in den Siebzigern befand, ein wenig steif war und von den vielen Jahren im

Sattel O-Beine hatte, so war er immer noch ein attraktiver Mann mit ausgebleichtem Haar – schwer zu sagen, ob sandfarben durch die Sonne oder weiß aus Altersgründen. Er war bei Schirmherr des Polospiels in Kenia. Die Wände seines Polozimmers waren mit Fotos tapeziert, die ihn mit Mitgliedern des englischen Königshauses sowie indischen Polospielern zeigte. Seine Ranch beherbergte das Polofeld sowie ein einfaches Gebäude, das den Namen Polo-Club trug. Auf Grund seines Alters, wegen der Rolle, die er spielte und der Tatsache, daß er immer noch ein hervorragender Polospieler war, behandelte ihn jeder mit Respekt.

Bwana Cathcart glaubte an die Anstandsformen im Menschen und konnte sehr böse werden, wenn ein junger Spieler auf dem Feld die Nerven verlor oder ausfallend wurde. Eines Tages, als ihm gerade auf sein Pferd geholfen wurde, lachte ich über etwas, und er bezog dieses Lachen auf sich. Er ermahnte mich sanft und erinnerte mich, daß auch ich wahrscheinlich einmal Hilfe brauchen würde, wenn ich sein Alter erreicht haben würde. Ich versicherte ihn, daß ich bereits jetzt Hilfe nötig hätte, und wir wandten uns beide unseren Lieblingsbeschäftigungen zu – Bwana Cathcart dem Polo und ich der Beobachtung von Menschen, wofür die Pologründe einen geeigneten Ort darstellten.

Bwana Cathcart betrachtete seine afrikanischen Diener zwar eindeutig als Angehörige einer anderen Klasse und doch behandelte er sie in einer Art, die sowohl gerecht wie auch förmlich war. Für mich war er typisch für viele der benachbarten Landbesitzer. Aber es gab auch einen anderen, weniger angenehmen Typ. Philip Turner war ein Grundbesitzer, dem ich in Gesellschaft gern aus dem Wege ging. Er war dünn und ein bißchen verhutzelt, sein ausgedörrtes Gesicht und sein Körper schienen vor Haß geradezu vertrocknet. Während er in seinem eigenen gesellschaftlichen Kreis charmant, klug und lebhaft wirkte, so wurde er ein anderer, sobald über die Schwarzen, die gegenwärtige Lage und die Zukunft Kenias diskutiert wurde. Nach einigen Drinks stieß er bösartige Flüche aus. Sein Verhältnis zu seinem Eingeborenen-Personal war auf Angst und Drohungen aufgebaut, wenngleich ich nicht glaube, daß er sie körperlich mißhandelte. Es war mir klar, daß sich seine Haltung gegenüber eingeborenen Afrikanern auf seinen Haß gegen die Tiere, die ich studierte, und somit auch auf meine Forschungsarbeit übertrug. Es schien mir, als seien die Paviane ein Symbol all dessen, was Leute haßten und fürchteten. Dies wurde mir auf ziemlich beängstigende Weise klar. Kubwa war eine Ranch in der Nähe von Kekopey. Dort kam es zu einer gräßlichen Entdeckung. In einem aufgelassenen

Wassertank fand man neun Pavianskelette. Newson, der stellvertretende Verwalter der Ranch, bestand darauf, daß die Tiere selbst ertrunken waren; das kam mir jedoch ziemlich absonderlich und unwahrscheinlich vor. Bei einer weiteren Untersuchung wurden Einschußlöcher und andere Beweise menschlicher Gewaltanwendung entdeckt.

In Kriminalgeschichten ist manchmal jener der Hauptverdächtige, der die Leiche findet. In diesem Fall deutete alles nachdrücklich auf Newson hin. Er war, wenngleich er älter aussah, ein Mann in den Zwanzigern. Sein kurzes, blondes Haar trug er in einem armeeähnlichen Bürstenhaarschnitt, und er watschelte mehr als er ging, wobei sein Bauch über seine pludernden Shorts hing. Er stolzierte herum wie ein Schlägertyp und schien immer eine unsichtbare Peitsche zu schwingen. Er haßte Paviane, Wissenschaftler und Schwarze. Niemand besaß Rechte, außer Newson oder jenen, denen er seine Zustimmung erteilte. Die Arbeiter haßten ihn wegen seines sturen, radikalen Imperialismus. Nicht einmal in ihrer Freizeit durften sie die Grenzen der Farm verlassen. Die Folge davon war, daß niemand vom ganzen Personal arbeitete, außer wenn Newson ihnen dabei zusah.

Es war leicht, in Newson den Mörder der neun Paviane zu erkennen – noch leichter, als sich herausstellte, daß die Kugeln zu seinem Gewehr paßten. Strand, der Verwalter der Kubwa-Ranch, erfuhr von den Kadavern. Er und Newson gaben ein komisches Paar ab. Strand war ein großer hagerer Mann in den Fünfzigern, scheu und etwas nervös. Ich hatte erwartet, daß Strand mich unterstützen würde, da ich ihn für intelligent hielt; aber ich hatte mich getäuscht.

In jener Krisenzeit bemühte ich mich, in Laikipia eine neue Heimat für die Pumpenhaus-Bande zu finden. Eines Tages erhielt ich einen Brief von Strand, der unter anderem folgende Zeilen enthielt: „Leute Ihrer Sorte und Paviane sind für die Farmarbeit ebenso unproduktiv und gefährlich wie anderes wildes Getier, unerlaubte Eindringlinge, Diebe und die illegalen Brauer von *Changaa*..."

Das war kein verheißungsvoller Beginn für den Umzug. Phrasen aus Strands Schmähbrief kamen mir immer wieder ins Gedächtnis, als ich mich darauf vorbereitete, mit den weißen Landbesitzern und ihren Verwaltern zu verhandeln. Der Brief spornte mich jedoch auch an: Sobald die Sicherheit der Tiere auf dem Spiel stand, begegnete ich Herausforderungen, die mich sonst – hätten sie mein eigenes Wohlbefinden betroffen – wohl überfordert hätten. Sowohl Jonah als auch ich waren sicher, daß es irgendwo in Laikipia die ideale neue Heimat gab.

Das Pavianparadies sollte sich aus scheinbaren Widersprüchlichkeiten zusammensetzen. Wir brauchten Land mit permanenter Wasserversorgung und wenig Regen, da Regen landwirtschaftliche Erschließung mit all den damit verbundenen Problemen bedeutete. Außerdem benötigten einerseits die Paviane eine üppige, abwechslungsreiche Vegetation und genügend Schlafklippen, während sich ihre Beobachter wiederum ein leicht einsehbares, sicheres Terrain wünschten. Schließlich sollte das Areal einerseits isoliert genug sein, um die Tiere vor Störungen von außen zu schützen, andererseits jedoch in der Nähe von Straßen, einer Postwurfstation und der menschlichen Gesellschaft gelegen sein. Zum Unterschied von mir wären einige unserer kenianischen Assistenten unglücklich, wenn dieser Ort zu weit draußen im Busch lag.

Wir stiegen mit Jonahs Flugzeug auf. Es hieß TCL oder Tango Charlie Lima. Die TCL war eine sehr alte Cessna. Ihr einziger Propeller erfüllte die Kabine mit Lärm und zwang mich, Wattepfropfen in den Ohren zu tragen. Der Wind wurde – eine primitive Form von Aircondition – durch Schlitze ins Innere geblasen, und die Sprünge in den nicht mehr dicht schließenden Fenstern und Türen trugen das Ihre zum Lärm bei. Das hatte zur Folge, daß wir, solange wir uns in der Luft befanden, miteinander nichts ausführlich besprechen konnten. Das war außerordentlich frustrierend, da Jonah auf Grund seiner jahrelangen fliegerischen Erfahrung und seines Aufenthalts in der Wildnis einen erstaunlichen Scharfblick gewonnen hatte. Als wir zum ersten Mal miteinander unterwegs waren, dachte ich, daß er mich ununterbrochen zum Narren hielt. Er zeigte auf einen entfernten Hügel und erklärte mir einen dort befindlichen Baum oder ein Tier. Ich weigerte mich sogar, das Fernglas zu verwenden, da ich mir sicher war, von ihm auf den Arm genommen zu werden. Aber immer wieder stellte sich heraus, daß Jonah Recht hatte: Es *war* tatsächlich ein Augurbussard, der auf jenem fernen Akazienbaum am Horizont saß; es *waren* tatsächlich drei Große Riedböcke, die sich im dichten Busch am Fuß jenes Berges versteckten!

Ferngläser sind in einem Flugzeug wenig nützlich. Um Tiere von der Luft aus zu sehen, benötigt man eine Art „Suchbild", das sich völlig davon unterscheidet, wie man die gleichen Tiere am Boden beobachtet. Ohne dasselbe kann man über eine Menge Wild fliegen, ohne es zu erkennen. Auf vorangegangenen Flügen war es mir zwar gelungen, mein Suchbild etwas zu verbessern, dennoch war ich aber immer noch weit von Jonahs Fertigkeit entfernt. Er konnte Tiere vom Flugzeug aus in einem schnellen

Überblick zählen und sich bei einer Herde von hundert Büffeln nur um ein oder zwei Tiere irren!

Wir besaßen zwar einige Karten des Areals in verschiedenen Maßstäben, ich verließ mich jedoch auch in diesem Punkt ganz auf Jonah. Im Kartenlesen war ich einfach eine Null. Ein Flug mit Jonah war ein schönes Erlebnis. Die Heiterkeit und das Gefühl des Abenteuers hängen mehr von der Schönheit der Sehenswürdigkeiten tief unter einem als von der Verwegenheit des Piloten ab. Bei Jonah fühlte ich mich, selbst wenn die Heiterkeit getrübt war, immer sicher und geborgen.

Während ich auf die unendliche Weite des Graslandes hinunterblickte, lobte ich mich selbst für meine hart erworbene Fähigkeit, wenigstens einige Tiere erkennen zu können. Am schwierigsten war dies für meine halb geschulten Augen in der Trockenzeit, weil alles unter einer staubigen Strohfarbe verdeckt lag, in der sich die vielen sandfarbenen Huftiere leicht verloren. Wenn ich Thomson-Gazellen auf dem Boden sah, waren die eindrucksvollen schwarzen Streifen an ihren Flanken deutlich sichtbar. Von der Luft aus erfaßte das Auge jedoch nur eine Menge beigefarbener Rücken; sogar die Zebras schienen in der Landschaft zu verblassen, da ihre Streifen im Hitzeschleier verschwammen.

Das Grasland dehnte sich nach allen Richtungen hin aus. Die Eintönigkeit wurde nur gelegentlich durch eine kleine Akazie unterbrochen. In den engen Wasserrinnen war die Vegetation dichter und von größerer Vielfalt. Wenige Sekunden lang konnten wir, weit unter uns, kurz ein leuchtendes schmales Band blauen Wassers aufblinken sehen – einen temporären Fluß, von leuchtend hellgrünen Büschen begrenzt, seine Ufer von Giraffen, Gazellen und Zebras gesäumt. Den einzigen Hinweis darauf, daß es sich bei dieser grasbewachsenen Wildnis sowohl um Privatland wie um Rinderland handelte, stellten ein vereinzelter Brunnen oder ein Rindertrog dar.

Ich hätte gerne gewußt, wie dieses Stück Land nach den Regenfällen aussehen würde, wenn sich der von Trockenheit ausgedörrte Boden in unglaubliches neues, frisches Grün verwandeln würde, wie ich es jedes Mal auf Kekopey erlebt hatte. Und wie zur Antwort auf meine Frage tauchte mitten in dem Strohgelb ein grüner Fleck auf. Es war eine außergewöhnliche Oase: Ein vorschriftsmäßiger englischer Garten mit perfekt gepflegtem Rasen, der von Rosen, Bougainvilleas und einer Vielzahl leuchtender Blumen umgeben war. Mitten darin erhob sich ein ungewöhnlich weitläufiges Haus – offensichtlich großteils aus ortsüblichen Materialien, aus Stein, Zement, Holz und Glas erbaut, mit einem nicht dazupassenden

Blechdach. Große gedeckte Veranden mit eingeladenen, üppig gepolsterten Lehnsesseln verrieten kultivierten Luxus. In der Nähe waren einige Pferde eingezäunt, und das gesamte Anwesen war von Zäunen und schützenden Hecken umgeben. Ein Landrover und einige Lastwagen mit offener Ladefläche zeigten den Beginn eines schmalen Weges an, der beim Anwesen endete. Dieser Weg stand mit weiteren kleinen Wegen und einer großen schmutzigen Straße in Verbindung, die in die Ferne führte.

Ich stellte mir vor, wie die Bewohner unser kleines Flugzeug hörten und sich darüber ärgerten, als es in ihr Gebiet und in ihren Luftraum eindrang. Vermutlich fühlten sie sich sicher und abgeschieden, sicher vor irgendwelchen Anforderungen und Veränderungen. Während ihr Blick erdgebunden war, sahen wir von unserem Aussichtspunkt hoch über ihnen, daß sie weder sicher noch abgeschieden waren. Von allen Seiten näherte sich Landwirtschaft und fraß im Süden, Osten und Westen einen Teil von Laikipia auf.

Schließlich näherten wir uns dem Rand des Plateaus, und ich stieß einen Schrei aus, der sowohl den Lärm wie auch Jonahs Kopfhörer durchdrang. Wir lächelten beide. Die Landschaft hatte sich drastisch verändert. Hier gab es keine endlosen Ebenen mehr, die vereinzelt mit Tieren bedeckt waren. Wir waren am Ende der Welt angekommen. Aus kleinen Wasserrinnen wurden größere, die sich in Canyons und sodann in tiefe Schluchten verwandelten, während das Plateau zum Tiefland hin abfiel. Der Ort erinnerte an einen erst vor kurzem mit Wasser versorgten Grand Canyon. Von den auffälligen Klippen abgesehen wurden die vorspringenden Kanten mit einer dichten Kletterpflanzen-Vegetation überzogen, und weit unten erblickte ich einen glitzernden Fluß.

Hier brauchte ich kein Fernglas. Es gab Zebras, Elen-Antilopen, Impalas und Tommys und geradezu ideale Schlafplätze für Paviane. Es gab einen Bach mit einem Teich. Und hier gab es Paviane! Für mich war es sehr beruhigend, zu wissen, daß ich in der Lage war, Pavianland zu erkennen und es aus der gleichen Perspektive zu sehen wie die Tiere. Wo immer ich das Gefühl hatte, daß es hier Affen geben könnte, gab es auch welche.

Wir flogen entlang des Plateauabbruchs nach Norden und beobachteten, wie das Hochland dem trockenen Tiefland wich – manchmal in dramatischen Abhängen von hunderten von Metern. Vielerorts schien die Vegetation fast undurchdringlich, während es anderswo, auf kleinen Lichtungen, von Tieren wimmelte, die sich vom saftigen, kurzen Gras nährten. Zwar war es ein vorzügliches Gebiet und auch Pavianland, doch konnte das Leben für die Pavianbeobachter an vielen Stellen rauh, ja sogar gefährlich werden. Hier gab es viele Tiere – nur ein Bruchteil davon war zu sehen, und außerhalb der freien Flächen war die Sicht überhaupt schlecht. Obwohl wild lebende Tiere dazu neigen, vor Menschen Angst zu haben und vor ihnen zu flüchten, so müssen sie doch frühzeitig gewarnt werden. Für Wildtiere – vor allem für jene, die schon einmal gejagt wurden – stellt es ein schreckliches Erlebnis dar, wenn sie um die Ecke oder um ein Gebüsch biegen, und plötzlich einem Menschen gegenüberstehen. Sogar Arten, die es eigentlich vorziehen, davonzulaufen und sich dann irgendwo zu verstecken, sehen sich in einem solchen Fall manchmal genötigt, stehenzubleiben und den Eindringling anzugreifen.

Während wir weiter nach Norden flogen, durchquerten wir auch den Niederschlagsgradienten. Üppigkeit wich trockenem Grasland und schließlich sogar semiaridem Gebiet. Büsche und Sträucher trugen weniger Blätter, alles schien mit Dornen geschützt und durch weite Flächen kahlen, trockenen Bodens voneinander getrennt. Wir drehten und flogen ostwärts. Auch an der Peripherie im Nordosten entdeckten wir wieder spektakuläre Schluchten und Canyons, wenngleich die Vegetation hier nicht so üppig war. Ein gewaltiger, ganzjährig wasserführender Fluß, der Ewaso Ngiro, der hier die gesamte Länge Laikipias begrenzte, verzweigte sich in zwei kleinere Arme. Als wir uns vom Fluß entfernten, blieb die Vegetation nach Westen hin reich und völlig verwachsen, während sich im Osten auf einem gewaltigen, mit auf prähistorische Vulkantätigkeit hinweisenden Aschenkegeln übersätem Areal Grasland ausbreitete. Gelegentlich trat der nackte Fels, sogenannte *Kopjes* – manche von ihnen nur sechs Meter hoch, andere wieder um vieles höher – aus dem Boden hervor. Das Grasland sah kultiviert, ja beinahe wie gesäter Rasen, auf dessen Bewässerung die Besitzer allerdings vergessen hatten, aus. Dieser Grasgürtel war von einer kleinen Hügelkette begrenzt, die den Steilabfall zum trockenen Tiefland hin verdeckte.

Genau nach Süden fiel unser Blick auf den Mount Kenya, der sich wie ein Schutzengel an der Pforte zu diesem Paradies erhob. Wir wendeten und flogen heimwärts. Die Wolken rund um den vergletscherten Gipfel des Berges lösten sich auf, und im Eis spiegelten sich das zauberhafte Rosa und Lavendelfarben der untergehenden Sonne. Ich war erschöpft und von Sehnsucht erfüllt. Die körperliche Überanstrengung meiner Augen wie auch die seelischen Eindrücke beim Anblick einer Landschaft von so unglaublicher Schönheit und Weite waren Gefühle, die ich in den letzten

Jahren, als ich zusah, wie das umkämpfte Kekopey dem Ansturm der Zivilisation unterlag, fast schon vergessen hatte.

Angesichts der Blechdächer Kekopeys unter mir tat mir das Herz weh. Auf meine Arbeit konzentriert, war ich Tag für Tag, den Blick abgewandt und meinen Gedanken nachhängend, an ihnen vorrüber gestapft. War ich einmal draußen bei den Pavianen angelangt, konnte ich zuweilen die Existenz der Hütten vergessen. Vom Flugzeug aus erkannte ich die Gebrechlichkeit dieses kleinen Gebietes, das ich *das Feld* genannt hatte, und erkannte erneut, wie sehr es mit menschlichen Bedürfnissen und Problemen verflochten war. Ich frage mich, was Jonah denken mochte. Er hatte Kekopey nicht gekannt, als es noch mehr der freien Wildnis glich, die er so sehr liebte. Während seiner Forschungsarbeit in Amboseli hatte er jedoch immer mit Menschen zu tun gehabt und sie in seine Gleichung mit einbezogen, weil er erkannt hatte, daß die Zukunft des „Wildlife" von dessen vernünftiger Verbindung mit menschlichen Bedürfnissen und Anliegen abhing.

Ich hoffte, daß mir, nachdem ich einmal ein paar „nette" Rancher persönlich kennengelernt hatte, ihre Besitzungen weniger bedrohlich erscheinen würden. Ich hatte jedoch keine Ahnung, wo ich sie kennenlernen sollte. Wieder einmal wußte Jonah die Antwort: Iain Douglas-Hamilton!

Iain war eine geradezu sagenhafte Gestalt aus der afrikanischen Naturschutz- und Naturforscherszene. Seine bemerkenswerte Arbeit über Elefanten genoß weltweites Ansehen. Ebenso verblüffend waren seine außerberuflichen Leistungen. Er war ein prahlerischer Mann mit sandfarbenem, blondem Haar, das er in Form eines zerstrubbelten Pagenschnittes trug. Über dem breitesten Grinsen, das ich je gesehen hatte, blitzten dickrandige Brillen. Er sah aus wie der verkörperte Schabernack, und man hatte immer das Gefühl, daß man in den Taschen seiner khakifarbenen Shorts ebenso gut eine 1000-Dollar-Note wie eine lebende Kröte finden konnte. Haarsträubende Anekdoten, in denen Iain eine Rolle spielte, überschwemmten die literarische Landschaft Afrikas. Einige Autoren fanden sich selbst von wild trampelnden Elefanten umgeben, während Iain ruhig daneben stand, fotografierte und Notizen machte. Andere literarische Größen fanden sich mit verängstigten Gesichtern selbst *auf* den Fotos wieder, während ein heranbrausender Büffel, ein brüllender Löwe, oder ein gewaltiger, bösartiger Elefant den Hintergrund bildete. Man konnte auf den Ebenen hungern oder mit ihm im Busch beinahe verdursten. Man konnte sich am Türgriff anklammern, wenn der Landrover über umgestürzte Bäume holperte – oder man konnte, meilenweit von jeder Zivilisation entfernt, medizinische oder geburtshilfliche Katastrophen erleiden und von ihm das Leben gerettet bekommen.

Man konnte mit ihm auch fliegen. „Welch fantastische kleine Maschine!", sagte Iain zum Beispiel und streichelte mit den Fingern über die Cessna. Jonah war auf einer Konferenz in Oman und hatte Iain unter der Bedingung, daß er mich herumflog und mich mit einigen Grundbesitzern bekanntmachte, die meinem Projekt möglicherweise Sympathie entgegenbrachten, sein Flugzeug überlassen.

Mit seinem eigenen Flugzeug hatte Iain gerade eine Bruchlandung gemacht – ganz ohne sein Verschulden, wie er mir versicherte. Allerdings fügte er hinzu, daß seine Freunde diesbezüglich anderer Meinung waren. Er hatte schon so oft Schwierigkeiten gehabt, daß es belanglos schien, ob er diesmal wirklich Maschinenschaden gehabt hatte oder nicht. Niemand war verletzt worden und er, wie Iain mir anvertraute, habe dabei etwas gelernt: „Wenn man kostbare Fracht an Bord hat, zum Beispiel seine Kinder, dann sollte man kein Risiko eingehen."

Das beruhigte mich zwar ein wenig, mich hätte aber dennoch interessiert, wie Iain flog, *wenn er Risken auf sich nahm*. Anscheinend war Iain von der „fantastischen kleinen Maschine" hingerissen und fragte sich ununterbrochen – mit lauter Stimme –, was sich mit ihr alles anfangen ließe. Es war uns beiden bestimmt, das herauszufinden: Iain trieb die TCL bis an die Grenzen des Möglichen. Dabei zog er sie so steil hoch und tauchte so scharf hinunter, daß ich bei einem Blick aus dem Fenster nichts weiter als den klaren Oktober-Himmel sah – während wir um Zentimeter die Baumwipfel verfehlten und mit Wirbelwinden von Vögeln flirteten.

Der positive Effekt von Iains zur Schau gestellten Flugkünsten war, daß sie völlig meine Ängste vor dem Treffen mit den Ranchern überschatteten. Als wir landeten, hatte ich weiße Fingerknöchel und ein Gebet auf den Lippen. Ich war so glücklich, wieder festen Boden unter den Füßen zu haben, daß mir die Aufgabe, die vor mir lag, vergleichsweise wie ein Kinderspiel vorkam.

Iain kannte sie alle, und er unterstützte mich fest, obwohl er vermutlich nicht ahnte, wie schwierig es sein würde, eine neue Heimat für die Pumpenhaus-Bande zu finden, oder wie ungastlich und wie überrascht die Rancher sein würden. Die Begegnungen verliefen alle nach einem ähnlichen

Muster. Ich setzte mein bezauberndstes Lächeln auf, bewunderte den Besitz, und brachte meinen Vorschlag vor: „Wir suchen einen Ort, an den wir hundertdreißig Paviane umsiedeln können."

„Sie wollen einige meiner Paviane absiedeln? Na großartig! Ich war gerade drauf und dran, das Scheißpack abzuknallen."

Der Blick, der mich traf, nachdem ich diesen falschen Eindruck korrigiert hatte, war jedes Mal unvergeßlich, doch nach und nach begannen mir die Rancher zuzuhören. Iains Gegenwart änderte die Sache vollkommen, sie bedeutete eine Entgiftung. Kontakt zu Pavianen und zu Douglas-Hamilton – das paßte nicht zusammen. Da ich Iain mit mir hatte, und keine Paviane, honorierten die Grundbesitzer und Verwalter diese Verbindung.

Einer der ursprünglich vielversprechendsten Plätze kam leider nicht in Frage: Es handelte sich um eine Ranch von über 20.000 Hektar Größe, in Besitz eines Mannes, den ich „das Phantom" nannte. Immer wieder tauchte er in Gesprächen auf, war aber nie zu sehen. Man erzählte mir, er wäre jung und energiegeladen und lebte, abgesehen von der Gesellschaft seiner Frau, alleine auf seinem gigantischen Besitz. Ein weiterer Weißer, selbst ein Verwalter, bedeuteten für ihn bereits zu viele Leute. Vier Pavianforscher hätten also den Platz offensichtlich ernsthaft übervölkert – und der Himmel sollte ihn davor bewahren, womöglich von einem Lichtreflex unserer Ferngläser getroffen zu werden.

Ich erkundete zwei weitere Ranches. Die erste faszinierte mich, nicht nur, weil ich wußte, daß es dort bereits Paviane gab, sondern wegen seiner Besitzerin Kuki Gallmann. Kuki war eine blendend aussehende Italienerin gegen Ende der Dreißig. Sie lebte seit einem Jahrzehnt in Kenia, einem Jahrzehnt, das mit einer zweifachen Tragödie geendet hatte. Ihr Ehemann wurde bei einem Autounfall getötet, und ihr Sohn starb im Teenageralter am Biß einer Puffotter. Kuki kleidete sich in modischer Eleganz; das Grün ihrer Khakis hob sich während des Tages von ihrem exquisiten Goldschmuck ab. Das blonde Haar trug sie zwar aus dem Gesicht gekämmt, hatte aber dennoch eine ganz besondere Art, zu Beginn oder am Ende eines Satzes den Kopf zu schütteln, wie um eine locker flatternde Mähne zurückzuschleudern. Trotz all ihrer gepflegten Eleganz liebte sie den Busch und war dort besser am Platz als einige der alteingesessenen Buschmänner, die ich kannte. Sie konnte die meisten geübten Wanderer hinter sich lassen und streifte, begleitet von einem bewaffneten Leibwächter, oft meilenweit umher, um ihren geliebten Nashörnern zu folgen. Auf ihrer Ranch gab es eine der größten noch erhaltenen Nashorn-Populationen Kenias. Abends zum Dinner erschien sie dann in einem Modellkleid und servierte Gourmetrezepte aus der italienischen Küche. Man hatte das Gefühl, im Herzen der Toskana, und nicht meilenweit von der nächsten Einkaufsquelle sowie einen ganzen Kontinent von der Heimat der Delikatessen, die man gerade genoß, entfernt zu sein.

Kuki widmete sich mit Leib und Seele der ihr noch verbliebenen Tochter Sveva sowie dem Andenken ihres Mannes und Sohnes – und dem, was diese am meisten geliebt hatten: dem Land und seinen Tieren. Auch ohne schulmäßige Ausbildung in Volkswirtschaftslehre wie Tier- und Naturschutz war es ihr gelungen, einen Plan für die Zukunft ihres Besitzes auszuarbeiten, der einige besonders exquisite Gedanken enthielt. Ihr Land war wunderbar. Die Mukutan-Schlucht durchschnitt in diesem Gebiet das Plateau, und ihre steilen Abhänge waren von dichter Vegetation bedeckt. Ein tiefer, klarer Fluß wand sich durch die enge Klamm am Grunde der Schlucht. Ich konnte Schlafklippen entdecken, und zu meinem Entzücken bemerkte ich auch einen Trupp von etwa fünfzig Anubispavianen, die uns, als wir den Abhang hinunterkletterten, ihr *Wahuu* entgegenriefen. Trotz seiner Schönheit war das Land für unsere Forschungsarbeit jedoch ungeeignet. Vielfach war es mit dichtem Leleschwa-Gestrüpp bedeckt. Diese Büsche, die unter Umständen Baumhöhe erreichen konnten, hätten nicht nur die Paviane vor den Blicken der Beobachter verborgen, sondern ebenso auch Nashörner, Büffel, Elefanten und Löwen.

Kuki und ihr Verwalter verstanden sowohl meine Notlage als auch die der Pumpenhaus-Bande. Ich spürte, daß sie mir ihren Besitz als letzte Rettung anbieten würden, als einen Zufluchtsort, an dem die Tiere überleben konnten, falls sich kein anderer Platz für sie finden ließ. Das würde zwar das Ende der Pavianstudien bedeuten, war vielleicht aber die einzige Alternative. Kukis Freundlichkeit, als auch die ihres Verwalters, gaben mir ungeheuren Auftrieb.

Die zweite Ranch, die anscheinend voller Möglichkeiten steckte, war Colcheccio. Nahe genug an Kukis Ranch und daher ebenfalls vielfach mit dichtem Busch bedeckt, lag Colcheccio jedoch weiter südöstlich und umfaßte auch Bereiche mit etwas offeneren Flächen, von denen einige stark an Kekopey erinnerten. Iain machte mich mit Stefano Cheli, dem Verwalter von Colcheccio, sowie mit dem Besitzer, dem Grafen, bekannt. Kuki hatte mir gegenüber einmal den Grafen erwähnt. Sie beschrieb ihn als „groß", als ob dieses eine Wort bereits alle seine körperlichen, geistigen und seelischen Dimensionen umfaßt hätte. „Treffen Sie ihn in Laikipia, nicht in Nairobi!", riet sie mir. „In Nairobi schlägt er Ihre Bitte ab, ehe Sie Ihren Kaffee ausgetrunken haben. Hier wird er jedoch nicht nein sagen – wenigstens nicht sofort!"

Iain und ich schlossen einen Handel: Er hatte immer noch kein Flugzeug und benötigte eine Maschine, um einige zu Besuch in Kenia weilende königliche Hoheiten aus Europa zu einem Lunch zu Kuki zu fliegen. Als Gegenleistung für die Benützung der TCL wollte er mich auf Colcheccio zu einem Treffen mit dem Grafen absetzen.

Von Iains üblichem Kommentar – „Welch fantastische kleine Maschine!" – begleitet landeten wir. Da er aber keine Zeit hatte, mich dem Grafen vorzustellen, mußte ich klopfenden Herzens alleine gehen. Seit meinen mündlichen Rigorosen an der Universität war ich nicht mehr so nervös gewesen. Der arme Graf! Auf Grund irgendeines Mißverständnisses hatte er uns beide erwartet. Wieso war nur ich allein gekommen? Ich bemühte mich sehr, Iains entgiftende Gegenwart heraufzubeschwören, war aber nicht überrascht, als der Graf nur lachte und sagte, daß er ohnehin schon zu viele Paviane hätte, sie haßte, und gerade drauf und dran wäre, sie abzuschießen. Ich glaubte ihm nicht ganz. Offensichtlich liebte er das Land und die Tiere. Das Jagen hatte er schon vor Jahren aufgegeben, weil – und als er das sagte, sah er ein bißchen dümmlich drein –, weil sich die Zeiten geändert hatten. Es gab zu viele Jäger und zu wenige Tiere. Er griff an seine recht umfangreiche Gürtellinie und meinte, daß er nun nicht mehr wie in seiner Jugend unter Sträucher kriechen oder auf Bäume klettern könne. Außerdem liebte er es, die Tiere zu betrachten und zu wissen, daß sein Land für sie einen Zufluchtsort darstellte, was es auch wirklich war. Er hatte zwar nicht die exakten Zahlen bei der Hand, die Menge und Artenvielfalt der Wildtiere war aber erstaunlich groß. „Ich wünschte nur, ich hätte mehr Löwen", meinte er nachdenklich. „Jederzeit würde ich die von Kuki übernehmen!"

Ein weiterer Hinweis auf die Persönlichkeit des Grafen zeigte sich, als wir auf die Paviane und die kenianische Sitte zu sprechen kamen, sie als Zielscheiben zu verwenden. „Zwar möchte ich, daß sie abgeschossen werden", sagte er, „aber ich selbst kann es nicht. Es kommt mir vor, als würde ich Kinder abknallen." Von diesem Augenblick an wußte ich, daß ich bei ihm vielleicht doch eine Chance hatte.

Als der Lunch beendet war, fühlte ich mich schon wohler, und der Graf taute merklich auf. Wir saßen in seiner Lodge am Rande des Abhangs, mit Ausblick auf etwa fünfzig Kilometer der herrlichsten Landschaft Kenias.

Von hier aus war keine Menschenseele zu erblicken. Allem Anschein nach waren wir in einer unermeßlichen Wildnis völlig allein. Unter uns, am Fuß der Böschung, tranken Kudus und Wasserböcke aus einer Quelle. Während ich zusah, kamen auch einige Paviane zum Trinken hinunter. Der Rest des Trupps blieb im Schatten der Büsche und Bäume verborgen, die an der gegenüberliegenden Hügelseite den Abhang bedeckten.

Jetzt murmelte der Graf irgendetwas vor sich hin, was wie „Sehen, was wir für Sie tun können" klang – aber es war nicht viel mehr als ein Murmeln. Dann fragte er mich, was die Paviane benötigten. Wasser, sagte ich, Schlafklippen und etwa vierzig Quadratkilometer Land zum Durchstreifen. Er antwortete – fast, aber nicht ganz – sofort: „Da möchte ich Ihnen einen Fleck zeigen."

Der „Fleck" war exquisit. Ein ganzjährig Wasser enthaltender Teich lag halb verborgen unter einer Klippenreihe, die mit enormen Felsblöcken übersät waren. Die Klippen fielen zum Teichufer hin ab, wo, wie bei einer Oase inmitten verdorrten Landes zwischen Felsen und Erde zwei Dattelpalmen herausragten. Die offene Seite war kahl; hier gab es Spuren von Rindern, Büffeln und Elefanten. Dicht verwachsene Vegetation bildete die Peripherie. Ich entdeckte auch einige Lieblingspflanzen der Paviane, doch auch andere, die ihnen ebenfalls sicherlich zusagen würden.

Während wir Colcheccio durchforschten, fiel mir an uns beiden eine Änderung unser beider Einstellung auf. Obwohl ich von seiner Schönheit bezaubert war, war ich doch beunruhigt. Die Paviane würden hier sicher prächtig gedeihen, und *mir* machte es nichts aus, an einem so abgelegenen Ort isoliert zu sein, die Vegetation war jedoch dicht, dazu gab es hier ziemlich große und gefährliche Tiere – Vorsicht war also angebracht. Dazu kam noch, daß die kenianischen Assistenten vielleicht fanden, hier zu tief im Busch zu sein und unglücklich wären. Inzwischen konzentrierte ich mich völlig auf die Aussagen des Grafen und versuchte so vorsichtig wie nur möglich, seine Vorstellungen über Paviane in neue Bahnen zu lenken. Er war der Ansicht, daß sie für die Vernichtung seiner geliebten Vögel, von jungen Antilopen und Kleinwild verantwortlich waren. Ich wußte, daß die Pumpenhaus-Bande – die räuberischsten Paviane, die je beobachtet wurden – keine nachteiligen Auswirkungen auf die Populationen ihrer Beutetiere hatte. Tatsächlich hatte die FAO (die UNO-Ernährungs- und Landwirtschaftsorganisation) zu Beginn der siebziger Jahre ein Experiment durchgeführt, das dafür den Beweis erbrachte. Die Organisation wollte herausfinden, ob sich Wildtiere zur „Fleischernte" eigneten. Farmer sollten dadurch animiert werden, neben ihren Rindern auch Wildtiere „zu halten". Um das festzustellen, mußte ein Schlüssel dafür gefunden werden, wie hoch die jährlichen Abschußraten bei den Wildtieren liegen konnten, um innerhalb kurzer Zeit wieder eine Erholung des Tierbestandes zu gewährleisten. Bei ihrer Arbeit auf Kekopey entfernten sie ungefähr die Hälfte der Tommy- und Impala-Populationen. Innerhalb von drei Jahren und *trotz* der Pumpenhaus-Bande hatten die „abgeernteten" Populationen wieder ihren alten Bestand erreicht.

Als Iain von seinem Lunchtermin zurück war, um mich abzuholen, schien sich des Grafen Einstellung Pavianen gegenüber merklich gemildert zu haben. Mit Sicherheit hatte er Colcheccio noch nie durch meine „Pavianbrille" betrachtet – und das machte ihn neugierig. Am Ende unserer Rundtour wies er mich sogar selbst auf gute Schlafplätze hin.

Das Herz zu rühren ist eine Sache; das Versprechen einer neuen Heimat eine andere. Auf dem Rückflug in der „fantastischen kleinen Maschine" versuchte ich, mich mit der Wahrscheinlichkeit abzufinden, daß der Graf uns Colcheccio verweigern würde.

Die Unterhaltung mit ihm erinnerte mich an ähnliche mit anderen Ranchern wie an Bemerkungen von Touristen, die ich in den Lodges zufällig mithören konnte. Trotz ihrer Liebe zur Wildnis teilten viele jene Auffassung von Natur, die meiner eigenen ähnelte, bevor ich mit den Pavianen zu leben begonnen hatte. Natur gab es „irgendwo da draußen", von Menschen unberührt, unverändert und unwandelbar, edel und in vollkommenem Gleichgewicht. In diesem idyllischen Reich gab es zwar Geburten, doch keinen Tod, und die Populationen waren stets ganz auf die Lebensbedingungen abgestimmt.

Der Graf war ein erfahrener Jäger; seine Sicht der Natur war also nicht ganz so naiv. Ihm war vollkommen klar, daß dem Tod eine bedeutende Rolle zukam und die Welt der Natur in Jäger und Gejagte geteilt ist, doch sogar er besaß nur wenig Ahnung von der Funktion von Ökosystemen und Gemeinschaften, von eingebauten Balancemechanismen, die jeder Art ihre eigene individuelle Rolle zuteilen. Seine Absicht war edel: Er wollte seine in freier Natur lebende Tierwelt erhalten. Aber Paviane *waren* Wildtiere und Teil eines natürlichen Ökosystems von Beutetieren und Beute. Selbst die Entfernung einer einzigen Komponente dieses Systems störte das Gleichgewicht, oft mit verheerenden Folgen. Wenn sich die Anzahl der Paviane des Grafen erhöhte, wie er behauptete, so bedeutete das, daß in ihrer speziellen Nische immer noch Platz war. Sobald das Limit erreicht war, würde sich die Populationsgröße auf ein bestimmtes Niveau einpendeln oder sogar abnehmen.

Iain ließ das Flugzeug steigen und fallen, kurvte, grinste und sang. Ich fragte mich, ob ich den Grafen überzeugt hatte. Er hatte nachdenklich ausgesehen und hatte mir zum Abschied warm die Hand geschüttelt.

Am nächsten Tag, am 11. Oktober 1983, bekam ich die Antwort auf meine Fragen. Der Graf hatte seine Meinung geändert. Colcheccio gehörte uns, falls wir es wollten.

16. Verzweiflung und Happy End

Die Einwilligung des Grafen erschien mir wie ein persönlicher Triumph. Ich war glücklich, als wir uns an einem heißen Mittwochmorgen im Oktober 1983 sehr früh auf den Weg machten. Ich war in Begleitung von Josiah und Mary O'Bryan. Mary war im September 1983 zum Pavian-Projekt gestoßen. Sie war eine britisch-amerikanische Dissertantin, die erst vor kurzem ein eigenes, katastrophales Umsiedlungsprojekt durchgemacht hatte. 1981 war sie von ihrem Doktorvater mit der Untersuchung einer Rotwild-Population betraut worden, die wegen Übervölkerung von Angel Island im nördlichen Kalifornien, abgesiedelt wurde. Sie hatten dort keine natürlichen Feinde und sämtliche Nahrungsvorräte aufgebraucht. Die Alternativen – „Abernten" oder teilweiser Abschuß – wurden von seiten der Tierfreunde als Verbrechen beurteilt.

Bei der Umsiedlung war alles schief gelaufen. In ihrer neuen Heimat auf dem kalifornischen Festland wurden viele Tiere von Autos angefahren, einige von Farmern getötet, andere verhungerten oder verschwanden einfach. Mary hatte die Tiere mit kleinen Radiosendern ausgestattet und mußte mitanhören, wie die Signale verklangen, sobald ein Tier den Tod fand.

Eigentlich hatte ich erwartet, daß sie bei dem Gedanken an ein weiteres Umsiedlungsprojekt schrecklich unglücklich sein würde, doch war sie sogar noch begeisterter als ich. Jetzt, wo sie wußte, welche Fehler vermieden werden mußten, schien sie keine Angst vor weiteren seelischen Schäden zu haben, und war bereit, eine erfolgreiche Umsiedlung mitzuerleben. Ihre Anwesenheit gemahnte mich daran, als wie selbstverständlich ich die jetzige Verlegung erachtete. Meine ganze Aufmerksamkeit galt der Entdeckung eines Gebietes, in dem die Tiere angesiedelt werden konnten. Die Umsiedlung selbst hielt ich für eine bereits getroffene Entscheidung. Gefährdete Tierarten wurden nur selten umgesiedelt. In der Regel werden sie in Gefangenschaft in Gewahrsam genommen. Bisher wurden nur wenige Vogelarten und Huftiere von einem Gebiet in freier Wildbahn in ein anderes Gebiet in freier Wildbahn umgesiedelt; es gab nur einen einzigen Versuch, auf diesem Wege auch Primaten umzusiedeln. In Natal wurde ein Pavian-Trupp gefangen und sodann in einem neu geschaffenen Nationalpark, der zuvor seiner natürlichen Tierwelt beraubt worden war, ausgesetzt. Da die Tiere nicht weiter beobachtet wurden, ist das Ergebnis bis jetzt unbekannt.

Was ich mit der Pumpenhaus-Bande vorhatte, schloß eine Reihe von Risiken in sich ein: Sie sollten im Territorium anderer Pavian-Gruppen, die mit dem Gebiet schon vertraut waren und möglicherweise starken Protest gegen zusätzliche Bewohner erheben würden, als Fremde und als Eindringlinge angesiedelt werden. Darüber hinaus hatte die Pumpenhaus-Bande auf Kekopey nur wenige Raubkatzen kennengelernt, da diese der Sicherheit der Rinder wegen stets dezimiert wurden. Im neuen Gebiet würden die Paviane mit neuen Landstrichen, ungewohntem Futter, wie auch mit vielen Raubtieren konfrontiert werden.

Die Umsiedlung war ein letzter verzweifelter Versuch. Ich war sicher, daß die Tiere zumindest eine Überlebenschance von 50:50 haben würden, wenn ich sie umsiedelte. Wenn ich das nicht tat, war ihnen der Tod sicher. Ich glaube, daß diese Umsiedlung ein wichtiges Experiment darstellte, das für die Zukunft anderer Primaten-Gruppen von entscheidender Bedeutung sein konnte. Die Pumpenhaus-Bande war wissenschaftlich wertvoll und schon allein aus diesem Grund einer Rettung wert. Während die Paviane nicht zu den gefährdeten Tierarten gehörten, traf dies auf viele andere Primaten sehr wohl zu. Was wir aus diesem Pavian-Experiment lernen würden, konnte zur Rettung anderer, wirklich gefährdeter Tierarten beitragen.

In einem alten Suzuki-Jeep machten sich Mary, Josiah und ich auf den Weg nach Colcheccio. Er war uns von einem Freund geliehen worden, da unser Forschungswagen kaputt war. Was für ein Anblick: Ich steuerte, Mary saß neben mir, und Josiah thronte auf einem Berg Versorgungsmaterial auf dem Rücksitz, eingekeilt unter einer Dachbespannung, die zwar intakt genug war, um ihn halb zu ersticken, aber doch so zerfetzt, daß sie keinerlei Schutz vor der Witterung bot. Wir fuhren drei Stunden lang durch eines der schönsten landwirtschaftlichen Gebiete Kenias, dann durch zunehmend trockenere Gebiete. Schließlich, als wir gerade dachten, uns verfahren zu haben, waren wir da.

Unbekanntes Gebiet vom Boden aus erkunden zu wollen ist unglaublich schwierig, wenn man als einzige Orientierungshilfe ein Luftbild besitzt. Als Iain und ich Anfang des Monats über Colcheccio geflogen waren, hatte ich wunderbare Pavianstellen mit guten Schlafplätzen und ein Gebiet mit einer herrlichen Schlucht entdeckt. Das Gebiet, das wir von der Luft aus gesehen hatten, begann mit einem sumpfigen Stück Grasland an der höchsten Stelle von Colcheccio, das sich allmählich zum tief unten gelegenen Ewaso-Ngiro-Fluß absenkte. Wo das Gefälle zunahm, entdeckten wir Granitfelsen, die perfekte Schlafklippen abgaben, während ein schmales Gerinne – die Trockenzeit-Variante des Flusses – kleine, doch ausreichende Teiche mit Trinkwasser füllte, die sich über die gesamte Strecke vom mittleren Bereich bis zum Grund der Schlucht hin erstreckten.

Gerade bei Einbruch der Dunkelheit erreichten wir unser Ziel – den Ndebele-Damm am Pinguin-Fluß. Vom Boden aus gesehen, erwies sich die Schlucht jedoch eher als eine Art Rinne auf Bodenniveau. Zwar gab es hier genügend Wasser, doch keine Schlafplätze. Wir mußten weitersuchen.

Am folgenden Tag wandten wir uns weiter landeinwärts. Wir alle versuchten unseren Optimismus zu bewahren, je mehr Land wir jedoch besichtigten, desto schwieriger wurde es. Es gab sehr wenige Schlafklippen, noch seltener welche in Nähe eines ganzjährig Wasser führenden Quellflusses. Von diesen kamen einige noch dazu nicht in Frage, weil der Graf verhüten wollte, daß wir durch unsere Aktivitäten den wundervollen Ausblick von seiner Lodge stören könnten. Ich konnte es ihm nicht verdenken. Für ihn hätte es einen ziemlichen Schock bedeutet, einige

Pavianbeobachter hinter einem zusätzlichen Trupp Pavianen hertraben zu sehen.

Schließlich fanden wir einen brauchbaren Platz auf Colcheccio, auf der gewaltigen Ebene des Plateaus, wo es eine Fülle von Kräutern und Gräsern gab. Es war aufregend, so viele Zebras, Tommys und Kongonis zu sehen, und tröstlich, daß es hier viele der gefährlichen Tiere entweder gar nicht gab, oder daß man sie zumindest schon aus sicherer Entfernung sehen konnte. Während wir dahinfuhren, riefen Josiah und ich voll Begeisterung lauthals die Namen von uns bekanntem Pavianfutter heraus, sobald wir es entdeckten. Hier würden die Tiere sicherlich nicht verhungern; hier gab es in einigen Stauseen ganzjährig Wasser. Das einzige Problem: Es gab hier keine Schlafplätze. Allerdings fanden sich genügend einzelne Felsblöcke – warum sollten wir also nicht in der Nähe eines Dammes eine Schlafklippen-Anlage *bauen*? Verglichen mit den übrigen Umsiedlungskosten würden die Ausgaben dafür minimal sein. Aber einen Augenblick später mußte sogar ich lachen. Das hätte nämlich den Bau zu vieler künstlicher Schlafklippen bedeutet, da Paviane ihre Schlafplätze wechseln, sobald die alten zu sehr beschmutzt sind. Sie sind pedantische Tiere und bevorzugen zum Ausruhen saubere Plätze.

Welche andere Möglichkeiten gab es? Im sumpfigen Gelände, wo der Fluß seinen Ursprung nahm, gab es einige gute Bestände an Fieberbäumen. Die *Acacia xanthophloea* ist in diesem Teil Afrikas recht häufig, und die Paviane benützen sie in vielen Gebieten als Schlafbäume. Könnten sich die Pumpenhaus-Paviane daran gewöhnen, auf Bäumen zu schlafen, obwohl sie dafür zeitlebens Klippen benützten? Ihr Drang, über dem Bodenniveau zu schlafen, ist so stark, daß sie es wahrscheinlich schaffen würden, obgleich ich es gerne vermieden hätte, sie mit einem weiteren großen Anpassungsproblem zu belasten.

Müde und besorgt kehrten wir zur Lodge des Grafen zurück, wo uns Stefano, der Verwalter, mit großer Gastfreundschaft verwöhnte. Wir mußten über unser Leben im Busch lachen: Es gab Zimmer mit massenhaft heißem Wasser und eine fantastische italienische Küche. Mußten wir unsere Pläne besprechen, so konnten wir mit einem kühlen Drink in der Hand dasitzen und die prächtige Aussicht samt großer Kudus, Wasserböcke, Giraffen, Impalas und sogar der ansässigen Paviane genießen.

Wenn wir auf Colcheccio blieben, mußten wir unser eigenes Camp so weit als möglich von all diesen Annehmlichkeiten entfernt aufschlagen, um unabhängig und selbstbewußt zu sein. Stefanos Großzügigkeit war so überwältigend, daß ich annahm, daß, wo wir uns auch befinden mochten, uns Einladungen zu Besuchen erreichen würden. Dennoch machte ich mir Sorgen. Colcheccio war nicht das Pavianparadies, das ich erhofft hatte, weder für die Tiere noch für die Beobachter. Wir faßten den Entschluß, die weitere Erforschung Colcheccios zu vertagen und statt dessen eine der anderen nahegelegenen Ranches zu prüfen. Stefano bot uns die Dienste seines Fahrers Koski an, und wir beluden – ein mörderisches wie ausgelassenes Unternehmen – den Suzuki nun mit vier Passagieren.

Zunächst sah das neue Areal nicht viel anders aus. Josiah und Mary waren zu dem Entschluß gekommen, dichten Busch als Feind zu betrachten und unter allen Umständen zu meiden. Dieser Feind umschloß uns jedoch vollständig, bis wir nach Chololo, einer benachbarten Ranch, von der wir durch einen freundlichen Farmer erfahren hatten, kamen. Obwohl Chololo nur einige Kilometer von der Südgrenze Colcheccios entfernt lag, brauchten wir auf Grund des erforderlichen Umweges Stunden, um dorthin zu gelangen. Jonah und ich hatten es bereits vor einem Jahr überflogen. Als wir schließlich ankamen, kletterte Josiah aus dem Jeep, sprang herum und schrie: „Das ist genau das Richtige! Das ist genau das Richtige!"

Und das war es tatsächlich! Offene Flächen und Felsblöcke übersäten die Landschaft. Ich lief auf einen hinauf: Es gab sowohl ganzjährig gefüllte Stauseen wie temporäre Wasserquellen. Pavianfutter gab es im Überfluß, und der *Kopje* selbst stellte einen perfekten Schlafplatz mit Spuren jüngster Benützung dar. Chololo lag im östlichsten Teil des gewaltigen Laikipia-Plateaus, grenzte an die Loldaika-Hügel und den Steilabfall, der weiter östlich hinunter zum Samburu-Tiefland führte. Es war Teil einer Enklave innerhalb Laikipias, die stärker mit Gras und weniger mit Büschen bewachsen war als der Großteil jenes Gebietes, das wir durchquert hatten. Den Pavianen würde es gefallen – und uns auch. Einerseits lag es weit genug von jeder landwirtschaftlichen Nutzfläche entfernt und ähnelte Kekopey derart, daß den Affen die Anpassung leicht fallen würde, andererseits unterschied es sich hinreichend davon, so daß ich einige wissenschaftliche Schlüsselfragen überprüfen konnte.

Auf Grund meiner Beobachtungen und Interpretationen der Pumpenhaus-Bande war es mir im Lauf der Jahre gelungen, ein anderes Bild von der Pavian-Gesellschaft zu entwerfen. Obwohl sie mit den gleichen anatomischen Voraussetzungen für Aggression ausgestattet waren wie alle anderen Paviane auch, setzten sie dieses Potential nur selten ein. Statt dessen verließen sie sich auf ein kompliziertes Netzwerk von Beziehungen, auf individuelle gesellschaftliche Fähigkeiten und den günstigen Einsatz ausgefeilter Sozialstrategien, um ihre Ziele zu erreichen. Es war wichtig, festzustellen, welche Faktoren diesen Gesellschaftstypus bestimmten und ob diese nur auf Kekopey zutrafen. Bis in jüngste Zeit gab es auf Kekopey für Paviane Nahrung in Hülle und Fülle, und, vom Menschen abgesehen, nur wenige natürliche Feinde. Vielleicht verminderte sowohl der Nahrungsüberfluß als auch der geringe Druck seitens der Raubtiere die Bedeutung der Aggression im Leben der Paviane.

Auf Chololo würde das Leben nicht ganz so leicht sein. Es gab dort viel weniger Futter und wesentlich mehr Raubtiere. Es wäre interessant, zu erfahren, ob der Trupp nach seiner Umsiedlung sein Verhalten ändern, oder – wie ich vermutete – erkennen würde, daß Sozialstrategien immer noch wirkungsvoll und weniger kostspielig waren als der Einsatz aggressiver Mittel.

Es fiel mir auf, daß mir die gleiche Art Gegend zusagte wie den Pavianen; vielleicht bevorzugten wir einfach das, was wir schon kannten. Zwar hätte ich auch auf Colcheccio leben können, aber doch immer einige Vorbehalte gehabt. Wie die Paviane fühle auch ich mich mehr im offenen Land zu Hause. Im Augenblick war ich zu aufgeregt, um viel von unserem mittlerweile äußerst staubig gewordenen Lunch zu essen. Schon seit langem hatte ich Josiah nicht so zuversichtlich gesehen. Er vertrat offenbar den philosophischen Standpunkt, daß wir, falls wir Chololo nicht bekommen konnten, zumindest einen wunderbaren Ausflug gemacht hatten. Ich aber hatte mein Herz an diesen Platz verloren und fühlte mich, wenn ich an die Zukunft der Pumpenhaus-Bande dachte, seit langer Zeit zum ersten Mal wohler.

Es wurde nichts aus Chololo.

Es fiel mir schwer, mit meiner Enttäuschung fertigzuwerden. Wir waren so nahe daran gewesen, unser Pavianparadies zu erreichen! Es gelang mir nicht einmal, einen Termin beim Besitzer zu erhalten. Als ich mit ihm telefonierte, um einen Termin zu vereinbaren, zog er mir mehr Informationen aus der Nase, als ich ihm eigentlich geben wollte. Als er dann zurückrief, erklärte er mit Bedauern, daß er unseren Vorschlag „aus streng vertraulichen Gründen" ablehnen müsse. Ich war wie vor den Kopf gestoßen. Was konnte er damit wohl meinen?

Ohne Chololo und mit Colcheccio als letztem Zufluchtsort mußten wir anderswo weitersuchen. Mary, Josiah und ich verbrachten einen ganzen Nachmittag mit dem Studium einer Karte von Kenia, das uns plötzlich ausgesprochen klein vorkam. Unsere Anforderungen zwangen uns, nur im Hochland, in Gebieten über 1200 m Seehöhe zu suchen. Wohin unser Blick auch fiel, gab es Menschen oder die Bedrohung durch Menschen in naher Zukunft.

Im November 1983 kehrte ich für einen Kurzbesuch nach Kalifornien zurück. Im Dezember war ich wieder in Kenia. Mary und Josiah hatten in der Zwischenzeit an meiner Stelle gehandelt und entschlossen das übrige Kenia untersucht. Zuerst erforschten sie das Massai-Mara-Wildreservat, den nördlichen Teil des eindrucksvollsten Savannen-Ökosystems in Afrika – der Serengeti. Hier fanden sie riesige offene Ebenen, bewaldete Flüsse und schönes Land mit einer großen Anzahl in freier Wildbahn lebender Tiere – sowohl ansässige Tiere wie auch Zuwanderer aus der Serengeti. Aber die Mara besaßen bereits eine unglaubliche Anzahl Paviane, und selbst, wenn wir den bürokratischen Papierkrieg gewonnen hätten, wäre es unmöglich gewesen, noch über hundert weitere unterzubringen. Darüber hinaus gab es hier keine Schlafklippen und eine begrenzte Anzahl von Schlafbäumen. Entlang der Flüsse gab es zahlreiche Touristenlodges, die für die Tiere eine Verlockung dargestellt hätten. Außerdem entdeckten wir, daß ein kürzlich erfolgter Ausbruch von Tuberkulose einige Pavian-Trupps dezimiert hatte.

Aber selbst diese Einwände wären zu überwinden gewesen. Es war die Politik, die das Mara-Projekt undurchführbar machte. Immer wieder wurden Touristen von Tansaniern, die sich über die Grenze schlichen, ausgeraubt und manchmal sogar ermordet. Die Sicherheit war uns zu unzuverlässig, als daß wir erwogen hätten, das Projekt hierher zu übersiedeln. Andere Gebiete verfügten wiederum über kein ganzjähriges Wasserangebot, so etwa Kedong, eine Mondlandschaft achtzig Kilometer südwestlich von Nairobi, wild und verhältnismäßig unzugänglich, oder Kajiado, eine etwas zahmere Gegend am Rande der Athi-Ebene, die im Süden an Nairobi grenzt. Anscheinend stellte Laikipia die einzige Lösung dar.

An diesem Punkt angelangt, wagte ich mich auf ein Gebiet vor, das ich bis dahin ausgeschlossen hatte: Stammesland. Das Land nördlich von Chololo war Ndorobo- und Samburu-Land. Die Grenzen ähnelten Chololo, etwas weiter landeinwärts wurde es jedoch rasch trocken und war schwer zu durchqueren. Dann hatten wir großes Glück. Im besten Teil dieses Gebietes, von dem ich geglaubt hatte, daß es ausschließlich Stammesland wäre, gab es einige Streifen Landes in Privatbesitz. Das bestgeeignete Stück, eine Ranch mit Namen Mbale, gehörte drei Brüdern aus dem Samburu-Stamm. Ich besaß einen Kontaktmann zu diesem Stamm: Mike Rainey, einen Freund Jonahs. Er war Biologe, Anthropologe, Lehrer sowie Natur- und Landschaftsschützer, dessen Forschungsarbeit bei den Samburu sich über mehr als ein Jahrzehnt erstreckte. Seine Beziehung zu ihnen ähnelte der Jonahs zu den Massai und beruhte auf gegenseitigem Respekt und Vertrauen. Ich hätte auf keine bessere Einführung hoffen dürfen. Mike war jedoch schwer zu erreichen. Er lebte am Rande der weit entfernten ländlichen Siedlung Rumuruti und befand sich ununterbrochen auf Reisen quer durch ganz Kenia. Ich sandte ihm Briefe und Telegramme und hinterließ ihm Nachrichten bei Freunden, während ich zusah, wie die Zeit verstrich.

Schließlich tauchte Mike auf und war bereit, mir zu einem Treffen mit den Samburu-Besitzern Mbales zu verhelfen. Wieder ging es im Suzuki – diesmal in unserem eigenen – dahin: Ich, Jonah, Mike und Mikes Samburu-Gehilfe Pakwa. Sempui, der mittlere der Samburu-Brüder, war ein toller, gutaussehender Mann Mitte Dreißig. Wir zwängten uns alle in unsere Klapperkiste und machten eine Fahrt auf Mbale, während sich Sempui mit Mike und Pakwa in Samburu unterhielt. Jonah hörte zu und konnte einiges verstehen, da Samburu der Massai-Sprache nahe verwandt ist. Ich konnte zwar nicht verstehen, was da gesprochen wurde, da Mike für mich jedoch dolmetschte und ich Sempuis freundliches Gesicht beobachtete, hob sich meine Stimmung. Erstaunt stellte ich fest, daß das Samburu-Brauchtum Pavianen mit Respekt und Zuneigung begegnet. In ferner Vergangenheit sollen – wie eine Geschichte erzählt – einige Samburu-Kinder, die mit Affen zusammenlebten, eine schreckliche Dürreperiode überstanden haben, während die übrigen zugrunde gingen. Die Samburu sagen von sich, daß sie selbst Pavian-Mütter haben.

Unsere Rundfahrt auf Mbale führte uns zu einem weiteren, für unser Projekt wunderbaren Ort. Hier gab es sogar gegen Ende einer ungewöhnlichen Trockenperiode reichere Lebensgrundlagen als auf Chololo. Es gab dort eine Fülle anderer freilebender Tiere: Ich entdeckte zwei Giraffenarten, Zebras – sowohl das gewöhnliche Burchell-Zebra als auch das seltene, schöne Grévyzebra mit seinen schmalen Streifen und weißen Nüstern –, Impalas, Elen-Antilopen, Gereneuks sowie Oryxantilopen – alle in großer Stückzahl und nicht besonders scheu.

Wir kamen zu Sempuis Haus. Während ich unter Bäumen wartete, lauschte ich den melodischen Stimmen, die unser Schicksal in einer Sprache diskutierten, die ich nicht einmal ansatzweise verstehen konnte. Meine Anliegen wurden Sempui von Jonah in Suaheli vorgetragen, der in Samburu antwortete. Er verstand unser Problem. Auch er vertrat die Ansicht, daß Paviane und Rinder *nicht* in Widerspruch zueinander stünden und hatte keinen Einwand dagegen, daß wir die Paviane nach Mbale übersiedelten. Er werde die Angelegenheit mit seinen Brüdern besprechen. Er gab uns sogar einen brauchbaren Ratschlag für den besten Zeitpunkt der Umsiedlung, die wir mit der Regensaison abstimmen sollten.

Eigentlich schien es nur zwei Hindernisse zu geben. Würden seine Brüder ebenfalls ihre Einwilligung zur Umsiedlung geben? Wie konnten sie aus dem Projekt einen Gewinn ziehen? Sollten wir Sempui für den Verlust des Weidelandes entschädigen, wenn es einmal den Pavianen gehörte? Das könnte einen unangenehmen Präzedenzfall schaffen, da die Affen rechtlich gesehen ja nicht uns gehörten. Falls wir ihn entschädigen sollten – wie sollten wir zu einem fairen Abkommen gelangen?

Vielleicht lag die Antwort darin, Mbale mit einem neuen Projekt zu unterstützen. Sempui hatte den dringenden Wunsch, einen neuen hohen Damm zu errichten, was mir zwar als eine Möglichkeit, doch keineswegs als vollständige Lösung erschien. Was verlangten seine Brüder? Wir konnten keine Garantie dafür abgeben, daß die Paviane auf Sempuis Ranch-Anteil – ja auf Mbale überhaupt – blieben. Wie würden die Nachbarn reagieren?

Wir gingen auseinander und vereinbarten, uns in zwei Wochen wieder zu treffen. In der Zwischenzeit wollte Sempui die Angelegenheit mit seinen Brüdern und den Nachbarn besprechen, und ich wollte einige Verhandlungsgrundlagen ausarbeiten.

Wir trafen uns genau vierzehn Tage später. Wieder wanderten die Ziegen herum, und die Sonne brannte herab, während melodische Stimmen sich hoben und senkten. Aber irgend etwas stimmte nicht. Sempui vermied es, mir in die Augen zu sehen, und seine Brüder waren gar nicht erschienen. Sempuis ganzer Körper verriet sein Unbehagen.

An Jonahs Gesicht konnte ich ablesen, daß es ein größeres Problem gab. Schließlich erklärte er es mir. Sempui war besorgt, daß die Paviane beginnen würden, die Kitze und Lämmer zu töten – nicht nur auf Mbale, sondern in der ganzen Gegend. Jonah zitierte einen Ausspruch Sempuis: „Es gibt nichts Schlimmeres, als zwischen einen Samburu und seine Tiere zu kommen." Ich fragte, wie viele Kleintiere hier von Pavianen gerissen worden waren. „In den letzten beiden Jahren nur zwei", gab Sempui zur Antwort. Aber unsere Paviane wären ja *anders*. Wer konnte also wissen, wie sie sich verhalten würden?

Je länger die Männer verhandelten, desto deutlicher wurde, daß da noch etwas anderes mit im Spiel war. Schließlich unterhielt ich mich mit Jonah, Josiah, Mike und Pakwa, um zu entscheiden, was wir tun sollten. Jonah hielt die Sache für hoffnungslos.

Was konnte nur geschehen sein, das Sempuis Einstellung so verändert hatte? Beim Lunch besprachen Mike und Pakwa die Angelegenheit mit uns. Sie waren verwirrt. Jeder hatte das Gefühl, sowohl die Samburu-Kultur wie auch Sempui selbst gut zu verstehen; dieser Meinungsumschwung paßte jedoch nicht dazu. Unser einziger Hinweis kam von einer Beobachtung Josiahs. Während eines Gegenbesuchs hatten Mary und er, während sie auf Mbale herumfuhren, etliche Stunden mit Sempui verbracht. Sempui hatte sie an einer Stelle für zwei Stunden allein gelassen, um dem örtlichen Councillor, der wichtigsten politischen Instanz des Bezirks, einen Besuch abzustatten. Als Sempui wieder zu ihnen zurückkehrte, stellte er seltsam bohrende Fragen und wirkte irgendwie unsicher. Mary hatte die Veränderung nicht einmal bemerkt, Josiah hingegen sehr wohl. Es war möglich, daß der Councillor Sempui abgeraten hatte, entweder, weil er keinen Vorteil für sich selbst entdecken konnte, oder weil er sich über die politischen Auswirkungen Sorgen machte, die das Pavian-Projekt eventuell für das gesamte Gebiet haben könnte. Vielleicht gab es auch eine gewisse Rivalität zwischen dem Councillor und Sempui. Wir hatten keine Ahnung, was da nicht stimmte; klar war, daß Mbale nun nicht mehr in Frage kam.

Wir rasten nach Chololo zurück, um Sammy Jessel, den Verwalter, den Josiah und ich auf einer früheren Tour kennengelernt hatten, aufzusuchen. Für diese Unterredung brauchte ich meine ganze Fassung, und ich war meinen Begleitern für ihre Unterstützung dankbar. Josiah und Pakwa plauderten miteinander unter einem Baum, und Mike und Jonah standen in der Nähe, als ich Sammy festzunageln versuchte. Ich beschrieb ihm die Geschichte unseres Projekts und meine Vorstellungen so ruhig wie nur möglich. Ich war dankbar, daß er die Führung unserer Unterhaltung übernahm und mir erklärte, daß er das Problem verstehen würde. Er schien meine eigene Position zu begreifen, die Frage eines Wohngebietes für Paviane auf seiner Ranch, die Einwände der Nachbarn, ja sogar die Bedürfnisse der Tiere selbst. Seine Antwort war nachdenklich – nicht gerade positiv, aber weder schroff noch zweifelnd oder sarkastisch. Er versprach, die Angelegenheit mit seinem Vater John, dem ersten Direktor und Vorsitzenden der Gesellschaft, der Chololo gehörte, zu besprechen.

Ich hatte nicht viel Hoffnung, und der Rückflug an diesem Februartag gestaltete sich traurig und still. Ich bemühte mich, fröhlich zu sein; wenigstens hatten wir Colcheccio – ein schöner Platz für die Paviane, auch wenn das Projekt nicht weitergeführt werden konnte.

Den Projektmitarbeitern in Gilgil die Nachricht zu überbringen war das Schlimmste. Sie hatten eine triumphale Rückkehr erwartet, erkannten jedoch sofort, daß wir schlechte Nachricht brachten. Ich kämpfte mit mir selbst, um dem Personal wenigstens ein bißchen Begeisterung und Hoffnung zu vermitteln. Die Kenianer, die ich kannte, versuchten aus allem immer das Beste zu machen; nur selten zeigen sie, was sie wirklich fühlen. Als sie aber hintereinander in den Versammlungsraum marschierten, konnte ich Veränderungen bemerken. Hudsons Gang hatte seinen Schwung verloren, Simon lächelte weniger breit als sonst, und das Blitzen der Augen von Francis war getrübt. Josiahs Gesicht verriet nur Resignation.

Ich gab einen Überblick über die Ereignisse und nannte den Weg, den wir meiner Meinung nach in Zukunft einschlagen müßten. Wir hatten keine Ahnung, was uns die Zukunft bringen würde. Vielleicht mußten die Paviane nach Colcheccio, aber das war immer noch besser, als sie auf Kekopey langsam dezimieren zu lassen. Immerhin hatte ich das Gefühl, daß eine gewisse Aussicht auf Fortführung des Projekts bestand. Vielleicht konnten bei weiterer „Erforschung" Colcheccios doch noch andere, beobachterfreundlichere Plätze gefunden werden. Ich erklärte, daß wir mit einem Plan für ein zweijähriges Weiterverfolgen nach erfolgter Umsiedlung auf Colcheccio beginnen würden, und legte dar, daß das Leben auf Colcheccio auf Grund unserer vollkommenen Isolation hart, die Beobachtung schwierig und wahrscheinlich gefährlich sein würde. Falls das Projekt beendet werden würde, versicherte ich, für jeden von ihnen einen neuen Arbeitsplatz aufzutreiben. Ich ahnte, daß sie dem Projekt gegenüber eine Bindung besaßen, die weit über eine bloße Ansstellung hinausging. Wir waren ein Team geworden, wir selbst *waren* das Pavian-Projekt.

Während der folgenden Woche versuchte ich, nicht an Chololo zu denken. Ich machte mir klar, daß Sammys Gespräch mit seinem Vater nur in einer höflichen Ablehnung enden konnte. Glücklicherweise war es eine arbeitsreiche Woche, so daß nicht viel Zeit zum Grübeln blieb. Als ich nach Nairobi zurückkam, fand ich die Benachrichtigung vor, daß ich John Jessel anrufen sollte. Mich verließ der Mut. Der Anruf war zu rasch erfolgt und konnte nur schlechte Neuigkeiten bedeuten!

Ich hatte unrecht. John Jessel wollte mehr Informationen. Er wies mich darauf hin, daß die Paviane irgendwie für ihr Leben aufzukommen haben würden. Ich konnte ihm keine großen Geldsummen versprechen, Jonah hatte mir jedoch, als wir noch auf Mbale gehofft hatten, bei der Ausarbeitung der Grundlagen eines Plans geholfen. Ich teilte Jessel mit, daß das gleiche Schema auf Chololo angewandt werden könnte. Ich konnte auch beim Aufbau des Fremdenverkehrs helfen und die diesbezüglich bereits angelaufenen Bemühungen der Direktion unterstützen. Jessel hörte mir zu, schien freundlich und interessiert.

Ich blieb so ruhig wie möglich und versuchte, nicht zu optimistisch zu sein. Die nächsten vierundzwanzig Stunden schienen eine ganze Woche zu dauern; dann erfolgte der Anruf, und die Antwort lautete Ja. Ich stürmte hinüber zu Jonah und gab ihm vor dem ganzen Personal einen Kuß, was dieses, wie ich vermutete, weit mehr aufregte als die Tatsache, daß Jessel unser Projekt gebilligt hatte.

Mary und ich fuhren nach Nanyuki, um Jessel zu treffen und die endgültigen Vereinbarungen auszuarbeiten. Nachdem alles geregelt war, war ich voll Freude und fühlte mich erleichtert. Endlich war es mir gelungen, etwas für die Paviane zu tun. Sie hatten ein neues Zuhause gebraucht, und ich hatte es für sie gefunden. Ihre Zukunft lag nicht mehr allein in meiner Verantwortung: Letzten Endes lag der Erfolg oder Mißerfolg bei den Affen.

Es war Jonah vorbehalten, mich mit einem selbstgefälligen Lächeln aus der Fassung zu bringen. „Du hast das Unmögliche möglich gemacht. Du hast für die Paviane eine neue Heimat gefunden.", sagte er. Während all dieser Wochen und Monate, die er mich herumgeflogen, für mich übersetzt und verhandelt, mich beraten und sich den Kopf zerbrochen, mich bei wichtigen Leuten eingeführt und für mich interveniert hatte, – während all dieser Zeit hatte ich mich beinahe ausschließlich auf seine ruhige Zuversicht verlassen, daß alles gut ausgehen würde; dabei hatten ihn die ganze Zeit hindurch arge Zweifel geplagt. Im Rückblick sah die ganze Sache völlig unausführbar aus. Ich war froh, daß er mir das nicht früher gesagt hatte – und froh, daß er es jetzt getan hatte. Nun blieb nur noch eines: ihn zu heiraten!

Also brachte ich auch das noch hinter mich; hier in Kenia. Wir wollten gerne an einem schönen Ort unter einem schönen Baum heiraten, in einer stillen, einfachen Feier. Das war schwieriger, als es klingt. Da wir keine religiöse Zeremonie wünschten, mußten wir erst einmal einen staatlichen „Heiratsbeamten" finden, der die Eheschließung vollziehen konnte. Gewöhnlich werden solche Trauungen in schmutzigen, reizlosen Regierungsbüros abgewickelt. Es bedurfte einer speziellen Regelung und einer Menge Gespräche, ehe sich der Heiratsbeamte bereiterklärte, für die Zeremonie in die Wildnis hinauszufahren. Philip Leakey half uns sowohl bei der Bewältigung des Papierkrieges als auch bei der Suche eines geeigneten Platzes. Philip war damals – wie auch heute noch – der einzige weiße Abgeordnete der kenianischen Regierung und ein alter Freund von Jonah. Als wir ihm von unserem Problem erzählten – wir brauchten einen Ort, der auch für Philips schwangere Frau Valerie sowie für Jonahs siebzigjährige Mutter gut zu erreichen war, so daß sie uns dahin folgen konnte –, boten uns die Leakeys einen exquisiten Platz an, der Teil ihres sechs Hektar großen Besitzes am Rande des Nationalparks von Nairobi war. Er lag am Mbaggathi-Fluß am Rande einer Felsenschlucht und bot einen prächtigen Ausblick über den Park und dessen zahlreiche freilebende Tiere.

An der Zeremonie nahmen nur elf Personen teil – darunter Jonahs Mutter und sein Bruder, die aus London angereist waren. Der Heiratsbeamte hielt seine Ansprache. Ich kann mich nur noch an jenen Teil erinnern, in dem er uns ermahnte, keine Bigamie zu begehen, da wir ja nach bürgerlichem Recht und nicht nach Stammesrecht getraut wurden. (Nach Stammesrecht darf man mehr als eine Frau haben.) Dann wechselten wir einige Worte miteinander und baten Philip, uns in seiner Eigenschaft als Regierungsbeamter seinen Segen zu geben. Erfrischungen wurden gereicht, auch die übliche Ziegenmilch, wie es die Sitte bei den Massai vorschreibt, und alle bewunderten die Aussicht. (Drei Jahre später bauten wir in unmittelbarer Nähe dieses wundervollen Platzes auf sechs Hektar Grund, die Jonah gekauft hatte, unser eigenes Haus.)

Unser Hochzeitsempfang fand am Abend in einem Restaurant statt, das den Namen „Der Fleischfresser" führte. Wir hatten es sowohl wegen seiner gemütlichen Atmosphäre als auch wegen seiner Grillspezialitäten ausgesucht, die Jonahs Massai-Freunde gerne aßen. Alle 125 Gäste – Massai, Pavianbeobachter und andere – tanzten miteinander, die Massai verkehrten mit alteingesessenen britischen Kolonialtypen, und alle hatten einen Riesenspaß. Am nächsten Tag gingen wir wieder an die Arbeit; unsere „Buschmann-Flitterwochen" hatten wir schon Monate früher auf einer Reise durch die Nationalparks von Indonesien und Malaysia verbracht.

Die Paviane hatten eine Zukunft; das Pavian-Projekt besaß eine Zukunft – und ich auch.

17. Gefangennahme und Freilassung

Im August 1984 war ich schwanger und voller Angst – nicht meinetwegen, sondern wegen der Paviane. Für die Tiere eine neue Heimat zu finden war nur ein kleiner Teil des Problems – wir mußten sie auch dorthin übersiedeln. 1978 und 1979, als die Zukunft der Paviane schlimm ausgesehen hatte, hatte ich ein Projekt in Angriff genommen, um entscheidende biologische Daten über die von uns genau untersuchten Kekopey-Trupps sowie möglichst viele andere Trupps zu sammeln. Die Tiere wurden nach der Abnahme von Blut und anderen Proben wieder freigelassen. Kein Tier wurde länger als einen Tag gefangen gehalten. Die Gesamtzahl der gefangengenommenen und untersuchten Tiere betrug damals an die fünfhundert und umfaßte eine Auswahl aus sechs Trupps. Ich besaß zwar einige Erfahrung auf dem Gebiet der Umsiedlung, wenn auch nur in geringem Maß – mit Chumley und Higgins, den Plünderern der Hirtenhütten. Natürlich war es für mich am wichtigsten, die Pumpenhaus-Bande zu übersiedeln; aber noch weitere zwei Trupps befanden sich auf Grund all der Veränderungen, die auf Kekopey vor sich gingen, sowie wegen der Probleme beim Armeelager in gleicher Gefahr: der Krüppel-Trupp, die Heimat der straffälligen Männchen aus der Pumpenhaus-Bande, sowie die Wabaya, der kleine Splittertrupp, der sich dem Ernteraub und dem leichten Leben verschrieben hatte.

Am liebsten hätte ich alle 131 Paviane nach Chololo umgesiedelt, doch gab es dafür nicht genügend Platz. Chololo besaß bereits ansässige Trupps, und unserer Schätzung nach konnten wir die Pumpenhaus-Bande und die Wabaya gerade noch „dazuzwängen" – jedoch nicht mehr. Ich wollte den Krüppel-Trupp nach Colcheccio übersiedeln. Die Krüppel waren nicht durchgehend über einen längeren Zeitraum genau beobachtet worden, so daß es bei ihnen nicht so wichtig war, gute Feldforschungsbedingungen zu schaffen. Ich konnte ihnen aber nicht nur ein sicheres Zuhause garantieren, sondern sie sozusagen auch als Versuchskaninchen für die wichtigere Umsiedlung der Pumpenhaus-Bande wie der Wabaya verwenden.

Zunächst ging es darum, die Tiere einzufangen. Das Fangteam bestand aus den Mitgliedern des Pavian-Projekts, dem Personal des Instituts für Primaten-Forschung in Nairobi, und im Laufe der Zeit auch noch aus vielen anderen Leuten – ortsansässigen Farmern, Freunden aus ganz Kenia und Hilfspersonal von Ker & Downey, der berühmten Safari-Gesellschaft. Bob Campbell kam angereist, um die Vorgänge für Survival-Anglia-Television zu filmen.

Da große Fangunternehmen in den fünfziger und sechziger Jahren Hunderte Tiere als Objekte für die medizinische Forschung in Europa und Amerika eingebracht hatten, konnten wir auf einige Fangmethoden zurückgreifen. Professionellen Tierfängern war es jedoch nur gelungen, Teile eines bestimmten Trupps einzufangen. Wir hatten drei vollständige Trupps einzufangen; also mußten wir die Methode verbessern. Darüber hinaus waren wir nicht nur am körperlichen Wohlbefinden der Tiere, sondern auch an ihrem seelischen Zustand interessiert.

Unsere erste Aufgabe war es, die Paviane an die Fallen zu gewöhnen. Die ausgewählten Plätze mußten einer Reihe von Anforderungen entsprechen. Um Unfälle oder Vandalismus auszuschließen, mußten sie außerhalb jener Gebiete liegen, die von Menschen bewohnt oder durchfahren wurden. Die Fallen selbst mußten auf ebenem Boden errichtet werden – erreichbar für die robusten Fahrzeuge, mit denen die Tiere abtransportiert werden sollten. Dazu mußten wir auch sicherstellen, daß die gewählten Plätze nur Tiere der drei Trupps – Krüppel-Trupp, Wabaya und Pumpenhaus-Bande

– anzogen, nicht aber auch Tiere der übrigen sieben Trupps, die ebenfalls in diesem Gebiet anzutreffen waren.

Bei den Fallen handelte es sich um eineinhalb Meter hohe Käfige aus Maschendraht mit verstärkten Kanten. An der Innenseite befand sich hoch oben eine kleine Plattform, auf welcher der Köder ausgelegt wurde. An einem auf der Plattform liegenden Maiskolben war eine Schnur befestigt. Sie führte durch ein Loch, sodann um den oberen Käfigrand herum, und war an einer Falltür befestigt, die dadurch offengehalten wurde. Um die Falle zum Zuschnappen zu bringen, mußte das Tier völlig in den Käfig hineinsteigen und den Maiskolben von der Plattform wegziehen. Dabei riß die Schnur, und die Tür fiel herab. Wir hatten vor, die Tiere dazu zu bringen, in die noch nicht aufgerichteten Fallen zu steigen, um Futter zu sich zu nehmen. So wollten wir ihnen beibringen, die Käfige ohne Argwohn zu betrachten und sie als Teil ihrer natürlichen Umwelt zu akzeptieren.

Wieder einmal stellte die Rolle, die das Armeelager im Leben der Paviane spielte, ein Problem dar. Die Tiere, die von Armee-Abfällen lebten, besaßen Futterquellen, die ihnen weit mehr zusagten als das, was wir ihnen als Köder boten. Glücklicherweise lieferten die Trupps selbst eine Lösung. An der Müllhalde wurde der Krüppel-Trupp ständig von den Wabaya tyrannisiert. Ganz gleich, wie früh die Krüppel dort auch ankamen, stürmten die Wabaya herbei und vertrieben sie – genau in Richtung auf unsere verführerisch mit Köder versehenen, aber noch nicht aufgerichteten Fallen zu.

Innerhalb von drei Wochen stürmten alle drei Trupps zu den Fallen, um sich einen Leckerbissen zu holen. Sie hatten sich so an die Käfige gewöhnt, daß die Babys diese als Klettergerüst verwendeten, Paarungspartner darin kopulierten, und große Männchen befanden, daß sie bequeme Fußstützen abgaben. Jetzt waren wir so weit.

Um sicherzugehen, daß wir nur Mitglieder des Krüppel-Trupps einfingen und nicht die lästigen Quälgeister der Wabaya, jagten wir letztere zu einem weit entfernten Schlafplatz und befriedeten sie mit Bananen, Ananas, Karotten und Kohl. In der Nacht, in der wir die Fallen aufrichteten, kam ich nicht zum Schlafen. Es dauerte zwei Stunden, um die vierzig Käfige einzurichten. Wieder zurück beim Roten Haus, versuchte ich ruhig zu warten, doch noch ehe der Morgen graute, war ich wieder am Fangplatz. Plötzlich hörte ich die Affen! *Klirr!* Das Herabsausen der ersten Falltür überraschte mich gehörig. Ich hatte nie gedacht, daß es wirklich funktionieren würde. *Klirr!* Eigentlich wäre ja zu erwarten gewesen, daß die

Tiere nach dem ersten *Klirr* zurückweichen würden, ihre Gier war jedoch stärker als ihr Mißtrauen. *Klirrklirrklirrklirrklirr...* Binnen zehn Minuten war der gesamte Trupp – mit Ausnahme dreier braungefärbter Kleinkinder, die zwar mit ihren Müttern in die Käfige geklettert, dann aber wieder davongerannt waren, noch ehe die Falle zuschnappte – gefangen. Ich hatte vor, die Kleinkinder zu narkotisieren; bevor ich jedoch Zeit hatte, die Situation richtig zu beurteilen, entschied das Institutsteam, daß diese klein genug waren, um Jagd auf sie zu machen.

Die drei Babys kauerten sich am Rand des Fangplatzes in Reichweite der Sicherheit verheißenden Schlafklippen zusammen. Wenn wir den Rest des Trupps wegbrachten, würden die Kleinkinder mit Sicherheit zugrunde gehen. Falls sie nicht Raubtieren oder kalten Nächten zum Opfer fielen, waren sie vermutlich so durcheinander, daß sie nicht ordentlich fressen würden. Während wir die Babys jagten, wurden die Tiere in den Fallen immer unruhiger. Wir mußten beginnen, ihnen Beruhigungsmittel zu spritzen und sie abzutransportieren. Das Personal des Instituts für Primaten-Forschung tauchte auf, um diese Aktion durchzuführen. Normalerweise wäre dies ein rascher und verhältnismäßig schmerzlos verlaufender Vorgang gewesen, die Injektionsspritze funktionierte jedoch nicht richtig; manchmal verbog sich die Nadel, manchmal kam zu wenig Betäubungsmittel heraus oder gar keines. Ich stand auf meinem Beobachtungshügel oberhalb des Fangplatzes, um den Fortgang zu beaufsichtigen. Bei jedem Versager spannten sich meine Muskeln an. Schließlich faßten wir den Entschluß, die Tiere aus kurzer Distanz mittels Betäubungsgewehr zu narkotisieren. Betäubungspfeile waren nur schwer erhältlich und teuer, doch war es wichtig, die Paviane so rasch wie möglich aus ihren Käfigen zu entfernen; die Sonne begann bereits herabzubrennen, und Überhitzung konnte für die betäubten Affen gefährlich sein. Das Institutspersonal öffnete die Käfige und trug die bewußtlosen Paviane zu dem wartenden Transportlaster. Wie sie so aufgereiht dalagen, sahen sie ganz friedlich aus. Die munteren, wachsamen Babys, die sicherheitshalber mit Schnüren sorgfältig an ihren Müttern solange festgebunden worden waren, bis die Transportkäfige erreicht waren, blickten neugierig umher, während sie sich verzweifelt an die warmen, tröstlichen Bäuche klammerten.

Ungefähr die Hälfte der dreiunddreißig gefangenen Tiere war bereits betäubt, als ein großes Männchen wieder freikam. Arnold war mit den anderen in die Falle gegangen, und ruhig in seinem Käfig gesessen. Jetzt war er frei – und das war mein Verschulden. Josiah hatte schon früher den Vorschlag gemacht, die Türen jener Fallen mit Draht abzusichern, in denen Männchen saßen. Da ich jede unnötige Störung vermeiden wollte, war ich jedoch dagegen. Während sich die gefangenen Affen im allgemeinen ganz passiv verhielten, so neigten sie, sobald ein Mensch in ihre Nähe kam, zu Panikausbrüchen. Arnold hatte die Zeit zwischen Gefangennahme und Betäubung dazu verwendet, sich eine Fluchtmöglichkeit auszudenken. Die meisten anderen Tiere hatten ihr Schicksal ruhig akzeptiert. Arnold hatte als einziger eine Möglichkeit entdeckt, die schwere Falltür anzuheben. Als er erst einmal frei war, rannte er auf die anderen Fallen zu und setzte sich hin, um die noch nicht ausgelösten Fallen zu betrachten. Das letzte, was ich von einem vernünftigen Pavian erwartet hätte, war, daß er es noch einmal mit den Fallen versuchen würde. Aber Arnold tat genau das. Er ging ein Stückchen in eine Falle hinein, griff behutsam nach dem Maiskolben, probierte die Spannung der Schnur und sprang wieder aus der Falle. Für Arnold bedeutete ein angebundener Köder eine einsatzbereite Falle. Dieser Fehler würde ihm kein zweites Mal mehr unterlaufen. Er machte das Beste aus seiner üblen Lage und begann halb angefressene Maiskolben aus den Fallen seiner gefangenen Kameraden zu stehlen.

Es war ganz offensichtlich, daß wir Arnold nie mehr in eine Falle bekommen würden. Unsere einzige Hoffnung war, ihn mit einem Betäubungspfeil zu erwischen. Dafür konnten wir entweder die Armbrust einsetzen, die Schüsse auf weitere Distanz ermöglichte, oder das Betäubungsgewehr, das zwar sicher funktionierte, aber nur in geringer Entfernung zum Tier eingesetzt werden konnte. Wir konnten auch noch eine Fangpistole, ein Mittelding zwischen den beiden anderen, einsetzen.

Am besten geeignet schien die Armbrust. Joseph Tisot, der Leiter des Instituts und ein Meisterschütze, zielte. Der Schuß fiel zu kurz aus. Von nun an saß Arnold immer einige Schritte außerhalb der äußersten Reichweite des Pfeils, und sah zu, wie die Pfeile zu Boden gingen. Unser letzter Trick bestand darin, seine Loyalität zur Gruppe gegen ihn auszuspielen. Während wir die Betäubungen durchgeführt hatten, war er zur Verteidigung eines jeden Weibchens oder Jungen, dem wir uns zu nähern versuchten, herbeigestürzt. Nun setzten wir einen seiner Freunde als Köder ein und wollten mit dem Betäubungsgewehr nahe genug an ihn herankommen. Arnold erblickte das Gewehr, zog sich schnell wie der Blitz zurück und blieb hartnäckig auf Distanz. An diesem Punkt gaben wir auf und wandten unsere Aufmerksamkeit wieder den drei Kleinkindern zu.

Joseph hatte eine glänzende Idee. Wenn wir die Mütter der Kleinen betäubten und dann die Käfigtüren öffneten, daran jedoch eine Schnur derart befestigten, daß wir die Käfige mit der Hand schließen konnten, ließen sich die Jungen vielleicht dazu bewegen, in die Käfige zu klettern. Die erste Mutter wurde betäubt und schlief auf dem Käfigboden ein. Der Großteil des Trupps war bereits zum Lastwagen gebracht worden, und die relative Ruhe und Stille beruhigte die Kleinkinder. Sie wagten sich näher heran. Ein Baby erblickte seine Mutter und sah die offene Tür.

In einem Schwung von Freiheit – so dachte es wohl – sprang es zu seiner Mutter in den Käfig und suchte sofort nach ihrer Zitze und dem schwer benötigten Trost. Das zweite und dritte Junge ließen sich leicht fangen, und ich stieß zum ersten Mal seit dem Anbruch der Dämmerung einen tiefen Seufzer der Erleichterung aus. Der letzte Pavian wurde verladen, und der Transporter machte sich auf den Weg zum Anhaltelager. Ich blieb zurück, um Arnold zu beobachten, und fragte mich, ob er vielleicht nicht doch der Versuchung des Maises in den aufgerichteten Fallen erliegen könnte. Aber bald verwandelte sich meine Frustration über sein Verhalten in Mitleid. Er schien eine allzu gefühlvolle Persönlichkeit zu sein und suchte zwischen den Fallen nach seinem verschwundenen Trupp, raste zum Felskliff, um zu prüfen, ob dieser vielleicht in diese Richtung aufgebrochen war; dann schoß er wieder zurück zu den Fallen und stieß das verzweifelte *Wahuu*, den Ruf des Verlorenseins aller unglücklichen Paviane, aus.

Zweieinhalb Tage lang hörte Arnold nicht auf zu suchen. Er weigerte sich, eine Falle zu betreten, und schließlich mußten wir die Käfige abbauen, um den Fang der Wabaya vorzubereiten. Ich hatte ihn nach ein paar Stunden verlassen und war zum Anhaltelager geeilt. Wir hatten am anderen Ende von Kekopey ein provisorisches Laboratorium eingerichtet, um die Chance zu nützen, biologische Informationen über eine Reihe von wildlebenden Einzeltieren zu erlangen, die noch nicht durch das Leben in Gefangenschaft verändert waren. Auch für mich war es die Gelegenheit, wirkliche Fakten über die Paviane zu erhalten, die ich so gut kannte. Zwar konnte ich auch auf Grund ihres Erscheinungsbildes schätzen, daß Hoppy größer war als Kit – zwei Mitglieder der Pumpenhaus-Bande, die beim Krüppel-Trupp lebten –, es war jedoch etwas ganz anderes, zu wissen, wieviel jeder von ihnen tatsächlich wog.

Der Erhalt derartiger Informationen stellte eine ungeheure Hilfe beim Enträtseln der Welt der Paviane dar. Aber wir konnten noch weiter gehen.

Wir konnten in ihre Mäuler schauen, krumme Finger begutachten, die subkutane Fettschicht sowie die Absenkung der Hoden messen, die Gebärfähigkeit der Weibchen prüfen, und ganz allgemein in die Intimsphäre jedes der friedlich schlafenden Tiere eindringen. Wir konnten Kotproben nehmen, die uns Aufschluß über Parasitenbefall geben konnten, als auch Blut für Untersuchungen, die Hinweise auf Verwandtschaft, vielleicht sogar auf Vaterschaft bringen konnten.

Vom Erhalt der technischen Information abgesehen war es für mich ein erregendes Gefühl, die Paviane anzugreifen, während sie betäubt waren. Im Laufe so vieler Jahre hatte es mich so viel Willensstärke gekostet, sie *nicht* zu berühren, *nicht* dem Drang nachzugeben, die Hand auszustrecken und mit ihnen Hautkontakt aufzunehmen, daß ich jetzt dabei erstaunliche Schwierigkeiten hatte. Nachdem ich aber die erste zaghafte Liebkosung zuwegegebracht hatte, verfiel ich geradezu in eine Orgie des Zwickens, Streichelns und Schüttelns. Vieles von dem, was ich sah, als die Tiere untersucht wurden, überraschte mich. Sie waren in gutem Zustand, aber sogar die schwersten unter ihnen besaßen nur wenig Körperfett. Geringe Schäden waren häufig, darunter grauer Star und fehlende oder gebrochene Finger, doch wiesen sie nur erstaunlich wenige Verletzungen auf, die durch die Hochspannungsleitung entstanden waren und denen der Krüppel-Trupp seinen Namen verdankte. Am schlimmsten sahen ihre Mäuler aus. Zwar gab es innerhalb des gesamten Trupps keinen einzigen Fall von Karies, aber viele erwachsene Männchen zeigten arge Schäden, die von frischen oder abgeheilten Abszessen, vor allem um die Eckzähne, bis hin zu Infektionen und abgebrochenen Zähnen reichten. Ich war schon neugierig auf die anderen Trupps. Möglicherweise war die Ernährung mit Armeeverpflegung im Falle des Krüppel-Trupps für den Schaden verantwortlich.

Obwohl ihre Mäuler gräßlich aussahen, waren die Paviane unglaublich sauber. Jäger und Fallensteller hatten immer schon berichtet, daß Paviane im Vergleich zu anderen Wildtieren, die in der gleichen Umwelt leben, bemerkenswert frei von Ungeziefer sind. Nur ein einziges kleines verwaistes Junges des Krüppel-Trupps wies Anzeichen von Floh- oder Läusebefall auf, was wieder einmal bestätigt, daß soziales Grooming ein wirkungsvolles Mittel zur Parasitenbekämpfung darstellt.

Nachdem die Tiere vom Team des Instituts für Primaten-Forschung untersucht worden war, bekamen sie Wasser und Futter und wurden soviel als möglich allein gelassen. Ich konnte es nicht ertragen, zu sehen, wie sie dastanden – drei Reihen kleiner Käfige, nebeneinander und vor der Sonne nur durch ein wackeliges Schutzdach, gegen Wind und Regen nur durch Planen geschützt.

Unsere Versuchskaninchen! Am Krüppel-Trupp lernten wir, wie wir das Leben der Wabaya und schließlich der Pumpenhaus-Bande verbessern konnten. Es erwies sich, daß die Käfige zu klein waren, um den ausgewachsenen Männchen bequeme Ruhestellungen zu ermöglichen. Weitere Erfahrungen: Von zu viel Kohl bekamen die Paviane Durchfall. Stillende Mütter besaßen einen geradezu unersättlichen Appetit. Eine von ihnen griff nach jeder Banane, die ich ihr anbot, und als sie beide Hände voll hatte, stopfte sie die Bananen sogar in ihre Achselhöhlen. Die säugenden Kleinkinder stellten ein ernsthaftes Problem dar. Normalerweise läuft die Stillperiode ebenso ruhig und leicht aus, wie die Entwöhnung, wobei sie eigenen Gesetzen folgt. Unter Bedingungen des ununterbrochenen Körperkontakts und gesenkter mütterlicher Toleranz erfolgte die Entwöhnung jedoch gewaltsam. Die Mütter des Krüppel-Trupps attackierten ihre Babys; als Folge davon wurden die Babys noch unsicherer und suchten nach immer engerem Kontakt, womit sich ein wahrer Teufelskreis in Gang setzte.

Anscheinend war Futter die Lösung. Sobald eine Mutter damit begann, ihr Kleinkind zu attackieren, gaben wir ihr mehr Futter. Damit war sie dann ausreichend beschäftigt, so daß das Junge wieder weiternuckeln konnte. Danach wirkte sie weniger frustriert. In der Tat erwies sich Futter als unsere wichtigste Hilfe dabei, die Tiere die Langeweile und die Angst vor der Gefangenschaft ertragen zu lassen. Den ganzen Tag über verteilten wir Portionen von trockenem Körnermais. Ich entdeckte, daß ich ihn außen vor die Käfige streuen konnte und die Tiere somit zwang, jedes Körnchen einzeln aufzuklauben. Die Überlegungen, wie sie an weiter weg liegende Bissen herankommen konnten, wurde zu einer besonders zeit- und gedankenaufwendigen Tätigkeit.

Die bitterste Lektion – und noch dazu eine, die ich hätte vorhersehen können – stellte jedoch die Frage der gesellschaftlichen Interaktionen dar. Die Mitglieder des Krüppel-Trupps waren auf gut Glück in die Käfige gesetzt worden. Zwar behielten die Mütter ihre Säuglinge bei sich, darüber hinaus schenkten wir der Frage, wer neben wem zu stehen kam, jedoch keine Aufmerksamkeit. Der Gefangenschaftsstreß wurde somit noch durch sozialen Streß gesteigert, der auf unfreundliche Nachbarn zurückzuführen war. So peinigte ein subadultes Männchen seinen Nachbarn von nebenan so heftig, daß ich mich entschloß, einige Käfige umzustellen. Das regte unglücklicherweise jedoch alle Paviane auf. Die an einen anderen Platz Gestellten fühlten sich hilflos und ängstlich, und drückten dies durch heftiges Geschrei aus. Bei den anderen Umsiedlungen wollte ich die Käfige so aufstellen lassen, daß den Verwandtschaftsbeziehungen der Tiere Rechnung getragen wurde.

Schließlich wurde es Zeit, den Trupp nach Colcheccio zu bringen. Es machte mir Sorgen, daß ich die Käfige dafür übereinander stapeln lassen mußte, es stellte sich jedoch heraus, daß die Tiere in der Mitte die Sicherheit genossen, von den anderen umgeben zu sein. Wir bildeten einen Konvoi aus fünf Wagen, ich voran in einem von Bob Campbell gesteuerten Landrover, im Schlepptau die Kameras, gefolgt vom Pavian-Transporter und drei weiteren Wagen mit den Leuten vom Pavian-Projekt wie den übrig gebliebenen Mitarbeitern des Instituts für Primaten-Forschung, die uns bei der Freilassung helfen wollten.

Ich wollte, daß der mit den Tieren beladene Lastwagen komplett zugedeckt wurde, um sicherzustellen, daß sie nicht sehen konnten, wohin es ging. Vielleicht konnten sie wie Hunde oder Katzen viele Meilen weit ihren Weg nach Hause zurückfinden. Aber die Affen benötigten eine gewisse Ventilation, um sie vor den Diesel-Abgasen zu schützen, die der Lastwagen dauernd ausstieß. Also befestigte ich die Planen so gut es ging, um einerseits jeden Ausblick zu verwehren und andererseits den Dieselqualm fernzuhalten.

Sowohl der Lastwagen wie auch sein Fahrer waren von einem Freund, Kirti Morjaria, geliehen. Owino, der Chauffeur, war großartig. Er wurde mit jedem Problem fertig. Meine Zuneigung gewann er durch sein ehrliches Interesse für die Affen. Ich glaube nicht, daß es in ganz Kenia einen zuverlässigeren oder achtsameren Fahrer gibt als ihn.

Es war ein kalter Morgen. Die Fahrt sollte sechs Stunden dauern. Nach einer Stunde hielten wir an, so daß ich nach den Tieren sehen konnte und sie sich ein wenig aufwärmen konnten. Als ich mich ihnen näherte, empfing mich ein unglaublicher Blick und ein ebensolches Geräusch. Sobald der Lastwagen gehalten hatte, stießen die Affen ein lang anhaltendes Grunzen aus, begannen vom übriggebliebenen Futter zu fressen, das sich in den Käfigen befand und griffen auch in die Nachbarkäfige, um einander zu pflegen. Das erinnerte mich daran, wie anpassungsfähig sie waren, solange ihre sozialen Bande beachtet wurden.

In Colcheccio eingetroffen, brauchten wir noch eine Stunde, um die letzten zwölf Kilometer bis zum Ort der Freilassung zurückzulegen. Die Straße war zwar deutlich erkennbar, aber Colceccio war dicht bewachsen und die Landschaft uneben. Schließlich hielten wir nahe einer Flußbiegung. Das Wasser war zu sehen; in der Nähe gab es eine Menge Akazienbäume – groß genug, um einem gesamten Pavian-Trupp Platz zu bieten, und im Nordwesten waren Schlafklippen zu sehen.

Das Personal des Instituts für Primaten-Forschung lud die Käfige ab, und wir stellten sie in einer einzigen Reihe mit Sicht auf den Fluß auf, in der Hoffnung, daß sich die Tiere nach ihrer Freilassung erinnern würden, daß hier Wasser zu finden war. Natürlich konnten sie, sobald sie sich außerhalb der Käfige befanden, gehen, wohin es ihnen gefiel, ich wollte sie jedoch gerne dazu bringen, in dem Gebiet zu bleiben, das wir ausgesucht hatten. Trotz seiner Großzügigkeit, mit der er uns Colcheccio angeboten hatte, wäre der Graf nicht glücklich gewesen, wenn der Krüppel-Trupp seine Lodge sowie den wundervollen Ausblick zu ihrem Lieblingsplatz erwählen würden. Dieser Platz lag von der Lodge so weit entfernt wie nur möglich. Es schien unwahrscheinlich, daß der Trupp dicht bewachsenes, gefährliches und unbekanntes Territorium durchwandern würde, um ebendort zu landen. Allerdings lagen andere Ranches, auf denen die Tiere zweifellos *nicht* willkommen gewesen wären, noch näher, wir konnten also durchaus mit Problemen konfrontiert werden.

Wir wollten die großen Männchen nicht gleich freilassen, sondern sie noch einige Tage gefangen halten. Ich dachte, daß dadurch der Rest des Trupps beisammengehalten würde, und wenn wir die Männchen dann freiließen, die große Gruppe der Weibchen und Jungen bereits den Ursprung eines sicheren Zufluchtsortes etabliert haben würde. Wenn die Männchen schließlich freigelassen werden würden, so könnte der Rest des Trupps deren stärkerem Wandertrieb hemmend entgegenwirken.

Wir wollten die freigelassenen Tiere noch eine Zeitlang mit Nahrung versorgen. So konnten sie ihre Aufmerksamkeit auf das Territorium richten als auch ihre Nahrung ergänzen, bis sie genügend natürliche Nahrungsquellen ausfindig gemacht haben würden. Wir stellten die Männchen also beiseite, die Weibchen und die Jungen mit Blick zum Fluß, und gaben ihnen Futter und Wasser. Ich wollte mit der Freilassung gerne bis zum späten Nachmittag warten, damit sie vor Einbruch der Dunkelheit

1. Umsiedlung: Die Babys wurden an ihren betäubten Müttern festgebunden
2. Ich versah einige Tiere mit Radiosendern

3. Betäubte Affen auf dem Weg zum Anhalteplatz
4. Gefangene Männchen waren eine Attraktion für den Rest des Trupps
5. Die erste Erfrischung der Pumpenhaus-Bande nach der Freilassung
6. Erkundung eines Hauses nahe der Erntefelder

S.C.S./National Geographic

7. Sozialverhalten: Nähe und Grooming
8. Das neue Zuhause der Paviane auf Chololo
9. Bruder und Schwester bei der Rast

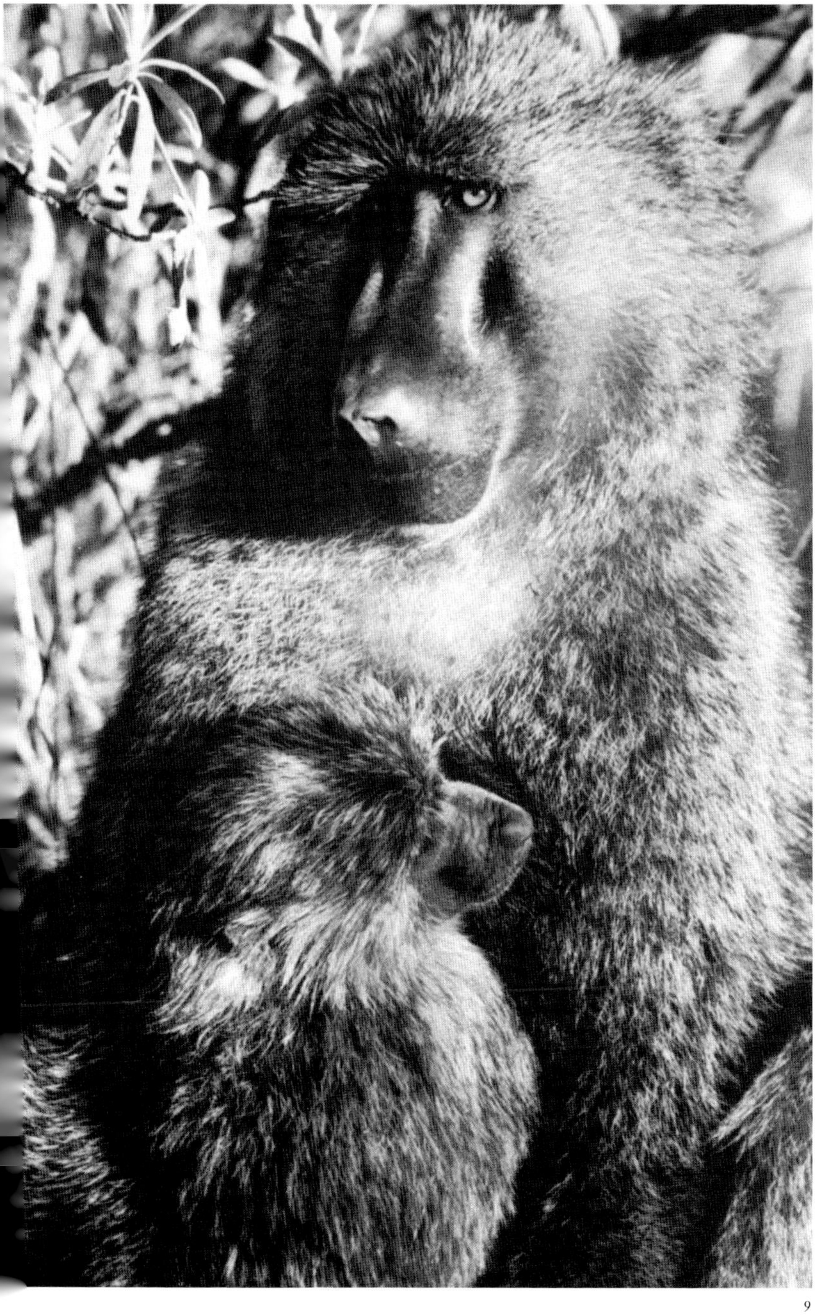

10. Die Paviane fanden vertraut Nahrung am ersten Tag
11. Das Haus auf Chololo
12. Feigenkaktus – immer etwas Besonderes

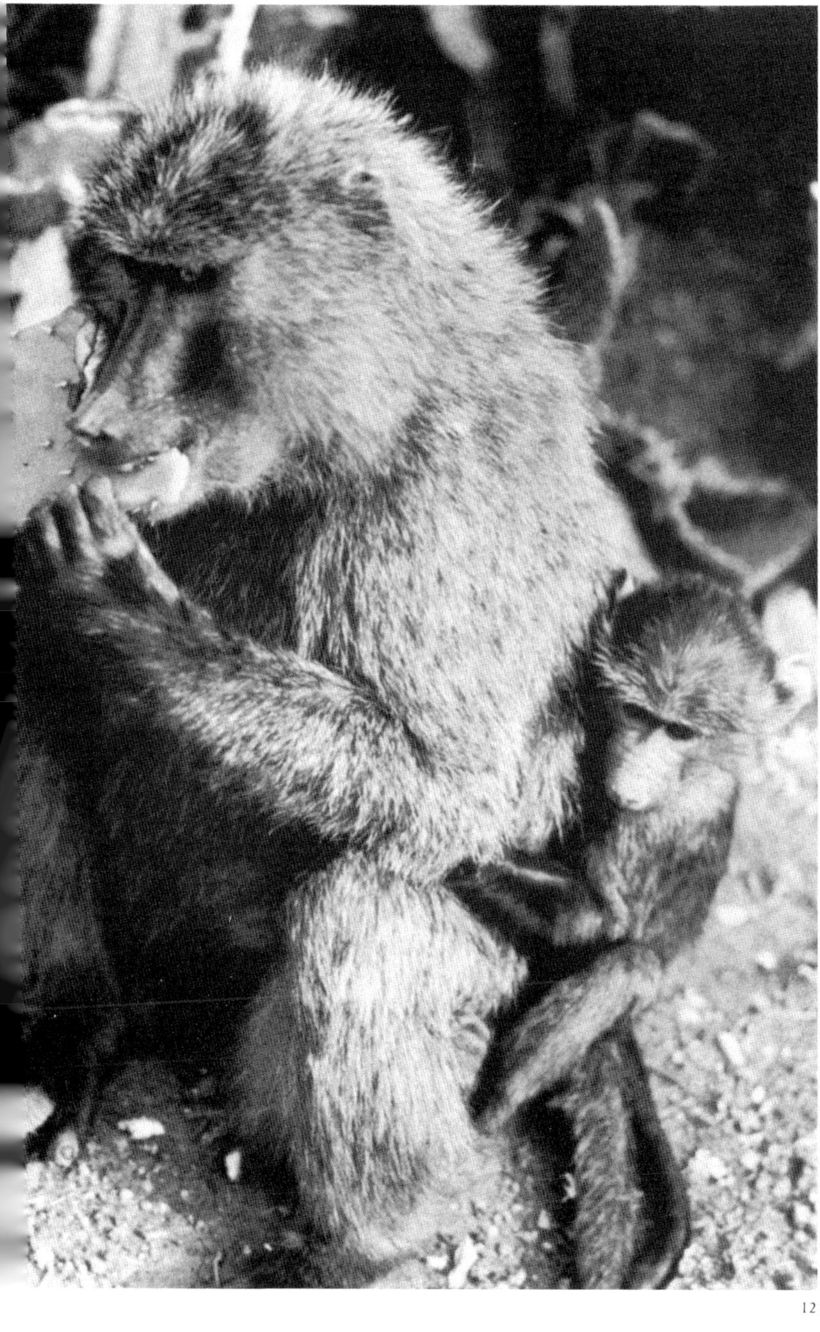

13. Eine Rast im Schatten

nur wenig Zeit zum Herumwandern finden konnten. Als ich mich aber umsah, wurde mir klar, daß das nicht möglich war, denn mittlerweile waren die Affen schon so erregt, daß wir sie sofort – noch bevor sie einander gegenseitig verletzten – freisetzen mußten. Vier von ihnen trugen einen Radiosender, so daß wir sie vermutlich wieder finden konnten, wenn sie umherzogen.

Nach dem Lösen der Türverdrahtungen kletterten die Mitarbeiter vom Institut für Primaten-Forschung, die die Tiere freilassen sollten, auf die Käfige. Ich gab das Zeichen, und acht Tiere wurden gleichzeitig freigesetzt. Wir hatten uns entschlossen, die Erregtesten zuerst freizulassen. Dabei handelte es sich weder um eine sozial noch altersmäßig zusammengehörige Gruppe. Darüber hinaus schüchterte die plötzliche Freilassung inmitten so vieler Menschen die Tiere ein. Wir hatten gehofft, daß sie in das nahegelegene Akazienwäldchen stürmen würden, um auf den Rest des Trupps zu warten und sich einen Überblick über das Gebiet zu verschaffen, sie brachten jedoch so viel Abstand zwischen sich und uns wie möglich und verschwanden bald in der dichten Vegetation. Die zweite Gruppe wurde freigelassen, und auch sie stürzte in die Freiheit davon. Alles geschah viel zu rasch.

Wir waren gerade dabei, die letzten Tiere freizulassen, als plötzlich ein Weibchen die Richtung wechselte und sich langsam den Käfigen näherte. Sie umkreiste die Männchen, um dann einen Blick auf die lange Reihe meist leerer Transportkäfige zu werfen, in welchen sich die Weibchen und die Jungen befunden hatten. Vorsichtig blickte sie die Reihen hinauf und hinunter und warf einen Blick auf die Menschen ringsum. Ich signalisierte allen, sich zurückzuziehen, und sie rannte in diesem Moment auf den Käfig neben jenem, in dem sie selbst sich befunden hatte, zu, ergriff einen übriggebliebenen Maiskolben, katapultierte sich das Flußufer hinunter und verschwand in Richtung abziehenden Trupp. Offenbar hatte sie schon einige Zeit hindurch diesen Maiskolben ins Auge gefaßt und war zu dem Entschluß gekommen, daß sie sich, wenn sie schon hinaus ins Ungewisse mußte, den schmackhaften Happen lieber herausholen sollte.

Der Blick und die Lautäußerung der gefangenen Männchen war herzzerreißend. Als ihre Freundinnen verschwanden, grunzten sie – zuerst leise, dann immer eindringlicher –, und versuchten aus den Käfigen herauszugelangen. Enttäuscht attackierten sie die Käfige, begannen sich im Kreis zu drehen und starrten dem sich zurückziehenden Trupp nach. Wäre ich nicht so fest davon überzeugt gewesen, daß es notwendig war, die

Männchen noch ein paar Tage gefangen zu halten, so hätte ich ihren Schmerz nicht ertragen. Schon oft hatte mich früher der Anblick eines Pavian-Kleinkindes bewegt, das während der Entwöhnungsphase mitleidsvoll jammerte, während der ganze Körper von lautlosem Schluchzen krampfartig geschüttelt wurde. Das Verhalten dieser Männchen war jedoch noch berührender, gaben sie doch ihre normale Würde unter einer Belastung preis, die für sie sogar eine viel schrecklichere Entwöhnung darstellte – den Verlust des gesamten Trupps.

Die Freilassung der Weibchen und Jungen des Krüppel-Trupps war etwa um vier Uhr nachmittags erfolgt, und Bob Campbell und ich brauchten mehr als eine Stunde, um sie einzuholen. Sie hatten einen großen Bogen weg vom Fluß geschlagen, und steuerten auf einige entfernt gelegene Felsklippen zu, die höher und steiler als jene waren, die wir für sie ausgesucht hatten, und größere Sicherheit versprachen. Mir war nicht klar, wie sie auf uns reagieren würden; also blieben wir in sicherer Entfernung. Alles, was wir wußten, war, daß einige der Tiere zurückblieben. Sie kletterten auf große Büsche und sahen sich nach dem Rest des Trupps um, der mittlerweile an den Ausläufern der Felsklippen angelangt war. Die beiden Teilgruppen wechselten ungefähr eine Stunde lang „Kontakt"- und „Verlorenseins"-Rufe und versuchten damit zu klären, wer letztendlich darüber entschied, wohin sie gehen sollten. Dadurch konnten wir leicht feststellen, wer sich wo aufhielt, und durch die Pattsituation zwischen den beiden Gruppen verging Zeit, die sie sonst dazu verwenden hätten können, ziemlich weit in eine unerwünschte Richtung zu gelangen.

Schließlich faßten sie einen Entschluß. Die widerspenstigen Nachzügler schlossen sich der Hauptgruppe an und begaben sich – ganz im Gegensatz zu ihren gelegentlichen Wanderungen in Gilgil – in schweigender Formation zu den Schlafklippen. Bob und ich kehrten zum Lager zurück; dann zog ich allein los und sagte, daß ich nach den Männchen sehen wollte. Dort angelangt, konnte ich mich nicht länger beherrschen und brach vor den Käfigen der Männchen zusammen, wo ich mich zum ersten Mal seit Wochen entspannte. Vielleicht gab es noch weitere Probleme, ja sogar Mißerfolge, aber wir hatten es immerhin schon weit gebracht. Ich hatte mir nicht gestattet, viele Gedanken an die Risiken zu verschwenden, hatte im Unterbewußtsein jedoch in der fortwährenden Angst gelebt, daß die Paviane sterben oder verschwinden würden und ich dafür verantwortlich war. Wenn man den lieben Gott spielen muß, dann ist es gut, auch wirklich der liebe Gott zu *sein* – allmächtig und allwissend. Ich war keines von beiden und nur allzu glücklich, daß der Krüppel-Trupp selbst der Schutzengel seiner eigenen Zukunft sein konnte.

Am nächsten Morgen machten sich Mary und Hudson auf den Weg, um mit Hilfe des Radiosenders die Affen aufzuspüren. Josiah und ich blieben bei den Männchen zurück. Seit sie den Trupp am Vortag aus den Augen verloren hatten, waren sie, bis auf von einem gelegentlichen aggressiven, gegen die Käfige gerichteten Energieausbruch abgesehen, verstummt.

Ungefähr um neun Uhr begannen die Männchen wieder zu schreien, stießen Grunzlaute und *Wahuus* aus. Eine halbe Stunde später erschien von einem Hügelrücken im Osten ein fremder Trupp und steuerte auf den Fluß zu. Mehrere Männchen dieses Trupps näherten sich unseren eigenen gefangenen Männchen und erkletterten – neugierig und vorsichtig – einen nahegelegenen Baum. Als erster stieß Benjy, dann Hoppy und danach alle anderen Männchen eine leidenschaftliche Serie von „Kontakt"-Rufen aus und starrten angestrengt auf den ansässigen Trupp. Als unsere Gefangenen auf ihre Rufe keine positive Antwort erhielten, beruhigten sie sich langsam wieder. Vier Stunden später setzte der fremde Trupp wieder seinen Weg fort. Die Interaktion, die stattgefunden hatte, faszinierte mich; ich war froh, daß sie nicht feindselig verlaufen war.

Mary und Hudson kehrten mit beunruhigenden Nachrichten zurück. Sie hatten den Trupp nicht ausfindig machen können. Obwohl sie früh bei den Schlafklippen angelangt waren, hatten die Tiere diese bereits verlassen. Die Radio-Empfangsantenne empfing aus diesem Gebiet überhaupt kein Signal. Alles, was wir tun konnten, war weiterzusuchen. Aus Sicherheitsgründen teilten wir uns in Teams und machten uns in unterschiedliche Richtungen auf den Weg, um so das durchsuchte Gebiet zu „vergrößern".

Wir brauchten bis Mitte des Nachmittags, um den Trupp zu finden. Er war von der Freilassungsstelle nur ein paar Kilometer flußabwärts gewandert, kehrte vom Trinken im Fluß zurück, und wandte sich in geschlossener Formation wieder dem Hügelrücken unterhalb der Schlafklippen zu. Wir beschlossen, vor Morgengrauen Futter zu den Schlafklippen zu bringen und den Trupp damit zu versorgen, wenn er am Morgen herabgeklettert kam. Auch wollten wir Verfolger-Teams in einer Art Stafette einsetzen, um den Trupp nicht wieder aus den Augen zu verlieren.

Bei Tagesanbruch konnten Josiah, Mary und ich den Trupp bereits hören, bevor wir ihn sahen. An einer offenen Stelle angelangt, verstreuten wir Kohl, Körnermais und Maiskolben. Der Trupp bewegte sich, angeführt von Richard, einem subadulten Männchen – Robins erstem Kind – eng aufgeschlossen im Gänsemarsch. Offenbar hatte er sie davon überzeugt, daß er alt genug war, den Ansprüchen als Führer zu genügen. Mittlerweile bewegten sie sich so rasch, daß ich mir Sorgen machte, ob sie das Futter überhaupt entdecken würden. Also veranstalteten Mary und ich rundherum einen wahren Kohl- und Maisregen.

Es funktionierte. Richard erhob sich, brauchte etwa zwei Sekunden, um die Situation einzuschätzen, und fraß bereits wie verrückt, ehe sein Gefolge bemerkte, was los war. Sie gesellten sich ihm bei und ließen sich ebenfalls zu einer wahren Freßorgie nieder. Offensichtlich waren sie hungrig, aber auch nervös – schon das leiseste Geräusch ließ sie in Deckung flüchten. Sie befanden sich in einer Konfliktsituation: Das Futter stellte zwar einen großen Anreiz dar, sich jedoch im offenen Gelände, an diesem fremden, neuen Platz zu befinden, beunruhigte sie. Als ich die Tiere beobachtete, bemerkte ich, daß Richards Führung deutlich opportunistische Züge hatte. Sobald der Trupp sich einmal entschieden hatte, welche Richtung er einzuschlagen gedachte, setzte er sich eilends an die Spitze; aber jetzt, wo der Trupp verwirrt war, war er gezwungen, hin- und herzuhetzen, um sich in vorderster Linie zu halten. Wenn er seinen Einfluß geltend zu machen und selbst eine Richtung auszuwählen versuchte, wurde er zu einem Führer ohne Gefolgschaft. Schließlich gab er auf und kehrte zum Futterplatz zurück, um sich dem Rest des Trupps anzuschließen und das noch übrige Futter zu verzehren.

Dann wurde ich Zeuge einer bemerkenswerten Szene: Ein Weibchen, dann ein anderes und danach einige der Jungen, bewegten sich durch das Grüppchen ruhender Tiere und umarmten andere Trupp-Mitglieder. Schließlich setzten sie sich nieder und pflegten einen Freund oder einen Verwandten. Eine Umarmung ist eine Begrüßungsgeste und wird normalerweise von Individuen ausgetauscht, die einander nicht besonders nahestehen. Es handelt sich um eine positive Gefühlsäußerung, ein freundliches „Hallo". Ein Verhalten wie jenes des Krüppel-Trupps war mir bei all meiner Erfahrung bisher noch nicht untergekommen; Umarmungen sind zwar wichtig, kommen jedoch nur selten vor. Hier umarmte sich jedoch der Großteil des Trupps gegenseitig zum Gruß, als ob es sich um ein Familientreffen handelte. Mich beeindruckte, daß die Mitglieder des Krüppel-Trupps vielleicht zum ersten Mal das soziale Beziehungsnetz, das durch die Ereignisse dieser Woche zerrissen worden war, das Netzwerk der verwandtschaftlichen Beziehungen, das durch den Umsiedlungsschock als auch dadurch, daß auf dem Anhalteplatz die falschen Tiere nebeneinander gestellt worden waren, gestört worden war, wiederherstellen konnten. Bis jetzt waren sie zu sehr durcheinander, als daß sich die Spannungen lösen konnten, nun kehrte jedoch langsam wieder der Normalzustand zurück.

Gleichsam verzaubert sah ich zu, wie sich Paviane mit vollen Bäuchen sonnten, ruhten oder einander pflegten. Das harte und mit so vielen Aggressionen verbundene Entwöhnungsstadium, das während der Gefangenschaft aufgetreten war, war ebenso vorbei wie die Frustration und die Anzeichen von Depression. Der Trupp kam mir nun sogar friedlicher und weniger aggressiv vor als in Gilgil. Obwohl sich Topographie und Vegetation dieses Gebietes von Kekopey unterschieden, wirkten die Paviane doch so, als ob sie hierher gehörten. Alles schien natürlich und richtig. Das würde freilich auch in Zukunft weder Tod noch Verletzung und Krankheit ausschließen, diese würden jedoch Teile eines Kreislaufes darstellen, dessen Ursachen nicht mehr so unmittelbar vom Menschen abhängen würden.

Ehe aber jeder von uns sicher sein konnte, daß die Zukunft wirklich rosig war, gab es da – für die Paviane ebenso wie für mich – noch eine Menge zu entdecken: Die Tiere mußten lernen, welche Nahrung es in ihrer neuen Heimat gab – und wir mußten die Männchen, in der Hoffnung, daß der wiedervereinigte Trupp nicht in Gebiete abwandern würde, in denen er nicht willkommen war, freilassen.

In beiderlei Hinsicht zeigten sich Fortschritte. Der Trupp setzte ein begrenztes Tageswanderungsgebiet, das sich von den „Weißen" Schlafklippen, vorbei an der offenen Fläche, auf welcher wir sie fütterten, bis hinunter zum Fluß – innerhalb der Seh- und Hörweite der Männchen – erstreckte. Obwohl wir immer noch einen beträchtlichen Teil ihres Nahrungsbedarfs bereitstellten, begannen sie doch sofort Pflanzen und Insekten zu fressen, die sich an Ort und Stelle fanden. Unglücklicherweise hatte die Dürre das Gebiet verwüstet, und es gab nur wenig zu fressen. Die Jungen – immer auf Neuerungen aus – begannen unbekannte Nahrung zu probieren, wobei sie manches wieder erbrachen, anderes wieder zufrieden in sich hineinmampften.

Es schien nicht viel zu bringen, die Männchen weiterhin gefangen zu halten; also planten wir ihre Freisetzung. Der Trupp bewegte sich gerade von den Schlafklippen herab in Richtung auf das Camp und die Männchen. Wir beschlossen, zu warten, bis der Trupp die Gefangenen deutlich sehen konnte und umgekehrt. Dann sollten die Männchen – auf ein Signal hin, das ich von der Spitze der Hügelkuppe aus geben wollte – freigelassen werden.

So sah zumindest unser Plan aus. Aber irgend jemand verstand ihn falsch. Der Trupp kam nur langsam in die Nähe des richtigen Ortes, und die Männchen wurden freigelassen, ehe sie sehen konnten, wo sich der Trupp befand. Sie wanderten wie beiläufig von den Käfigen weg in eine andere Richtung, so daß wir warten und beobachten mußten, wann und wie die beiden Hälften des Trupps miteinander in Verbindung treten würden. Am späten Nachmittag erreichten die freigelassenen Männchen den Rest des Trupps – die Umsiedlung war abgeschlossen.

Zufrieden machte ich mich am nächsten Tag auf, um Vorbereitungen für das Einfangen und die Umsiedlung der Wabaya zu treffen. Der Krüppel-Trupp fraß, und wanderte ganz normal umher, wenngleich er leicht erschreckte. Die anderen Trupps waren wichtiger. Zwar würden sie ihre eigenen Probleme stellen, ich besaß nun aber bereits Antworten auf eine ganze Reihe von Fragen. Es *konnte* tatsächlich ein ganzer Trupp umgesiedelt werden. Wir *konnten* tatsächlich einen Einfluß darauf nehmen, wohin sie wandern würden und ihren Aktionsradius in wichtigen Punkten einschränken. Als ich den Krüppel-Trupp beobachtet hatte, während er sich in den Transportkäfigen befand, hatte ich das dringende Bedürfnis verspürt, eine Frage an ihn zu richten. Jetzt hatte ich die Antwort – so klar, als ob er selbst zu mir gesprochen hätte: Lieber waren sie frei in einem fremden Land als gefangen und in Sicherheit. Das Schönste daran war, daß sie offenbar keinen Groll hegten; sie würden mir gestatten, auch in dieser neuen Welt ihre Begleiterin zu sein.

18. Letzte Schritte

Bis zum September 1984 hatten wir bereits eine Menge über Umsiedlung gelernt, und die des Krüppel-Trupps war so erfolgreich gewesen, daß ich annahm, daß auch jene der Wabaya einfach sein würde. Die Wabaya waren die „bösen Buben", die schlimmen Ernteräuber, die durch die Verärgerung der Soldaten die Frage der Umsiedlung überhaupt erst aktuell werden ließen. Bei der Gefangennahme stellte ihre Abhängigkeit von Armeeverpflegung ein besonderes Problem dar. Obwohl wir sie mit Ananas und Bananen ebenso lockten wie mit Kohl und Mais, weigerten sich die Tiere, die Fallen zu betreten. Schließlich schlugen Josiah und Hudson vor, daß wir Armeemüll sammeln und mit dem vorbereiteten Köder mischen sollten. Im Laufe der Jahre hatten die beiden im Rahmen der Pavianforschung schon eine ganze Reihe ungewöhnlicher Aufgaben übernommen, aber das war eine Premiere. Diese Idee funktionierte.

Endlich war alles so weit. Vor Tagesanbruch kam ich am Wabaya-

Fangplatz auf Kekopey an und überprüfte die Fallen, um sicherzugehen, daß alles in Ordnung war. Dann setzte ich mich hin, um zu warten. Der Trupp hatte zwar in Fig Tree – etwa sechseinhalb Kilometer entfernt – geschlafen, wir nahmen jedoch an, daß sie zu Sonnenaufgang auftauchen würden. Josiah berichtete, daß die Tiere gemächlich in die richtige Richtung unterwegs waren. Für diese Beherscher des Küchenabfalls, und da der Krüppel-Trupp nicht mehr da war und störte, spielte eine Verzögerung von ein oder zwei Stunden keine Rolle.

Beim Fang der Wabaya ging jedoch einfach nichts so glatt wie beim Krüppel-Trupp. Teilgruppen erschienen zu verschiedenen Zeiten, und nachdem der erste Schub einmal gefangen war, verhielten sich die übrigen viel vorsichtiger. Als der Wagen mit den ersten Tieren abfuhr, hatte die Sonne das nicht zugedeckte Metall auf eine geradezu unerträgliche Temperatur erhitzt. Keiner konnte sich entspannen, solange sich nicht der gesamte Trupp sicher in Transportkäfigen unter einem provisorischen Sonnendach befand und ausreichend mit Wasser versorgt war.

Diesmal versicherten wir uns, daß die Tiere richtig eingeordnet wurden: Jedes Einzeltier wurde von Familienmitgliedern und Freunden umgeben. Die Männchen wurden zwischen ihre Freunde gestellt und voneinander und von jenen, für die sie vielleicht eine Bedrohung darstellten, durch so viele Tiere wie möglich getrennt. Die Wirkung war erkennbar. Die Wabaya waren entschieden weniger aufgeregt als der Krüppel-Trupp. Sie waren auch in einer wesentlich besseren Verfassung. Das Abfallmonopol hatte ihnen offensichtlich echte Vorteile gebracht, der Zustand der Mäuler der Männchen war jedoch grauenhaft.

Die Verladung und der Transport verliefen wie geplant. Wir mußten zwei Lastwagen einsetzen, da wir mehr Vorräte und zusätzliche Ausrüstungsgegenstände nach Chololo transportieren wollten. Wir teilten die Zuständigkeitsbereiche und verbannten alle Personen mit Ausnahme des Pavian-Projekt-Personals vom Ort der Freilassung. Nachdem die Tiere abgeladen sowie mit Wasser und Futter versorgt waren, wählten wir jene aus, die als erste freigelassen werden sollten. Dann warteten wir. Kurz vor dem geplanten Zeitpunkt wurden die Paviane aufgeregt – genau wie der Krüppel-Trupp vor ihnen. Ruhig und langsam lösten wir die Käfigverdrahtungen und ließen die erste Gruppe frei. Was für ein Kontrast zur Entlassung des Krüppel-Trupps! Einige Wabaya saßen regungslos da und blickten auf die offene Tür. Andere wieder schlenderten aus dem Käfig, wie an einem ganz gewöhnlichen Ort und Tag.

Die Käfige mit den Männchen hatten wir am Fuß der Schlaffelsen, die uns für den Trupp am geeignetsten erschienen, aufgestellt. Das Gebiet rundherum hatten wir mit Pavianfutter bestreut. Die erste Gruppe verlangsamte ihr Tempo, um zu fressen, die zweite ebenfalls. Als mit Ausnahme der Männchen schließlich der gesamte Trupp freigelassen war, war ich mit der neuen Vorgangsweise zufrieden. Die Affen verteilten sich vergnügt – ganz anders als die verängstigten, eng zusammenklebenden Grüppchen des Krüppel-Trupps. Bald fraßen sie sich grunzend ihren Weg die Klippen hinauf.

Die erste Nacht schliefen die Wabaya – wir würden wohl ihren Namen ändern müssen; schließlich stellte es keine gute Reklame dar, sie in diesem Gebiet als die „bösen Buben" einzuführen – doch nicht auf den Felsen, die wir ausgesucht hatten, sondern marschierten zu einem nahe gelegenen Schlafplatz mit einem höher gelegenen Aussichtspunkt. Am nächsten Morgen sonnte und entspannte sich der männchenlose Trupp. Sie warteten bis zum Nachmittag, ehe sie herunterkletterten, um bei den Männchen zu sein und das Futter zu untersuchen, das wir rund um die Käfige der Gefangenen verteilt hatten. Robin sprang auf Bahatis Käfig, und dieser stand innen auf, um so ihr Hinterteil zu pflegen. Babys setzten sich in die Nähe ihrer gefangenen männlichen Freunde und suchten diese auch auf, wenn sie von älteren Jugendlichen tyrannisiert wurden. Obwohl der Maschendraht die Männchen daran hinderte, ihre Drohungen auszuagieren, genügte doch schon ein Bluff: Die Jugendlichen zogen sich zurück, und das Kleinkind griff durch die Drahtmaschen, um seinen Beschützer zu pflegen.

Am späten Nachmittag stieg der Trupp, ausgeruht, entspannt und vollgefressen mit dem Futter, das wir bereitgestellt hatten, zu den Schlaffelsen des Ndorobo-Kamms – gerade oberhalb der eingesperrten Männchen – hinauf. Was nun kam, hätte Charlie Chaplin mit Stolz erfüllt: Obwohl die ortsansässigen Paviane die eindrucksvollen Fels-*Kopjes,* die auf Chololo die Landschaft übersäen, für durchaus zufriedenstellende Schlafplätze hielten, waren die Wabaya mit ihnen offensichtlich nicht zufrieden. Ein Pavian nach dem anderen wählte einen Schlafplatz, wand sich unzufrieden, wechselte von einer Seite auf die andere und gab dann auf, um sich auf die Suche nach einem neuen Ruheplatz zu machen. Der Anblick so vieler Tiere, die vor der erregenden Felsszenerie hin- und herzappelten, war ungemein komisch. Aber es dämmerte, und bald mußten sie sich mit ihrem jeweiligen Platz zufriedengeben.

Wir hatten noch ein anderes, ernsthafteres Problem. Wie sollten die

Affen zu Trinkwasser kommen? Von den Schlaffelsen aus war in etwa eineinhalb Kilometer Entfernung deutlich ein Damm zu sehen. Es war uns deshalb nicht notwendig erschienen, den Trupp unmittelbar am Wasserrand freizulassen, wie wir es beim Krüppel-Trupp getan hatten. Dazu kam noch folgendes: Falls wir die Wabaya dort freigelassen hätten, so hätten sie vielleicht eine andere, näher am Damm gelegene Garnitur Schlaffelsen vorgezogen. Da dies jedoch die Freilassungsstelle für die Pumpenhaus-Bande war, sahen wir unsere Aufgabe darin, die Wabaya so lange von der Inbesitznahme dieser Felsen abzuhalten, bis die Pumpenhaus-Bande dorthin umgesiedelt war.

Der Trupp war vor der Freisetzung zwar mit Wasser versorgt worden, hatte aber seit zwei Tagen nichts zu trinken gehabt. Hier war es heißer als auf Kekopey, und ein Großteil des Futters, das wir bereitstellten, war trocken. Aber obwohl die Affen dringend Wasser benötigten, unternahmen sie keine Schritte in die richtige Richtung. An diesem Nachmittag versuchten sie, an das Wasser in den Käfigen der gefangenen Männchen heranzukommen. Warum gingen sie nicht zum Damm? Erkannten sie die große glänzende Wasserfläche nicht? Oder war eine Wanderung von eineinhalb Kilometern Länge in unbekanntem Gelände zu weit für sie?

Ursprünglich hatte ich vorgehabt, die Männchen erst freizulassen, nachdem der Rest der Trupps einen endgültigen Tagesplan erstellt hatte – sowohl was einen Schlafplatz als auch eine Wasserstelle betraf. Vielleicht war der Trupp jedoch weniger ängstlich, wenn die Männchen bei ihm waren. Was war wichtiger, Trinkwasser oder die Gefahr, daß die Männchen den Trupp weiter wegführen konnten, als mir lieb war? Wieder ersannen Josiah und Hudson eine Lösung: Warum sollten wir nicht versuchen, den Trupp durch eine von uns gelegte Bananenspur zu Damm zu führen? Die Affen liebten Bananen, und bisher hatten wir sie in der Hauptsache mit Mais und Kohl gefüttert. Ein Plan wurde ausgearbeitet, die Spur gelegt – und der Trupp begann seine Bananenorgie. Aber trotz der Früchte verloren sie die Nerven und kehrten wieder zu den Männchen zurück. Etwas später versuchten wir es noch einmal, aber wieder weigerte sich der Trupp, näher an den Damm heranzugehen.

Wir mußten die Männchen freilassen. Vielleicht konnten sie den Marsch zum Damm in Anbetracht ihres weniger konservativen Charakters als auch des vermehrten Schutzgefühls, das die Männchen dem Trupp vermittelten, wenn sie zusammen waren, gemeinsam unternehmen. Das Erlebnis mit dem Krüppel-Trupp hatte uns eine Lehre erteilt, und so beschlossen wir, die Männchen freizulassen, wenn der Rest des Trupps um die Käfige versammelt war, um so die Gefahr zu vermeiden, daß sich die beiden Teilgruppen trennten. Hudson ließ zuerst ein Männchen frei, dann ein zweites. Jedes verließ ganz entspannt seinen Käfig, als ob es nie gefangen gewesen wäre. Dafür erwies sich Sterling, unser ältestes Männchen, als Problem. Aus irgendeinem Grund hatte er Angst vor Hudson – ein Gefühl, das auf Gegenseitigkeit beruhte – und ließ ihn nicht nahe genug heran, um die Türverdrahtung zu lösen. Das überraschte mich, da Sterling ein uralter Kauz, ein großer Kinderfreund und Kavalier war, der zu seltenen Gelegenheiten zwar bellte, aber niemals biß, weil er fast alle seine Zähne verloren hatte. Also nahm ich Hudsons Stelle ein und öffnete die Käfigtür. Sterling sah mich an und kam heraus. Als ich ihm die Felsen hinauffolgte, sah ich, wie glücklich der Trupp darüber war, seine Männchen wiederzuhaben. Freundinnen wie Kleinkinder-Freunde sausten auf ihren jeweiligen speziellen Freund zu, setzten sich ganz nahe zu ihm, grunzten und pflegten einander zugleich.

Am folgenden Tag machten sich alle – Menschen wie Tiere – Sorgen wegen des Wassers. Obwohl die Männchen diese Sorge nicht teilten, da sie in ihren Käfigen ja ausreichend mit Futter und Wasser versorgt worden waren, erkundeten sie das Gebiet zwar weiter als der Rest des Trupps, doch nicht weit genug, um das Problem zu lösen. An diesem Abend stellten wir große Wasserbehälter auf, damit die Paviane trinken konnten. Am darauffolgenden Tag entschloß sich Hudson zu einem neuerlichen Versuch mit dem Bananentrick, und zu unser aller Entzücken folgte der gesamte Trupp seinem „Rattenfänger" zum Damm, wo er tüchtig trank.

Ich mußte fort; die letzte und wichtigste Gruppe war noch zu fangen. Wir teilten unser Team. Einige von uns blieben zurück, um den Wabaya zu folgen, während Hudson und Josiah mit mir zurückfuhren, um die Pumpenhaus-Bande in Angriff zu nehmen. Eigentlich sollten wir drei genügend Wissen, Erfahrung und Ideenreichtum besitzen, um jeder neuen Herausforderung gewachsen zu sein, vor welche dieser Trupp uns vielleicht stellen konnte.

Während wir in dem knochenbrecherischen Suzuki nach Gilgil zurückfuhren, hatte ich genügend Zeit, über die jüngsten Ereignisse nachzudenken. Was alles hatten wir durch die Umsiedlung des Krüppel-Trupps sowie der Wabaya wirklich gelernt? Wir wußten nun, wie wir die Tiere zu den Fallen locken konnten, wie wir sie betäuben und zum Anhalteplatz transportieren, und wie wir das Trauma der Gefangenschaft mildern konnten, wie Futter als Ablenkungsmittel bei Langeweile und Frustration einzusetzen war, wie – vor allem bei Kleinkindern – Verletzungen zu vermeiden, und wie die Tiere am besten freizulassen waren. Ferner hatte Arnold uns gelehrt, daß wir stets einen Schritt voraus sein mußten.

Als ich die beiden Umsiedlungen im Geiste nochmals ablaufen ließ, kam mir plötzlich ein erschreckender Gedanke. Es war uns – von Arnold abgesehen – gelungen, die beiden Trupps vollständig umzusiedeln, was eine einmalige Leistung darstellte. *Wieso* waren wir so erfolgreich? Zum ersten kannten wir die Tiere gut und konnten sie vor dem Aufrichten der Fallen gründlich vorbereiten. Wenn sie gezögert hatten, hatten wir sie auf eine neue Art, mit besseren Ködern, oder mit Armeeabfällen gelockt. Ein Teil des Erfolges – und das war für die Pumpenhaus-Bande von höchster Bedeutung – ging sicher auf Kosten der Tatsache, daß wir mehr Fallen besaßen als Tiere. Bei der Umsiedlung des Krüppel-Trupps war dies nicht so augenfällig, die verzögerte Ankunft der Wabaya und ihre wachsende Abneigung beim Betreten der Falle, je weniger Fallen noch aufgerichtet waren, ließ jedoch den Schluß zu, daß wir nicht solches Glück gehabt hätten, wenn uns nur so viele Fallen zur Verfügung gestanden wären wie es Tiere gab. Während professionelle Tierfänger an mehreren Tagen Fallen aufstellten und es schafften, jeden Tag einige Tiere zu fangen, waren unsere Affen etwas anders. Sie waren klüger und kannten die Tricks der Menschen. Ich war ziemlich sicher, daß es uns nicht mehr gelingen würde, auch nur einen einzigen Affen zu fangen, falls wir die Fallen ein zweites Mal aufstellen mußten. Wenn die Paviane sahen, wie ihre Freunde und Familien eingefangen und abtransportiert wurden, würden sie sicher nicht zulassen, daß mit ihnen das gleiche geschah.

Wenn wir also die gesamte Pumpenhaus-Bande auf einen Schlag erwischen wollten, mußten wir einen sicheren Spielraum zusätzlicher Fallen besitzen – und eben das war das Problem. Die Pumpenhaus-Bande stellte mit siebenundfünfzig Einzeltieren den größten Trupp dar – und wir hatten nur neunundvierzig Fallen. Zugegeben, Mütter mit kleinen Babys konnten zwar als *ein* Individuum gelten, doch gab es nur fünf solcher Paare. Dazu kam, daß immer ein paar Fallen nicht funktionierten. Wir brauchten einfach mehr Fallen. Das Personal des Instituts für Primaten-Forschung verschaffte uns drei; damit war das Problem zwar gemildert, doch nicht gelöst. Wir mußten also versuchen, einige Tiere zu fangen, bevor die eigentliche

Fangaktion begann. Zwei Tage vor dem Aufrichten der Fallen machten wir uns mit Betäubungspfeilen auf den Weg. Aus unserer Erfahrung mit Arnold wußte ich, daß es so gut wie unmöglich war, Tiere zu betäuben, wenn einmal der Großteil des Trupps in den Fallen gefangensaß. Wir hofften, daß es uns, wenn wir es zuvor taten, möglich sein würde, einen einzelnen Pavian zu entfernen, der sich am Rande des Trupps aufhielt, und das betäubte Tier, noch ehe der Rest des Trupps etwas bemerkt haben würde, zum Anhaltelager abzutransportieren. So würde nur ein Minimum an Unruhe entstehen. Wir wollten sie ja nicht erschrecken und dadurch den Erfolg der gesamten Aktion gefährden. Also legten wir von vornherein fest, den Versuch mit den Betäubungspfeilen beim ersten Zeichen von Panik einzustellen.

Die Umsiedlung der Pumpenhaus-Bande begann am frühen Morgen des 25. September. Hudson schaffte acht gute Schüsse, aber wir konnten nur des ersten, vierten und letzten Tieres habhaft werden. Die übrigen wurden einfach nicht schläfrig genug, um das Risiko, sie zu berühren oder ihnen mit einer normalen Injektionsspritze von Hand aus zusätzliches Betäubungsmittel zu verabreichen, eingehen zu können. Am Nachmittag wurde die Lage noch schlimmer: Das Betäubungsmittel zeigte bei drei getroffenen Tieren überhaupt keine Wirkung und der Trupp – vor allem die von einem Pfeil getroffenen Tiere, die nicht abtransportiert worden waren – wurde unruhig. Später fanden wir heraus, daß die für uns hergestellte Mischung des Sedativs die falsche Konzentration besaß. So war es ein Glück, daß wir überhaupt drei Tiere gefangen hatten.

Wir entwarfen einen neuen Plan. Einige erwachsene und große subadulte Männchen statteten einem an das Rote Haus angrenzenden Lagerraum, in dem wir Trockenfutter für Affen und Mais lagerten, Besuche ab. Es war unmöglich, den Raum gründlich zu sichern. Nun wollten wir die bei diesen Pavianen bestehende Vorliebe für Plünderungen ausnützen und sie hier fangen, ohne daß der Rest des Trupps davon Kenntnis erhielt.

Ich wußte bereits eine Menge über die große Gier der Pavian-Männchen, und sie enttäuschten mich auch diesmal nicht. Zuerst tauchte Norman auf und war hocherfreut, in einer der Fallen einen ganzen Maiskolben zu entdecken. *Klirr!* Die Tür sauste hinunter, wir stürzten herbei, betäubten ihn, und brachten ihn fort noch bevor der Nächste ankam. Gerade als der Suzuki abfuhr, stahl sich Sundance vom Trupp weg und entdeckte ebenfalls einen verlockenden Maiskolben. *Klirr!* Noch ein Opfer. Dann kamen Oskar, Pinocchio und Wren an und gingen gleichzeitig in die Fallen.

Wir waren nun bereit, den Rest des Trupps in Angriff zu nehmen. Nun besaßen wir genügend Fallen, ein geübtes Team und hatten zwei erfolgreiche Fangaktionen hinter uns.

Alles ging glatt. Der Trupp kam schon früh an, und innerhalb einer Viertelstunde waren zweiunddreißig Fallen zugeschnappt. In derselben kurzen Zeit hatte es Heckle jedoch geschafft, wieder aus seinem Käfig zu entkommen, und einige Fallen hatten nicht funktioniert. Lou, ein weiteres großes Männchen, war noch frei. Er war mindestens so wachsam wie Heckle, obwohl er noch nicht gefangen worden war. Beide versuchten, Mais aus den zugeschnappten Fallen zu erwischen und waren auf der Hut, einen offenen Käfig zu betreten. Lou befand sich in einem Dilemma: Seine Paarungspartnerin Quanette war gefangen worden. In den Fallen neben ihr saßen seine besten Freunde, das erwachsene Weibchen Jessie und ihr Kleinkind Jordan. Aber zumindest aus einem Grund war Lou beruhigt: Heckle war außer ihm das einzige freie Männchen, und dieser war damit beschäftigt, so viel Mais wie möglich zu stehlen, ohne dabei eine Falle zu betreten, und dachte nicht daran, ihm Quanette streitig zu machen. Also fraß sich auch Lou voll, kehrte jedoch häufig zum Weibchen zurück, um es zu begrüßen und durch körperliche Nähe seine Besitzansprüche auf sie erneut geltend zu machen. Schließlich unterlief Heckle ein Fehler, und eine Falle schnappte zu. Wir stürzten hin, um die Käfigtür mit einer doppelten Drahtschlinge zu sichern, so daß er uns nicht noch einmal entkommen konnte. Nun war nur noch Lou übrig.

Wir konnten nicht länger warten. Ich wandte mich wegen der Betäubung und wegen des Abtransports der Tiere an das Team des Instituts für Primaten-Forschung. Dabei gab es einige Gefahren, weil Lou versuchen würde, zumindest diejenigen seiner Freunde und andere Trupp-Mitglieder zu verteidigen, die während der Betäubungsaktion Zeichen von Angst erkennen ließen. Wir mußten das Fangteam ständig im Auge behalten, um es zu schützen. Vermutlich war Lou nur ein Bluffer, aber wenn er sich doch entschloß, seine Drohgebärden in die Tat umzusetzen, konnten seine eindrucksvollen Eckzähne und seine große Kraft jedem menschlichen Opfer beträchtlichen Schaden zufügen.

Als die letzten Tiere verladen wurden, war Lou immer noch frei. Wir beschlossen, Quanette als auch Jessie und ihr Baby in ihren Käfigen zu belassen und sie mit Köder versehenen Fallen zu umgeben. Wir hofften, daß sich Lou in eine der Fallen wagen würde. In der Zwischenzeit wollten wir die gefangenen Tiere mit Futter und Wasser versorgen und auf dem Anhalteplatz mit der Untersuchung der restlichen Mitglieder der Pumpenhaus-Bande fortfahren.

Zu meiner Freude kletterte Lou etliche Stunden später in eine Falle und zog am Köder. Unglücklicherweise war die Plattform zu tief angebracht, und er konnte die ganze Operation durchführen, ohne dabei völlig in den Käfig zu gehen. Die Folge war, daß die Falltür an seinem Rücken abprallte und er uns erneut entkam. Wir wiesen einige Mitglieder unseres Teams an, ihn zu beobachten, und fuhren zum Anhalteplatz. Am späten Nachmittag ging er erneut in die Falle, war aber, als wir ankamen, bereits wieder entkommen. Obwohl die Tür, nachdem er sich in der Falle befunden hatte, verdrahtet worden war, hatte er am Käfig selbst eine Schwachstelle entdeckt und war entkommen. Als der Tag um war, war Lou immer noch frei; wir hingegen fühlten uns alle ziemlich entmutigt.

Wir mußten Lou ein Zeitlimit setzen. Das Team des Instituts für Primaten-Forschung war schon im Aufbruch, und wir benötigten noch Proben von den beiden gefangenen Weibchen und vom Baby. Lou hatte mich beeindruckt und wütend gemacht. Er hatte entdeckt, wie man eine Falltür mit einer Hand offenhält, während man mit der anderen nach dem Köder greift. Systematisch hatte er alle Fallen ebenso schnell zum Zuschnappen gebracht, wie wir sie aufrichten konnten, und sich mit allen Ködern davongemacht. Ich hatte zwar einen Schuß mit dem Betäubungspfeil abgegeben – ich war als einzige nahe genug gewesen, um dies zu versuchen –, hatte meine Chance jedoch vertan. Aber während ich ihn beobachtete, kam mir ein Gedanke: Wenn wir ganz hoch oben an der Innenseite des Daches des stärksten Käfigs Bananen festbanden, so konnten wir ihn, falls er die Frucht haben wollte, zwingen, völlig in den Käfig hineinzusteigen.

Lou zeigte Interesse an den Bananen und versuchte, sie zu erreichen. Als er jedoch merkte, daß er völlig in den Käfig klettern mußte, um sie zu erlangen, zog er sich wieder zurück. Ich hatte noch einen Einfall. Vielleicht konnten wir die Tür mit Hilfe einer langen Schnur sichern, welche die Tür herabfallen ließ, sobald er die Falle betreten hatte. Wir führten die Schnur über mehrere Käfige, so daß Lou, selbst wenn er uns die ganze Zeit über beobachtete, den Trick nicht durchschauen konnte. Es war schwer zu sagen, wer mehr überrascht war, er oder wir, als diese Taktik Erfolg hatte. Im gleichen Augenblick, in dem die Tür herabsauste, rasten fünf Leute zum Käfig, um sie mit Draht zu fixieren. Rasch beurteilte Lou die Lage – und fügte sich in sein Schicksal. Dann langte er wie beiläufig hinauf, zog eine Banane herunter, schälte sie sorgfältig und fraß sie. Wir ließen ihn zu Ende kauen, ehe wir ihm seine Injektion verpaßten.

Mit Ausnahme von Arnold hatten wir zwar alle drei Trupps übersiedelt, dazu aber unseren ganzen Verstand, unsere ganze Erfahrung, Kreativität und Geduld benötigt.

―――

Mittlerweile wurde die biomedizinische Laboruntersuchung der Paviane zu einer Art Kunstform weiterentwickelt und unsere Behandlung der Tiere während der Anhaltephase schien den Gefangenschaftsstreß so gering als möglich zu halten. Es zeigte sich, daß die Pumpenhaus-Bande von allen drei Trupps, zumindest während der Dürreperiode, den schlechtesten Gesundheitszustand besaß; vermutlich deshalb, weil sie von der Plünderung der Armee-Müllhalden aktiv ferngehalten worden waren. Das Team des Instituts für Primaten-Forschung hatte den Zustand der Mehrzahl der Wabaya-Paviane als „gut" oder „ausgezeichnet" beurteilt. Auch der Krüppel-Trupp war in guter Verfassung, die Mitglieder der Pumpenhaus-Bande schafften – mit Ausnahme jener Männchen, die zu den Plünderern gehörten – nur selten eine gute Beurteilung. Verglichen mit Lou, der mit zweiunddreißig Kilogramm der Gewichtigste war, wog David, der sich nie an Plünderungen beteiligte, nur dreiundzwanzig Kilogramm. Lous Pelz war am dichtesten, und seine Gesamterscheinung beeindruckte sogar den Tierarzt des Primaten-Instituts, der doch immerhin daran gewöhnt war, in Gefangenschaft gehaltene, überfütterte Pavian-Männchen zu sehen. Die Mäuler der Männchen waren wieder eine Katastrophe, und um so ärger, je älter die Tiere waren.

Ein paar Weibchen litten an schlimmen Gebärmutter-Infektionen, die als Folge von Fehlgeburten oder Geburten, nach denen sich der Gebärmutterhals nicht mehr ordentlich geschlossen hatte, aufgetreten waren. Diese Weibchen waren es, die für ihr Alter am wenigsten wogen und auch sonst Anzeichen einer schlechten Kondition erkennen ließen. Theas Milchproduktion war offenbar nicht in Ordnung, und im Zusammenhang mit der herrschenden Dürre hatte das dazu geführt, daß ihr Baby Thistle an Dehydrierung litt.

Das Team des Instituts für Primaten-Forschung tat alles, was möglich war, um die akuten Probleme zu behandeln. Wir waren übereingekommen, daß eine solche Intervention angemessen war und bedeutungsvoll sein konnte, wenn die Tiere dem Umsiedlungsstreß erfolgreich begegnen sollten.

Die Pumpenhaus-Bande sah zwar schlimmer aus als der Krüppel-Trupp oder die Wabaya, doch nicht schlechter als bereits einige Male im Laufe des letzten Jahrzehnts. Bedeutete das, daß sie sich schon immer in schlechtem Zustand befunden hatten? Welche Auswirkungen hatte ihre Kondition auf andere Aspekte ihres Lebens? Keiner der Paviane, die wir untersuchten, verhielt sich so, als ob er krank war oder Schmerzen hatte: weder die an Wasserentzug leidende Thistle, noch die Weibchen mit Gebärmutter-Infektionen, noch die Männchen mit furchtbaren Abszessen. Was bedeutete Gesundheit für einen Pavian? Mehr denn je wünschte ich mir, daß es einen direkten Weg gäbe, um mit ihnen in Kontakt treten zu können.

Als die Schlafplätze und die markanten Geländepunkte von Chololo auftauchten, war ich entzückt, einen Hauch grüner Vegetation zu entdecken. Einige Wochen zuvor hatte es hier einen kurzen Regen gegeben, und das Land hatte sich wieder erholt. Obwohl es immer noch nicht genug Futter für die Rinder oder die meisten Tiere in freier Wildbahn gab, gab es doch reichlich neue Gewächse, die die Paviane fressen konnten.

Wir reihten die Käfige mit Blick auf die Felsen auf dem Damm auf und machten uns für die Freilassung bereit. Mary und ich gaben den Tieren Wasser und Futter. Die Dämmerung brach fast schon herein, als wir das Team des Primaten-Instituts aus der Umgebung verjagten und den Trupp ruhig und langsam freiließen, wie wir es auch mit den Wabaya gemacht hatten. Ein mit Futter markierter Pfad führte zu den Felsen – und rein zufällig auch zu den Männchen, die noch gefangengehalten wurden.

Die erste Gruppe vollführte eine Rechtswendung, statt geradeaus zu wandern. Die zweite, dritte und vierte Gruppe folgten, und als alle freigesetzt waren, war es augenfällig, daß die Pumpenhaus-Bande nicht dorthin unterwegs war, wo wir sie eigentlich haben wollten. Obwohl es spät war, durchwanderten sie das freie Feld und erkletterten den steilsten Teil des Kamms. Vielleicht handelte es sich dabei um ein Verhaltensmuster. Alle drei Trupps waren lieber auf den höchsten Punkt im Gelände zumarschiert, den sie vor Einbruch der Dunkelheit erreichen konnten, als zu den besseren Schlafplätzen, die wir für sie ausgewählt hatten.

Nun lag es an den Pavianen, und ich hatte das Gefühl, daß in allem eine Art poetischer Gerechtigkeit steckte. Die Affen folgten ihren eigenen Vorlieben und führten vor, daß sie, gleichgültig wie aktiv ich ihre Welt für sie auch strukturiert haben mochte, tun würden, was *ihnen* selbst richtig erschien. Umhüllt von Finsternis stolperte ich zu den Männchen zurück. Es galt nur noch einige Hürden zu nehmen, und meine Zuversicht wuchs, daß wir alle es schaffen würden.

19. Freiheit

Die Pumpenhaus-Bande war frei. Was würde sie nun tun? Würde sie genug Wasser und natürliche Nahrung finden? Wie würde sie auf die Wabaya reagieren, wie auf die ortsansässigen Trupps?

Der erste Tag war voll Überraschungen und Wunder. Der befreite Trupp marschierte zurück in Richtung Männchen, bekam dann jedoch Angst. Wir fütterten sie, wo sie angehalten hatten; dieser Platz befand sich nahe genug an den Käfigen, so daß die Gefangenen den Trupp hören und ihm zurufen konnten. Der Pumpenhaus-Trupp raste nun auf die Männchen zu, und der Wiedervereinigungschor war mit nichts zu vergleichen, was ich je gehört hatte: Langsames Grunzen, rasches Grunzen, Grunzen im Staccato und langgezogenes Grunzen der Männchen, hoch oder tief, je nach Größe und Alter des Pavians, echote es rund um die Käfige der Männchen. Wenn ich die Paviane je etwas „sagen" hörte, so war es dies – und es war klar, was sie sagten: Wir sind glücklich, daß wir euch nicht verloren haben!

Wie schon bei den Wabaya bedeutete der Maschendraht so gut wie kein Hindernis für Sozialkontakte zwischen Freunden und Familien. Babys setzten sich nahe zu ihren männlichen Freunden, und die Weibchen zwängten sich dazwischen, so gut es ging. Schließlich verhallte der Wiedervereinigungschor, eine stets gleichbleibende Reihe von Grunzlauten erklang jedoch auch weiterhin als tröstlicher Hintergrund beim allgemeinen Ausruhen, Grooming und Fressen.

Plötzlich brach Jessie ganz allein, mit dem kleinen Jordan auf ihrem Rücken und völlig unbemerkt vom Rest des Trupps, zum Damm auf. Erst als sie zurückkam, erregte sie die Aufmerksamkeit des Trupps, der sie mit gewöhnlichem Begrüßungsgrunzen willkommen hieß. Jessie versuchte es wieder, versuchte diesmal aber den Rest des Trupps dahingehend zu beeinflussen, ihr zu folgen – allerdings vergeblich. Zwanzig Minuten später jedoch kratzte Siobhan allen Mut zusammen und begleitete ihre Tante wenigstens den halben Weg bis zum Damm. Der Trupp zögerte immer noch. Berlioz' jüngere Brüder kamen zu dessen Käfig und tranken aus seiner Wasserschüssel. Sie lösten ihr Problem auf diese einfache Art, doch stand nicht jedem ein so eleganter Ausweg zur Verfügung.

Fast zwei Stunden später führte Siobhan einen bereitwilligen Trupp zum Damm. Sie bewegten sich rasch vorwärts, verlangsamten ihr Tempo zwar in den offenen Gebieten, um zu fressen, legten aber wieder an Geschwindigkeit zu, sobald der Busch dichter und undurchdringlicher wurde.

Als ich aus dem Dickicht trat, das den Damm umgab, begrüßte mich eine lange Reihe von Hinterteilen. Auf Kekopey konnten immer nur ein paar Paviane gleichzeitig aus einem der Wassertröge trinken, und natürliche Trinkgelegenheiten waren rar. Paviane machen sich nicht gerne naß; das Wasser am Rande des Damms war seicht, allerdings wesentlich stärker verschlammt als etwas weiter draußen. Ein paar kleine Halbinseln boten jedoch beides: trockene Füße als auch klares Wasser. Fast ein jeder fand ein bequemes Plätzchen neben einem freundlichen Nachbarn und trank lange. Dennoch verriet der Trupp seine Nervosität: Sie trödelten nicht lange herum; sobald sie ihren Durst gestillt hatten, machten sie sich im Gänsemarsch rasch auf den Weg zurück zu den Männchen und dem dahinter gelegenen *Kopje*.

Wir hatten für die Pumpenhaus-Bande eine beträchtliche Menge Futter vorbereitet. Dennoch war es beruhigend, zu sehen, daß sie, sooft sie von einem Platz zum anderen wechselten, auch das natürliche Futter fraßen. Es herrschten Ruhe und Frieden. Zufriedene Paviane machten irgendwo im

Schatten ein Schläfchen, entspannten sich mit Freunden und Familienmitgliedern, pflegten einander und spielten. Die Männchen waren zwar noch nicht frei, sonst schien die Welt jedoch ganz in Ordnung.

Dann kamen die Wabaya an. Hatten sie von ihrem Ausguck aus die Pumpenhaus-Bande jenseits der Ebene gehört oder gesehen? Hatten sie irgendwie die Bananen und Ananas der Pumpenhaus-Bande entdeckt und waren daher unzufrieden mit ihrem eigenen Kohl und Mais? Oder suchten sie einfach jemanden, den sie tyrannisieren konnten? Obwohl die Wabaya weniger Mitglieder hatten, hatten sie es bereits an der Armee-Müllhalde geschafft, die Pumpenhaus-Bande auszuschalten oder zu dominieren. Vielleicht wollten sie jetzt ihre Überlegenheit bekräftigen.

Wenn es darum ging, wurden sie nicht enttäuscht. Die Weibchen und halberwachsenen subadulten Mitglieder der Pumpenhaus-Bande drängten sich eng zusammen und begannen von ihren Männchen, die ja nicht in der Lage waren, ihnen zu helfen, wegzulaufen. Das verlieh den Wabaya zusätzlichen Mut, und sie begannen, die Pumpenhaus-Mitglieder in vollem Ernst anzugreifen. Einige subadulte Männchen der Eindringlinge begannen sogar Pumpenhaus-Weibchen zu jagen. Normalerweise hätte ich es den beiden Trupps überlassen, sich die Sache untereinander auszumachen, was sie letztendlich auch getan hätten, doch erschien mir dies nun, angesichts der noch immer eingekerkerten Männchen, als eine unfaire und riskante Auseinandersetzung.

Ein wahrer Schauer von Futter fiel hinter den Wabaya zu Boden und zog erwartungsgemäß ihre Aufmerksamkeit auf sich. Wir machten uns das Erste Gebot der Paviane zunutze: Zuerst kommt der Magen, dann alles andere! So lockten wir die Wabaya von der Pumpenhaus-Bande und dem Schlafplatz weg – zurück zu ihren eigenen Felsen.

Kaum hatte ich mich etwas von meiner Anspannung erholt, da ich annahm, daß die Krise nun überstanden sei, als ein ortsansässiger Trupp Paviane auf dem *Kopje,* den sie für unbewohnt hielt, auftauchte, um sich hier für die Nacht einzurichten. Sie fanden nicht nur eine Ansammlung von eingesperrten Männchen und beunruhigte, nicht eingesperrte Weibchen vor, sondern auch all das Futter, das die Pumpenhaus-Bande in der Eile liegengelassen hatte, als sie vor den Wabaya flüchtete. Obwohl die meisten dieser hier ansässigen Paviane Angst vor Menschen hatten, gingen einige der wagemutigeren Männchen doch schnurgerade auf das von uns dargebotene Futter zu. Das hätte leicht zu einer Katastrophe führen können und es uns unmöglich gemacht, unseren Versorgungsplan für die umgesiedelten Trupps durchzuführen. Es gab nur eine Möglichkeit: die Pumpenhaus-Männchen sofort freilassen, um dem Trupp eine Chance gegen die Eindringlinge zu geben sowie gleichzeitig zu versuchen, diese vom Futter zu vertreiben. Die Freilassung der Männchen verlief rasch und zielführend. Sie schlossen sich der Hauptgruppe der Pumpenhaus-Bande an und wanderten so schnell als möglich davon, weg von den Käfigen, weg vom Futter und weg vom ortsansässigen Trupp.

Was mich in jenen ersten Tagen nach der Freilassung an den Pavianen am meisten beeindruckte, war ihre Intelligenz. Sie waren unglaublich gute Botaniker, was angesichts ihres opportunistischen Lebensstils auch durchaus nötig war. Zuerst wandten sie sich Bekanntem zu: den blühenden Akazien, den Fleckchen mit Hundszahngras – beides Hauptstützen ihrer Ernährung in Gilgil. Dazwischen knabberten und kosteten sie jedoch eine Vielzahl vollkommen neuer Nahrung. Sie schienen auch fähig, einfache Generalisierungen durchzuführen: „Bäume haben am Ende ihrer Zweige Früchte. Dies ist zweifelsfrei ein Baum; an seinen Enden hängen leuchtend rote Gegenstände – also müssen sie gut eßbar sein." Und in den meisten Fällen stimmte das auch.

Manchmal waren die Analogieschlüsse einfach, aber umständehalber stimmten sie leider dennoch nicht. Ich bin sicher, daß die Pumpenhaus-Paviane noch nie zuvor einen Skorpion gesehen hatten, sie jedoch begierig darauf waren, wirbellose Tiere zu fressen. Die Chololo-Paviane fraßen Skorpione, kannten sie aber gut genug, um ihnen vorher den Stachel auszureißen.

Als die Weibchen und Jungen der Pumpenhaus-Bande einen Skorpion entdeckten, versuchten sie ihn zu fressen, aber dieser schlug jedesmal, wenn eine Schnauze oder ein Maul eines interessierten Pavians nahe kam, mit dem Schwanz aus. Es glich einer Testreihe. Zuerst versuchte ein Pavian den Skorpion zu fressen, um schließlich frustriert wieder aufzugeben, dann wiederholte der nächste die gleiche Routine – ohne Erfolg. Nachdem schließlich sechs Affen ihr Glück versucht hatten, flitzte der Skorpion davon.

Ich sah, daß Erwachsene wie Jugendliche Nahrung verzehren, die sie noch nie zuvor gegessen hatten, dafür jedoch Leckerbissen ignorierten, die meinen nur halbgeschulten Augen nach schmackhaft sein konnten. Manche Akazienbäume besaßen saftige Zweigspitzen. Auf Chololo war ich überrascht, festzustellen, daß die Pumpenhaus-Bande diese fraß – auf Kekopey hatten sie diese niemals angerührt.

Die Geheimnisse wurden immer zahlreicher. Ich brauchte fast zwei Stunden, um zu entdecken, was die Paviane in einer kleinen sandigen, zum Damm führenden Rinne fraßen. Oberhalb des Bodens war bis auf seltsame kleine Stummel nichts zu sehen, in der Gegend wimmelte es jedoch von Pavianen. Sie verzehrten eine Pilzart, die größtenteils unterirdisch wuchs. Ich war sicher, daß sie auch diese in Gilgil niemals gesehen, geschweige denn gefressen hatten.

Gleichermaßen faszinierend war die Art und Weise, in der sie das Gebiet erforschten und ihr Territorium erweiterten. Zwar versorgten wir sie noch immer jeden Morgen mit Nahrung, hatten jedoch die Menge bis zum fünften Tag nach der Freilassung auf ein Minimum reduziert, da die Tiere auch ganz alleine eine Fülle an Futter fanden. Wir verstreuten in weitem Umkreis drei oder dreieinhalb Kilogramm Trockenfutter; in weniger als einer halben Stunde war alles aufgefressen. Es gab kaum Streitereien, und nach einer kurzen, mit Fressen, Rasten und Grooming erfüllten Zeit machten sich die Tiere sofort zu ihrem normalen Sammelausflug auf, bei dem sie alles verkosteten, was ihnen in den Weg kam.

Jeden Tag erweiterte der Trupp – ausgehend vom zentralen Schlaf- und Versorgungsgebiet – seine Kreise, wobei er der Verbreitung einer bestimmten Akazienart folgte, deren Blüten einen Großteil ihrer täglichen Nahrung ausmachten. Sie schienen hier so zu Hause, daß es für einen Außenstehenden nur schwer zu erkennen gewesen wäre, daß diese Tiere nicht ihr ganzes Leben hier verbracht hatten.

Ich hatte erwartet, daß es zu einer Reaktion kommen würde, wenn der Trupp zum ersten Mal einen Elefanten oder eine Giraffe sehen würde; beide gab es auf Kekopey nicht. Das erste Neue auf der Liste waren jedoch sich paarende Frösche. Diese lebten in einem kleinen, temporären Teich auf einem der *Kopjes.* Die Paviane kamen am Morgen hierher, um zu trinken, ehe sie sich auf ihren Tagesausflug begaben. Zuerst wurde meine Aufmerksamkeit durch das Geräusch keckernder Jugendlicher geweckt. Solches Keckern stellt zumeist ein Zeichen von ein wenig Angst dar. Ich ging hin, um nachzusehen. Die Affen schauten in den Teich. Zunächst konnte ich nichts entdecken und fragte mich, ob sie – wenngleich ich das bei ihnen noch nie zuvor erlebt hatte – auf ihr eigenes Spiegelbild reagierten.

Plötzlich tauchten zwei sich paarende Frösche auf, wobei der eine den anderen huckepack trug. Die jugendlichen Paviane rückten näher und hielten einander dabei umklammert. Als die Frösche unter der Wasseroberfläche verschwanden, duckten sich die Kleinen – offensichtlich mehr verwirrt als erschreckt –, bis in der Nähe ein weiteres Huckepack-Pärchen auftauchte. Durch die Anwesenheit ihrer Kameraden ermutigt, wagten sich einige Jugendliche weiter heran, sausten aber, als die immer noch aneinandergeklammerten Frösche kurzerhand genau in Richtung Paviane aus dem Teich hüpften, keckernd davon.

Was kann man schon von einem Haufen Jugendlicher erwarten, fragte ich mich. Auf ähnliche Weise hatte ich mich ihretwegen schon einmal ganz schön lächerlich gemacht. Einander eng umschlungen haltend, hatten die Kleinen ein Gebüsch umringt, während sie ganz offensichtlich vor Angst keckerten. Ich war ganz sicher, daß es sich um eine Schlange handelte, und kroch vorsichtig näher, um einen Blick auf sie zu werfen, und fand – einen alten Tennisschuh.

Nun reagierten Berlioz und David, beide ernstzunehmende, reife, erwachsene Männchen, in der gleichen Weise auf die Frösche. Es geschieht nur selten, daß man ein großes Männchen keckern hören kann. Wenn es aber geschieht, dann zumeist auf Grund von Spannungen bei der Begegnung mit einem anderen Männchen, das gerade Oberhand gewinnt. Hier wurden ihre eindrucksvollen Eckzähne in keckernder Gebärde jedoch gegen zwei sich paarende Frösche gerichtet. Wie peinlich! Noch mehr, daß der gesamte Trupp das Wasserloch diesen unbekannten Biestern überließ.

Die Pumpenhaus-Bande hatte seit dem Tag der Freilassung ihrer Männchen täglich ortsansässige Pavian-Trupps sowie die Wabaya zu Gesicht bekommen. Manchmal teilten sie sogar die Schlafplätze. Die Interaktionen waren meist ruhig verlaufen; zwei subadulte Männchen der Wabaya wechselten sogar zur Pumpenhaus-Bande über. Das Leben kehrte wieder zum Normalzustand zurück. Häufiger Wechsel junger Männchen zwischen der Pumpenhaus-Bande und den Wabaya war in Gilgil üblich gewesen, wenn Männchen einen Entschluß zu fassen versuchten, ob sie auf Dauer zum anderen Trupp abwandern wollten. Es hatte nun den Anschein, daß dies auf Grund der Umsiedlungsaktion nur für kurze Zeit unterbrochen worden war.

Die gesellschaftliche Welt der Affen blieb fast unverändert. Wenn sich überhaupt etwas verändert hatte, dann hatten sich als einziges die Bindungen zwischen Freunden und Familienmitgliedern verstärkt, und der Trupp war sozial enger zusammengerückt. Die gleichen Individuen konnten beieinander gesehen werden, nun jedoch nach einem fast nie durchbrochenen Muster. Die einzelnen Familien bewegten sich auf Futtersuche und bei Wanderungen mehr als Einheit und verbrachten auch ihre Ruhepausen konsequenter miteinander. Die rührendsten Familiengruppen waren jene, deren Mütter gestorben waren und nur unreife Mitglieder der mütterlichen Linie hinterlassen hatten. Diese Gruppen hatten sich schon immer besonders fürsorglich verhalten, nun fand ich sie jedoch bei jeder Ruhepause eng umschlungen, oder sie benützten einander als Kopfkissen oder als Rückenlehne.

Auf Chololo war es wesentlich heißer als in Gilgil und der Trupp rastete mittags längere Zeit im Schatten. Statt zu dritt oder zu viert saßen sie nun im allgemeinen in Häufchen von neun oder mehr zusammen, und alle sahen entspannt und friedlich aus. Vielleicht war es diese gesteigerte Geselligkeit, die mir einen derartigen Eindruck von Zufriedenheit vermittelte.

Ich fand einen bequemen Platz und ließ mich in Pavianhaltung nieder. Mit Pavianaugen gesehen, war Chololo wunderbar. Nach der Regenzeit würden die Gräben, Hochflächen und *Kopjes* von einer Fülle von Futterpflanzen überwuchert sein – wahrscheinlich üppiger als in Gilgil. Es gab Wasser in reichem Ausmaß und genügend Schlafplätze. Die Ortsansässigen, Paviane gleichermaßen wie andere Lebewesen, schienen nicht zu unfreundlich, und die Affen hatten begonnen, sich zu Hause zu fühlen. Es war alles zu schön, um wahr zu sein.

Aber war es das wirklich? Die kurze Regensaison brach an, und es gab genügend Futter für die Paviane, um ihnen einige Monate lang ausreichend Selbstversorgung zu garantieren. Etwa sechs Wochen nach der Freilassung, sobald es schien, daß sie selbst genug zu fressen fanden, hatten wir aufgehört, sie zu verpflegen. Die Regenfälle, die eine so willkommene Erleichterung nach der Trockenheit brachten, erwiesen sich auf Chololo jedoch als weniger reichlich als erwartet. Schon Anfang Januar 1985 waren die üppig grünen Grasflächen, die fruchtbaren Rinnen und *Kopjes* verdorrt. Würden die Tiere auch weiterhin allein genug Nahrung finden?

Ich unterschätzte die Paviane nur selten, und während der Umsiedlung konnte ich erfahren, daß sie noch anpassungsfähiger und klüger waren, als ich erwartet hatte. Als wir ursprünglich Chololo und das umgebende Gebiet überprüft hatten, war ich enttäuscht, daß wir uns so nahe am Ndorobo-Reservat befinden, würden. Es war dies ein Areal von einigen hundert Quadratkilometern in Stammesbesitz, bewohnt von Samburu-

Viehzüchtern und ehemaligen Ndorobo-Jägern, die sich ebenfalls der Viehzucht zugewandt hatten und noch in der Art ihrer Vorfahren lebten, ihre fremdartige Tracht trugen, in fremdartigen Siedlungen lebten und ihre womöglich noch fremdartigeren Bräuche pflegten. Der Platz war Ödland, eine trockene Region kahlen Bodens zwischen Dornbüschen und Strauchwerk, und ich fragte mich, was die Ziegen und Rinder hier zu fressen fanden. Es gab keine ganzjährige Wasserversorgung, die Hitze schien hier noch intensiver, und obwohl die Landschaft eine kahle Schönheit besaß, hatte ich den Eindruck, daß das ganze Gebiet mehr Steine hervorbrachte als irgend etwas anderes.

Und doch war es das Felsgestein, das zum Teil den raschen Vegetationswechsel auf einer derart kurzen Entfernung erklärte. Chololo besaß wunderbares Grasland und eine Vielfalt einladender Bäume und Sträucher. Nur wenige hundert Meter jenseits der Grenze brachte das Reservat verkümmerte Pflanzen, wenig Gras und eindrucksvolle Dorngebüsche hervor. Der außergewöhnliche Unterschied lag an der Tiefe und der Felsigkeit des Bodens. Die Vegetation im Reservat war an den kargen Boden besonders angepaßt. Als wir es früher einmal durchquert hatten, schrieb ich es im Geiste als Pavianland ab. Ich war sicher, daß sich die Tiere nach Süden wenden würden, wo eine nahe Ranch lag, die sehr an Chololo erinnerte und üppiges Grasland und fruchttragende Bäume aufwies, aber sowohl für die Paviane wie auch für uns vollkommenes Sperrgebiet war. Die Besitzer mochten weder Paviane noch Pavianbeobachter.

Mein Mut verließ mich, als mir fünfzehn Wochen nach der Umsiedlung Josiah in Nairobi mitteilte, daß sich die Trupps im Reservat befanden. Alle Forschungsassistenten waren beunruhigt und ich näherte mich bei meiner nächsten Fahrt nach Chololo schweren Herzens den Affen, entdeckte jedoch, daß sie auf eine wahre Goldmine für Trockenzeiten gestoßen waren. Das Reservat stellte ein an die Trockenheit angepaßtes Ökosystem dar. Obwohl die Pflanzen hier nicht gerade eindrucksvoll aussahen, waren sie doch gut angepaßt, um die trockenen Bedingungen zu überstehen, indem sie in ihren Stengeln und Blättern wichtige Nährstoffe und ausreichend Wasser speicherten.

Fasziniert folgte ich den Tieren. Durch die genaue Beobachtung von Robins Familie verstand ich, wie die Paviane aus einer solchen Vielfalt neuer und ungewöhnlicher Pflanzen eine ausgewogene Kost zusammenstellten. Der Großteil waren Sukkulenten, vor allem Sansevierien, denen sie vorher noch nie begegnet waren, sowie mein alter Freund, der

Feigenkaktus – die Opuntie. Einige Akazienarten gab es im Reservat im Überfluß. Obwohl die Paviane die Samen, wie die jener Arten, die in Gilgil wuchsen, offenbar nicht so gern fraßen, solange sich diese noch auf den Bäumen befanden, suchten und fraßen sie nun die trockenen, zu Boden gefallenen Samen, oder entdeckten sie im Ziegenmist, der aus den Ndorobo-Siedlungen hinausgekehrt wurde.

Abgerundet wurde ihr Menü am ersten Tag nach meiner Wiederkehr durch einige trockene Gräser hier und da, getrocknete Beeren und eine Vielfalt von Blättern verschiedener Sträucher. Sowohl die Opuntien wie die Sansevierien erforderten beim Ernten eine Menge Kraftaufwand. Die Flachsprosse der Opuntien mußten durch bloße Hebelwirkung heruntergeschlagen werden, wobei es galt, dies vorsichtig zu tun, um den Stacheln aus dem Weg zu gehen. Das bedeutete, daß nur die größeren Paviane diese bekommen konnten.

Die Sansevierien mußten aus dem Boden gezogen werden, da die Paviane nur die zarten, fleischigen Blattbasen fraßen, nicht jedoch die harten, oberhalb der Erdoberfläche befindlichen Blattspreiten. Die Sansevierien interessierten mich besonders. Zuerst zog ich mit einer Hand daran, dann mit beiden Händen, bis ich es endlich mit ganzer Kraft schaffte, eines der Blätter auszureißen. Obwohl junge Paviane nach menschlichen Begriffen unglaublich kräftig sind, war es augenfällig, daß die kleineren unter ihnen beim Erlangen der Sansevierien ebenso benachteiligt waren wie bei den Opuntien. Glücklicherweise waren einige jüngere Blätter leichter zu bekommen; im großen und ganzen unterschied sich der Speisezettel der Jungen doch wesentlich von dem der Erwachsenen.

Robin, nun Matriarchin der Wabaya-Familie, marschierte von einem Sansevieria-Bestand zum nächsten und wählte nach geheimnisvollen Kriterien ein Blatt nach dem anderen aus. Sie wanderte hierhin und dahin, fand dürres Gras, ein paar Wurzeln, Knollen und trockene Beeren, und landete beim Opuntien-Bestand, wo sie sich einige Stunden lang damit beschäftigte, einen nicht unbedeutenden Teil davon zu vernichten. Ihre jugendliche Tochter Riva lernte ich bei der Pumpenhaus-Bande etwa im gleichen Alter kennen wie Robin. (Sie sah der kleinen Robin, die mich damals so sehr mit ihrem Versuch, mich zu pflegen, gerührt hatte, bemerkenswert ähnlich. Riva folgte Robin und riß, wo immer sie konnte, kleine Sansevierien aus.

Dann ging sie zu Robins Abfällen über, da es hier offenbar immer noch Freßbares gab. In Robins Fußstapfen fraß auch sie Gräser, Beeren und

Blätter, um schließlich beim gleichen Opuntien-Bestand zu landen, wo ihre Mutter gerade eine leidenschaftliche Freßorgie abhielt.

Mutter und Tochter fraßen gemütlich Seite an Seite und Riva kam mit dem, was ihre Mutter wegwarf, abermals gut durch. In der Zwischenzeit kurvte der kleine Rima – er war gerade erst entwöhnt und, was Schutz, Ernährung und einen gelegentlichen Gratisritt anlangte, von seiner Mutter abhängig – im Zickzackkurs durch das offene Gelände, klaubte das gleiche Futter auf wie seine Mutter und seine ältere Schwester, und gesellte sich beim Opuntien-Bestand zu den beiden.

Die Paviane fanden genügend zu fressen und erhielten von den Opuntien und Sansevierien offenbar auch ausreichend Flüssigkeit. Ich kam zur Überzeugung, daß ihre neue Kost alles, was sie brauchten, in reichlichem Maße enthalten mußte, da sie früher, in Gilgil, während der Trockenzeit von morgens bis abends gefressen und kaum Zeit zu einer Rast gefunden hatten. Hier im Reservat ruhten sie tagsüber länger, waren, was das Verlassen der Schlafstätten am Morgen betraf, ziemlich faul und zogen sich bereits früh am Nachmittag wieder zurück.

Als der Tag zu Ende ging, war ich in Hochstimmung. Die Paviane wußten, was sie taten, und ihre Überlebenschancen waren sogar besser als zuvor. Der glückliche Zufall hatte eingegriffen. Sie hätten an keinem besseren Platz freigelassen werden können. Chololo war eine wunderbare Heimat während der Regenzeit, und das angrenzende Reservat stellte eine Fundgrube für die Trockenzeit dar. Sie hatten einige Zeit gebraucht, um genau die richtigen Plätze ausfindig zu machen. Während der ersten Wochen der Trockenzeit hatten die Paviane bei ihrer Suche und Erkundung ein Areal in der Größe von fast achtzig Quadratkilometern durchstreift. Sie wußten jedoch genau, was sie wollten, und fanden es auch. Hudson, der sich damals bei ihnen aufhielt, hatte den Eindruck, daß sie einige ihrer Hinweise von den ortsansässigen Pavianen bezogen. Manchmal teilten sie mit ihnen einige Tage lang die Schlafstellen, und wenn sich die Gruppe der Einheimischen in eine neue Richtung aufmachte, folgte ihnen die Pumpenhaus-Bande, erkundete das Terrain und entschied, was zu tun war. Es war nicht leicht zu sagen, wie sie bei neuem Futter, wie etwa den Sansevierien auf den Geschmack gekommen waren, beim Wabaya-Trupp konnten jedoch die von einheimischen Trupps herübergewechselten Männchen eine wichtige Rolle spielen, indem sie ihr gewohntes Futter fraßen, das für die umgesiedelten Affen jedoch eine neuartige Kost darstellte.

Durch Erkundung und Beobachtung erweiterte sich ihre Kost ständig.

Jessel, eines der neuen, aus der Chololo-Population stammenden Männchen der Wabaya, grub in einem ausgetrockneten Flußbett nach Salz. Zilla folgte seinem Beispiel, und bald fraßen auch etliche andere Trupp-Mitglieder an derselben Stelle. Obwohl ich weiterhin für den Fall, daß die langen Regenfälle ausbleiben sollten, Pläne für zukünftige Verpflegung machte, fühlte ich mit jedem erfolgreichen Tag stärker, daß die Paviane überleben und sich einen Platz in ihrer neuen Heimat schaffen würden.

Die Pumpenhaus-Bande nahm, wie es schien, in allen Bereichen ihr normales Leben wieder auf – nicht das Leben der Verzweiflung vor der Übersiedlung, sondern das der früheren Zeit. In den sechzehn Wochen seit der Umsiedlung hatte es keine Todesfälle gegeben. Das stand in krassem Gegensatz zur Sterblichkeitsrate auf Kekopey, als die Paviane auf dem Höhepunkt der Dürre gezwungen waren, die Armee-Müllhalden aufzusuchen, und innerhalb von dreizehn Wochen die gleiche Anzahl Tiere verschwand oder getötet wurde. Verletzungen, die nur allzu gewöhnlich waren, solange der Trupp auf Armeeverpflegung angewiesen war, kamen nun so gut wie nicht mehr vor. Wenngleich Zilla ein totgeborenes Junges zur Welt gebracht hatte und es bei Beatrice zu einer späten Fehlgeburt gekommen war – beides eindeutige Folgen des Gefangennahme- und Transportschocks –, hatte sich der Trupp seit der Umsiedlung doch um sechs neue Babys, die alle noch auf Kekopey empfangen worden waren, vergrößert.

Normales Leben bedeutet jedoch nicht nur Kinder-Zuwachs und gesunde Tiere. Tod und Niedergang sind Bestandteil des natürlichen Lebenskreislaufs. In einer ausgewogenen Population sterben ebenso viele Tiere wie geboren werden, und nicht jedes Individuum kann gesund sein. Am Tage meiner Ankunft verschwand Charity; zurück blieben Constance, die nunmehr eine Tochter weniger hatte, und David ohne seine liebste Kleinkind-Freundin. Was mit ihr geschah, ist unbekannt. Am Abend zuvor war sie gesund, am nächsten Morgen war sie verschwunden. Der Trupp war an seiner Schlafstelle besonders nervös, und Leute aus der Nachbarschaft hatten berichtet, auf diesem *Kopje* eine große Schlange gesehen zu haben. Mit Sicherheit war ein Unfall passiert, aber das war Teil des Pavianlebens.

Verschiedene erwachsene Tiere befanden sich in einem schlechten Gesundheitszustand. Mein alter Freund Sterling schien es nicht mehr lang zu machen, hinkte, wenn dieser morgens aufbrach, hinter dem Trupp her und war manchmal sogar ganz allein unterwegs. Jede Nacht waren wir davon überzeugt, daß er gestorben war und fanden ihn mit Freude und Erleichterung am Morgen wieder, wie er sich an Akaziensamen, die in einem Haufen Ziegendung versteckt waren, gütlich tat.

Constance und Vicki waren nun die ältesten Weibchen der Pumpenhaus-Bande. Vicki war mindestens vierunddreißig Jahre alt. Beide sahen von hinten und von der Seite aus betrachtet unordentlich aus, wirkten von vorne gesehen jedoch immer noch gut gepflegt. Als Peggy starb, zeigte sich am Zustand ihrer Zähne, daß sie ihr Futter höchstens noch ein paar weitere Jahre ordentlich hätte kauen können; danach hätte sie an Gewicht verloren und wäre einer Krankheit erlegen. Vicki näherte sich rapid dem gleichen Zustand.

Obwohl der Tod jedes einzelnen Pavians ein trauriges Ereignis war, hatte ich doch gelernt, ihn als Teil des natürlichen Lebenskreislaufs zu sehen. Die bevorstehenden Todesfälle und das Verschwinden von Charity waren, verglichen mit der hohen Sterblichkeitsrate während der letzten fünf Krisenjahre auf Kekopey, leicht zu verkraften.

Im März 1985 verließ ich die Paviane wieder. Diesmal hatte ich erneut das Gefühl, daß die Welt wieder einmal in Ordnung war. Ich hatte ihnen die beste Chance gegeben, und sie hatten diese ergriffen und das Beste daraus gemacht. Die Zukunft würde zwar nicht ohne Probleme, ihr Leben nicht ohne Schwierigkeiten sein, doch waren sie nicht länger Opfer alles überwältigender Umstände. Ich war davon überzeugt, daß sie jetzt überleben würden und wir sie studieren konnten, um neue und aufregende Erkenntnisse zu gewinnen – über sie wie auch über uns selbst. Ich hatte das Gefühl, daß ich schließlich doch meinen Beitrag zu unserer Beziehung geleistet hatte. Ohne es zu wissen, hatten mir die Paviane im Laufe der Jahre sowohl persönlich als auch wissenschaftlich viel gegeben. Nun war ich in der Lage gewesen, mich zu revanchieren, indem ich ihnen eine Chance für eine bessere Zukunft gab.

Ich blickte auf David und Constance wie auf Thea und ihre Familie zurück, als ich mich beeilte, noch vor Einbruch der Dunkelheit beim Auto zu sein. Mich überwältigte ein Gefühl von Optimismus, und zum ersten Mal in diesem Jahrzehnt voller Probleme auch ein Gefühl der Freiheit, sowohl für die Paviane wie auch für mich selbst. Sollten sich in Zukunft unsere Lebenswege wieder kreuzen – dann aus freier Wahl und nicht aus irgendeiner Notwendigkeit heraus. Und wenn es ihnen Spaß macht, so können auch noch meine Kinder die Pumpenhaus-Bande beobachten.

ANHANG

Anhang I

Kommunikation

Paviane kommunizieren mit Hilfe einer Reihe von Gesten, Körperhaltungen, Gesichtsausdrücken sowie Lauten. Anders als bei der menschlichen Sprache sind die Lautäußerungen der Paviane nicht auf Objekte bezogen. Größtenteils drücken sowohl Laute als auch andere Kommunikationsmittel, welche die Paviane austauschen, ihre Gefühle aus: *Ich bin zornig; Ich bin glücklich; Ich bin zufrieden; Ich bin verwirrt; Ich weiß nicht recht; Ich bin nicht aggressiv* usw. Manche Laute können daneben auch andere Informationen beinhalten, was sich bei Alarmschreien und dem Alarmgrunzen der Grünen Meerkatzen zeigen ließ. Manche Laute der Paviane – Grunzlaute zum Beispiel – können auch Informationen über das Individuum geben, an das sie gerichtet sind, ein dominantes Weibchen etwa, einen Fremden oder ein Baby.

Wie die Kommunikation aller Affen und Menschenaffen besitzt auch die der Paviane einen sowohl gradmäßig abgestuften wie auf Wiederholung aufbauenden Charakter. Signale werden zu Serien verbunden, welche die Intensität der Emotion des Tieres ausdrücken: Ich bin ein bißchen zornig; *Ich bin mittelmäßig zornig; Ich bin sehr zornig!* Laute und Gesichtsausdrücke, Körperhaltungen und Gesten werden gleichzeitig eingesetzt, um einer Sache Nachdruck zu verleihen oder den Intensitätsgrad einer Information zu steigern.

Es ist nur schwer vorstellbar, wie einfache Darlegungen von Gefühlen allein die Komplexität von Pavian-Interaktionen vermitteln können, doch werden diese Signale nicht allein eingesetzt. Sie werden stets in einem ganz bestimmten gesellschaftlichen und umweltbedingten Zusammenhang produziert. Es ist der jeweilige Zusammenhang, der die wahre Bedeutung angibt. Auf diese Art kann die Bedeutung eines Signals je nach der Situation variieren.

Alle Tiere müssen miteinander kommunizieren. Einzelgängerisch lebende Geschöpfe, die sich sexuell vermehren, müssen nur über Fragen der Paarung kommunizieren. Lebewesen, die für ihre Nachkommen sorgen, müssen in der Lage sein, Information über sich selbst und ihre Jungen auszutauschen. Tiere, die ständig oder zeitweilig in gesellschaftlichen Verbänden leben, müssen jedoch fähig sein, auf einem wesentlich differenzierteren Niveau zu kommunizieren. So verlief vermutlich die Evolution der Kommunikation. In der Folge wurden Signale aus einem bestimmten Zusammenhang – zum Beispiel aus dem Sexualverhalten – entlehnt und in einem anderen – vielleicht Kommunikation zwischen Eltern oder Gruppenmitgliedern – eingesetzt, wobei eine Bedeutungsverschiebung den Dialog erweiterte. Um die Jahrhundertwende übersahen Primaten-Forscher diese Abfolge und nahmen an, daß jedes Signal nur eine einzige Bedeutung besaß. Ihre Interpretationen beinhalteten viele Vorstellungen, die heute als falsch gelten.

Diese Abbildungen belegen den optischen Bereich der Pavian-Signale, die natürlich noch von einer großen Palette gleichermaßen bedeutungsvoller Lautäußerungen begleitet werden. Jede Szene stellt das gleiche Signal in verschiedenen Zusammenhängen dar. Ein Vergleich der Zusammenhänge verdeutlicht, inwiefern ein einziges Signal gleiche und verschiedene Informationen vermitteln kann.

Präsentieren

Ein empfängnisbereites Weibchen präsentiert sich einem Männchen und bietet ihm ihr Hinterteil zur Besichtigung dar (Abb. 1). Wenn der Zeitpunkt stimmt, kann ein sexuelles Präsentieren das Vorspiel zu einer Kopulation oder den Anfang einer Paarungspartnerschaft darstellen.

Abb. 2 zeigt ein Weibchen, das sich einem Männchen zum Gruß präsentiert. Der höhere gesellschaftliche Rang eines Männchens erfordert eine Geste, falls ein Weibchen sein Revier betritt.

Abb. 3 stellt eine weibliche Begrüßung eines Männchens dar, vor dem das Weibchen sich fürchtet. Ihr Gruß erfolgt aus der Entfernung, ihren Schwanz trägt sie viel höher – ein deutliches Zeichen von Angst.

Präsentier-Haltungen können Einladungen zu einer Annäherung darstellen, wie in Abb. 4, wo ein erwachsenes Weibchen sich einem Kleinkind präsentiert und es damit einlädt, näher zu kommen. Präsentieren kann auch die Bitte um Erlaubnis, sich zu nähern, darstellen, wie in Abb. 5, wo sich ein jugendliches Weibchen einer Mutter als Vorspiel zu dem Versuch, ihr Kleinkind zu hätscheln, präsentiert.

Abb. 1

Abb. 2

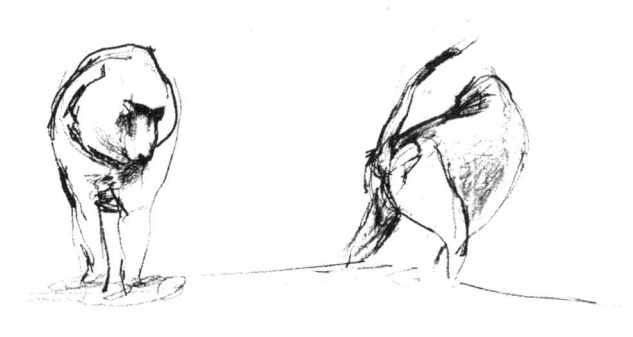

Abb. 3

Abb. 4

Abb. 5

Präsentiervarianten

Männchen grüßen einander manchmal, indem sie sich nach Art der Weibchen – Schwanz nach oben, Hinterteil direkt dem anderen Tier zugewandt – präsentieren. Häufiger jedoch grüßen sich die Männchen mit unvollständiger Schwanzhaltung (siehe Abb. 6). Bemerkenswert ist jedoch, daß jedes Männchen wie beim gewöhnlichen Präsentieren den Hinterteil des anderen ansieht. Auch andere Signale werden ausgetauscht. Die Männchen grunzen einander an, verengen die Sehschlitze und schmatzen gleichzeitig mit den Lippen. Diese Signale verraten freundliche Absichten, aber auch eine gewisse Nervosität.

Präsentier-Haltungen können auch Teil einer komplizierten Kommunikation sein. In Abb. 7 präsentiert sich ein männlicher Jugendlicher einem erwachsenen Männchen in Gruß-Haltung. Zugleich entwickelt er einem erwachseneren und entfernteren Jugendlichen gegenüber Aggressionen. Diese Kombination wird häufig als „geschützte Drohung" bezeichnet, da das betreffende Tier mit dem Schutz des erwachsenen Männchens rechnet und daraus den Mut ableitet, einen gefürchteten oder dominanteren Gegner zu bedrohen.

Abb. 8 illustriert eine ganz andersartige Form des Präsentierens – Präsentieren zwecks Grooming. Hier präsentiert ein Männchen jenen Körperteil, den es von einem sich nähernden Weibchen gepflegt bekommen möchte. Es handelt sich dabei sowohl um eine Einladung zum Näherkommen wie um eine Aufforderung zum Grooming.

Abb. 6

Abb. 7

Abb. 8

Umarmungen

Umarmungen sind *eine* Form des Grüßens. Tiere, die miteinander nicht verwandt sind oder die keinen sozialen Kontakt haben, nützen Umarmungen, um freundliche Absichten mitzuteilen. Diese Umarmungen entwickeln sich, wie in Abb. 9 zu sehen, wahrscheinlich aus dem Umgang mit Babys. Das Weibchen – nicht die Mutter – streichelt das Baby sanft und nähert es ihrer Brust sowie ihrem Gesicht. Frontale Umarmungen sind eine angemessene Begrüßungsform zwischen einem Weibchen und einem etwas älteren Kleinkind (Abb. 10) sowie zwischen einem erwachsenen Männchen und einem Kleinkind (Abb. 11). Abb. 12 zeigt zwei sich umarmende erwachsene Weibchen. Zwischen Erwachsenen erfolgen die Umarmungen häufiger seitlich als frontal. Frontale Umarmungen kommen dann vor, wenn sie einander nach einem besonders aufregenden Zwischenfall zu beruhigen versuchen. Dieser Verhaltenstyp wurde während der Umsiedlung des Krüppel-Trupps (vgl. Seite 324) beobachtet. Unter Erwachsenen deutet die frontale Umarmung meist auf eine infantile Regression hin.

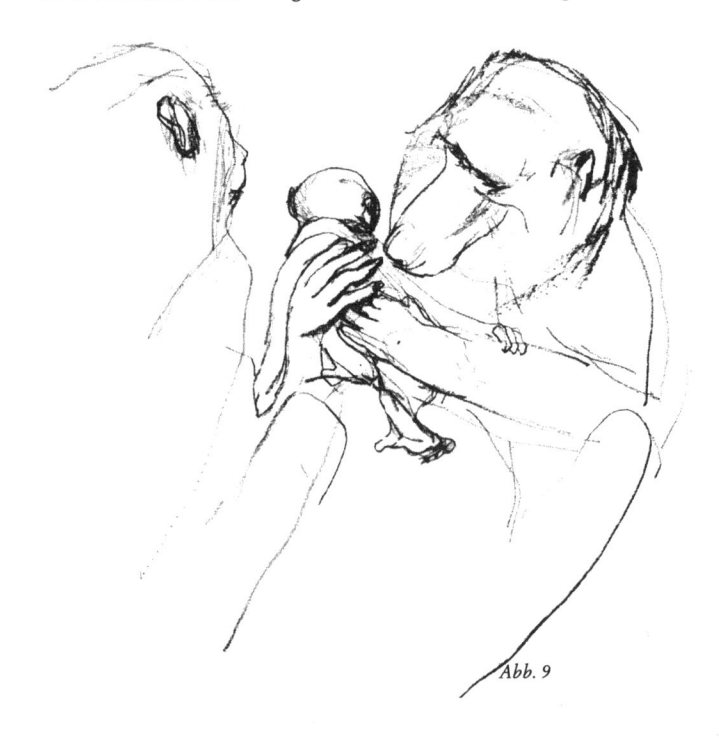

Abb. 9

Abb. 10

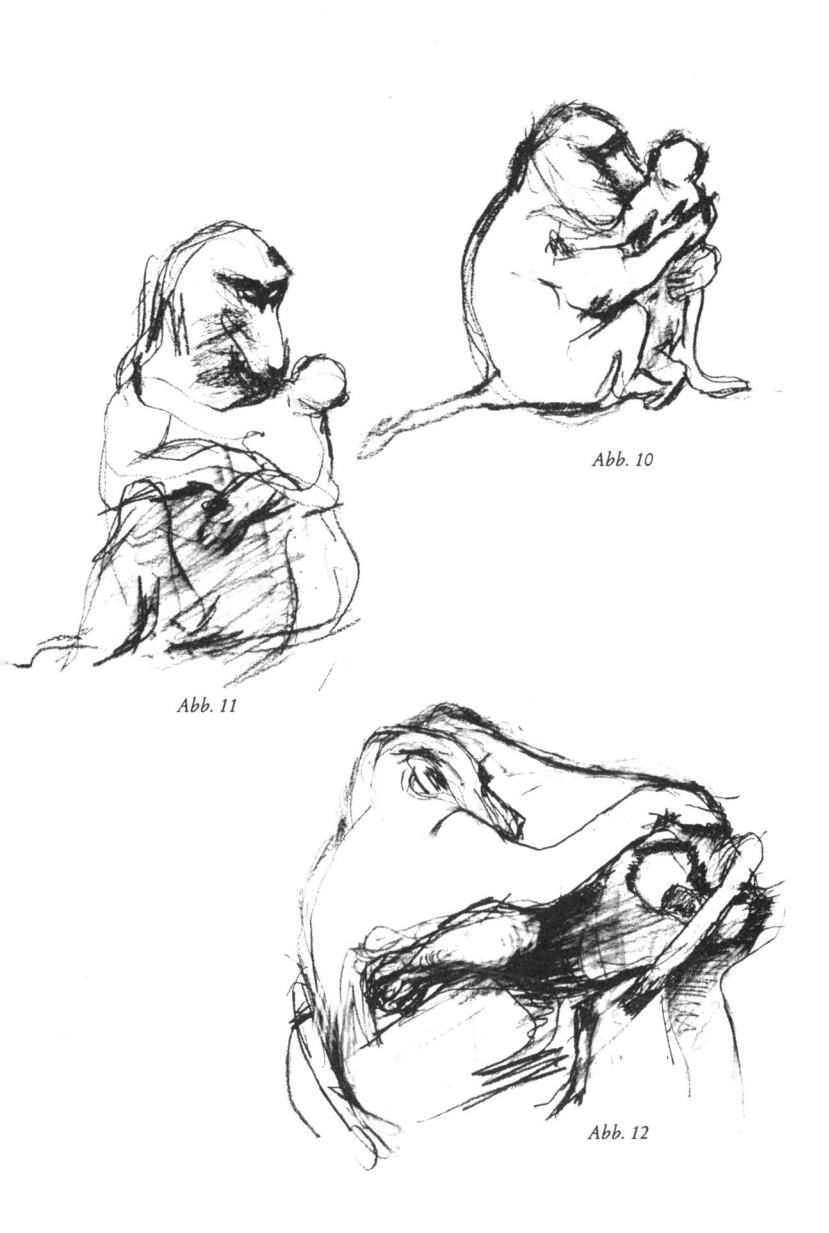

Abb. 11

Abb. 12

Aggression

Bei der Mitteilung aggressiver Absichten ist die Abstufung der Pavian-Signale am deutlichsten zu erkennen. Auf der niedrigsten Intensitätsstufe verkündet ein einfaches Heben der Augenbrauen mit Entblößung der weißen Augenlider, daß der Signalgeber zwar erkannt hat, was da vor sich geht, darüber jedoch nicht besonders glücklich ist (Abb. 13). In Abb. 14 ist ein erwachsenes Männchen darum bemüht, alle in seiner Umgebung spüren zu lassen, wie es sich fühlt. Er ist stärker erregt. Dem Augenlid-Signal fügt er eine Drohung mit offenem Maul hinzu, wobei er die eindrucksvollen Eckzähne sehen läßt. Auch sein Haar beginnt sich bereits zu sträuben, was ihn noch furchterregender erscheinen läßt. Mit wachsender Intensität der Drohung fügt er mehr Laute hinzu und schlägt mit der Hand auf den Boden. Abb. 15 zeigt einen männlichen Jugendlichen im gleichen Erregungszustand. Die weißen Augenlider sind sichtbar, das Haar ist gesträubt, und das Maul ist weit geöffnet, um die (noch nicht vorhandenen) Eckzähne zu entblößen. Pavian-Signale sind ritualisiert. Während die Drohung mit offenem Maul ursprünglich wahrscheinlich ein Weg war, um die hinter dem Bluff steckende Kraft zu zeigen, hängt seine nunmehrige Bedeutung jedoch weniger vom tatsächlichen Blecken eindrucksvoller Eckzähne ab.

Aggressive Signale haben ihr Gegenstück in Unterwerfungssignalen. Gelegentlich werden Präsentieren und andere Begrüßungsformen auch zur Befriedung oder zum Stoppen einer Drohung eingesetzt. Ein anderes Mal (Abb. 16) demonstrieren Schreie, Angstgrimassen und Niederkauern, wie aufgeregt ein Tier ist. Das Weibchen links fährt auf ein Grüppchen Jungtiere zu, läßt eine Augenlid-Drohung erkennen und gibt aggressive Laute von sich; sie ist drauf und dran, auf die Jungen einzuschlagen. Das Junge ihr direkt gegenüber schreit mit offenem Maul auf und taumelt nach hinten. Das Kleinkind im Hintergrund sieht voll Angst zu. Es ist bereit, wegzulaufen und zeigt seine Angstgrimasse – ein breitgezogenes Maul, das zwar wie ein Grinsen aussieht, doch das Gegenteil bedeutet. Begleitet wird die Grimasse von einem keckernden Geräusch, einer Reihe kurzer Staccato-Grunzlaute, die stets mit Angst zu tun haben. Das Kleinkind im Vordergrund kauert sich nieder und versucht gerade, sich hinter einem kleinen Felsbrocken zu verstecken.

Abb. 13

Abb. 14

Abb. 15

Abb. 16

Spiel

Das Spiel wird von einem besonderen Signal – dem Spielgesicht – begleitet. Viele andere Verhaltensaspekte erhalten im Spiel eine andere Bedeutung. So ist die Gangart etwa schwankend und ineffizient – es ist jedoch das Spielgesicht, welches die wirkliche Botschaft vermittelt: *Das ist nichts Ernstes, auch wenn es so aussieht!* Jedes beliebige Verhalten, einschließlich jenes, das sonst als Aggression ausgelegt werden könnte, kann Teil des Spiels werden. In Abb. 17 beginnen zwei schwarzgefärbte Kleinkinder gerade mit dem sozialen Spiel zu experimentieren, beherrschen die Signale aber noch nicht richtig. Das sechs Monate alte Kleinkind in Abb. 18 spielt mit einem wesentlich größeren Individuum und zeigt dabei ein teilweises Spielgesicht. Die beiden Jugendlichen in Abb. 19 zeigen beide das vollkommene Spielgesicht, versuchen jedoch gleichzeitig, einander gegenseitig ins Maul zu beißen.

Abb. 17

Abb. 18

Abb. 19

Zwiespalt

Da emotionelle Reaktionen oft kompliziert und verworren sind, kann die Kommunikationsform eine beträchtliche Ambivalenz aufweisen. Das zeigt sich entweder darin, daß verschiedene Signal-Arten abwechselnd eingesetzt werden – häufig tauschen Männchen zuerst freundliche Begrüßungen, dann Drohungen und danach wieder freundliche Begrüßungen aus –, oder daß, wie in Abb. 20, gegensätzliche Signale gleichzeitig ausgesandt werden: Hier hat sich das Weibchen rechts dem ranghöheren Weibchen links mit freundlichen Absichten genähert, schwankend zwischen der Anziehungskraft, die das Baby ausübt, und der Angst vor dessen Mutter. Zwar ist die Angstgrimasse die gleiche wie die des Jugendlichen in Abb. 16 und ähnelt der in Abb. 15 dargestellten Drohung mit offenem Maul, doch bei einer wirklichen Angstgrimasse ist das Maul nicht so weit geöffnet, die Lippen sind stärker gekräuselt, und die Augen werden nicht in einer Augenlid-Drohung geschlossen.

Abb. 20

Paviane bedienen sich einer non-verbalen Kommunikation. Ebenso die Menschen, obwohl die Signale nicht immer identisch sind. Sogar wenn wir sprechen, kommunizieren wir zusätzlich durch Körperhaltung, Gesten und Gesichtsausdruck. Wie bei den Pavianen verrät unser non-verbales System unsere Gefühle. Da wir zwei Kommunikationssysteme besitzen, können wir eine Sache „sagen" und eine andere „meinen". Die Wahrheit – ob wir jemanden wirklich mögen oder nicht, ob wir wirklich aufgeregt sind oder nicht, ob wir selbst wirklich glauben, was wir sagen – verraten uns zumeist die non-verbalen Mitteilungen.

Anhang II

Tafel 1 – Peggy: Eine Pavianfamilie*

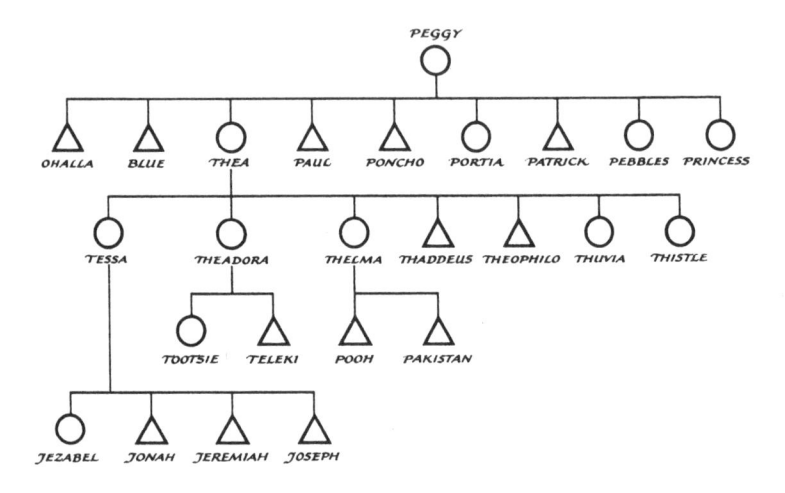

```
                              PEGGY
                                ○
   ┌──────┬──────┬──────┬──────┼──────┬──────┬──────┬──────┐
   △      △      ○      △      △      ○      △      ○      ○
OHALLA  BLUE   THEA   PAUL  PONCHO PORTIA PATRICK PEBBLES PRINCESS
                │                    │
         ┌──────┼──────┐      ┌──────┼──────┬──────┬──────┐
         ○      ○      ○      △      △      ○      ○
       TESSA THEADORA THELMA THADDEUS THEOPHILO THUVIA THISTLE
         │             │             │
         │          ┌──┴──┐       ┌──┴──┐
         │          ○     △       △     △
         │        TOOTSIE TELEKI POOH PAKISTAN
         │
   ┌─────┼─────┬─────┐
   ○     △     △     △
JEZABEL JONAH JEREMIAH JOSEPH
```

* Eine typische Pavianfamilie umfaßt mehrere Generationen. Diese Tafel stellt Peggys Familie dar, wie ich sie zwischen 1972 und 1976 dokumentierte. 1972 war ich in der Lage, auf Grund der Verhaltensmuster Peggys ältere Kinder – Ohalla, Blue und Thea – zu ermitteln. Die übrigen in der Liste verzeichneten Kinder wurden von Geburt an beobachtet. Bei Thistle, Pakistan, Jeremiah und Joseph handelt es sich um Enkel und Urenkel, die nach Peggys Tod geboren wurden. Als sich der Trupp 1981 teilte, schloß sich Tessa den Wabaya an. Der Rest von Peggys Familie blieb jedoch bei der Pumpenhaus-Bande.

Tafel 2 – Peggy: Fünfzehn Minuten*

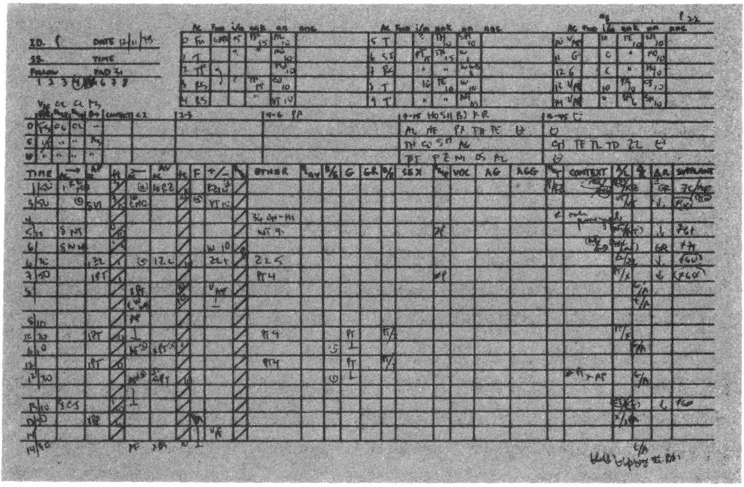

* Wir erhielten wichtige Informationen über das Sozialverhalten der Paviane, indem wir den einzelnen Tieren täglich zu bestimmten Zeiten folgten. Die hier angeführten Daten umfassen sowohl Peggys grundlegende Aktivitäten – Fressen, Ruhen, Wandern – wie auch eine detaillierte Beschreibung der sozialen Interaktionen, an denen sie in einem Zeitraum von fünfzehn Minuten beteiligt war. Um Peggy genauer im Kontext des Restes des Trupps zu sehen, wurde auch das, was andere Paviane taten, sowie die Namen der Tiere in ihrem Umkreis notiert.

Tafel 3 – Die täglichen Aufzeichnungen eines Feldbeobachters*

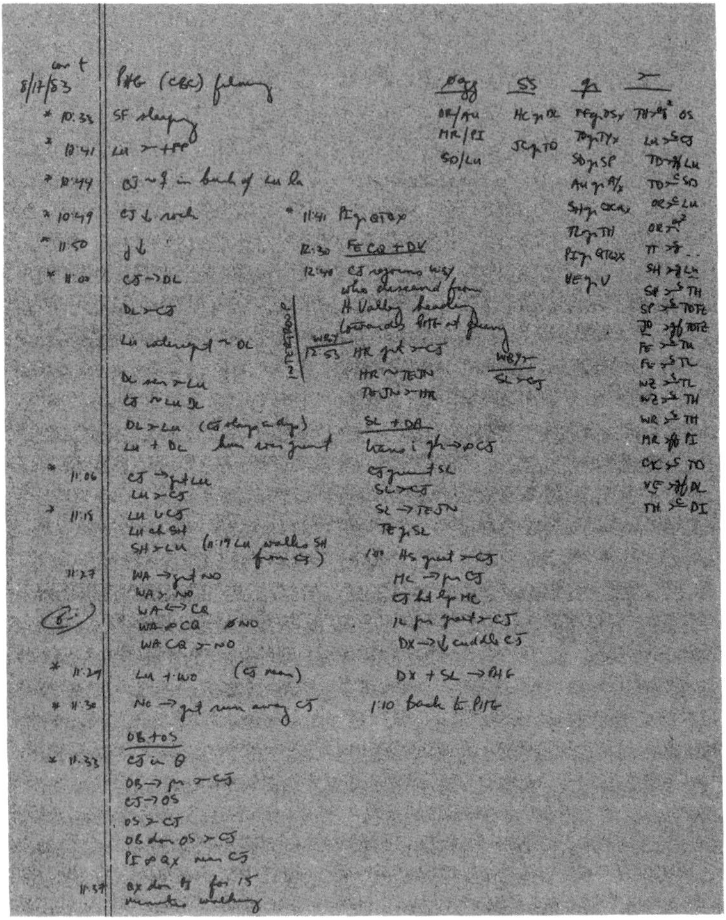

---

* Ich entwickelte diese in Kurzschrift festgehaltene Aufzeichnungsform, um die vielen gleichzeitig ablaufenden komplizierten Ereignisse, die sich in einem Pavian-Trupp abspielen, schnell und genau festzuhalten. Dies gibt die Lebensgeschichte des Trupps zu einer bestimmten Zeit des Tages wieder. Entscheidende Informationen über Aggression, Grooming, Dominanz-Interaktionen, spezielle Begegnungen zwischen Freunden, Einsatz von Kleinkindern und Weibchen als Puffer in einer Auseinandersetzung, über Sexualpartnerschaften und Kopulation werden, ganz gleich, welche Tiere daran beteiligt sind, sofort festgehalten.

Bibliographie

FACHLITERATUR

Darwin, Charles. *Über die Entstehung der Arten durch natürliche Zuchtwahl.* Wissenschaftl. Buchgesellschaft, Darmstadt 1988.
———. *Die Abstammung des Menschen.* Kröner, Stuttgart 1982.
DeVore, Irven. *Primate Behavior: Field Studies of Monkeys and Apes.* Holt, Rinehart and Winston, New York 1965.
———. „Male Dominance and Mating Behavior in Baboons", in F. Beach, Hrsg., *Sex and Behavior.* Wiley, New York 1965.
———, und Washburn, S. „Baboon Ecology and Human Evolution", in F. C. Howell und F. Bourlière, Hrsg., *African Ecology and Human Evolution.* Aldine, Chicago 1963.
de Waal, Frans. *Chimpanzee Politics.* Jonathan Cape, London 1982.
Fedigan, Linda. *Primate Paradigms: Sex Roles and Social Bonds.* Eden Press, Montreal 1982.
Griffin, Donald R. *Wie Tiere denken.* BLV, München 1985.
Hall, K.R.L., und DeVore, Irven. „Baboon Social Behavior", in I. DeVore, Hrsg., *Primate Behavior.* Holt, Rinehart and Winston, New York 1965.
Jay, Phyllis. *Primates: Studies in Adaptation and Variability.* Holt, Rinehart and Winston, New York 1968.

Jolly, Alison. *Die Entwicklung des Primatenverhaltens.* G. Fischer, Stuttgart 1975.
Kuhn, Thomas. *Die Struktur wissenschaftlicher Revolutionen.* Suhrkamp, Frankfurt 1973.
Latour, Bruno, und Strum, Shirley C. „Human Social Origins: Please Tell Us Another Story", *Journal of Social and Biological Structures,* 9: 167–187, 1986.
———, und Woolger, Steve. *Laboratory Life: The Social Construction of Scientific Facts.* Sage, Los Angeles 1979. (Neuauflage Princeton University Press 1986.)
Lee, Richard, und DeVore, Irven. *Man the Hunter.* Aldine, Chicago 1968.
Rowell, Thelma. „Forest-living Baboons in Uganda", Journal of Zoology, 149:344–364, 1966.
Simpson, George Gaylord. *The Meaning of Evolution.* Yale University Press, New Haven 1963.
Strum, Shirley C. „Primate Predation: Interim Report on the Development of a Tradition in a Troop of Olive Baboons", *Science,* 187:755–757, 1975.
———. „Baboons", *Wildlife News,* Kenya 1:4–10, 1976.
———. „Predatory Behavior of Olive Baboons *(Papio anubis)* at Gilgil, Kenya", Dissertation, University of California, Berkeley 1976.
———. „Primate Predation and Bioenergetics: A Reply", *Science* 191:314–317, 1976.
———. „Dominance Hierarchy and Social Organization: Strong or Weak Inference?" Paper for Wenner-Gren Conference, *Baboon Field Research: Myths and Models,* Juni 1978.
———. „Processes and Products of Change: Baboon Predatory Behavior at Gilgil, Kenya", in *Omnivorous Primates,* G. Teleki und R. Harding, Hrsg. Columbia University Press 255–302, New York 1981.
———. „Agonistic Dominance in Male Baboons: An Alternative View", *International Journal of Primatology,* 3:175–202, 1982.
———. „Why Males Use Infants", in D. Taub, Hrsg., *Primate Paternalism.* Van Nostrand Reinhold, New York 1983.
———. „Use of Females by Male Olive Baboons (Papio anubis)", *American Journal of Primatology,* 5:93–109, 1983.
———. „Baboon Cues for Eating Meat", *Journal of Human Evolution,* 12:327–336, 1983.
———. „Baboon Models and Muddles", in *The Evolution of Human Behavior: Primate Models.* W. Kinzey, Hrsg., SUNY Press, New York 1986.
———. „A Role for Long-term Primate Field Research in Source Countries", *Proceedings of the International Congress of Primatology,* Vol. 3, J. Else und P. Lee, Hrsg., Cambridge University Press, Cambridge 1986.
———. „Activist Conservation – the Human Factor in Primate Conservation in Source Countries", in *Proceedings of the International Congress of Primatology,* Vol. 3, J. Else und P. Lee, Hrsg., Cambridge University Press, Cambridge 1986.
———. „Translocation of Primates", in *Primates: The Road to Self-Sustaining Populations,* K. Benirschke, Hrsg. New York: Springer, New York 1986.
———, und Western, J. D. „Variations in Fecundity with Age and Environment in a Baboon Population", *American Journal of Primatology,* 3:61–76, 1982.
Teleki, Geza. *The Predatory Behavior of Wild Chimpanzees.* Bucknell University Press, Lewisburg, Maine 1973.
Thibodeau, Francis R., und Field, Hermann H. *Sustaining Tomorrow.* University Press of New England, Hanover, N. H. 1984.
Washburn, Sherwood, und DeVore, Irven. „The Social Behavior of Baboons and Early Man", in S. Washburn, Hrsg., *Social Life of Early Man.* Wenner-Gren Foundation, New York 1963.

———, und Hamburg, David. „Aggressive Behavior in Old World Monkeys and Apes", in I. DeVore, Hrsg., *Primate Behavior*. Holt, Rinehart and Winston, New York 1965.

Western, J. D., und Strum, Shirley C. „Sex, Kinship and the Evolution of Social Manipulation", *Ethology and Sociobiology*, 4:19–28, 1983.

Wilson, E. O. *Sociobiology: The New Synthesis*. Belknap Press, Cambridge 1975.

Zuckerman, Solly. *The Social Life of Monkeys and Apes*. Routledge & Kegan Paul, London 1. Aufl. 1932, 2. Aufl. 1981.

ALLGEMEINE LITERATUR

Ardrey, Robert. *African Genesis*. Dell Publishing Co., New York 1961.
———. *The Hunting Hypothesis*. Atheneum, New York 1961.
Dawkins, Richard. *The Selfish Gene*. Oxford University Press, New York 1976.
Fossey, Dian. *Gorillas im Nebel*. Kindler, München 1989.
Goodall, Jane. *Wilde Schimpansen*. Rowohlt, Reinbek 1971.
Gould, Stephen Jay. *Ever Since Darwin*. W. W. Norton, New York 1977.
Leakey, Richard, und Lewin, Roger. *Wie der Mensch zum Menschen wurde*. Hoffmann & Campe, Hamburg 1978.
Lorenz, Konrad. *Das sogenannte Böse*. Piper, München 1984.
Marais, Eugene. *Die Seele des Affen*, Symposion, Eßlingen.
Moorehead, Alan. *Darwins große Reise*. Hohenheim, Hamburg 1982.
Myers, Norman. *The Sinking Ark*. Pergamon Press, New York 1979.
Nash, Roderick. *Wilderness and the American Mind*. Yale University Press, New Haven (rev. Aufl.) 1973.
Strum, Shirley C. „Life with the Pumphouse Gang: New Insights into Baboon Behavior", *National Geographic*, 147:672–691, 1975.
———. „Baboons Today", *Kenya Past and Present*, Vol. 12:21–27, 1980.
———. „Baboon Behavior", *Swara*, 4:24–27, 1981.
———. „Baboons: Social Strategists Par Excellence", *Wildlife News*, 16:2–6, 1981.
———. „The Pumphouse Gang and the Great Crop Raids", *Animal Kingdom Magazine*, 87:36–43, 1984.
———. „Baboons May Be Smarter than People", *Animal Kingdom Magazine*, 88:12–25, 1985.
Tiger, Lionel. *Men in Groups*. Random House, New York 1969.
Tinbergen, Niko. *Tierbeobachtungen zwischen Arktis und Afrika*. Parey, Berlin 1967.
Washburn, Sherwood, und Moore, Ruth. *Ape into Man*. Little, Brown, Boston 1974.

Index

Affen 28, 30, 31, 111, 114, 156, 198
Aggression bei 207
Brüll-, Fehlen von
Dominanzhierarchien bei 229
Grüne Meerkatzen 35, 113
Patas 34–36, 113
sozialer Druck und 251
siehe auch Makaken; Paviane
Aggression 17, 18, 29–30, 47, 64, 87, 117, 151–152, 162–165
als abnormal und funktionelle Störung versus normal und natürlich 204, 206–209
als Strategie beim Übergang von Adoleszenz zum Erwachsenenalter 159–168
Alternativen zur 206–208
akademische Sichtweise der 203–205
Anatomie und 204, 205, 207

Consorts gewonnen durch 174–175
evolutionäre Umwandlung der 204, 207
Frustration als Ursache der 163, 164, 165
gegenüber verletzten Pavianen 102
Geschlechterrollen und 208
Kleinkinder als Puffer 143, 177–181, 191–193
Kommunikation und 362
männliche Kooperation während 201
Sprache als Alternative zur 205, 207, 208
Strums Erwartungen und 61
Umsiedlung und 301–302
Verweildauer und 170–171, 174–175, 177, 181
von langfristig Ansässigen 176
zwischen Trupps 138

Aktivitäts-Budget 247–248
Alan 143, 144, 148
Alarmschreie, zum Kontrollieren des Ernteraubs 241
Alexandra 143–144
Alter, Entwicklungsmäßige Hinweise auf das 48–49
Alters-spezifische Fertilität 198
Amboseli-Nationalpark 184, 253–265, 266
Anatomie:
Aggression und 204, 205, 207
der Hände 44–45, 91, 110–111
Geschlechtsunterschiede in der 204, 207
räuberisches Verhalten der Paviane, beschränkt durch 201–202
Verhalten in Beziehung zur 111–112, 116
Angstgrimasse 360, 364
Anne 130, 143, 144, 148
Anpassung:
an das Leben in den Bäumen 110
an die Savanne 28–30, 113
Anthropologen, Entfremdung der 221–222
Anthropomorphismus 216–218
Ardrey, Robert 30, 117
Armeelager *siehe* Gilgil
Arnold 314, 315, 316, 332, 333, 336
Augenlid-Blitz 55, 64
Aussterben 111

Beatrice 245, 349
Benjy 199, 200, 323
Beobachtungspläne 129–130, 368
Betäubung, bei Umsiedlung 314–317, 332–333
Beth 132, 164, 199–200, 245
Beutefang 102–106, 183–190, 206, 227
Abnahme des, bei der Pumpenhaus-Bande 189
bei Schimpansen 102, 187
Erlernen des, durch Gruppe 183–184, 185–186
Kooperation beim 185, 201
opportunistischer 184
Pavian-Anatomie und 201–202
Pavian-Intelligenz und 183–189, 201–202
Teilen der Nahrung und 187–188, 189, 201
Umsiedlung und 294
Unterschiede zwischen Männchen und Weibchen beim 186–187
Big Sam 47, 52, 53, 120–121, 133–134, 137, 143–144, 147–148, 162, 176, 177, 185, 238
Bo 158–167, 172, 173
Brüllaffen 113, 229

Campbell, Bob 241, 312, 319, 322
Carl 103–105, 120, 184, 187
Carpenter, C. R. 113, 229
Cathcart, Bwana 282–283
Cheli, Stefano 292, 300–301
Chilipfeffer-Essenz 242
Chololo 301–304, 306–308
Pumpenhaus-Bande, umgesiedelt nach 337–342
Wabaya, umgesiedelt nach 328–331, 337
Chumley 236–237, 239, 249, 265, 311
Colcheccio 292–296, 299–301, 307
Krüppel-Trupp, umgesiedelt nach 319–326
Cole, Arthur 42–43, 66, 233–234, 282
Cole, Hugh 233
Cole, Tobina 42–43, 66, 106, 233–234, 282
Consorts *siehe* Sexualverhalten
Constance 75, 99, 102, 349, 350
Peggys Freundschaft mit 82–84, 86
Cynodon 91

Darwin, Charles 216
Daumen, opponierbare 45, 110
David 158, 159, 160, 162–167, 172, 173, 175, 336, 349, 350
DeVore, Irven 114, 117–118
„Diddle" 134
Dr. Bob 189–190, 213, 217, 276
Dominanzhierarchien 203–204, 208–209
bei Familien 70, 72–73, 75, 76–77, 121–122, 195–196, 197
Bewältigung von Nachteilen niedriger Rangstufe in 198–200
Geschlecht der Nachkommen und 199–200
Intelligenz der Paviane und 196–201

unter männlichen Pavianen 29, 47,
  117–118, 119–121, 134, 162–163,
  166–168, 199, 220, 223–226
unter weiblichen Pavianen 77–78,
  121–122, 194–200, 202
Verweildauer und 149–150,
  170–172, 175–176, 181
Vorteile eines hohen Ranges bei
  120–122, 163, 166–167, 170–171,
  197–199
Wissenschaftler als Anhänger der
  Idee der 223–227, 229
Douglas-Hamilton, Iain 289–291, 293,
  295, 299
Drohgesten 54–55, 64
Duncan 236–237, 239, 249, 265

Eburru-Klippen 138, 142, 158, 171
  als nicht-räuberischer Trupp 246,
  248, 252
Sherlocks Wanderung zu 144–153
Eckzähne 64, 201–202
Eingreifen zugunsten der Tiere
  236–237, 241–244, 246–258,
  274–277, 336–337
siehe auch Umsiedlungen
„einladender" Blick 57
Einstein, Albert 17
Emigration 140, 141–153, 158
Sozialstrategien benötigt bei
  212–214
Vermeidung von Inzest und
  Inzucht durch 193–194
von Jugendlichen 158–159,
  160–164, 166–168
Vorteil bei Weibchen, erzielt durch
  151
siehe auch Neuankömmlinge
Entfernung bei Interaktionen 94
Entwöhnung 318, 322, 325
Ernteraub 194–195, 236–267, 278
Aktivitäts-Budget und 247–248
Einstellung von Farmern zur
  Kontrolle des 256–258, 265–266
Entschädigung der Farmer für
  266–267
Intelligenz beim 264–265
Leben der Farmer betroffen von
  259–263
negative Geschmacks-
  konditionierung 248–252

Spaltung der Pumpenhaus-Bande
  und 244–245
Strums Versuche zu zügeln
  237–238, 241–244, 246–258, 264
Tod von Pavianen auf Grund des
  236–237, 238, 244
Unterschiede innerhalb des Trupps
  hinsichtlich 246
Vorteile des 252–253
erwachsene Paviane 48
Männchen, Strums Untersuchung
  der 169–181
Übergang vom subadulten Stadium
  zu 128–168
siehe auch männliche Paviane;
  weibliche Paviane
Essen siehe Fressen, Nahrung
Ethogramme 54, 57, 120, 158
Ethologen 216–217
Evolution 28–31, 32–38
Aggression Umwandlung in 204,
  207
der Schwarzfärbung der
  Kleinkinder 177–178
Geschlechterrollen des Menschen
  und 208–211
Mensch, Modelle der 30, 113–117,
  214–215
und Anpassung an das Leben in den
  Bäumen 110
und Anpassung an die Savanne
  28–30, 113
und Studien des Primaten-
  Verhaltens 112–126
Verhaltensänderungen und 111–112
von Pavian-Sozialstrategien
  212–214
von weiblichen
  Dominanzhierarchien 196

Färbung des Pavianfells:
  Ernteraub und 252
  während der Kindheit 48, 177–178
Fallen 313, 332–333
Familien 55, 69–78, 82, 85–87, 201,
  208
als auf Weibchen aufbauende
  Einheiten 77
Anziehung neugeborener
  Kleinkinder auf 75–77, 86
bei Trupp-Spaltungen 245

Dominanzhierarchien in 70, 72–73, 75, 76–77, 121–122, 195–196, 197
Freundschaften und 82–84
Größe der 226
Grooming als soziales Instrument bei 86
Subadult-Adult-Übergang und 134, 139–140, 151, 163, 164, 166–167
Tod in 99–101
Umsiedlung und 344–345
und Weibchen-Männchen-Unterschiede bei Sozialstrategien 212–214
Fangoperationen, bei Umsiedlungen 312–316, 328, 332–336
FAO (UNO-Ernährungs- und Landwirtschaftsorganisation) 294
Farbensehen 110
Feldarbeit:
  Beispiele von Notizen bei 370
  Beobachtungsplan bei 129, 369
  frühe Untersuchungen des Primaten-Verhaltens 31, 113–114
  Gefahren der 96–97
  Interaktion mit Tieren, vermieden bei 67, 93–95, 237
  Intervention zum Wohl der Tiere bei 236–237, 241–244, 247–258, 275–277, 336–337;
  siehe auch Umsiedlung
  körperliche und intellektuelle Beschäftigung bei 95–96
  Kompetenz und Selbstsicherheit, entwickelt bei 97
  Pavian-Modell und 30, 114, 116, 214–215
  Schimpansen-Modell und 114–115
  Untersuchung einzelner Individuen bei 129–131
  weibliches Klischee bei 97–98
Feministinnen 125, 210
Forschungsassistenten, kenianische 268–269
Forthman-Quick, Bronco 249
Forthman-Quick, Debra 249–251
Fossilien 112–113
Fressen 44–45, 56, 78
  bei Umsiedlung 318, 319–320, 325–326, 328, 332, 339, 340, 341–343, 345, 347
  männliche Dominanz beim 132–133

Nach-Fleisch-Suchen 188
siehe auch Beutefang; Ernteraub; Nahrung
Freundschaften 82–84, 86, 208
  beim Subadult-Adult-Übergang 163–167,
  Familien und 82–84
  kämpferische Pufferszenen und 143–144, 177–181, 192–193
  Sexualverhalten und 172–174
  soziale Wechselseitigkeit bei 191–192
  Tod und 99
  zwischen Männchen und Kleinkindern 84, 179, 191, 226
  zwischen Männchen und Weibchen 83–84, 86, 124, 147–148, 150–152, 163–167, 172–175, 191–192, 226
  zwischen Weibchen 82–83, 124
Frieda 104, 159 (*), 238
Fruchtbarkeit:
  Alters-spezifische 198
  Ernteraub und 252

Gallmann, Kuki 291–293
Geary, Monica 272
Gehen auf zwei Füßen 209, 210
Gehirn:
  Gazelle, Fressen von 188
  Menschen 209, 210
  Primaten 111, 206
  soziale Raffinesse und 205, 214, 215
  Sprache und 205
geistige Fähigkeiten *siehe* Intelligenz
Geruchssinn 110
Gesäßschwielen (Sitzpölsterchen) 54
Geschlechterrollen 208–211
  bei frühen Hominiden 208–211
  bei Menschen 29, 117, 119, 208–211
  bei Pavianen 117–118, 119, 122–124, 210–212, 219
  siehe auch männliche Dominanz
Geschlechterunterschiede:
  Aggression und 204, 207
  bei Menschen 209–210, 214
  Beutefang und 186–187
geschützte Drohungen 356
Gesicht, Sehen der Primaten und 110–111
Gesichtssinn 110
Gibbons, Anatomie der 112

Gilgil 41–42
Armeelager in 277–279, 281, 313, 317, 327–328, 336, 349
Gilgil-Pavian-Projekt 234–235, 236, 239, 266, 273, 306–307, 312
erster kenianischer Forschungsassistent beim 268–269
Studenten beim 269–270
Gilmore, Hugh 129
Gilmore, Perry 129
Gombe-Strom:
Paviane am 39, 118–119, 191
Schimpansen am 102, 115, 187
Goodall, Jane 102, 115
Gorillas 249
Anatomie der 112
„Gott wie süß"-Reaktion 76
Grewia-Beeren 91
Grooming (Pflegen) 46–47, 57, 60, 76–77, 81, 138, 140, 172
bei Consort-Partnern 166
bei Umsiedlungen 329, 331
Parasiten-Kontrolle durch 317
Präsentieren beim 356
soziale Funktionen des 86
Großes Rift Valley 28
Grüne Meerkatzen 35, 113
Gruppen *siehe* Trupps
„Gruppentreffen" 138–140, 141–142, 161
nach Umsiedlung 323, 341–342, 344
Neuankömmlinge bei 147–149, 153

Hände:
der Paviane 45, 91–92
der Primaten 91, 110–111
Händel 148, 150–151, 171
Hal 100–101
Halbaffen 9
Hall, Ronald 35–36, 117
Harambi 257, 266
Harding, Bob 31, 38, 39, 41, 62, 103, 183, 234, 239
Harriet 78, 100–101
H. A. T. E. C$_4$ 242
Higgins 236–237, 239, 249, 265, 311
„Himmelssprung" 80
hitzige Weibchen 135
bei „Gruppentreffen" 139

männliche Dominanzhierarchie und 120–121
Neuankömmlinge und 146
siehe auch Sexualverhalten
Hobbes, Thomas 230
Hominiden 36, 113, 202
Geschlechterrollen bei 209–211
Sprachenwicklung bei 205, 207
Homosexualität 157
Hunde als Pavian-Vertreiber 243, 244
Husarenaffen *siehe* Patas

Ian 149, 150, 151, 171
Institut für Primaten-Forschung (Nairobi) 242, 249, 275–276
bei Umsiedlungen 312–321, 332, 334, 335, 336, 337
Intelligenz 16–17, 183–202, 217–218
Beutefang-Entwicklung und 183–190, 201–202
Dominanzhierarchien und 196–201
Emigrations-Muster und 193–194
Ernteraub und 264–265
kämpferische Pufferszenen und 192–193
Klugheit und 189–191
Sozialstrategien und 206–208
Umsiedlung und 342–343
Interaktion zwischen Forschern und Tieren 67, 93–95, 237
Inzest 193–194
Inzucht 193–194
israelische Kibbuzim 194

Jagd:
Geschlechterrollen und 208–211
siehe auch Beutefang
Jessel, John 307–308
Jessel, Sammy 306–307
Joab (Diener) 39
jugendliche Paviane 48
Beutefang durch 185–186
Emigration der 158, 159–163, 164, 165, 166, 167–168
Identifzierung 53–54
Interaktion mit Strum, versucht seitens 93–95
Spiel der 94

kämpferische Pufferszenen 143–144, 177–181, 192–193

377

Kate 160, 238
Keckern 135, 343–344, 360
Kekopey 31
   Aufteilung in kleine Farmen 234–235
   Beziehungen Schwarze – Weiße auf 282
   Eigentümer von 42–43, 233–235
   Ernteraub auf 236–266, 278
   Farmer auf 255–263, 265–266
   landwirtschaftliches Entwicklungsprojekt auf 267, 272–273
   Leben in freier Wildbahn auf 40–41, 43
   Naturnähe von 271
   Pavian-Trupps auf *siehe* Eburru-Klippen; Krüppel-Trupp; Pumpenhaus-Bande; Wabaya
   Rotes Haus auf 38–40, 235
   Verkauf von 233–235
   Wollhandwerksprojekt 273
Kempf, E. 157
Kenia, Wildlife als Angelegenheit der Regierung in 254–255
Kenyatta Jomo 43, 257
Ker & Downey-Safaris 312
Kidnappen 100–101
Klimakterium 198
Klugheit 189–191
Koboldmakis, Anatomie der 112
Koestler, Arthur 15
Kommunikation 93, 352–364
   Angstgrimasse 360, 364
   der aggressiven Intention 360
   Drohgesten 64
   „einladender" Blick 57
   gradmäßig abgestuft wie repetitiv 352–353
   Mensch versus Pavian 364
   Mobbing vocalization (Mobgeräusche) 133
   Präsentieren 54, 56–57, 75, 80, 354, 356, 360
   Rücken-Zuwenden 94–95
   Spielgesicht 79, 362
   Umarmen 324–325, 358
   Vermitteln von Gefühlen durch 55, 352
   Zusammenhangs-Aspekt der 353
   Zwiespalt bei 364

komplementäre Gleichheit der Geschlechter 122, 210–211
Kooperation 185, 201
Krüppel-Trupp 139, 171–172, 252, 265, 277, 278, 317
   Plünderer von 236–237, 239
   Umsiedlung des 281, 312–326, 327, 328, 329, 330, 331, 332, 336
Kubwa 283
Kuhn, Thomas S. 227–229
Kummer Hans 173

Landeigentümer, weiße:
   bigotte Einstellung 281–283
   Strums Treffen mit 289–295, 304–308
Latour, Bruno 225–226, 228, 230–231
Leakey, Louis 41
Leakey, Philip 309
Leakey, Valerie 309
Lernen:
   bei Kleinkindern 78–80, 81
   negative Geschmackskonditionierung beim 248–252
   räuberischer Techniken 183, 184–186
   sozialer Raffinesse 191, 214
   Verhaltensmodifikation beim 200
   von Sexualverhalten 80–81
Lévi-Strauss, Claude 221
Lithiumchlorid 249–251
Lorenz, Konrad 16, 204
Lou 265, 334–336
Louise 147, 151

männliche Dominanz 117, 118, 119, 223–224, 229
   bei ersten Hominiden 208–211
   beim Fressen 132–133
   komplementäre Gleichheit versus 122, 210–211
   siehe auch Geschlechterrollen
männliche Paviane 127–140
   als vorübergehende Mitglieder von Trupps 119, 121, 219
   Dominanzhierarchien unter 29, 47, 117–118, 119–121, 134, 162–163, 166–168, 199, 220, 223–226
   Emigration von 140, 141–153, 193–194, 212–213;
   siehe auch Neuankömmlinge

Evolution der Sozialstrategien bei Weibchen gegenüber 212–214
Freundschaften zwischen Kleinkindern und 84, 179, 191, 226
Freundschaften zwischen Weibchen und 83–84, 86, 124, 147–148, 150–152, 163–167, 172–175, 191–192, 226
Geschlechterrollen und 117–118, 119, 122–124, 210–212, 219
Halten von Kleinkindern durch 179–180
Körper der, als Kampfmaschinen 117
komplementäre Gleichheit von Weibchen und 122, 210–211
Kooperation zwischen 185, 201
Psychologie der Weibchen versus 124, 202, 210
Reproduktionserfolg 252
Selbstkontrolle bei 127–128
Strums Untersuchung bei 127–181
subadulte, Strums Untersuchung der 128, 129–157
Verweildauer von 150–151, 170–172, 174–176, 181
Makaken 116 (*), 119, 194
Rhesusaffen 77, 157
Malele, Francis 269, 307
Mara-Wildreservat 303
Massai 253, 255, 266, 304, 309
Matriarchate 125
matrilineare Familien 77–78
Mbale 304–306, 308
McQueen 134–135, 160, 238
Menschen:
Einzigartigkeit des 115
Geschlechterrollen bei 29, 117, 119, 208–211
Geschlechtsunterschiede bei 209, 214
Kleinkind 209
Kommunikation von Pavianen versus 364
Wanderung des, in die Savanne 29–30
Menschenaffen 28, 30, 31, 111, 112, 116, 156, 198
Aggression bei 207
Anatomie der 112

siehe auch Schimpansen
Menschenkinder 209
menschliches Verhalten:
Aggressivität als angeboren beim 29–30
geschlechtliche Ungleichheit als angeboren beim 29–30
Primaten-Modelle für die Evolution des 30–31, 113–116, 214–215
Theorien über den Ursprung des, Tatsachen-Schlußfolgerung Verwandtschaft bei 229–232
Mike 148, 171
Mobbing vocalization (Mobgeräusche) 133
Modelle:
der Evolution des Menschen 30, 113–116, 214–215
wissenschaftliche Paradigmata 228–229
Morjaria, Kirti 319
Musau, Josiah 275, 276
als erster schwarzer Forschungsassistent 268–269
bei Umsiedlungen 297, 299–303, 306, 307, 314, 323, 324, 327, 328, 331, 346

Nach-Fleisch-Suchen 188
Nahrung 45, 91–92
neue, nach Umsiedlung 342–343, 345–347
Reproduktionserfolg und 198, 252–253
Teilen von 45, 115, 187–188, 189, 201
siehe auch Beutefang; Ernteraub; Fressen
Naomi 65, 176, 184, 238
identifizierbare Merkmale von 53
Kleinkinder-Kidnappen durch 100–101
Rays Freundschaft mit 57–62, 93
National Science Foundation 37
Natur:
„Einheit mit der" 98–99, 107
„unberührte" 271
Ndorobo 303, 346
Ndorobo-Reservat 345–347
negative Geschmackskonditionierung 248–252

Neuankömmlinge 51, 52, 56–65, 67–68
Aggressivität der 170–171, 175–176, 180–181
bei Interaktionen mit altem Trupp 147–149, 153
Dominanz der 149–150, 170–172
kämpferische Pufferszenen und 177, 192–193
Trupp beobachtet durch 144
Weibchen und 56–64, 146, 148–149, 150–153, 175–176
Willkommen-Heißen von 134–135
siehe auch Emigration
Newson (Ranch-Verwalter) 284
Ntobo, Simon 269, 307

O'Bryan, Mary 297–303, 306, 308, 323–324, 337
Olive 133–134, 137–138, 153, 190, 202, 217
Opuntia 92, 347–348
Owino (Fahrer) 319
Oyaro, Hudson 269, 275, 276, 307, 323, 327, 330, 331, 333, 348

Pakwa (Forschungsassistent) 304, 306
Paradigmata, Konservativismus der Wissenschaftler und 228–229
Parasiten 317
Patas (Husarenaffen) 34–36, 113
als Modell für die Evolution des Menschen 113
Patrick 70, 71, 72, 75, 76–77, 83, 86, 104, 128, 132–133, 195
Paul 70–71, 75, 76, 86, 127–128, 132–140, 141–142, 153, 172, 195, 238
Paviane:
Abschuß von 43–44, 284, 293
als Eigentum der kenianischen Regierung 254–255
als Modell der Evolution des Menschen 30, 37, 113–114, 115, 116, 208, 214–215, 229
Anatomie der 44–45, 91, 201–202
Anpassungsfähigkeit der 115–116, 345–349
Einstellung der Menschen gegenüber 36, 43, 47, 281–282, 283
Erfolg der, als Art 116
frühe Verhaltensstudien bei 31, 115–118, 119
Identifizierung von 52–54
Konferenz über (1978) 222–225
„Nettigkeit" der 220
Respekt der Samburus gegenüber 304
Sozialstruktur der 116
Strums Entscheidung zu arbeiten über 36–37
Variationen innerhalb der Arten 114
siehe auch erwachsene Paviane; jugendliche Paviane; männliche Paviane; Pavian-Kleinkinder; subadulte Paviane; weibliche Paviane; *spezielle Themen*
Pavian-Kleinkinder 48, 73–79
als Puffer in kämpferischen Pufferszenen 143–144, 177–181, 192–193
Betroffensein von Männchen durch Halten von 179–180
Entwicklung von 78–80, 81–82
Familien-Verwandtschaften und 75–77, 86
Farbe von 48, 177–178
Freundschaften zwischen erwachsenen Männchen und 84, 179, 191, 226
Geburt von 73–74
Geschlecht von 199
Identifizierung von 53–54
Kidnappen von 100–101
Neuankömmlinge und 134
neugeborene, Reaktion des Trupps auf 74–77
Penisse 48–49, 54
Reproduktionserfolg und 197–199, 252–253
Schutz von 123
Sozialkontakt wichtig für 85
Stillen und Entwöhnung der 74, 318, 322, 325
Tod von 99–101
Pebbles 70–71, 84, 85, 132, 195
Entwicklung von 74–80, 81
Geburt von 73–74, 76, 85–86
Peggy 69–87, 121, 160, 176, 186, 187, 189, 191, 213, 217
Beutefang und 103–104, 105, 186–187, 189–190

Dominanz von 69, 71, 84
Familie von 69–81, 85–87, 195–196, 197, 368
Freundschaften von 82–85, 86
Identifizierungsmerkmale von 53, 62
Muster-Daten von 369
neue Babys 73–79
Rays Annäherungsversuche an 62–65
Tod von 275–277, 350
Unterjochung durch Thea 195–196, 202
Penisse 134
von Kleinkindern 48–49, 54
Pflegen *siehe* Grooming
Poincaré, Jules-Henri 14
Präsentieren 54, 75, 80–81, 354, 356, 360
bei subadulten Weibchen 56–57
Primaten:
Anpassung der, an das Leben in den Bäumen 109–111
Anpassung der, an die Savanne 113
Verhalten von 110–126
siehe auch spezielle *Primaten und Themen*
Puffer, kämpferische 143–144, 177–181, 192–193
Pumpenhaus-Bande:
Anzahl der Paviane bei der 48
Emigration von der 140, 141–153, 193–194, 212–213
Ernteraub durch 236–267, 278
Interaktionen zwischen Wabaya und, nach Umsiedlung 341, 344
Namensgebung 31
Neuankömmlinge bei *siehe* Neuankömmlinge
räuberisches Verhalten der 102–105, 183–189, 201–202
Strum angenommen seitens der 51–52, 56, 64–68
Strums erster Sichtkontakt mit der 40, 44–47
Teilung der 244–246
Umsiedlung der 281–312, 330, 331–350
siehe auch spezielle *Paviane und Themen*
Quentin 99, 101

Radcliff (Rad) 47, 52, 62, 121, 160, 174
Beutefang durch 184–186
Rainey, Mike 304–306
Ransom, Tim 39, 40, 44, 49, 57, 83, 118–119, 226
Ray 61–63, 77, 93, 120–121, 123, 146, 162, 167, 173, 175–176, 177
Pumpenhaus-Bande angeschlossen seitens 51, 52–53, 56–65, 67–68
Regenzeit 90, 98, 240
Reproduktionserfolg:
Ernteraub und 252–253
männliche Dominanzhierarchien und 120–121, 163, 166–167
weibliche Dominanzhierarchien und 197–199
Rhesusaffen 77, 157
Robin 58–59, 61, 93, 329, 346–348
Rosemary (Farmerin) 261
Rotes Haus 38–40, 235
Rousseau, Jean-Jacques 230
Rowell, Thelma 118, 119, 122
Rücken-Zuwenden 94–95
Ruhen 45–46

Samburu 303–304, 305, 345
Sammeln, Geschlechterrollen und 209–211
Sansevieria 347–348
Savanne:
Anpassung der Primaten an die 113
Wanderung des Menschen in die 28–30
Schaller, George 113
Schimpansen:
als Modell für die Evolution des Menschen 114–115
Beutefang bei 102, 187
Schlafplätze 299–301, 329–330
Schreie 64
Schul-Trupp 138
Schwarze:
als Forschungsassistenten 267–268
Haltung weißer Landeigentümer gegenüber 281–284
Selbstkontrolle 127–128
Sempui 304–306
Serengeti 303
Sexualverhalten 133, 136–138, 161, 165–166

381

aggressive Taktiken beim 174–175
Emigrations-Muster und 193–194
Erlernen des 80–81
Homosexualität beim 157
Männchen-Weibchen-Freundschaft und 173
nicht-aggressive Sozialstrategien beim 172–175
Partnerwahl seitens der Weibchen beim 172–173
Präsentieren beim 56–57, 354
Reproduktionserfolg und 120–121, 163, 167, 197–198, 252–253
und Evolution der Kommunikation 353
von subadulten Weibchen 56–58
Sherlock 130–131, 132, 141–153, 161, 171–172, 173
Sitzpölsterchen (Gesäßschwielen) 54
soziale Organisation 116–117
siehe auch Trupps
„soziales Gehirn" 205
Sozialstrategien 211–214, 219–220, 227
Abhängigkeit des männlichen Erfolges von 169–181
als Alternativen zur Aggression 174, 206–208
Erlernen der 191, 214
Pavian-Intelligenz und 206–208
Umsiedlung und 301–302
und evolutionärer Pfad für Männchen versus Weibchen 212–214
siehe auch Freundschaft
Spiel 79–80, 84, 94, 139, 245
Selbstkontrolle beim 127–128
Spielgesicht 79, 362
Sprache 115
als Alternative zur Aggression 205, 207, 208
Gehirn-Entwicklung und 205
Stammesland 281, 303, 345
Stellungen:
Fressen 45
Ruhen 45–46
Sterling 171–172, 331, 349–350
Stillen 74
bei Umsiedlungen 318
Strand (Ranch-Verwalter) 284
Strider 81, 160, 174

Struktur wissenschaftlicher Revolutionen, Die (Kuhn) 227–228
subadulte Paviane 48
bei „Gruppentreffen" 139–140
Männchen, Strums Untersuchung der 128, 129–157
Weibchen, sexuelle Annäherung der 56–57
Sumner 47, 63–65, 103–104, 120, 174, 176, 184, 185, 187, 189, 276
Peggys Freundschaft mit 84, 86
Survival Anglia Television 241, 272, 312

Tagesablauf von Pavian-Trupps 44, 56, 90–91
Ernteraub und 247
Tessa 72–73, 75, 85–86, 104, 195
sexuelle Kompetenz, gelernt von 80
Thea 70–73, 74, 75, 85–87, 104, 132, 197, 336, 350
Peggy unterjocht von 195–196, 202
Theadora 72–73, 75, 79, 85–86, 195, 197
Thelma 72–73, 75, 76–77, 79, 85–86, 191, 195
Thomson-Gazellen als Beute für Paviane 103–105, 184–189
Tiefenwahrnehmung 110
Tier- und Landschaftsschutz 254, 263–265, 272–274
Tierverhalten:
anthropomorphe Interpretationen des 156–157
ethologische Regeln bei der Beobachtung des 157–158
früheste Studien des 31, 113–118, 119, 157
geschichtlicher Überblick über die Ideen des 216–217
Tim 58, 59, 61
Tina 164, 165, 191
Tinbergen, Niko 16
Tisot, Joseph 315
Toby 190, 217
Tod 98–107
als Teil des natürlichen Lebenszyklus 350
Beutefang und 102–103
Reaktion der Familienmitglieder

auf den 99–101
Reaktion der Freunde auf den 99
Umsiedlungen und 349
von Ernte-Plünderern 236–238, 244
von Kleinkindern 99–101
von Matriarchinnen 197
von Peggy 275–277
Trockenzeit 91, 96
Trupps:
  Ansässigkeitsstatus bei 170–172, 175–176, 181, 193
  Aufspalten von 244–245
  Bande zwischen Mitgliedern von 85–86
  Bewegungen von 118, 123
  Emigration aus 140, 141–153, 158
  „Führer" von 122
  Interaktion zwischen 138–139, 141–142, 147–148, 153, 161, 323, 341–342, 344
  Männchen als vorübergehende Mitglieder von 119, 121, 219
  Neuankömmlinge bei siehe Neuankömmlinge
  neugeborene Kleinkinder und 74–77
  Tagesablauf von 44, 56, 90–91, 247
  Viel-Männchen- 116
  Weibchen als stabiler Kern von 77, 121, 194–197, 219
  siehe auch Eburru-Klippen; Krüppel-Trupp; Pumpenhaus-Bande; Wabaya
Turner, Philip 283

Umarmung 324, 358
Umsiedlung 281–350
  Anpassungsfähigkeit der Paviane und 345–349
  ansässige Paviane und 323, 348
  auf Stammesland 281, 303, 346
  Begegnung mit neuem Leben in freier Wildbahn bei 343–344
  biomedizinische Verfahren bei 316–317, 336–337
  Chololo bei 301–302, 304, 306–308, 328–330, 337–342
  Colcheccio bei 292–296, 299–301, 307, 319–326
  der Pumpenhaus-Bande 330, 331–350

  der Wabaya 312–313, 326, 327–331, 332, 336, 348–349
  des Krüppel-Trupps 312–326, 327, 328, 330, 331, 332, 336
  Einstellung weißer Landbesitzer und 281–284
  Erkundung vom Flugzeug aus bei 285–289, 299
  Fang- und Betäubungsoperationen bei 312–317, 327–328, 331–336
  Freilassungen bei 320–326, 328–331, 337–342
  Füttern bei 318, 320–321, 325–326, 328, 332, 339, 340, 341–343, 345–347
  Gefangenschaftsperiode bei 318–319, 328
  „Gruppentreffen" nach 323, 341–342, 344
  in Nationalparks 281
  Mbale bei 304–306, 308
  Schlafplätze und 299–301, 329–330
  Strums Treffen mit Landbesitzern bei 289–296, 303–308
  Suche nach Plätzen für 284–308
  Transport zum neuen Platz bei 319–320
  unveränderte soziale Muster bei 344–345
  Verhaltensänderungen und 302
  von Rotwild in Kalifornien 297–298
  Wasserstellen und 330, 340
Umwelt, Anpassung an die 110–111, 113, 116
Unterwerfungssignale 360

Variation innerhalb der Arten 114
Verhalten:
  Änderung des 200
  Anatomie, Beziehung zum 111–112, 116
  von Primaten 110–126
  siehe auch menschliches Verhalten; Tierverhalten; spezielle Themen
Verletzungen 102, 275
Verschlagenheit 174–175
Vertreiber 238, 243, 264–265, 269
Verweildauer 170–172, 175–176
  Dominanzhierarchien und 150–151, 170–172, 175–176, 181

Emigrations-Muster und 193–194
und Effektivität von nicht-
aggressiven Sozialstrategien 175,
180–181
Vicki 164, 165, 174, 350
Virgil 146–147, 150–151, 152

Wabaya:
beim Armeelager 277–278, 281, 327
Entstehung der 244–246
Ernteraub durch 246, 247, 252–253
Interaktionen zwischen
Pumpenhaus-Bande und, nach
Umsiedlung 341, 344
Umsiedlung der 281, 312–313, 326,
327–331, 332, 336, 348–349
Washburn, Sherwood 39, 44, 85, 109,
111, 113, 225, 228
Beziehung Aggression – Sprache in
der Sicht von 204–205, 207, 208
Pavianstudien durch 114, 117–118
Primaten-Evolution, erklärt von
109–111
Strums Forschungs-Vorschläge und
35–37, 119
Strums Vorlesungen bei 32–33
Wasserversorgung 56, 330, 340
Wechselseitigkeit 220
bei Freundschaften 191–192, 211,
213
beim Grooming 46–47
weibliche Paviane:
als Puffer in kämpferischen Szenen
192
als stabiler Kern des Trupps 77,
121, 194–197, 219
beim Ernteraub 240, 245, 252–253
Beutefang bei 185–187, 189–190
Dominanzhierarchien bei
121–122, 194–200, 202
Evolution der Sozialstrategien bei
Männchen versus 212–213
Freundschaften zwischen 82–83,
124
Freundschaften zwischen
Männchen und 83–84, 86, 124,
147–148, 150–152, 163–167,
172–175, 191–192, 226
Geschlechterrollen und 116–117,
118, 119, 122–124, 210–212, 219
in der Hitze 120, 135, 139, 146

komplementäre Gleichheit von
Männchen und 122–123, 210–211
männliche Dominanz-Theorien
und 117, 118, 119, 223–224, 229
Neuankömmlinge und 56–64, 146,
148–149, 150–153, 175–176
Psychologie von Männchen versus
124, 202, 210
Reproduktionserfolg 197–199,
252–253
Streitigkeiten und Kämpfe bei
200
subadulte, sexuelle Annäherung
von 56–57
Wenner-Gren-Foundation 222
Werkzeuge 115, 202, 210
Western, David (Jonah) 266–267
bei Umsiedlungen 285–289, 290,
301, 304–305, 306, 308
Ernteraub und 253–254, 255–256,
259, 263–264, 265
Strums Heirat mit 308–309
Wilberforce, Samuel Lord 112
Wildlife-Clubs von Kenia 257
Williams Lynda 39
Williams Matt 39, 40, 43–44, 47–49,
51, 52–53, 55, 96, 234
Wissenschaft, Integration neuer Ideen
in die 224–229
Wollhandwerksprojekt 273
Wound 143, 148

Zähne 317
Eckzähne 64, 201–202
Zwiebelgras-Knollen 91, 132
Zwiespalt, Kommunikation von 364